北京大学中国经济研究中心简报系列（第六辑）

深化改革与推动发展

求解经济转型的热点难题

卢 锋○编

图书在版编目（CIP）数据

深化改革与推动发展：求解经济转型的热点难题/卢锋编．—北京：北京大学出版社，2015.10
（北京大学中国经济研究中心简报系列）
ISBN 978−7−301−26071−5

Ⅰ.①深… Ⅱ.①卢… Ⅲ.①中国经济－经济体制改革－研究 Ⅳ.①F121

中国版本图书馆 CIP 数据核字（2015）第 163040 号

书　　　名	深化改革与推动发展——求解经济转型的热点难题 Shenhua Gaige yu Tuidong Fazhan
著作责任者	卢　锋　编
责 任 编 辑	赵学秀
标 准 书 号	ISBN 978−7−301−26071−5
出 版 发 行	北京大学出版社
地　　　址	北京市海淀区成府路 205 号　100871
网　　　址	http://www.pup.cn
电 子 信 箱	em@pup.cn　QQ：552063295
新 浪 微 博	@北京大学出版社　@北京大学出版社经管图书
电　　　话	邮购部 62752015　发行部 62750672　编辑部 62752926
印 刷 者	北京宏伟双华印刷有限公司
经 销 者	新华书店
	787 毫米×1092 毫米　16 开本　22.5 印张　547 千字 2015 年 10 月第 1 版　2015 年 10 月第 1 次印刷
定　　　价	62.00 元

未经许可，不得以任何方式复制或抄袭本书之部分或全部内容。
版权所有，侵权必究
举报电话：010−62752024　电子信箱：fd@pup.pku.edu.cn
图书如有印装质量问题，请与出版部联系，电话：010−62756370

序

1994年，北京大学中国经济研究中心成立，1995年5月18日，中心发布"21世纪各国水稻生产和需求预测及其政策含义——国际水稻会议综述"，成为中心不定期整理与刊发简报工作的发端。我1995年10月回国到中心工作，林毅夫主任让我整理的第一份简报，是报道1996年2月世界银行就当年《世界发展报告——从计划到市场》未定稿征求中国经济学家意见座谈会的内容。那次座谈会除中心林毅夫教授、易纲教授、张维迎教授参加外，还请到吴敬琏教授、赵人伟教授、刘鹤教授、郭树清教授、谢平教授等重要经济学家，此次会议纪要作为1996年第2期（总第9期）简报发布。此后我较多参与简报的整理工作，后来长期成为简报系列事实上的主编，即便2003年去哈佛大学访学大半年，借助互联网之便仍持续承担简报编辑工作。2013年年底北京大学国家发展研究院领导决定让我转交这一工作，届时中心简报已刊发1000多期。

近20年来，中心简报编辑形成了一些不成文的做法。如简报刊载内容仅限于中心直接相关科研成果与学术交流活动，基本功能定位于将中心学术研究和交流成果提供给包括非经济学专业的政府部门、企业、学术机构和媒体等社会各界读者受众，文章篇幅在3000－5000字并且不包含数学公式和图表等。简报内容具体来源可分以下几类。一是中心教授或外请学者在中心举办的讲座和演讲，这方面内容约占所有简报的两三成；二是各类学术会议研讨内容的整理，如CCER-NBER年会已持续举办十五次，每次讨论内容都整理出多期简报刊发，这类活动简报占总量的一半左右；三是中心研究人员的投稿，其中相当一部分是专题研究成果的缩写稿，也包括就经济改革发展热点问题撰写的分析短文和评论。

中心简报发布后经常被财经类媒体广泛转载，林毅夫教授多次提到不同方面的领导在不同场合提及和表扬中心简报。一个机构能在近20年持续整理发布1000多期原创内容简报其实并不容易，中心能做到这一点是由多方面因素决定的。首先是由于中心学术科研活动密集，为简报提供了丰富的题材；其次是中心领导重视，特别是中心创设主任林毅夫教授不仅经常为简报提供署名稿件，而且经常鼓励简报工作；再次是简报整理是一项"劳动与知识密集型"工作，整理人既要有相当好的经济学功底，又要有充沛的精力和工作热情，历届中心研究生都是简报整理的主力军，他们对1000多期简报贡献最大；最后是我们摸索制定了一套目标明确、职责清晰、格式统一、简单明了的工作流程，使不同时期参与这项工作的人员能在统一框架下作出贡献。

2004年以前我们已先后三次结集出版了截至2003年年底刊发的简报。2013年是中心成立20周年，在国发院领导姚洋教授的支持下，将2004－2013年简报部分内容挑选出来分四辑出版，2013年4月已出版第四辑《中国崛起的世界意义——中外经济学名家演讲实录》与第五辑《中美经济学家对话全球经济——CCER-NBER十五次经济学年会实录》，现在出版第六辑《深化改革与推动发展——求解经济转型的热点难题》与第七辑《相互依存的全球经济——探究开放型经济成长之道》。

我承担了十几年的简报系列编辑工作，为就职单位提供了一位教职人员应做的服务，同时也从中学到很多知识并得到各种教益。感谢中心历任领导对简报工作的支持，感谢不同时期很多研究生参加简报的整理写作，感谢中心行政工作人员对简报工作的帮助，感谢姜志霄、张杰平协助整理和校读文稿。最后要特别感谢北京大学出版社林君秀女士、刘京女士的支持与努力，使得这套简报的系列专辑最终得以出版。

卢锋

2015年9月于北京大学朗润园

目录

第一篇 土地制度改革

"中国征地制度改革"国际研讨会简报之一（2004年2月） ········· 3
"中国征地制度改革"国际研讨会简报之二（2004年2月） ········· 10
"中国征地制度改革"国际研讨会简报之三（2004年2月） ········· 15
"中国征地制度改革"国际研讨会简报之四（2004年2月） ········· 18
"中国征地制度改革"国际研讨会简报之五（2004年2月） ········· 24
"中国征地制度改革"国际研讨会简报之六（2004年2月） ········· 31
《成都土地制度改革报告》发布会简报一（2009年6月） ········· 38
《成都土地制度改革报告》发布会简报二（2009年6月） ········· 44
《成都土地制度改革报告》发布会简报三（2009年6月） ········· 50
《成都土地制度改革报告》发布会简报四（2009年6月） ········· 54
《成都土地制度改革报告》发布会简报五（2009年6月） ········· 58
《成都土地制度改革报告》发布会简报六（2009年6月） ········· 63
《成都土地制度改革报告》发布会简报七（2009年6月） ········· 68
中国土地制度改革研讨会简报之一（2009年7月） ············· 74
中国土地制度改革研讨会简报之二（2009年7月） ············· 79
中国土地制度改革研讨会简报之三（2009年7月） ············· 85
中国土地制度改革研讨会简报之四（2009年7月） ············· 90
中国土地制度改革研讨会简报之五（2009年7月） ············· 99
中国土地制度改革研讨会简报之六（2009年7月） ············· 105
中国土地制度改革研讨会简报之七（2009年7月） ············· 109

第二篇 人口与经济发展

中国人口与经济发展研讨会简报之一（2005年12月） ············ 119
中国人口与经济发展研讨会简报之二（2005年12月） ············ 124
中国人口与经济发展研讨会简报之三（2005年12月） ············ 129
中国人口与经济发展研讨会简报之四（2005年12月） ············ 134
"中国人口与经济发展论坛"简报之一（2008年12月） ············ 139
"中国人口与经济发展论坛"简报之二（2008年12月） ············ 144
"中国人口与经济发展论坛"简报之三（2008年12月） ············ 148

"中国人口与经济发展论坛"简报之四（2008年12月） ········· 154
"中国人口与经济发展论坛"简报之五（2008年12月） ········· 158
新时期中国人口与经济发展战略论坛简报之一（2012年6月） ········· 163
新时期中国人口与经济发展战略论坛简报之二（2012年6月） ········· 167
新时期中国人口与经济发展战略论坛简报之三（2012年6月） ········· 171
新时期中国人口与经济发展战略论坛简报之四（2012年6月） ········· 175

第三篇　卫生、医疗体制改革

"中国医改研讨会"简报之一（2008年1月） ········· 183
"中国医改研讨会"简报之二（2008年1月） ········· 187
"中国医改研讨会"简报之三（2008年1月） ········· 192
"中国医改研讨会"简报之四（2008年1月） ········· 196
"城市医疗卫生体制改革研讨会"简报之一（2004年5月） ········· 203
"城市医疗卫生体制改革研讨会"简报之二（2004年5月） ········· 208
第二届中国健康与养老国际研讨会简报之一（2009年7月） ········· 213
第二届中国健康与养老国际研讨会简报之二（2009年7月） ········· 218
第二届中国健康与养老国际研讨会简报之三（2009年7月） ········· 221
第二届中国健康与养老国际研讨会简报之四（2009年7月） ········· 226
第二届中国健康与养老国际研讨会简报之五（2009年7月） ········· 231
老年健康研讨会系列简报之一（2013年12月） ········· 235
老年健康研讨会系列简报之二（2013年12月） ········· 239
老年健康研讨会系列简报之三（2013年12月） ········· 242

第四篇　改革发展理论探讨

林毅夫教授马歇尔讲座预讲演和评论（上）（2007年10月） ········· 247
林毅夫教授马歇尔讲座预讲演和评论（中）（2007年10月） ········· 254
林毅夫教授马歇尔讲座预讲演和评论（下）（2007年10月） ········· 261
新结构经济学研讨会之一（2012年9月） ········· 267
新结构经济学研讨会之二（2012年9月） ········· 271
新结构经济学国际研讨会之一（2012年10月） ········· 276
新结构经济学国际研讨会之二（2012年10月） ········· 280
新结构经济学国际研讨会之三（2012年10月） ········· 284
新结构经济学国际研讨会之四（2012年10月） ········· 288
新结构经济学国际研讨会之五（2012年10月） ········· 292

第五篇　改革历史观察解读

纪念改革开放三十周年高层国际论坛简报之一（2008年10月）	297
纪念改革开放三十周年高层国际论坛简报之二（2008年10月）	301
纪念改革开放三十周年高层国际论坛简报之三（2008年10月）	305
纪念改革开放三十周年高层国际论坛简报之四（2008年10月）	310
纪念改革开放三十周年高层国际论坛简报之五（2008年10月）	315
纪念改革开放三十周年高层国际论坛简报之六（2008年10月）	318
纪念改革开放三十周年高层国际论坛简报之七（2008年10月）	322
纪念改革开放三十周年高层国际论坛简报之八（2008年10月）	327
纪念改革开放三十周年高层国际论坛简报之九（2008年10月）	331
解读三中全会系列简报之一（2013年11月）	335
解读三中全会系列简报之二（2013年11月）	338
解读三中全会系列简报之三（2013年11月）	341
解读三中全会系列简报之四（2013年11月）	343
解读三中全会系列简报之五（2013年11月）	345
解读三中全会系列简报之六（2013年11月）	348
解读三中全会系列简报之七（2013年11月）	351

第一篇

土地制度改革

"中国征地制度改革"国际研讨会简报之一

(2004年2月)

征地制度改革是2004年中央一号文件提出的重大政策课题。为了对这一问题提供分析支持和政策建议,北京大学中国经济研究中心与耶鲁大学中国法律研究中心于2004年2月27—28日联合举办"中国征地制度改革"国际研讨会。中国经济研究中心周其仁教授为会议提交主题报告并多次发言,对这一问题做了系统的分析阐述,引起热烈反响和讨论。参与人员中有的称之为"新的土地革命宣言",也有人对他的某些观点提出不同意见,但普遍认同周教授的观点对我国征地制度改革具有重要分析和认识意义。本期和下期简报分别报告周教授发言主要观点。

一国工业化必然会发生经济要素从传统农业部门向非农业部门大量转移过程,合理的产权制度是保证资源转移和配置效率以及社会公正的基本条件之一。我国现阶段农村土地向非农建设用途转移只能通过国家征地方式实现,征地制度主要指规范这一基本经济要素转移过程所涉及的产权法律安排和管制程序的总和。现行征地制度出现的大量问题已引起各方广泛关注,征地制度改革已经提上决策层的议事日程。周其仁教授在发言中以现代产权经济理论为主线,考察了现行征地制度的法律框架和结构矛盾,分析了转让权界定矛盾在实际经济生活中展开表现的问题和冲突,讨论了这一领域带有制度创新含义的地方经验,评论了目前相关讨论提出的主要思路观点,最后提出了改革我国征地制度的政策组合和实施程序。

1. 现行征地制度法律规定和架构

涉及农地转让权的法律主要有《中华人民共和国农村土地承包法》、《中华人民共和国土地管理法》以及宪法相关条文。2002年8月通过的《农村土地承包法》,不但确认并宣布保护农户的土地使用权和收益权,而且明确界定了农户土地转让权。但是《承包法》关于农户私人土地承包权和转让权的界定,以"土地的农业用途"为限,不包括土地用于非农业用途时对农户承包经营权的确认和保护。

农地转为非农建设用地,受《土地管理法》调节。这部法律1986年6月通过并从1987年1月1日起执行,两年进行修改,到1998年8月才通过并于1999年1月1日起执行。该法除抽象宣布"土地使用权可以依法转让"外,没有规定"土地转让权"的内容、主体归属、确立程序、执行原则和定价方式。对涉及农地资源转为非农业建设,明令"农民集体所有的土地的使用权不得出让、转让或者出租用于非农业建设"。对一部分农地转为非农业建设要求,该法规定的唯一途径是国家垄断,即必须完成从土地集体所有制向国有制的转变。

然而现行法律允许某些例外条件下,农地可以不经过国家征用程序转为建设用地。一是农民自用于办企业、住宅、公共设施和公益事业的土地,虽然也是农地转为建设用地,但可以保留集体土地所有权。二是农村集体经济组织"与其他单位、个人以土地使用权入股、联营等形式共同举办企业的",可以在符合土地利用规划、通过行政审批的条件下,合法地将农地转为非农建设用地。三是"符合土地利用总体规划并依法取得建设用地的企业,因破产、兼并等情形致使土地使用权发生转移的",可以例外于"农民集体土地使用权不得出让、转让或者出租用于非农建设"。

为什么本是集体所有并已经长期承包给农户经营的农地,一旦转为城市建设用地,就非转变为国家所有不可?这涉及宪法的相关规定。1982年宪法修正案宣布"城市的土地属于国家所有",第一次把过去宪法及其历次修正案确立土地国有范围,从"矿产、水流、国有森林、荒地",扩大到全部城市土地。但是,"城市土地全部国有"本身的来历却并不清楚。不仅1954年宪法与之无关,1975年宪法和1978年宪法也并没有宣布全部城市土地国有化。无论来历问题如何有待进一步的调查,"城市土地属于国有"构成现行土地法规的指导原则。

上述法律安排决定了我国征地制度的基本特点,是农地一旦转为工业或城市用地,就由"民土(农民集体所有、家庭承包经营)"变为"国土"。这样一套为解决工业化和城市化占用农地而设计的土地制度,混合了"土地不得买卖和涨价归公"(强制征地)、"国家工业化"(超低价补偿)、人民公社集体所有权(唯有"集体"成为农民合法代表)和"香港经验"(土地批租制),自成一家。

这套组合起来的土地制度,特征如下:(1)决定工业和城市用地供给的,既不是农地的所有权,也不是农地的使用权。就是说,农地产权在法律上没有资格作为土地交易的一方,无权参加讨价还价。(2)政府对工业和城市用地需要做出判断,运用行政权力(包括规划、审批、征地)决定土地的供给。(3)权力租金而不是土地产权的权利租金,刺激农地转向工业城市用地。最重要的是,市场价格机能因此被排除在城市化土地资源的配置之外。

2. 现行征地法律规范的内在矛盾

产权是包含使用权、收益权、转让权等一簇权利,农用地进入非农建设程序法律规定是土地转让权的法律表现。但是现行农地转让法律规定存在内在矛盾,构成经济生活中征地制度大量实际问题和冲突的深层根源。一是相关规定存在矛盾或含混不清。例如现行土地法律规定了用于城市的农地必须全部转为国有制,因而征地实际上变成农地转用于非农建设的唯一合法形式。但是1982年宪法连同以后修改的土地管理法,仍然照搬1954年宪法"为了公共利益"这一征地限制条件。这就产生了一个矛盾:非公共利益性质的农地转用怎么办?不经过征地是违宪,因为转为城市用的农地如果还是集体所有就违背了"全部城市土地为国有土地"的宪法准则;征地也违宪,因为不合"为了公共利益才可征地"的宪法准则。又比如,《土地管理法》规定"土地所有权和使用权争议,由当事人协商解决;协商不成的,由人民政府处理"。但土地使用权转让过程是否会发生争议?如果发生如何处理?法律对此语焉不详。

二是鼓励了政府经营土地的牟利冲动。现存土地法律在禁止农民承包地转为非农用途的同时,却宣布国有的土地——包括从农民集体那里征用来的土地——"实行有偿使用制度"。应该肯定,法律宣布"国有土地有偿使用制度",反映了逐步引入市场机制配置土地资源的改革现实,本身具有合理性。问题在于土地市场化仅仅限于部分国有土地使用权的有偿转让和再转让。至于农地转为非农业建设用地,以及另外一部分由行政划拨的城市土地,仍然服从行政权力配置土地资源的准则。新的混合模式下,政府凭对农地转用的行政垄断权获取城市建设用地,然后将部分国有土地批租给城市二级土地市场、部分留在政府手中划拨。如果说征用农地成本与批租土地收益之间的差额意味政府经营土地的红利,那么"无偿划拨"与二级城市土地的市值之间的差额就显示了"划拨权"的租值。这种行政配置和市场配置的特别混合,自然会激励各行政主体竞相成为经营城市土地的牟利组织。

现存法律甚至明文规定征地的补偿完全不同于批租土地的价格决定。一方面,《土地管理法》规定政府征用农地"按照被征用土地的原用途——当然就是农地的农业用途——给予补偿"。另一方面,法律又允许政府按"土地的城市建设用途的市值"把征得的土地批租出去。这等于保证了政府经营土地的法定红利最大。因为在一个城市化严重不足、正在经历急速发展的经济里,一幅土地从农业用途转为城市建设用途,市值的增加何止十倍、数十倍?土地市值越大,政府"无偿划拨"土地的权力租金越高。这实在是一门由法律保障政府独家垄断获取经营土地暴利的新生意。

第三是例外处理条文也隐含潜在矛盾。法律允许某些场合农地可以通过非征地程序进入非农利用领域,但终究会与"城市土地必属国有"原则相矛盾。在城市化扩大经济现实中,当初农民自办企业或与人联办企业的农村,日后可能成为城市或城市的一部分。一旦发生这种情况,现存法律中"例外"合法存在的转让权,又引起很大的混淆。

征地制度实施的现实矛盾和冲突。在观察法律规范及其内在矛盾基础上,周教授集中讨论了媒体公开报道若干有关征地制度案例,揭示现行征地制度在实施过程中发生的主要问题和冲突;另外还观察了应对现行制度问题而出现的若干带有制度创新含义的地方经验。

河南登封铁路征地案。1998年年底,河南省登封市人民政府与河南登封铁路有限公司签订了《登封铁路马岭山至白坪段征地拆迁包干协议》。登封市政府在实施过程中私自将每亩8 500元补偿标准降到每亩4 300元,无收益土地每亩1 000元,被截留资金部分被政府用于购买铁路公司股本。沿线被征地段农民强烈不满并持续上访,事件被包括新华社、中央电视台等全国性权威媒体曝光,最终于2003年7月8日在河南省省长直接干预下提出改正方案。

周教授指出,登封铁路建设工程应对当地经济发展有积极意义,也没有证据表明登封市政府工作人员在该案中徇私舞弊,因此可以看作一个"为公共利益"征地的典型案例。当"为公共利益"的征地权与被征土地的所有权及其承包经营权发生冲突的时候,现存法律怎样要求前者补偿后者,以及这种补偿机制实际上可以怎样执行?周教授认为该案例揭

示了以下几点问题:

第一是补偿标准太低,补偿标准或者没有最低限定,或者低限水平表达不清晰。依据1986版《土地管理法》,征地补偿包括土地补偿、附着物和青苗补偿,以及安置补助三项。其中"征用耕地补偿费,为该耕地被征用前三年平均年产值的3至6倍";"被征土地上的附着物和青苗补偿标准,由省、自治区、直辖市规定";"征用耕地的安置补助费,最高不得超过被征用前三年平均产值的10倍"。这里,法律规定的"低限"只有一条,即耕地补偿要等于被征前三年平均年产值的3倍。至于安置补助,法律只规定高限,而完全没有规定低限!旧版土地法还规定,"支付土地补偿费和安置补助费,尚不能使需要安置的农民保持原有生活水平的,经省、自治区、直辖市人民政府批准,可以增加安置补助费。但是,土地补偿和安置补助费的总和不得超过土地被征用前三年平均年产值的20倍"。这是另外一个征地补偿的底线准则,但是这个标准含糊不清。例如何谓"保持原有生活水平",在"多长时间内"保持原有生活水平,没有清晰界定。即便按照1998年版土地管理法执行,上述问题也不会有本质不同。

第二是没有清楚规定农民在征地补偿问题上的"还价权"。如果农民可以在法律规定补偿原则下参与补偿数额的决定,那么合乎逻辑的结论是,征地补偿总额应该等于一笔与被征土地等值的资产,其年度性收益能够永久地满足被征地农民"保持原有生活水平"。用现代法律经济学的术语,就是使"无论征地发生与否农民的利益不变"。如果法律把农地转为非农建设用地的转让权清楚地界定给承包农户,那么农民出让农地得到的"补偿",一定会等于被征农地转为非农建设用地后由市场供求决定的非农用地的市值。

问题的实质意义在于,在现行法律严格禁止农民把承包的农地转为非农建设用地时,并没有同时把农户不能行使的转让权——决定得到多少补偿才转让农地转用的权利——清楚地授予任何一个组织和个人。虽然现存法律确立了政府的独家征地权,但并没有清楚地规定政府在行使征地权的时候,究竟怎样支付代价(补偿)。在现存法律规定的范围内,至少以下三种征地补偿都不违法:等于法定最低补偿;在高于法定最低补偿但低于法定最高补偿之间的任何一笔补偿;等于法定最高补偿。

第三是上述问题必然带来其他交易成本并对社会稳定带来不利影响,因而现行征地制度并不是一个"成本低廉"的制度。被征地农民没有法律许可的还价权,就只好通过上访上诉甚至采取超越现行体制许可的其他集体行动,来影响补偿额的最后决定。本来,在市场里是否放弃农地,卖家凭借拥有的转让权,集中考虑"合算不合算"并支付相应的市场交易费用就可以了。但是在征地制度下,不能诉诸转让权的被征地方只得诉诸"生存权"、"公平"和"正义",并通过增加对方(政府)的征地执行成本来提高自己的收益。这反映了征地要支付一种非生产性的同时也是非市场交易性的成本。大量实际案例表明,正因为忽略了这类非常规性的、非货币化的隐形成本,现行代价昂贵的征地制度才看起来很"便宜"。

3. 福州闽侯东南汽车城征地案

1995年福建省汽车工业集团与台湾裕隆集团达成合作协议,在福州市闽侯县青口镇兴建东南汽车城,总投资3.52亿美元,其中一期项目规划征地2 400亩。当年7—8月间,闽侯县和青口镇派出多批工作组深入规划征地的村庄,宣传被征地农户每个人可拿到

10 000元征地补偿费，50岁以上的老人每月可拿到60元的养老金，每户还至少有一个到东南汽车城就业的机会，约20 000户被征地农民交出了农地。但是项目进入建设期后，被征地农民只得到每人800元的补偿。当地农民感到受骗，先后几十次到省（市）、中央有关部门上访。1997年3月福建省召开人代会，青口镇几十名农民前往省人大反映问题，结果闽侯县、青口镇政府出动警力抓捕上访农民。后来闽侯县财政决定每年拨款青口镇100万元补偿被征地农民。据记者后来得到的福州市人民政府有关正式文件副本，这一项目"土地出让价为3.3万元/亩（含配套税费）。其中，农民补偿费为1万元/亩"。闽侯县和青口镇政府截留土地补偿费，并与河南登封做法一样，把截留款用于东南汽车城项目作为投资。

东南汽车城是一个非公益性投资项目，作为商业项目也很成功。周教授认为这一案例突出显示在现行法律之下，非公共利益投资项目凡涉及农地转为非农业建设用地，一概通过政府强制性征地获得土地，必然会发生农民利益得不到保障甚至受损害的问题。这可以从两方面来看：一方面，地方政府和官员存在力图使征地权的净租金最大化的倾向，从而导致与农民利益的对立。被征地农民要分享土地的升值，在利益上不得不与实施征地的政府对垒，因为从用地方得到的土地出让金与实际给付农民征地补偿款之间的差额，是政府征地权的净租金。另一方面，外商类投资项目是在各地激烈竞争背景下展开的，这一竞争压力也促使地方政府出于本地经济发展的动机，具有打压征地成本以吸引投资的倾向。据一位了解项目内情官员透露，东南汽车城当初选址并非只考虑闽侯县，"但是当地开出的优惠地价，还有县领导立下的拆迁军令状，使青口镇胜出"。地方之间争取投资项目的竞争压力，必然会限制各地政府索要土地出让金的上限，因而必然要压低给付农民的征地补偿款。

徐闻县迈陈镇征地案。广东湛江市徐闻县的迈陈镇是一个有名的果菜外调集散地。1997年初，该镇政府向县市申请征用土地，兴建迈陈东区果菜市场。当年7月，湛江市国土局批准该项目征用土地42.3亩。但是在随后发布的拆迁建设通告中，迈陈镇宣布征地范围为90亩。同年11月1日镇政府发布拆迁通告，限令"各拆迁户必须在11月5日前办理拆迁手续，自行拆迁完毕，否则，从11月6日起，镇政府履行强制拆迁，所拆材料一律没收"。11月6日，迈陈镇政府召集镇派出所、国土所等部门，开着大型推土机强行推毁村民住宅、经济作物，并对拒绝拆迁的村民进行殴打，致使多人受伤。"当天迈陈镇哭声连天"。镇政府还对违抗征地的"死硬分子"进行拘留、追捕，致使一些人好几个月都不敢回家。村民们强烈指责镇政府违法行政，镇领导却埋怨村民的法制观念太淡薄，素质太差。

然而如此大动干戈征来的土地，几年后仍大部分闲置未用。2002年《南风窗》记者再次造访迈陈镇时，在几年前规划的"市场"没有看到一个简易摊位，只有"不少新楼房在原来征地上冒出，有的已经完工，有的正在兴建之中"。原来迈陈镇政府在申报征地的时候，镇党政机关连工资都发不出，根本无力建设果菜市场。当时决定的开发办法是：由镇政府招商引资，等地皮卖出和市场盈利后，政府与开发商三七分成。当时决定的征地补偿是每亩4万元，而征得的土地按分类定价，一类地（临街）每平方米（纵深15平方米）2.2万元，二类地1.8万元，三类地1.6万元，平均售价每亩88万元。从"盈亏平衡"分析，征地90亩的总补偿额为360万元，因此镇政府和开发商卖地4亩，就可得392万元；

卖地8亩，征地补偿作为"投资"就收暴利！（镇政府分三成就是100万元）。就是说，哪怕全部征地闲置掉90%，镇政府和开发商也已经得到数百万元的毛利，不是什么不合算的事情。况且，闲置土地还可以是土地储备，将来还可以再卖。

周教授认为，这一案例要害不在于人们赢利动机或"贪婪"，而在于显示了由于产权界定缺损和市场机制缺位，现有征地制度与其预设的保护耕地资源目标并不一致。在市场交易和竞争环境下，"拿地"的开发商不但要受土地出让方利益的限制，也要受其他开发商的竞价压力，构成农地非农化转移的竞争约束。但在现行征地制度下，政府强制"拿地"给付的补偿可以大大低于农地转用的机会成本。政府"拿地"的代价越低，可以占而不用的土地面积就越大。这解释了商业化用途的土地征用为什么普遍乱占、多占以及经常占而不用。何况政府的征地支出是公币，在公共财政缺乏必要监督的情况下，征地的浪费甚至不顾政府自己的征地成本是否回收。许多人赞美现行征地制度可以保证以"低成本土地"来支持我国的工业化和城市化。他们没有看到，"低成本土地"不但刺激了土地的大量浪费，而且刺激了巨量资本的错误配置。商业化驱动的大规模农地征用，却同时一并出现乱占土地、征而不用的现象。仅据2003年7月国务院下令进行的全国土地整顿的初步调查结果，全国各类开发区5 000多个，总圈地3万平方公里，相当于全部现有城市和建制镇目前的建设用地面积。这样的紧急整顿1997年也进行过一次。可见导致土地资源浪费的不是一般意义上的逐利动机，而是限制农民产权和排除市场交易的征地制度，与保护耕地资源目标南辕北辙。

4. 重新界定农地转让权的地方经验

从所有权的角度看问题，征地就是要把集体土地所有权变更为国家所有权。因此，当征地行为发生的时候，"集体"而不是承包农户就立刻成为合法的一方当事人。农村集体在征地过程中的权利地位并没有得到清楚的法律界定，而在含糊的权利空间当中，集体组织也在利用自己的优势参与对农地转用租金的争夺。另外也有一些案例说明，一些集体在现行法律边缘绕开了征地，以入股、租赁等多种形式直接向非农建设土地的最终需求者供地。周教授认为南海和昆山实践的重要意义，在于提出了"集体非农建设用地的转让权"，或者集体非农建设用地合法进入土地市场的问题，对于征地制度改革提供了重要的地方经验素材。周教授认为，南海、昆山和上海等地的农村集体进入非农土地市场的实践，最重要的意义在于突破国家垄断农地转为非农用地市场，打破征地是农地转用的唯一合法途径，为形成与国家征地并行的市场化的农地转用机制，准备了条件。

第一是南海模式。1992年以后，南海地方政府利用大量本地和外地资金投资设厂的机遇，认可集体经济组织在不改变土地所有权性质的前提下，统一规划集体土地，以土地或厂房向企业出租的方式，打破了国家征地垄断农地非农化的格局。到2002年，南海全市工业用地共15万亩，其中非经征地改变集体所有制的土地7.3万亩，几乎占了一半。在南海模式下，农民通过土地入股的形式，分享土地市值的飙升。

南海市政府总结并推动了村庄级的土地制度创新，把土地股份制规范为以下两条：(1) 进行"三区"规划，把土地按功能划为农田保护区、经济发展区和商住区，以保护农田和实施城镇规划；(2) 将集体财产、土地和农民的土地承包权折价入股，在股权设置、股红分配和股权管理上制定出章程，用以约束村股份组织的经营活动。同时，南海还宣布土地股权的分配是终身的,并可继承。

根据国务院发展研究中心研究小组的调查,南海土地股份制的效果是明显的。一是以集体土地启动工业化,降低了工业化的门槛,对珠江三角洲地区探索新型工业化道路具有促进意义;二是与国家征地不同,集体在上缴了与土地有关的各项税费以后,可以收益土地租值,并由全体农户按股权分享;三是将农民的土地承包权变成永久享有的股份分红权,既保留了家庭承包制的合理内核,又将农民的土地收益权延伸到了土地非农化过程。

第二是昆山模式。江苏昆山市经验主要是,农民通过竞租农村非农建设用地、投资建厂房和其他工商业设施,然后向外商出租,从而分享农地转用的土地租值飙升。与南海模式不同的是,昆山并没有重新集中农户的土地承包权,而是利用了"复垦土地"——农村非农用地的增量;昆山也没有在全体农民中平分非农土地开发的收益,而仅仅通过村内非农用地的竞标租赁,由出价高者得地,然后自发、自愿组成投资合作组织,并完全承担向外资出租厂房设施的市场风险和收益。类似昆山的土地开发模式在邻近大上海附近的农村多有所见,只是碍于"做而不说"的考虑,许多实际操作没有被公开报道。

"中国征地制度改革"国际研讨会简报之二

(2004年2月)

征地制度改革是2004年中央一号文件提出的重大政策课题。为了对这一问题提供分析支持和政策建议,北京大学中国经济研究中心与耶鲁大学中国法律研究中心于2004年2月27—28日联合举办"中国征地制度改革"国际研讨会。中国经济研究中心周其仁教授为会议提交主题报告并多次发言,对这一问题做系统的分析阐述,引起热烈反响和讨论。参与人员中有的称之为"新的土地革命宣言",也有人对他的某些观点提出不同意见,但普遍认同周教授的观点对我国征地制度改革具有重要分析和认识意义。本期和上期简报分别报告周教授发言主要观点。

土地转让权的产权经济分析。资源配置需通过市场价格机制调节才能达到有效率利用,而市场价格配置资源需以要素产权清晰界定并通过不同产权所有者出于自身利益参与讨价还价过程才能实现。周教授从产权分析角度对农地非农化转移进行概括和剖析,指出所有定价问题都是产权问题;反过来所有产权残缺或界定不合理都会影响价格机制发挥正常作用及资源有效利用。转让权管制与价格管制具有同样行为逻辑。不同的是,转让权管制是"事先"执行的价格管制,价格管制则"事后"对产权经济含义具有限制效果。我国现行征地制度通过管制农民土地转让权,将产权租金变为行政权力租金,从而事先管制了农地转用的价格,妨碍运用市场机制配置土地资源。这套制度不但引发分配不公正,而且导致生产和交易低效率。

周教授批评了美国空想社会主义者亨利·乔治"土地涨价归公"的理论,认为这一观点忽略了农地之主对土地增值有一项重要贡献,那就是"放弃"农地的使用权。放弃一项权利,要有代价。必须通过产权有合理界定,按照交易各方觉得"值得"原则成交,资源配置才有效率。要证明农地被工业和城市用更有效,最简单可靠的办法就是占地者的出价要高于农民自己种地的收益。唯有这样一条简单的准则,才能普遍有效利用土地。如果认为农地主人因为土地增值获得收入过高,可以采取税收方法加以调节,而不应依据"土地涨价归公"理论,事先否定通过产权界定和市场交易来配置土地资源的基本原则。

对目前征地制度改革思路的评论。周教授还对目前有关征地制度改革讨论涉及的一系列重要问题做了分析评论。第一是土地涨价到底应该归谁?他用粮食涨价做比喻,指出涨价不归公是商品市场中的普遍现象;价格的变动及其利益分享是由产权来决定的。当然农民对土地有权交易不等于他可以独享涨价好处，他还要与其他同样有权交易的各方来分享这样的好处。所以土地问题实际上就是国家的权力怎么定。政府要不要征地权、农民要不要有交易权、这个交易权是不是一定以集体形式进来，这是讨论的一个基本背景。他强调阿尔钦的论点：价格问题都是产权问题。定价就定权，定了权才有价格，土地问题并不例外。

第二是征地权问题。未来立法怎么讨论这个征地权？我们需要非常根本地问，为什么要有征地权？比如说，土地价格变动中，政府仅仅收税，为什么就不可以？为什么各国政府除了收税，都会保留了一定的在土地上强制的征地权力。这个征地权的根据到底是什么？从我们目前的法律来看，一个是公益性，一个是非公益性。因为公益，所以它要强制，强制来拿地。但是公益与非公益界限，其实是很难划定的。从政策角度看，将来选择是什么？日本政府要征地，由法律制定一个详细和严格的定义范围，有35种之多。通过立法尽可能将盈利性和可盈利因素排除在外，这是一种选择。但在中国，我们要考虑国家这么大，法律执行成本很高，基本情况是法律越细执行越难，特别是土地涉及千家万户的农民，如果是一个很复杂的法，在中国执行也会打很大折扣。所以我们要考虑比较容易执行的办法。

征地即使是为公益，即使是为了法律规定的一个定义，也要按市价来补偿，这应作为一个政策或立法根据。道理有三：第一，即便为了公益，也不能要求一部分国民为了对此作更大牺牲。虽然这个公益他本人也享受，但是他为什么要付出更多代价。国民待遇应该是平等的，不能是为了全国人民好，一部分公民就要受到特别的损失。这在道理上是讲不通的。按市价补偿有一个含义，无论是不是为了公益，被征地的农民与其他国民还是一样的，他的地得到市场价格补偿，而且他也平等享受公益。第二，从执行成本来看，因为如果征地是由市价来补偿，这本身就会限制政府使用这个征地权，因为受到财力即预算约束。第三，按市价补偿这个原则又可以适应各地的情况，又容易被识别。征地权要有严格法律规定与程序，同时补偿不能低于市场价，双重地对这个征地权加以管束。

关于征地权，还可以参考香港的经验，就是把征地权作为最后动用的权力。即便是公益征地，按市价补偿，也可以让双方直接先谈判，最后可以动用征地权作为威慑来促成各方达成一致意见，但凡能达成就不动用征地权。在香港的立法实践中，政府的征用权不是凡公益项目就动用，换句话来说，征用权一个主要功能是节约交易费用，因为修一条路，100户有99户人家都同意，就一户不同意，怎么办？仅仅在这种交易很难达成时，才动用征地权。这个思想可不可以在中国的立法实践中加以考虑。也就是说，即使是公益项目，也可能通过谈判达成一致。市场价是一个谈的结果，只有谈判很难达成交易的时候，才动用征地权，要经过这样一个程序。这在香港立法里，叫"收回"，香港专门有一个"土地收回法"，因为它的土地原来是国家的，国家批给民间，有时候国家需要将一些土地收回用于公共用途。那么政府可以用预算去买这块地，买的时候遇到困难，它就动用土地收回权。最终的所有权是政府的，所以叫收回，收回要有一个特别的程序。

第三是把被征地农民列入社会保障，或者最低保障，由社会保障来支付。我对这一点非常担心。因为社会保障金每年一付，意味着这届政府现在把土地拿走，同时承诺以后各届政府来偿付给农民的补偿，这中间搞得不好会给将来留下金融麻烦。看起来当前矛盾似乎容易解决，但从长远看可能造成更大麻烦。因为第一，现在全国社保包括农村社保等问题都没有解决，原来说 300 多万人，现在已经是几千万人，而且很多贫困人口根本就覆盖不了。农村到底是什么样的社保现在还都不清楚，我们如果把征地加进去。那么征地款是不是要进入统一的农村社保基金？是不是要交叉使用，就可以支付给非被征地农民？我觉得这种做法要非常慎重。虽然在发达地区，如上海郊区，我看到过这种做法会缓和当前矛盾，但搞得不好会造成将来金融问题，所以在立法中要特别慎重。第二要明确征地补偿的社保形式是一种特殊价格安排。因此征地补偿水平的决定不但没有因社保模式的选择而被替代，而且还构成社保模式的基础。社保是每年支付一点钱，但本身没有解决合理补偿问题。

第四是开放土地一级市场问题。开放土地的一级市场，就是除了国家征地以外，还可以通过非征地的途径，而且我相信经过市场经济的检验，那将是大量的、主流的。要有一个市场，来解决这个土地资源的配置。相应就要讨论这个市场怎么形成，是每一个地方形成统一土地交易市场，就像现在我们很多的产权交易中心一样，也可以是自发的市场。这个问题需要提上政策和立法议程。其次是谁有权力进入这个市场，必须是集体吗？如果是集体产权进入这个市场，集体与农户的关系怎么办？特别是有了 2002 年这个土地承包法以后怎么衔接，因为经过那个法以后，集体应该是一个非常消极的发包方。另一种办法，也是我比较同意的，农户的土地使用权的承包权就可以有权进入非农土地的交易，这也是昨天 Heller 教授讲过的，要有一个统一的产权规则。给农户这个地的使用权、收益权、转让权，包括转向非农用途的转让权。这个统一的产权，是一个长治久安、高效率和公平的基础。但目前提出这样的问题遇到大麻烦，农业承包法规定 30 年为限；非农土地批租，根据现在城市立法，住宅项目为 70 年、工业项目为 50 年、商业项目为 40 年，这两个年限衔接不上。就是说农户有 30 年的承包权，不能把农地批给别人 70 年，这里头有两个法律的衔接问题。

第五是关于"准许集体土地进入市场"问题。从目前实践经验看，集体土地所有权进入市场，需要明确界定集体与承包农户的产权权利。当集体为了开发非农土地资源、重新回收、集中农户的土地承包经营权的时候，二十年农村改革的基本制度成果，就可能会动摇。由于南海等地农民非农就业机会比较多，农户继续持有农地的成本上升，因此那里的集体回收集中农户的经营承包权，只要给予合理的补偿条件，一般不会遇到农户们的抵抗。但是，如果"集体进入非农土地市场"的政策被法规化和普遍化之后，刚刚被 2002 年通过的《农村土地承包法》作为"单纯的土地发包方"得到规范的"农村集体"，可能又变成容易侵犯农户产权的积极力量。如果法律不明确农户是土地承包经营权向非农业用途转让的权利主体，那么正如我们已经看到的，集体连同村庄权力人物同样参与攫取农地转用的租金，或者实际控制、支配农地转用的租金收入，而让农民担任基本不分红的股份组织的"股东"。如果法律承认农户的承包土地转让权可以进入农地转用的领域，那么农户的利益就可以有比较可靠的保障，也便于新的非农土地制度与《农村土地承包法》有更好的衔接，避免征地制度的改革动摇农村家庭承包经营体制的根本。以农户完整的土地转让权为基础的体制，当然可能引起非农土地市场上较高的交易费用。为了解决这个问题，在理论上我们强调农户完整的转让权包含了自主的缔约权，他们可以缔结各种市场性合约来节约交易费用；在实践上，农户可以在自愿的基础上选择集体、新的合作组织或者其他合约组织，如昆山的农民投资合作社。

第六是土地批租期限和集体土地进入市场的方式选择问题。现在城市土地批租是一次付清，70年租期一次性付一大笔钱，这样工商业进入门槛比较高。广东南海、江苏昆山的许多地方是采取年度性收费方式，这样工商业的投资门槛可以降低。据我所知，这个问题已经引起中国的立法者、决策者的注意，中国人民银行行长周小川在一篇论文中指出，我们现在就业不好其中一个原因是我们照搬了香港地区的土地制度。工商业的投资门槛太高，要盖个厂房，先交70年的地租，土地才能批过来。还有就是中共中央财经小组副主任陈锡文在解释今年中央一号文件的时候，也提了这个想法。一旦提出要提高征地补偿，政府与土地开发商就很担心地价要上涨。陈锡文的解释是，我们将来可以考虑年度性的收费。

但从经济分析角度来说，我认为还要非常小心。因为完全变成年度性收费，这个风险分布就开始变化了，可能工商业的投资决策就可以变得比较轻率。因为他只要付一两年的租金，就可以盖厂房、旅店，因此我们不要忽略市场经济长期形成的智慧。在市场里，因为交易费用不为零，租和买是不一样的，所有市场既要有买房子的，也要有租房子的。我认为，在土地合约上，法律不要硬性规定合约的具体形式，应该允许交易各方去选择。应该允许一次性批租、年度性出租、合股等不同合约方式，不要去硬性规定。不宜由法律或政策替代供求双方在市场里自由缔约。目前农村供地方以年度性出租为主的模式，应该是农村集体和农户还没有明确的转让非农土地权利的结果。如果法律承认并保护集体和农户的全面的转让权，情况当有所不同。特别要考虑到，如果长期建筑物的投资只能与短期土地租用相结合，形成的合约隐含着极大的未来风险，而这类风险目前还不能完全观察清楚。我们仅可在理论上推断：法律和政策对合约形式的干预和限制越多，合约的执行成本就越高。这里的政策含义是，要明确完全的土地转让权和缔约权，可以批租（卖）、可以出租、可以入股，也可以用其他合约。重要的是自愿和自由协商。

周教授强调，"清楚而有保障的农地转让权是运用价格机制配置城市化进程中土地资源的基础"，他认为这应是考虑我国征地制度改革思路和对策的一个基本命题。以此为依据，周教授提出几点组合政策建议：第一，结束单一国家征用农地制度，发展农地转用市场。第二，政府在法律严格规定的公益用地范围内，拥有最终依法征地的权力；完善政府征地程序，确立征地按市价向承包农户补偿的原则。第三，承认农户承包经营土地的完全转让权，包括为农业用途和非农业用途转让承包土地的权利；农户在非农用地市场转让土地经营权，在符合土地利用规划和土地用途管制的前提下，可以自愿选择各种合约形式和开发方式。第四，农村集体作为承包经营土地的发包方，可以接受政府的委托，协助办理征地和征地补偿发放的工作，但不能截留征地补偿款项；集体也可以接受农户的委托，集中开发非农建设土地或设施，但不能违背自愿原则、侵犯农户的转让权。

周教授对上述政策组合做了几点解释。第一，政府征地的适用范围，严格限制在经过法律程序确定的公益性用地的界限之内；考虑到"公益"定义的困难，建议按照国际经验，加入"征地按市价补偿"的新原则。这样，政府财力就构成征地数量的经济约束，等于给"最严格的耕地保护"或"农地转用的最优利用"，提供了"双保险"。

第二，征地按市价补偿，除了防止公益用地与非公益用地的配置误导，还减少了被征土地与进入市场交易土地的差价，有助于从源头上根治"权力寻租"。"征地"与"市价补偿"结合的经济含义，是节约公益用地项目的市场交易费用，因为"公益用地"以"征"

来保证，不容讨价还价，但补偿还按市场形成的价格，可以保留市场机能。至于国防、反恐怖、救灾等紧急需要，可在法律里规定"紧急状况下政府可以先占用、后补偿"的条款。

第三，政府征地权加上"最终"的限制词，是考虑到在政府拥有最终征地权限制下，公益性项目市场交易费用也可能减低到可接受限度之内。就是说，即便法律规定的公益项目也不一定马上动用征地权，而可以先行市场谈判，谈不拢再行使最终征地权。这可以为公益项目民营操作提供空间，也可以增加市场机能在公益项目建设中的作用，减少征地执行成本。

第四，在逻辑上结束农地转用的单一征地体制，就必须开辟非农用地市场。实际情况是政府对一级土地市场的垄断已经被实践打破，只是现有市场的基础薄弱、规模过小。建议未来土地市场以农户的完全土地转让权而不是以集体土地所有权为基础。这样可以与农村改革的基本成果以及《农村土地承包法》相衔接，同时减少村庄权力人物利用农地转用机会再度侵犯农民权益，提高土地资源的利用效率。千家万户农民进入非农土地市场引起交易费用上涨的问题，要靠自愿为基础的组织和合约来解决，其中包括农户可以通过委托来利用农村集体组织和其中的企业家资源，但要防止集体侵犯农民利益。

周教授认为，为实现上述政策组合，不但需要全面重修《土地管理法》，而且需要修改宪法关于"城市土地属于国家"的准则。考虑到征地改革涉及利益格局大调整，人们观念和认识不可避免地存在较大分歧，不应该急忙启动法律重修程序，而应考虑吸收我国城市土地使用权市场化历史经验，逐步渐进地完成土地制度的根本变迁。周教授具体提出以下工作程序：第一，先由全国人大常委会宣布《土地管理法》列入修订程序；第二，授权国务院在《土地管理法》没有完成修订之前，局部性试行一些与现行土地法律不相一致的办法，包括开放城市一级土地市场、允许集体土地或农户承包地进入土地市场、土地市场建设和管理等；第三，动员社会各界关心征地制度改革和土地法的修改，广泛研究国际经验和我国自己的经验，在局部实验和全面研究的基础上，用3—4年完成法律修订，建立产权界定合理、兼顾效率与公平、适应我国经济现代化历史需要的新的农地转移制度。

"中国征地制度改革"国际研讨会简报之三

(2004年2月)

中央2004年一号文件提出要"加快土地征用制度改革"。为研究探讨中国现行征地制度的理论与现实问题,为征地制度改革提供学术支持和政策建议,北京大学中国经济研究中心与耶鲁大学中国法律研究中心于2004年2月27—28日联合举办"中国征地制度改革"国际研讨会。中美两国经济学家、法学家、政府官员在这次研讨会上对中国征地制度改革进行了广泛而深入的研讨。我们将用六期简报篇幅报道这一会议内容:除本期述评之外,简报之一、二专门介绍周其仁教授报告和发言,另外三期分别报告会议不同部分内容。

为期一天半的研讨会分为三个部分展开。2月27日上午研讨主题是"征地制度背景、政策目标及改革原则"。首先由北京大学中国经济研究中心林毅夫教授和耶鲁大学中国法律研究中心副主任Jamie Hosley教授致辞,林毅夫教授对征地改革问题产生背景和基本原则做了简略评论。然后由中国经济研究中心周其仁教授以"城市化、农地转让权和征地制度改革"为题做主题发言,周教授以我国工业化和城市化土地资源在不同部门重新配置作为问题提出背景,以现行土地制度法律演变、实施现状和主要弊端作为直接对象,以市场价格配置资源机制和产权界定关系作为中心分析思路,对我国征地制度改革涉及的主要问题和基本思路,做了一个高屋建瓴的精彩分析和阐述,在后续讨论中引起热烈反应和评论。

接着耶鲁大学法学院Ellickson教授作"土地制度概述"报告,他认为从国际比较角度观察,土地私有制是绝大部分国家实行的普遍制度形态,但他也注意到任何一种土地制度不可能十全十美,土地私有权可能带来负外部性、土地向少数人手中集中等问题,需要国家通过外部管制及相应税收制度来解决。他最后用一个比喻表达他对选择土地制度的基本观点:"面对着一匹烈马,我们应考虑如何驯服它,而不是干脆杀掉它。"随后北京大学中国经济研究中心汪丁丁教授以"征地制度的两种合法性与效率原则"为题做主题发言,他提出界定土地转让权是一个社会博弈过程,并提示"合法性"和"正当性"(Legality和Legitimacy)这两个概念对认识土地制度改革问题的理论意义。

2月27日下午首先由主持人国土资源部耕地保护司潘明才司长从决策部门的角度再次强调了本次研讨会的重要意义。他强调当前征地工作中的突出问题,除了执法不严、不到位等操作层面问题外,关键是现行征地制度存在问题,改革是必由之路。首先有中央财经领导小组项兆伦局长以"征地制度改革的主要环节"为题做主题发言,他在报告中通过对土地利用总体规划和土地用途管制、征地目的和范围、征地补偿和安置、征地程序四个层面情况进行观察,对我国现行土地制度基本构架和运行方式做了系统介绍,并对这一系统运作出现的主要问题以及改进的思路,做了相应分析和评论。

27日下午还分别由三位专家报告了中国土地制度改革的地方经验和美国土地管理的经验。首先由国务院发展研究中心刘守英研究员作报告,题为"集体建设用地进入市场的途径:南海案例"。南海案例在农地转变为非农用地方面的基本创新尝试,是以集体为单位把农户个体的土地承包权转换为股权,进入工业化进程中非农部门投资生产,从而探索了一条在城市化和工业化过程中农民分享土地级差收益的途径,对于解决现行通常征地方法牺牲农民利益弊端具有启示作用。

周其仁教授以"地方突破征地制度缺陷的经验:昆山与上海郊区个案"为题作报告。他首先从制度创新高度强调了地方经验的重要性,认为南海经验的重要意义在于把农地转为非农用地渠道从国家征地唯一方式转为不同方式并举,强调地方性经验突破原有规制,其中合理可行之处与原来法规一致的地方,可以通过法律行动来补充。但他观察到南海模式产生了一个农户与集体关系的问题。同属冲破国家垄断征地权,昆山做法有细微差别。昆山是由农民自愿投资,通过招标获得对村里土地进行整治并建设厂房权利,然后接洽外商前来租地投资,农民通过几年期租约获得收益。周教授认为这些地方经验对于我们探索下一步征地制度改革思路具有启示意义。接着耶鲁大学法学院教授Rose介绍了美国在公共土地管理上的政策经验。

浙江大学卡特中心副教授汪晖以"从浙江两个案例反思现行征地制度"为题发言,他通过介绍浙江两个土地投机案例,说明现有征地制度虽然以控制农地过量非农转移作为设计目标之一,但是实际上并不能抑制真实世界中人们试图通过与政府串通获得廉价土地资源,从而实现无本万利和一夜暴富目标,对现行农地征用制度缺乏效率和损害农民利益特点做了批评。在此基础上,汪教授对我国普遍征地权提出质疑,对如何界定公共利益和征地范围进行了讨论。

2月28日上午会议最后内容是"法律修改与政策建议的圆桌讨论"。首先由周其仁教授总结征地制度及其相关法律政策制定中若干具有根本影响的问题,它们包括土地涨价到底应该归谁、未来政策和立法如何看待征地权、为什么要有征地权、如何看待把被征地农民列入社会保障的方案、是否可以考虑开放土地一级市场的政策和立法、城市土地批租方式等。周教授针对这些问题逐一说明了自己观点,并对相关法律修改与政策制定提出了一个程序性建议。

随后RDI的学者Brian和Ellickson教授分别就我国征地改革提出分阶段建议。项兆伦局长提出了征地政策制定过程中七点比较重大的认识分歧。中国土地学会黄小虎秘书长主要针对周其仁教授的发言作了一个回应,同时提出了自己的政策建议。潘明才司长提示征地制度改革中需要注意的四点中国国情。RDI律师李平先生就"公共利益"的界定提出了一个具体法律修订建议。罗小朋教授高度评价了周其仁教授观点,认为周教授发言相当于一场新的土地革命宣言,同时罗小朋教授建议建立一种机制使得地方官员的个人利益与地方的长远利益更一致,从而推动征地制度改革。林毅夫教授对周其仁教授六点分析中第一点做了评论。Rose教授就土地产权重要性以及地产交易中与大量产权所有者谈判交易成本问题做了进一步回应。柏兰芝助理教授结合台湾等地的经验就涨价归公问题也发表了看法，同时也强调了征地与规划的关系。

在本次研讨会总结发言中，周其仁教授首先肯定了本次研讨会所取得的成果，然后就如何看待、处理各方在认识上的分歧，以及今后各方努力的方向作了总结。他着重归纳了研讨会达成的几点共识性看法：改革现有的征地制度；缩小征地范围；提高征地补偿；可以考虑启动现有征地法规的修订。

与会人员高度评价这次研讨会的重要意义。目前征地出现很多问题，有的问题还相当尖锐和严重。虽然决策部门和媒体对这些问题都很关注，有关部门和研究人员也不乏研究和评论，但从总体上看，学术界和研究部门对我国工业化进程中这一重大问题，还缺少像国企改革、金融改革、农产品流通制度改革等其他经济问题那样持续深入的分析研讨，并对决策部门提供有效的分析信息支持。作为首次以我国征地制度改革为主题的国际研讨会，这次会议无论在显示这一问题现实重要性上升方面，还是在传达学术研究部门对这一问题重视程度方面，都具有引人瞩目的指标性含义。

这次会议不仅有高层次和多学科交叉特点，还表现出科学探讨的会风。与会人员有国内外著名学者，也有政府决策部门官员和管理人员；学者中既有经济学家和法学家，也有社会学家和其他人文学科专家；会议议程既有内容翔实的专题报告，也有热烈细致的评论和讨论。科学合理的程序设计，求真务实的指导方针，贯穿整个会议始终。高层次和专业性的与会人员，理性探讨和注重交流的工作作风，使得会议具有信息量大和启发性强的特点。会议对我国征地制度形成背景、法律构架、实行程序做了系统观察，对这一制度实际运行中出现的主要问题和相关地方创新经验从典型事例和经济逻辑相结合角度进行了科学解析，对有关改革涉及的重大问题共识和分歧做了概括和梳理，对下一步征地改革目标、阶段、措施提出了初步政策建议。这次会议提供的信息成果，为我国农地产权改革这一重大制度转型提供了宝贵的案例素材，也将对我国征地改革实践探索产生显著的推动作用。

"中国征地制度改革"国际研讨会简报之四

(2004年2月)

征地制度改革是2004年一号文件提出的重大政策课题。为了对这一问题提供分析支持和政策建议,北京大学中国经济研究中心与耶鲁大学中国法律研究中心于2004年2月27—28日联合举办"中国征地制度改革"国际研讨会。中美两国经济学家、法学家、政府官员在这次研讨会上对中国征地制度改革进行了广泛而深入的研讨。我们通过六期简报对这一会议加以报道,本期简要报告2月27日上午研讨内容,这部分会议主题是"征地制度背景、政策目标及改革原则"。

1. 林毅夫教授发言

会议首先由北京大学中国经济研究中心林毅夫教授和耶鲁大学中国法律研究中心副主任Jamie Hosley教授致辞。林毅夫教授在致辞中简略阐述我国征地制度改革问题的产生背景和基本原则。他指出,近期在基层、县级单位或城市近郊出现了一些问题,即被征地农民与政府发生抗争的问题。在上访以及基层的问题中绝大多数与征地有关,而且解决不好会更严重。中国经济过去25年发展很好,未来二三十年发展也会很快,在高速发展中最重要的一个特征是农民由农村转移到城市,所以城市化步伐在未来二三十年会增长很快。城市化过程中农村土地转为城市用地,会出现农民失地的问题。工业化也要求农用地转为工业用地,而经济发展交通、运输活动量增加、人民生活水平提高,住房用地、休闲用地需求也不断增加。由此判断,若不进行相应的改革,近几年征地出现的问题在今后会越来越多。

目前之所以会出现问题是体制上有很多不适应的地方。目前的体制下,城市土地归国家、农村土地归集体,将集体土地转为城市土地或工业用地如何补偿农民才合理,目前还是计划经济的算法,过去可行是因为农民失去土地,政府安排他们到非农业部门,进入城市工厂当工人。计划经济时期城乡差别很大,农民很愿意。目前计划经济向市场经济转变,不再解决非国有部门的就业问题,同时国有部门收入下降,相对于非国有部门收入较低,25年快速发展供给弹性低的土地价格增长最快,但是征地收入一部分进入政府腰包,大部分进入开发商的腰包,农民失落感强烈因此会出现当前的一些抗议问题。经济发展迫切要求解决土地问题。中央也很重视,目前的办法是维持现状,提出"以最严格的方式管理农村土地",实际上是先把一切矛盾固化,然后想办法解决。

一方面经济要发展,另一方面要保护耕地、保护农民利益,有几方利益要调整,要保护农民,在经济发展过程中要用土地的人可以得到土地的同时又不浪费,加入世贸组织可以利用世界市场解决部分粮食问题,但全部靠世界市场不现实,从政治角度必须保证国内粮食生产。出现很多问题,怎样解决?两方面经验应该给予高度重视:首先,发达国家经验,比如美国工业化过程出现过类似问题时,相应的制度框架、市场的中介机构等种种经验值得借鉴。其次,这几年国内各地区也在探索,全国各地特别是经济发达地区也碰到类似的矛盾,也在创新提出自己的解决方法,如果可以充分学习、体会两方面的经验,那么今天的研讨会可能会对中国今后的发展出现的一个问题提出解决方案,使中国今后的发展更健康、更平稳。他强调这一问题很重要,感谢周其仁教授抽出大量时间组织这次研讨会,感谢 Yale 同事、各研究机构和媒体朋友参加这次研讨会。

然后由中国经济研究中心周其仁教授以"城市化、农地转让权和征地制度改革"为题做主题发言,周教授以我国工业化和城市化土地资源在不同部门重新配置作为问题提出背景,以现行土地制度法律演变、实施现状和主要弊端作为直接对象,以市场价格配置资源机制和产权界定关系作为中心分析思路,对我国征地制度改革涉及的主要问题和基本思路,做了比较系统的分析和阐述,在后续讨论中引起热烈反应和评论。周教授报告和发言的主要内容,在本次会议简报之二、三中专门做了介绍。

2. 耶鲁大学法学院 Ellickson 教授发言

报告题目是"土地制度概述"。他首先回顾了新中国成立以后土地制度中的重要变革。在 20 世纪 50 年代中期,中国实际上照搬了当时苏联土地产权制度,将农民土地私有权收归国家和集体。在 1958—1961 年,这种土地制度造成严重饥荒。经过长时期沉寂,1978 年后中国在农村采取了家庭联产承包责任制,赋予农民有效产权,提高了他们的积极性和农业生产率。他引用中国成语"千里之行,始于足下",提示 1978 年农业改革只是中国土地改革第一步,现有土地制度只是改革的中间站而不是终点。

Ellickson 教授认为中国人民最终将意识到土地私有权体系将会是改革的终点,并且这也是中国千年历史中的主流现象。实际上,在 1949—1954 年,中国的社会革命就是打破了地主的集中私有制,把土地分配给农民成为他们的私有财产。他还提出一个值得注意的事实,就是几乎所有发展绩效良好的国家,都是实行土地私人所有制。在这些国家,国家只拥有少数土地,类似集体的机构也没有农地的所有权。当然这种被普遍采用的土地制度也有其优点及缺点。

土地私有制之所以能促使经济的繁荣,是因为它使农民个人、家庭户有了很高的积极性去提高生产率和土地质量,因为他们可以合法保留自己的生产所得。最好的佐证莫过于 1978 年改革后中国农业的突飞猛进。另一个私有制的好处在于行政的简化,把对土地做决定的权力下放给农民自己。如果土地的所有者觉得自己不再是这块土地的最有效的使用者时,私有制使他有权可以将土地自由出租或出让,以使土地可以得到更好的利用。因此在私有制下,若是有公司想在农民的土地上建厂房,就必须给农民一个满意的价格,因而土地的私有制实际上为农民提供了个人的保障机制。除非有特殊情况,个人的土地不能在未得到农民的允许时被强行拿走。中国的农民如果拥有受法律保护的私有产权,他们不会再有那么多反对的呼声。

Ellickson 教授也同意，一个土地制度不可能十全十美，土地所有权下放会引起负的外部性等方面的问题。另外，土地要素集中到少数人手中也是可能出现的情况。国家可以通过一些外部管制以及相应税收制度来解决这些问题。他说：面对着一匹烈马，我们想到的应该是怎么驯服它，而不是干脆杀掉它。

Ellickson 教授认为中国土地改革应注意以下三个方面的改革：首先应赋予个体农户完全的土地所有权，它应该是永久的所有，而不是现行的 30 年。并且农户应不需要集体或国家的允许就可以出售、出租或转让土地。另外，农民要有否决权，可以抵制政府的滥用权力，并在必须征用土地时获得相应的补偿。其次是中国应该减少集体对农用土地的控制权，集体现在手中的土地控制权力应最后转移给农民自己。历史已经表明，集体大农业势必造成农业生产的无效率。更重要的是，在中国现阶段，农村集体中的领导若可以从农转非中获得大量的土地增值带来的好处，寻租行为则不可避免。再次是政府应逐步淡化自己在土地转让等方面中间人的角色。现在农转非等还需要经过城镇政府的审批，实际上又提供了政府利用权力寻租的机会。相反，国家政府应该通过行政管制及相应的税收制度来解决土地的转让、出售中可能出现的问题。

3. 中国经济研究中心汪丁丁教授发言

汪丁丁教授以"征地制度的两种合法性与效率原则"为题发言。他首先表示同意周其仁教授对于土地财产权三要素的界定，即使用权、收益权和转让权。他同时指出，转让权的界定是一个社会博弈的过程。所谓社会博弈，是指权利与资源的配置过程及对相应行为的意义界定，是处于利益冲突的社会成员之间基于道德共识的策略性互动。汪教授还提出两个概念：Legality 和 legitimacy，前者为"合法性"，后者即韦伯所谓的"正当性"。按照哈贝马斯的阐释，正当性意味着交往理性、交往认知、交往伦理以及在此基础上的正统性，而合法性则意味着对实存法律的阐释以及各阐释间的逻辑一致性。汪教授同意 Ellickson 关于土地市场私有化的看法。他认为任何交往共识都具历史性和路径依赖性质。在中国更具有正当性的可能是延续千年之久的"私有制"。汪教授还强调对于土地制度改革问题的讨论，需要深究细节，尤其需要法学方面的专门知识。

4. 自由讨论发言

在自由讨论阶段，中美两国的学者、官员就征地制度的背景、政策目标及改革的原则以及主题发言人的有关观点展开深入的讨论。中国经济研究中心陈平教授认为，现在国际竞争在于吸引更多的外国直接投资。参与全球的竞争，吸引外商投资，首先必须进行基础设施的建设，而且城市化过程中有巨大的社会转型成本，那么如何支付社会转型成本？金融市场的一个特点是财富越多信用越高，穷国甚至没有融资信用，所以发展首要的一个问题是信用的扩张。根据对过去改革经验的观察，地方之间的竞争是中国发展的重要动力，各个地方政府相互竞争吸引外资，进行基础设施建设。那么资金从哪里来？现在中央政府财力越来越弱，而且征税成本相当高。上海、广东、浙江发展的一个重要动力是社会主义制度下的圈地运动，这与英国的发展历史以及美国西部开发是相似的。这确实很不公平，但对于发展却起了重要的作用。从中央政府角度看，重要的是如何为发展融资。1978 年的改革是大家都不会比以前更差，我们现在的改革与 1978 年的改革相比风险很大。如果现在让地方将土地私有化，然后马上就会产生一个问题，地方政府的财政收入哪里来？中央政府的财政收入哪里来？大量的下岗工人的失业救济金谁来支付？大量的农民进城根本找不到工作，怎么办？我认为这是一个与金融和财政相关的一个问题。如果不先改革银行系统、税收制度、财政制度，就无法改变土地所有制。另外，应注意的是，过去七年间，台湾一条高速公路都没有建起来，因为只要是建高速公路，土地的价格就飞涨，但是北京与上海差不多一年一条高速公路，因为土地是国有的而非私有。

Ellickson 教授就讨论中提到的土地市场可能会产生泡沫或者其他负面结果的观点加以评论。他认为考虑这个问题的适当方法是，比较所有针对这些问题的制度选择。他认为不存在一个完美的机制，市场机制与政府计划都是有问题的，但市场机制是一个更好的机制。我也认为刚才提到的财政税收问题是极其重要，中国过去二十多年的快速发展是令世人瞩目的，也正在成为世界的制造业中心，问题是怎么为这个发展融资？现在这样的征地制度实际上通过剥削农民，补贴城市制造业，为发展融资。更合适的是能通过对更广泛群体的课税，为制造业提供补贴，而不是只让一部分农户来提供这样的补贴。从各国的经验以及中国的历史来看，在土地私有制下，财政可以通过课征土地财产税等方式获得财政收入。土地私有制的一个好处就是提供一个更广泛的税基。

林毅夫教授指出，开这个研讨会的目的在于在土地问题上存在很多不正常的现象，我们需要从法律上将土地制度规范化。二十年来城市近郊及工业化的土地增值太多，价格增长很快。现在的主要问题在于，这个增值的租金应属于谁？是农民还是社会大众、是政府还是土地开发商？现在土地增值的很大部分流入土地开发商手中，出现了很多不公平现象。对这个问题的回答决定了我们应采取怎样的制度安排。如果认同孙中山提的"土地涨价应归公"，那我们的问题就是如何使这部分增值真正归公？土地增值部分到底是应更多地属于农民还是应更多地属于政府？这是我们应讨论的问题。

华盛顿大学法学院 Posterman 教授提出，中国大陆在土地制度方面应借鉴日本、中国台湾以及韩国的比较经验。这些国家和地区都给予了农民完全的土地所有权。日本战后农业人口达到 50%，中国台湾和韩国更高，但中国大陆的农村人口有 8 亿，这在世界上也是绝无仅有的。我们应该明确的是，只有给农民土地所有权、转让权，才是给了他们真正的保障，才能让他们有积极性投资、生产，才可大幅度提高收入。在中国大陆，大部分农民的消费水平还是非常低的。25% 的农业人口每天的平均消费量只有一美元。他们的基本权利需要真正地保护。在征地问题上，应考虑到农民的切身利益和保障问题，切实贯彻实施《土地承包法》，因为土地是他们最重要的资源。

南京农业大学曲福田教授认为，周其仁教授的关于土地产权和征用制度的讲话实际上是把土地改革放到城市化和工业化当中去考虑，是非常重要的。在征地制度的讨论中，我们有两个应注意的问题：首先，改革应放在整个中国的大环境中考虑；其次，中国土地制度要有一个长远的目标，建立一个长期起作用的作用机制，而不是给农民短暂的补偿、就业。

周其仁教授讲话让我们从两个方面来考虑问题：一是如何进行理论研究；二是如何从长远来设立土地制度。在此，有两个问题需要讨论：一是林教授提到的"土地涨价应归谁"的问题，从传统的马克思主义经济学到传统的西方经济学，应该说归公是有理论根基的。但在目前土地价格应如何分配？要具体考虑在不同社会有不同背景。传统经济学认为价格对资源有配置效应，并且农民做出了巨大的贡献，他们应该参与价格的分配。如果农民可以参与分配，那么应由谁去分配，以何方式分配？这就涉及周其仁教授说的土地产权的残缺与市场机制的问题。分配是土地所有者与使用者间达到的均衡，但由于产权问题，土地的所有者农民没能力去达到这个均衡。在谈到土地增值归谁的问题时，应该先考虑土地产权应归谁，明晰农民的产权是必要的，否则就必然是政府的行为。另外，周其仁教授提到用市场机制来分配资源能否增加工业化成本的问题。我同意周其仁教授的观点。中国现在这方面的损失有两类，必要的代价性损失和过度性损失，过度性损失是政府压制土地市场或没有将土地市场培植起来所造成的效率损失，能够通过弥补产权的残缺来达到土地市场的有效运行，来抵制过度性损失、促进工业化。欧洲认为我们的幸运在于用"更低的工业化代价来获得经济增长"，但实际是有问题的，他们没有考虑到中国的现实——人多地少，粮食的问题。

周其仁教授提出两点值得回味：第一，城镇土地是否一定国有？对这个问题的回答可能能为我们整个土地制度的改革提供一个新的方法。答案若是一定，那么征用可能是必需的。但若是不一定，则征用制度问题就可以迎刃而解。第二，管制的问题。现在转让权的管制和价格管制是否是一回事？在中国，它们是一起进行的。但在国外的经验中，例如荷兰、英国，它们可以分开，转让权管制，价格放开。土地的价格由市场来决定，能否考虑通过改善价格的管制来更好地执行转让的管制，改善我们的征用制度？我们目前的主要任务还包括考虑农民的产权应该如何弥补的问题。

耶鲁大学法学院 Rose 教授就周其仁教授说到的产权与征地的关系问题发表评论。在中国尽管城市土地是国家所有的，私人对城市土地的使用权比对农地的使用权更有保障。因此，城市土地比农业土地的市场化程度更高，其价格更接近市场价格。因为农地的产权更加缺乏保障，转让权更不完整，所以农业土地的价格很低，远远低于市场价格，城市土地与农地的价值就相当地不成比例。正如 Posterman 教授所说，国家应该给予农民安全稳定的产权，这样才能使农民积极地投资和生产，并考虑土地在未来应如何使用。我认为，产权的完整和保障与征用是紧密相关的，如果农地产权得到更有效的保障，农地的价值会提高到接近市场价值，那么征地的需求会降低。土地用途转变的动力很多是来自农地与城市土地产权稳定性不同，因为农地产权的弱化使其农业用途贬值。

Ellickson 教授指出，林毅夫教授提出了一个有趣的问题，当土地变得越来越值钱时，谁应该得到土地增值的利益？美国有位学者亨利·乔治，他毕生都在研究这个问题，认为土地所有者不劳而获地得到土地增值的收益是不公平的，所以应该对土地增值征收较高的税，使收益转移给大众而不是给特别的某一个土地拥有者，但他还认为私有产权是适合的。这种观点曾一度在世界范围内有广泛的影响，有少部分的国家严格按照他的建议制定政策。我个人认为有两点：第一，如果政府对土地征收财产税，就可以从土地增值收益中获取部分收益，这是很多国家都有的再分配的办法；在那些有所得税的国家，当土地所有者出售他们的土地获得巨大的收入时，其中一部分可能成为所得税的课征对象。第二，假定由于一条高速公路的兴建，引起了一块土地价格上涨了十倍，针对这种情况，很多国家都有相应的法律规定，即向土地所有者获得的增值收益收费。

中国扶贫基金会罗小朋博士指出，我们讨论问题时应注意中国有其独特的治理结构，也就是秦晖教授说的"大共同体本位"。他提到了中国土地制度与治理结构相关的几个问题。在土地涨价归属的问题上，应该明晰"公"到底是大公还是小公。我们的土地制度在我国的高速增长中起到了重要的作用，首先土地成本降低，同时也带来了劳动成本的降低。城市中的农村劳动力价格中已经包括了农村土地均分和不允许定居于城市的因素，所以农村劳动力的价格低于城市中劳动力的再生产价格。土地制度的负面影响越来越大，其中的一个因素在于地方官员在征地时已经脱离了本地区的需要，而是出于自己的需要。如果他借助于我们的治理结构并立足于本地区需要办事，那么这种土地制度还是可行的。现在地方领导的流动部分地造成了许多问题的出现，这是一个更为急迫的问题。

哥伦比亚大学法学院 Heller 教授认为，关于保护耕地的重要性以及粮食安全的讨论，很多人认为我们应该根据这两点来确定我们对土地制度的态度，决定我们对待农业用地和建筑用地的不同。但我个人认为，保护耕地根本就不是一个问题，国家政府一点都不用刻意地去保护耕地。这只是一个借口，借以保护正在日益衰减的集体权力，借以对城市化过程施加各种管制，从而对经济发展构成了大量隐性成本。

Posterman 教授认为需要注意两个方面问题：一是补偿总量，农转非时应该以非农用途的市场价值为基准。二是补偿的分配问题。现在中国土地征用中，60%—70%的部分被县、乡镇政府拿走，25%—30%的部分留给了村集体，农民拿到手的只有5%—10%。根据我们的访谈，补偿的分配问题是关键的问题，而不是补偿的总量。农民知道总的补偿是多少，但分配给他们的太少，所以农民非常地愤怒。

美国众达律师事务所 Judy Dong 律师指出，土地资源是永久性资源，原来的土地征用补偿却是一次性的。征用金是将几十年的成本要求企业一次性缴纳，而对于农民也是一样，将他们赖以工作、生活的资源一次性补偿给了第一代。政府的问题也是出在这里，因为这样可以一次性地获得收益。Dong 律师建议，在作土地征用时，投资企业不用一次性缴纳，而是将此作为农民的一个期权，农民的产权凭证就相当于股权证。那么他们也就可以从土地的增值中获得补偿，这个期权就可作为农民以后的生活来源。这也解决了制度上的权利批租问题，改善了投资环境，也保障了农民的生计。在目前的制度下，农民应有的收入被强行掠夺了。

"中国征地制度改革"国际研讨会简报之五

（2004年2月）

征地制度改革是2004年中央一号文件提出的重大政策课题。为了对这一问题提供分析支持和政策建议，北京大学中国经济研究中心与耶鲁大学中国法律研究中心于2004年2月27—28日联合举办"中国征地制度改革"国际研讨会。中美两国经济学家、法学家、政府官员在这次研讨会上对中国征地制度改革进行了广泛而深入的研讨。我们通过六期简报对这一会议加以报道，本期简要报告2月27日下午研讨内容，主要包括两方面议题：我国现行征地制度现状与问题、中国征地制度改革的地方经验以及相关国际经验。

1. 国土资源部耕地保护司潘明才司长发言

他作为主持人从决策部门需要角度再次强调了本次研讨会的重要意义。他认为当前征地工作的大量矛盾，除了由执法不严格和不到位所导致外，主要是现行征地制度存在问题，因而改革是根本解决这些问题的必由之路。1999年国土资源部设置了专门机构进行相关研究，在19个城市做试点工作，为征地改革提供了思路和经验。总的体会是征地改革复杂、涉及面广、政策性强，涉及土地产权制度问题、经济体制问题、收益分配、国家集体个人关系处理的问题、国家经济社会的发展问题。征地问题不仅是土地问题，还是经济问题、社会问题、法律问题、政治问题，应按市场经济规律来设计，依据具体国情又要求处理好各方面的关系。从改革角度看，既要设立目标，又要稳步渐进。希望可以通过讨论得到好的思路和方法。

2. 中央财经领导小组项兆伦局长发言

他发言的题目是"征地制度改革的主要环节"，主要讨论了四个环节问题。

土地利用总体规划和土地用途管制。土地利用总体规划是土地用途管制的依据。严格的规划是实行严格的耕地保护制度、控制非农建设用地总量的根本保证。制定好规划，管理好规划，才能管住征地和用地规模。现在的问题是：规划管不住用地，甚至规划成为多征多占农地的依据和手段。不少地方随意修改土地利用总体规划，把大量农地包括基本农田纳入城镇规划范围，一概征用，搞所谓的土地储备和经营城市，以地生财。

造成这种情况的原因，一是对宪法规定的城市土地属于国家所有，缺乏必要而明确的解释。城市扩大的部分、规划内将变成城区的部分是不是属于国有，怎样变成国有，宪法没有规定，土地管理法也没有明确。实践中往往变成城镇建设规划扩大到哪里，土地就要征到哪里，土地所有权必须变更到哪里。

二是编制和修改规划缺乏严格的程序和制约。用地的权力和好处在政府，编制和修改规划的权力也在政府。

三是利益驱动。规划管不住，根子在于管规划、管土地的政府可以经营土地。既然有心占地、占地有利，就必然无心管地、规划失控。有一种意见，认为只有政府垄断土地经营，才能有效控制建设用地总量，否则就会导致用地失控。这不符合事实，理论上也有问题。控制建设用地总量，关键是对土地用途管制，不论是通过征用或征收取得土地，还是通过市场取得土地，都要符合用途管制。我国现行征地制度有两大支柱，一个是政府垄断经营土地一级市场，一个是征地按土地的原用途补偿。垄断土地一级市场，就要对无论是否符合公共利益需要的所有用地项目一概实行征用；按原用途补偿，又将农民集体和承包农户完全排斥在土地增值收益的分配之外，实现低进高出。这就便于政府和其他用地单位廉价、快捷、成片地取得农民集体土地。滥用征地权、利用征地权寻租、农民权益受害等诸般积弊，这是重要根源。

解决这个问题，一是要将城镇规划调整与土地所有权改变脱钩。要规定城镇建设规划扩大以后，规划区内的农民集体土地，除国家为公共利益的需要实施征地的，不管是否转为非农建设用地，仍保留集体所有性质。取消农业户口的地方，原农民集体的土地所有权和原农户的土地承包经营权不变，居民根据承包土地取得土地收益。撤销村组建制的地方，应在原来的集体经济组织基础上，成立集体资产的管理机构，负责土地收益的管理和分配。这样，政府不能通过扩大城镇规划多征地，可以降低政府随意调整规划的经济动因。二是要规定更加严格的规划编修程序，切断调整规划与滥占耕地、以地生财的联系。要明确规定，编制和修改土地利用总体规划属于重大事项，不仅要经过政府还要经过人民代表大会批准。土地利用总体规划的编制、修改的批准权不准下放。土地利用总体规划确定的基本农田保护区要落实到地块，不经过严格的程序不得调整。三是要改变政府垄断经营土地一级市场的体制。

征地目的和范围。需要解决四个问题。一是将征用和征收分开。现在我国土地征用制度，实际包括了征用和征收两个概念。最近中央修宪建议将原来的征用表述为征用和征收。国家出于公共利益的需要，可以征用或征收农民集体土地。征用是在紧急情况下，国家强制性使用农民集体土地，并给予适当补偿。征用不改变土地所有权，使用结束后应及时恢复原使用条件并退还。征收农民集体土地，应当严格用于不以盈利为目的、为社会公众服务、效益为社会共享的公共设施和公益事业，以及关系国家安全和国民经济命脉的重大经济发展项目。

二是要明确规定一般经营性项目用地不能启动国家征地权。需要使用农民集体土地的经营性项目，必须符合土地利用总体规划和城镇建设规划，通过有形土地市场，取得农民集体土地使用权，并依法办理土地登记，这里需要特别明确两点：(1) 允许进入市场的农民集体土地，是根据土地利用总体规划可以进行非农建设的土地。(2) 农户是进入市场的承包地使用权交易的主体。农民集体和农户可以在土地利用总体规划确定的非农建设用地范围内，按照城镇建设规划规定的用途，以土地使用权入股、租赁等方式参与经营性建设项目的合作开发，也可以由承包农户自行开发经营。承包农户不愿意放弃务农，或者不接受用地单位单方面提出的土地使用价格，用地单位应当另行择地，任何人不得强迫农民放弃土地。

三是要明确规定对不符合公共利益需要的征地项目，对违反土地管理法律法规、土地利用总体规划和城镇建设规划，擅自占用农地进行非农建设的，应责令当事人拆除建筑，恢复土地原状，不得用补办手续的办法承认既成事实。现在的土地管理有个很大的漏洞，就是补办手续，不少违法违规占地通过补办手续最终实现合法化，导致很多人心存侥幸，甚至有恃无恐地滥征乱占耕地。

四是要明确规定政府及政府部门不准从事土地经营。要按照"经济调节、市场监管、社会管理、公共服务"的要求，把土地管理和土地经营彻底分开，政府履行土地管理和土地市场监管的职责，土地经营由市场主体来承担。这个问题的根子，又在政府垄断土地一级市场的体制上。

征地补偿和安置。其中涉及四件事。第一是补偿原则。按土地原用途补偿，不符合市场经济的基本原则和常识，也不符合十六大关于各种生产要素按贡献参与分配的原则，客观上损害了农民权益，造成大批被征地农民生活水平下降，甚至生计无着。农地是生产要素，其价格要根据市场供求关系来定，农民的土地承包经营权是产权，其价格要由盈利能力来决定。要从土地既是农民的基本生产资料又是基本生活保障的实际出发，尊重农民对土地具有物权性质的使用权和收益权，合理补偿被征地农民，保证农民的生活水平不因征地而下降，保证农民失去土地后有能力继续从事生产经营，保证失地农民得到可靠的社会保障。要根据被征土地的未来用途、区位、质量、供求关系等因素，结合当地城镇居民社会保障水平和被征地农民未来生存发展的需要，重新制定评估办法，合理确定征地补偿标准。

第二是征地补偿费的分配。土地管理法实施条例规定，土地补偿费归集体经济组织所有。这将农民对承包地享有的长期稳定收益权，上升到集体经济组织，不仅损害了失地农民的权益，而且给乡村组织通过参与征地、谋取土地收益提供了经济动力。这个规定已不符合农村土地承包关系实际，与土地承包法关于土地流转收益归承包农户的规定也不衔接。土地补偿费的分配重点应当是失地农民。农户拥有的土地承包经营权是产权，是物权。农地转为非农用地，收益主体应当是原承包农户。因此，要明确规定：征用、征收或使用未承包到农户的集体土地的，征地补偿费或土地使用费支付给集体经济组织，纳入集体公积金管理；征用、征收或使用农户承包地、自留地和宅基地的，征地补偿费或土地使用费支付给农户，集体经济组织对农户承包地有投入的，可根据投入情况支付部分给集体经济组织。乡村公益事业建设占用农户承包地，要比照国家征收办法给予农民合理补偿。

第三是农民的房屋产权确认。房屋是农民最重要的财产，但一直没有得到承认和尊重。不承认农民房屋是商品，不给农民发房产证，规定农民房屋不准买卖，而且遇到征地拆迁，农民房屋只能作为一般地上附着物，给予象征性补偿，根本不够重新建房或购买商品房。当前迫切需要对农民房屋产权予以明确承认和有力保护。要明确规定农民对依法取得的宅基地上修建的房屋拥有所有权。征地过程中应参照城镇居民房屋拆迁补偿办法，对被征地农户的宅基地和房屋给予合理的货币补偿或房屋产权调换。农民的房屋可以买卖。

第四是被征地农民的安置。征地是国家行为，政府应当承担起安置被征地农民的责任。在用工制度发生很大变化的情况下，做好安置工作，主要立足点应是两个，一是建立必要的社会保障，二是为他们的创业提供必要支持。各种征地项目必须首先安排被征地农户的劳动力。要在征地补偿安置协议中明确具体的安置责任、办法和途径。

征地程序。目前问题：一是不管征地用途，对是否属于公共利益需要问题缺乏专门审查。法律没有赋予被征地者和其他单位、公民对征地目的的质疑权利。这从程序上免除了政府对所有用地项目一概实行征用从而垄断土地经营的障碍，也导致宪法关于公共利益需要的规定形同虚设，无从鉴别。二是征地程序中没有与被征地农民协商环节。农民在征地过程中完全处于被动状况和不平等地位。从土地征用的认定到补偿费的确定和劳动力的安置等，基本由征地和用地单位说了算。现行法律还规定，征地的补偿安置争议不影响征地方案的实施。这意味着不管被征地农民的生活出路有没有解决，不管这些事对社会的长治久安造成什么影响，都可以先征地，由此导致一些地方无所顾忌地侵犯农民权益，引发大量的社会矛盾。

因此，要设立"公共利益的需要"的认定程序，严格对行使征地权的监督。只有确实符合公共利益需要、进入征收目录的项目才能批准征收。要建立与被征地农民集体和农户的协商程序，建立公平的争议仲裁制度，充分保障被征地集体和被征地农户的知情权、参与权和申诉权，保证农民充分行使公民权利。土地征收目的和补偿标准、安置办法应向社会公告，并举行听证，听取被征地农民集体和农户以及其他受影响单位和个人的意见。不予公告、不举行听证的，农民有权拒绝征地。征收方案要与每一个被征地农户直接见面，充分协商，签订补偿安置协议。对征地目的和补偿安置有争议的，可以向项目所在地县级以上地方人民政府申请复议；也可以向当地人民法院提起诉讼。不符合公共利益目的、不符合规定征地用途、不给被征地农民合理补偿和妥善安置的，征收行为不得实施。特殊情况下，确需在争议解决前实施征收的，需经严格的程序。

3. 国务院发展研究中心刘守英研究员发言

他报告的题目是"集体建设用地进入市场的途径：南海案例"。南海的经验实际上是在探索一条城市化、工业化过程中农民分享土地级差收益的机制。20世纪80年代乡镇企业发展和90年代初香港投资给广东带来了快速工业化机会。土地有两种途径可以进行非农建设，一种是通过国家征地，另一种是极少数土地农民可以自用或者合股用于非农建设。最初也采用征用方式，但第一年就遭遇将近40次静坐示威，政府对征地方式向工业化供地可行性产生怀疑。另一种方法即通过农民自用或合股的方式在广东也有过试验，但出现产权不清、企业负债、集体资产负债的问题，也行不通。

广东当时的一些县政府以村为单位，进行村一级范围土地重新规划，划为农业区、工业区、商用区。1993年后几年间，村里用土地推进了工业化。但是遇到的一个问题是在村内部搞规划与现有土地所有制的衔接。因为现在土地在一家一户手上，要把土地进行工业建设必须要集中建设，在当地就出现大量土地产权转移，农户土地产权集中到村小组再集中到行政村。土地集中的最大矛盾是这种方式与承包法给予农户承包经营权的冲突。广东的做法是肯定土地承包法给农民的承包权，把权利变成股份按年龄折股，分配给每个农户。这样土地和每个人不对应，但每个集体成员的成员权工业化以后对土地级差收益的分享继续保留。

这样做的好处，一是降低工业化成本。若是大量土地通过征用，企业要一次性支付大量土地金，这样很多企业最初就不会在广东落户。二是把土地的级差收益留在村集体内部。这使广东工业化模式与国家推进模式产生了根本性的区别。后者国家把土地工业化收益全部拿出，在政府与开发商之间分配；广东做法是把收益留在村集体内部。广东一方面城市化兴起和工业化蓬勃发展，同时没有出现农村凋敝和农民贫困。三是实现工业化、地方财政与农民收入的共赢。财政方面，南海每个村庄的沉淀资金大都超过1亿元，其中来自土地的收益约占了40%。

4. 周其仁教授发言

他报告的题目是"地方突破征地制度缺陷的经验：昆山与上海郊区个案"。地方经验都是很有意思的。征地可以，但不应是唯一方式：从"唯一"变成"并举"意义会很大。怎么个并举法？刚才报告的南海经验，集体拿其土地所有权进入土地一级市场，现在二级市场已可以流转。南海的做法就是集体进入，在现有法律边界上打了一个擦边球。我们要仔细研究地方性经验，它要变化，那么这个变化与原来法规不一致地方，就需要法律行动来补充。广东省政府去年发一个文件，以地方法规形式承认集体土地所有权可以通过类似南海模式进入市场。

南海模式也有一个问题：农户与集体到底是什么关系？这里如果有混淆就会把问题留下来，南海经验有好的一面也有问题的一面。因为有的地方村庄的人物就会去干预农户的权利。南海做这些事情时还没有2002年《农业土地承包法》，现在如果全国将南海经验一般化，就有一个跟农业土地承包法的衔接问题。根据2002年土地承包法，不准把农地承包权随便再集中起来，特别是未征得农户同意。南海的做法中有很多土地股份制组织不分红，村庄少数人可以掌握这种权力，效率、公正都会有问题。

昆山做法有所不同。村庄把复垦"造"出来可以搞非农建设的土地，大家放点钱到村庄里去竞标土地，然后建厂房出租给外商，全县约20%的农民参与了这种投资合作社。到现在工商登记还没完成。类似昆山的做法上海郊区很多但是不肯讲。可见是让集体所有权还是农民承包经营权进入一级市场，在方式上还是可以选择和权衡的。比较不同地方经验启发我们更深入思考。

5. 耶鲁大学法学院Rose教授发言

她介绍了美国在公共土地管理上的政策做法和经验。她指出美国社会制度性质与中国不同，但美国经验在某些方面可能对中国土地改革有借鉴意义。

1787年建国后美国政府在亚特兰大海岸边获得了大量土地，以后数年政府购买拥有大量土地即所谓"公共域"，从北美大陆一直延伸至太平洋海岸。但美国政府从未想过要把这些土地留作政府之用或是如何加以经营获得经济利益。相反，政府想如何把这些地卖给个体，特别是农民。美国官员的行事理念，是认为如果个体拥有土地，他们就会有最大积极性去投资或是从土地使用中获得最大的经济收益，最终将增加整个国家的财富。出于同样的考虑，美国政府允许土地在私人间的自由转让、买卖。所有权加上自由转让权，大大鼓励了投资，使农民对土地的使用用心并思考长期的土地使用计划。美国政府在19世纪,实施了很多政策以鼓励土地私有制的发展,包括土地登记,将土地低价出售甚至直接给予土地居住者,同时也建立了相应的土地登记机构以保障土地所有者的权利。

但政府并未售出所有公共土地,个人对贫瘠、偏远土地没有需求,政府最后将这些土地用作他用,成为后来的国家公园、自然保护区或是军事基地等。美国不论中央政府还是各级地方政府,都只出于极少数的原因获得或拥有土地。这些公共物品一般是单个的土地所有者很难自行或通过交易与合作实现的,主要包括公共交通、公共服务(例如学校、政府办公用房等)、公共基础设施(例如水坝等)。这些物品大都服务于大量的居民,但个体很难聚在一起并同意购买或管理这些物品,这是公共品所用权的一般道理。

只要补偿是合理公正的,政府可以出于这些公共用途而购买甚至征用土地。合理补偿是指能使原来所有者的处境与征地前至少无差别。因此,如果政府在建一条路时征用了一块土地,那么政府必须按土地的原用途的市场价补偿给原来的所有者,尽管不是以道路的价值为基准。此外,如果个人不满意政府给的补偿,他可以在政府的听证会上表示反对。

美国政府认为虽然为公共用途征地,但仍需给个人补偿的原因在于,一是这对于土地的所有者而言是公平的,否则被征到地的个人就独自承担了应被整个社会承担的成本;二是这样才能使个人在社会中有安全感,才能够使他们放心地进行投资和生产;三是减少来自民众对于兴建公共设施的阻力;最后也是最重要的原因,在于征地所需要的高成本会使政府决策者在征地前经过审慎考虑,而不至于滥用权力。

美国在土地使用中也实行了非所有权的公共管制。在美国只有个人在行使自己的产权出现负外部性时,政府才能介入。例如,耕种造成了河流的污染。在管制上,中央政府和各级地方政府也根据外部性的范围有明确的分工。但应注意的是,管制是在非常窄的范围内进行的,农民在自己的土地上耕种什么、怎么耕种都是他自己决定的。管制只针对少数对其他人会有损害的行为,政府将管制与规划限制在保护他人的权利,例如下游可能会受污染影响的人,只提供一些如交通设施、警察服务、公园、学校这样一些私人不能自行提供的公共物品。

6. 浙江大学卡特中心汪晖教授发言

他报告的题目是"从浙江两个案例反思现行征地制度问题"。首先介绍了"工业园区中的土地投机"和"无本万利、一夜暴富'投资'"两个案例。他认为案例出现的问题,与征地权滥用和征地范围无限扩大,以及征地补偿过低有紧密联系。在快速工业化和城市化进程中,土地需求不断增加,而土地供给有限,从长期看土地价值有上升的趋势。案例中原土地所有者(农民)和政府(社会)没有从土地增值中获益,而是被投机商占有了。从征用土地后的用途来看,既不符合公共利益,也损害了农民私人利益。

为什么要动用征地权?周其仁教授提出"农地不是敌产,工业化城市化也不是战争或救灾,为什么非征用不可"这样的疑问,但是代表性解释认为防止个别土地所有者延误需要大量土地的公共项目是征地权存在的理由,如果在一个公共项目中政府必须和每一个土地所有者达成协议,那么交易费用将会超过该项目的净收益,因为每个土地所有者都存在着保有(Hold out)土地以便从公共项目导致的土地增值中获益的动机。这就引发一个问题:什么时候动用征地权才合法?在一个充分尊重公私财产的制度下,符合公共利益的项目才具有合法性。随着经济、社会的发展,公共利益用途的范围也在变化,在土地征用制度中应考虑设计一项审核机制，即由第三方机构审核征地项目是否符合公共利益。为防止寻租现象，建议各地设立土地征用审查委员会，由政府领导牵头，各相关部门，如土地管理局、规划局等参与，审查上报的征地项目是否符合公共利益原则。他还对农民失去土地损失以及公平补偿的含义，做了细致的技术性讨论。

7. 项兆伦局长发言

他在自由讨论中再次发言，讨论了对农民补偿会不会影响国家建设速度问题。他强调首先应该承认征地补偿确实过低，应该提高。即便对国家建设速度有所影响也应该提高，因为这个成本增加是健康建设速度的应有成本。目前政绩工程、面子工程一个接一个，一个重要原因就是农地成本太低。实际是眼前成本是低，把大量矛盾留给后任，政府要付出巨大管理成本，社会成本实际很大。现在影响社会稳定的群体性上访事件，有相当一部分是征地拆迁造成的。各级政府为应对上访群众耗费的人力物力，实际上也是征地成本。现在各地土地出让金与农民征地补偿远远不成比例。1998 全国土地出让金总收入是 507.6 亿元，其中纯收入 249 亿元。纯收入是占了出让金的 49%，但征地的补偿费只占 507.6 亿元的 25%。浙江上余市 2000 年的土地出让收入是 2.19 亿元，但是给农民的征地补偿费只有 591 万元。多拿出一些给农民不仅应当而且可行。

他认为通过调整征地补偿费分配与征地成本结构，在不增加建设单位用地成本前提下，仍可大大地提高农民实际所得。如一亩地年产值是 800 元，按照土地补偿费与安置补助费的高限来算，两项之和是 1.28 万元。但现在农民实际所得至多只能占到这两项所得的 37.5%，也就是说 4 800 元，如果把两项都给农民，农民就可以得到 1.28 万元，增加了 167%。另外，虽然国家没有开征征地税，但在征地环节的税费有十几种，占用地成本 70% 以上，这些费用都是建设单位要支出并且进入用地成本，如果能把这些税费减少一半，补偿给被征地农民，再加上土地补偿费的内部结构调整，农民被征一亩的补偿可以从 4 800 元提高到 2.77 万元，增加 478%。现行《土地管理法》对征地补偿规定了上限，但对征地环节税费没有限制规定。比如耕地占地税，人均耕地一亩以下地方按每平方米 2—10 元征收，同样按上限计算，年产值 800 元的耕地占用税是 6 670 元，农民可得补偿是 4 800 元，一个税种就可能超过了农民补偿。调整征地税费结构也可以在不增加用地成本前提下提高农民补偿。

"中国征地制度改革"国际研讨会简报之六

(2004年2月)

征地制度改革是今年一号文件提出的重大政策课题。为了对这一问题提供分析支持和政策建议,北京大学中国经济研究中心与耶鲁大学中国法律研究中心于2004年2月27—28日联合举办"中国征地制度改革"国际研讨会。中美两国经济学家、法学家、政府官员在这次研讨会上对中国征地制度改革进行了广泛而深入的研讨。我们通过六期简报对这一会议加以报道,本期简要报告2月28日上午的研讨内容,主题是有关征地制度改革的法律修改与政策建议圆桌讨论。

1. 周其仁教授发言

首先由周其仁教授归纳了征地制度有关法律政策制定若干重要问题,并对这些问题发表了自己的观点。这些问题包括土地涨价到底应该归谁的问题、征地权问题、把被征地农民列入社会保障问题、开放土地一级市场问题、准许集体土地进入市场问题、批租期限和集体土地进入市场方式问题等。周教授还提出了他的关于土地改革立法程序建议。具体内容请参见本次会议报道简报之二、三。

2. 美国农村发展研究所(RDI)Brian 律师发言

Brian 律师提出了三个阶段改革步骤建议。第一阶段,要改变征地制度中的激励机制以减少地方政府的寻租机会。可以说,征地过程的各利益群体中,农民是最为弱势的,因此需要相应的政策与法律的修订来保护他们的权利。同时,保护农民的权利重要的是防止他人(包括政府)对农民土地资产权利的侵犯。在不根本改变农村产权制度的前提下,通过保护农民权益的办法缓解当前的矛盾冲突。

第二阶段,政府要完全退出非公共用途的土地农转非过程,要将政府的征地权限制在公共用途上。政府不能参与到私人建设的谈判过程中。此外,赞成周其仁教授提出的即便是有关公共用途时,只要谈判能够达成协议,国家强制征地权也不要动用。

第三阶段,重新制定农村产权制度。对于中国而言,根本性地修改产权制度,向私有产权制度的转变或接近,可能是一个较为长期的过程。第一阶段中可以进行几方面工作。一是稳定农民土地产权。2002年的《土地承包法》是向这个方向迈进的一大步,但《土地承包法》生效以来，公众对农民所新拥有的权利了解有限，这些权利也没有得到有效保护。因而切实实行《土地承包法》具有重要意义，这不仅会通过提高农民的积极性来促进投资，提高生产力，提高农民收入，而且也是发展土地市场（出租市场与转让市场）的一个起点。这样就可以同时提高土地的价值，而且有助于发现市场价格，目前在中国，土地市价很难确定。

二是与《土地承包法》实施相适应，必须明确宣布当土地被承包后村集体就不可以再调整土地。在《土地承包法》中，土地承包权在30年的承包期内是不允许被重新调整的。作为例外情况，如在自然灾害等特殊情况下允许再调整土地承包权。我们认为，需要明确规定，土地征用是不属于这类允许再调整土地承包权的特殊情况。

三是具体界定国家可以征用土地的公共用途。

四是基于土地的最终用途或市场价格，提高给由于公共用途被征地的农民的补偿标准。现在的《土地承包法》设定的补偿标准过低，没有体现30年土地承包权的合理价值。改变这种状态的一种方法是确定补偿标准最低限，而不是制定最高限。我们也希望更进一步地提高公共用途的征地补偿费，向市场价格靠近。在中国有可能确定土地市场价格的地区，建议尽快地建立相应机制。

五是要将更大比例的征地补偿费给农民。基于农户30年的承包权意味着绝大部分的价值属于农民，这接近完全私有产权。农民应该被授权享有绝大部分的补偿费，作为一个中间步骤，至少75%的补偿费应该归农民所有。

六是要赋予农民直接参与征地过程的权利。这对于获得农民对征地过程的了解与支持是非常重要的。许多案例表明，很多农民对补偿费了解非常有限。让农民更早、更直接地参与到征地谈判过程中，可以缓解目前社会不安定问题。

七是要认真研究地方在征地制度改革方面提供的经验。

在第二阶段，建议政府要完全退出私人用途的土地转移。首先要消除农村土地与城市土地的区别以及农地与建设用地的区别，以简化土地管理制度。其次要在所有私人用途的土地交易中，允许集体、农户、开发者直接谈判确定一个市场价格，决定何时何地将农地转化为非农用地。正如我们前面提出的，在实施这一步之前，必须先保护农户参与这个谈判过程的权利，以及获得绝大部分补偿的权利。在公共用途的征地补偿中，如果第一阶段没有做到以最终用途的市场价格为标准，在这一阶段，则应该向这个方向转变。

在第三阶段，要修改农村产权制度。给农民一束完整的权利非常重要，我们建议进一步接近完全的土地私有制。具体的步骤包括，延长土地使用权，明确使用权可以继续保留，如果可能的话，转向土地的农民私有制。其次是取消所有施加在农民土地转让上的限制。取消目前对土地转变用途及权利转移的限制。再次要引入农地的抵押权。这不仅对于农村的经济发展有重大作用，而且对土地市场的运行有重要意义。再其次要规定土地的使用权或所有权完全可以继承。最后要建立一个统一的土地产权登记制度，使土地开发商或想得到土地的农民可以从中了解到土地的法律权利的归属。

Ellickson对Brian的发言作了三点补充。第一，在第一个阶段，正如周其仁教授提到的，应该先让30年的承包权可以自由流转，这将会对农民的福利有很大改善。此外，如果存在自由流转，就可以产生土地的市场价格，公共用途中的征地补偿就可以参照这个市场价格来定。第二，在第一阶段而不是第三阶段，就可以试行改进土地的登记制度。在第一个阶段，租用土地时就可以通过登记记录下来。第三，土地继承权极为重要的，如果权利在原权利人死亡的时候就消失，显然其他人就不大愿意去买这样的权利。可以在第一阶段就规定 30 年承包权是可以继承的，可以根据使用权人（农户）的意愿来继承。授权农民可以抵押现有的 30 年的使用权将会给农户带来重大的利益。一个好处是，如果他们需要去投资购设备，他们就可以通过抵押其 30 年的土地使用权来获得资金。另一个好处在于，这将进一步限制政府调整农地的权力与征地权力的滥用，因为这样不仅农户会反对，出借资金方也将反对这种权力的滥用。

3. 项兆伦局长发言

他指出政策制定过程中存在七点较大认识分歧，需要在改革政策设计过程中研究分析。第一，部分农民集体土地进入非农建设用地市场会不会导致建设用地总量失控。还有人认为，如果缩小征地范围，那就意味着国家放弃对土地供求的总量控制。第二，政府是不是继续垄断土地经营的一级市场。现在这个做法又有另一个理由，认为只有政府垄断才能控制建设用土地的总量，如果政府不能垄断，土地供应量势必严重失控。第三，按原用途补偿是否合理。这在土地学界有两个根据，一个是"涨价归公"理论，一个是地租理论。现在有的部门对这个理论做了一点修正，认为按原用途补偿是不够的，要加上社会保障。那么这样补的根据是什么？第四，给农民合理补偿，特别是按市价补偿会不会影响国家的建设速度。第五，实施城市建设规划是不是要全部征地？什么是公共利益需要，理解上有很大分歧。一种观点是认为凡是可以促进经济发展增加税收的就是符合公共利益的需要；另一种观点认为，实施城市规划属于公共利益的需要，而规划具有强制性，如果不强制征地，就会出现城市中间的插花农田，搞得城市不像城市，农村不像农村，这个观点是现在规划扩大到哪里，地就要征到哪里的重要根据。第六，征收、购买农村土地，是不是要一家一户地跟农民协商？有人认为，征地只能跟乡村集体经济集体组织协商，而不可能与一家一户农民协商，因为成片的规划，成片的征地，搞的是大项目，怎么可能一家一户地去做工作。第七，公民对征地有争议，可不可以向法院起诉？我们现在的规定没有给农民起诉的权利，只有一个仲裁的程序，并且也没有对征地目的可以提起诉讼的规定。现行法律规定，对征地补偿的标准有争议的，由县级以上的地方政府负责协调。协调不成的，由批准征地的人民政府解决。但这个规定现在有一个操作问题，就是我们很多的征地项目是由国务院与省政府来审批的，国务院与省政府又怎么面对成千上万的征地项目，面对千家万户的纠纷与争议？

4. 中国土地学会黄小虎秘书长发言

他针对周其仁教授的发言作了一个回应，同时提出了自己的政策建议。关于土地增值分配问题，他赞成周其仁教授的建议，建议通过财产税与所得税来取得政府一部分增值收益。但他提出在理论上还与周教授不太一致。他认为这个问题涉及价格的形成机制。与其他商品相比较，地价与其他商品价格的形成机理是不一样的。其他价格是供求在起作用，供求价格是围绕价值波动，其他大件商品也有租金，那个租金本质上是价格的分解。地价与地租的关系正好相反，地价是地租的资本化，也就是地价的本质是地租。地价实际是社会总产品利润的分割。它是权利人凭借权利参与社会剩余产品的分配。这与其他商品的价格不同，不能简单类比。地价的上涨，所有者凭借所有权获取地租，使用者如果有投资，级差收益将由他获得，如果租期到了，级差地租二转化为级差地租一。现在还有一种情况，土地增值如果是整个周边环境变化造成，涨价归公归社会不能说没有道理。问题是怎么拿？过去的办法是不符合市场经济规律的。这也是现在要改的。具体的分配，怎么拿，他的意见和周教授的是一致的。

他还对土地登记制度做了评论。土地局成立就建议改革土地登记制度。现在还没有做到统一登记，房屋是由房屋部门登记，树木是由林业部门登记，只有光秃秃的地是由土地部门来登记。实际上是将土地登记分割开来，缺少一个统一的登记。应该是地上物、地下物都纳入土地登记，包括房屋。这是一个基础性工作，以实行土地的财产税为例，财产税是要评估土地价值的，谁评估，现在是管土地的部门评估土地，管房屋的部门评估房屋，将来怎么评估？他预计这些基础性工作要是做不好，很可能税务部门在开征财产税时，由于现有两家都是分割的，税务部门会再搞一家评估机构。

5. 潘明才司长发言

他主要就美国专家的建议谈了几点看法。他认为下一步征地制度改革方向，是要按照市场经济规律来保护权利人的权利，按市场价格来补偿，要公开接受各方面监督。路子怎么走？有四点中国国情比较值得注意。

第一，在中国土地还是公有制。将来农村土地要不要实行私有制，这个问题现在很难回答。但可以说在现阶段还做不到。在公有制的情况下，怎么强化权利人权利？现在的村委会等集体都是虚设，权力都集中在村长、书记那。这些村长书记并不代表着农民的利益，所以我们在考虑怎么强化农民个人的权利。应该强化登记，统一登记，明确权利人的权利。

第二，中国是一个人多地少的国家，征地制度改革也要有利于土地资源，特别是农用地的合理配置、开发利用。粮食安全是中央最关注的，农民可能不考虑这些问题，农民在创收过程中如挖鱼塘、种果树，实际上是破坏耕地。但国家要从大局上考虑这个问题。目前，受利益的驱动，现在有些地方，出现了政府和农民的"夺地大战"：政府经营土地，经营城市，搞开发区；农民通过土地流转，搞非农建设。从政府到农民，土地都是很重要的财源，这也造成了建设总量失控，土地持续混乱，所以我们正在搞治理整顿。

第三，中国还处在初级发展阶段，也处在一个很好的发展机遇，要利用这个机遇加快发展。征地制度改革也要有利于这个发展，中国地域辽阔，地区差异比较大，政策绝不能搞一刀切，也不能大起大落，要不然会引起经济动荡与社会不稳定。

第四，关于土地有偿使用。有偿使用的办法确实解决了改革开放时期建设资金短缺的问题，对整个市场经济的推动起了很大的作用。现在西部的同志提出来，如果把这个制度改掉，那么对西部是会有影响的，西部缺资金也想靠土地推动发展。

6. RDI 律师李平先生发言

他就"公共利益"界定提出具体建议。限定征地规模，与公共利益如何界定有关。中国是成文法国家，需要法律界定。各国对公共利益界定主要有两种方法，一是一般原则界定，中国目前是这样，美国也是这样。但这种界定不符合中国国情，中国现在大量的征地都是在公共利益的名目下达成私人目的。另一种方法是列举法，列举法又分为排他性列举与包容性列举。排他性列举法，就是除了列举出来的属于公共利益，其他的都不属于；另一种是包容性列举法。为此 RDI 根据多年的研究认为，根据中国国情与国际上的经验，采取这种包容性列举可能比较适合中国。

国家可以根据公共利益需要，依法征用农村集体所有的土地。国家征地的目的必须是下述用途：第一，交通用途，包括道路、运河、公路、铁路、人行道、桥梁、港口、码头和机场等；第二，公共建筑物建设用途，包括学校、图书馆、医院、低收入家庭的住房等；第三，军事用途；第四，公用事业用途，包括饮用水、排污系统、电力、通信、燃气、排灌工程、水坝和水库；第五，公园、操场、花园、运动场和公墓；第六，对国民经济至关重要且经国务院批准的重大经济发展项目；第七，其他经国务院批准的重要公共用途等。

其他人自由发言：中国扶贫基金会高级顾问罗小朋先生发言高度评价周其仁教授的观点，认为周教授发言相当于一场新的土地革命宣言。他还提出一个具体政策建议，建立一种机制使得地方官员将个人利益与地方的长远利益更一致，从而使得许多改革成为可能。

刘守英研究员发言，认为前面许多发言实际上还是假定政府是很善良的，而在土地问题上，实际情况可能不是这样。他提出应当假定征地制度改革是很困难的，总的思路是怎么约束有可能做坏事的政府。他指出，集体建设用地进入市场和征地制度改革是具有同等重要性的。现在问题的一个根源是，农地在农业用途时，它的收益权、使用权、转让权是清楚地属于农民的，在转成建设用地时，政府就说，这地不是农民的。

周其仁教授有一个重要观点，土地产权里最重要的一点是如何将农民的转让权延伸到非农用途上来。他也认为这是改革的根本方向。集体建设用地直接进入市场经过广东这十几年的改革实验，它也遇到了问题，第一个问题是这种模式整个是在一个非法状态下进行的。这几年大量的土地案件是因为集体建设用地进入市场的非法性。在非法的状态下，当企业规模壮大后，特别是当企业要上市的时候，就遇到土地的估值问题，就是土地到底是谁的问题。这类问题，如果在法律上没有解决，发展初期还可以，但企业要有更大发展是很难的。

林毅夫教授发言表示对周其仁教授所提六点意见中的后面五点完全赞成，但对第一点关于涨价要不要归公问题做了评论。第一，一般商品的涨价受市场影响而变化，从长期来看，涨跌相互抵消，不会永远涨。土地不一样，在一个快速发展的国家里，长期来看，地价不断上涨，偶尔会跌，但长期趋势是上涨。地价不断上涨是级差地租不断变化的结果，这又是经济增长、活动量增加对某些特定地点的土地需求的增加，而这种土地需求增加是整体社会活动的结果。

第二，土地的涨价具有区域性，利益分配往往集中在一群人身上，特别是地点造成的级差地租变化。任何制度的设计要考虑两个主要原则：公平与效率。从效率上看，全部的涨价属于农民所有是最有效的。而从公平角度看，还需要考虑通过课税来使社会分享增值收益。是不是可以利用所得税来分享土地增值收益呢？其他的所得收入基本上是劳动收入，而土地增值收益基本上是不劳而获，用所得税跟其他的收入放在一起来解决土地级差地租的涨价归公，就会遇到一个两难问题，如果这个税率定高了，就会影响劳动积极性；如果税率定得低，有利于劳动积极性，但级差地租大量进入少数土地所有者手中，显然是不公平的。所以根据土地的特性，从公平与效率角度上看，部分涨价归公可能是有道理的。

但他也不同意某些学者按原来农业用途补偿的观点。他提出台湾的解决方式，一是看附近的地价多少，然后政府公告地价，老百姓可以接受政府的公告地价，也可以自报地价。然后根据公告地价（没有异议）或自报地价（对公告地价有异议）来扣土地税。二是将来如果发生土地交易，交易价与公告地价或自报地价的差就是土地增值部分。

耶鲁大学法学院 Rose 教授发言提出三点分析。第一，关于分配增值收益分配。根据产权的传统定义，产权所有者是指剩余索取者，即所有者可以获得扣除掉所有成本、税费等费用后的所有剩余。所有者是风险的承担者，可能获利也可能受损。所有者最坏状态是，他人可以在所有者获利时进行剥夺，而只留给他受损的可能性。假设所有者可以从土地短期涨价中获利，土地价格变化将给政府提供地价变化信息，政府可以据此课税。这意味着在长期至少相当一部分土地涨价可以由政府征税获得用于公共开支。

第二，关于企业必须与大量的权利人谈判的问题。有人担心这样谈判成本太高，或者担心土地价格会变得很高以至于对企业相当不利。解决这个谈判成本的一个办法是，企业向权利人群体提供一个价格，让他们自行讨论作为一个群体是否接受这个价格。对于第二种担心，她提出两点解释。首先，当企业可以直接与权利人谈判时，由于有很多不同的权利人群体，因此企业也可以选择要不同地方的土地，因此，土地的价格甚至可能降低。其次，企业若不需要与权利人谈判，则企业就可能不完全承担相应的土地成本，这不一定是一种有效率的办法。

第三，如果土地权利是得到有效保障的，则土地的农业用途的价值将很可能会提高。如果权利是有保障的，农民会更愿意在农地上投资，进行更有效的生产，从而土地的农业用途的价值也会提高。企业也会倾向于使用那些农业用途价值低的土地，使得更多适合农业用途的土地得以保持农业用途，这样粮食安全问题才能更好地得到解决。

北京大学中国经济研究中心柏兰芝助理教授结合台湾等地的经验对涨价归公问题也发表了看法，同时也强调了征地与规划的关系。她指出，在台湾征地时政府是会发布公告地价的，老百姓往往不满意，于是通过吵闹最后的成交价有时甚至高于市价。在历来被评为市场最自由的香港，政府对土地一级市场的总量控制是非常严格的，这有很多好处，也有很多坏处，包括提高进入门槛等。

柏兰芝助理教授建议，由于土地的地方性，可以将是否要打破土地一级市场的垄断决定权下放给地方政府。关于规划与征地的关系问题，是不是规划到哪里就征地到哪里？柏兰芝助理教授强调重要的是规划是怎么决定的？土地的增值与征用后不同用途是相联系的，也就是与规划是相联系的。希望修法过程能够把城乡二元对立的土地制度并轨。同时也希望能在修法中解决现在城市国有土地所面临的问题，毕其功于一役。城市的土地，老百姓是有使用权的，但现在没有得到有效的保障。我们现在不是只有农民才受到征地的迫害，城市里面的无论是四合院的老房子还是中产阶级的房子，说征地就征地，说拆就拆。所以这不仅仅是农民的问题，而是整个法律对使用权的保护无力，征地权使用的范围太模糊、太宽泛。老百姓手上拥有的土地使用证可以说是基本无效的。希望这个问题可以在将来修法的过程中得到讨论。

南京农业大学曲福田教授提出几点评论和建议。第一，应解除农地的用途管制与价管制这样的双重管制。土地类型的划分是非常有意义的,但在价格上不要进行管制,这样原用途的价值加上未来用途的价值就会慢慢反映为农地价格。第二,对土地增值征税时,所得税不是最好方式,财产税可能是最主要的,还可以考虑耕地占用税等。第三,试行集体建设土地直接入市。将现在的试点经验好好总结,他认为可以在较短的时间里推出集体建设土地直接入市的试行办法。在集体建设用地进入市场前一定要处理好集体与农户的关系、集体与农户以什么权利进入市场。我认为,有些地方总的征地补偿还是比较合理的,但农民只得到很少的利益。能不能试行国家与农户的复合产权制度,处置权与管制权归国家,剩下的都给农民,取消集体。我觉得长远地看应该是这样。第四,将当前的改革与远期的目标结合起来。社保不是征地问题的根本办法。第五,应该着手制定统一的土地法。

7. 周其仁教授总结

周教授首先肯定了本次研讨会所取得的成果,然后就如何看待、处理各方在认识上的分歧,以及今后各方努力的方向作了一个纲领性的总结。他认为研讨会形成的共识主要有如下几点:

(1) 改革现有的征地制度。城市化、工业化发展这么快是中国的机会,是包括农民在内的最大利益的所在。问题在于,在现有征地体制下实现城市化和工业化,所产生的负面代价太大,在效率和公平上都存在严重问题,所以要改革现有征地制度。

(2) 缩小征地范围。在征地范围适当地缩小以后,不断发展的工业化、城市化需要的土地怎么办?我们的想法,就是没有把握时可以试试看。现在不能说到底未来土地市场怎么样,到底是集体权进来还是农民权进来。可以先在一些地方,经过国家立法的授权,经过国务院同意,进行试点。先形成一些地方性的法规,再来形成全国性的法规。因为任何东西都需要经验基础。

(3) 提高征地补偿。提高征地补偿,一定会增加成本,财政部有意见,市长们也会有意见,要考虑。怎么平衡?我们的看法是,要防止出现其他带来长远不良后果的东西。不能什么矛盾都靠社保来解决,将来的问题可能会比较大。政府要把眼光放得长远些,不是只对一届负责任。

(4) 启动现有征地法规的修订。到底将来会改成什么样,是各方博弈的结果,将取决于各方的努力。

2009年第47期（总第808期）

《成都土地制度改革报告》发布会简报一

（2009年6月）

2009年6月24日，北京大学国家发展研究院在朗润园举行《还权赋能：奠定长期发展的可靠基础——成都土地制度改革实践调查报告》发布会。周其仁教授主持会议，综合课题组成员向大家汇报了调查报告主要内容，并邀请了多位专家评论。我们分七期简略报道发布会概况。本期简报报告周其仁教授开场致辞和黄跃同学、雷晓燕教授以"在现存的征地模式内起步"为题所作报告和评论。

周其仁

土地制度是我们国家一个重要的问题，因为它既牵涉资源的分配，也牵涉收入的分配。首先，从资源配置来看，我们这个国家多年实行计划体制，在户口、粮食、劳动力流动方面的限制下，城市化进展比正常情况要慢。改革开放以后，城门相对打开，城市化在加速推进。但即便这样，到2008年中国城市化率还是低于世界的平均水平。因此，我国空间资源还处在一个重新配置过程当中，经济的积聚集中还在发展，这和已经完成城市化、工业化的国家具有本质不同。在劳动力、资本、技术开始流动时，土地怎么流动，是一个具有全局意义的挑战性问题。如果空间资源配置得不好，对经济增长、社会发展长远来看会有很深远的影响。

其次，在土地资源积聚、集中的过程中，随着位置的变化，土地价值就会发生很大的变化。问题在于增加的价值如何分配？三农问题，首先是农民的权利问题。改革开放以来，种地的权利已经还给农民，农村劳动力的流动权也已经还给农民。现在我们国家把农民的土地征用为国家土地，用于工业化、城市化，这个模式带来大量的挑战性问题。土地是农民的，当土地升值的时候，如果农民不能恰当地分享土地升值，提高农民收入就在一定程度上成为无源之水。光靠财政性的返还，流量很少。亚洲其他国家的农民收入有三大块：一是农产品收入，二是农民打工收入，三是农民土地在城市化过程中分享的收入。目前，中国农民的第一、第二块收入在释放，第三块收入也在逐步释放，这是我们关注这个问题的基本出发点。

为什么关注成都？成都是国家级综合改革开放的实验区。中国发展经验告诉我们，越是复杂的问题，越不可能一下子在面上找到普适性的解决办法，总要在地方先做实验。2003年成都开始推行城乡统筹试验，涉及很多方面的重要内容，我们关注的问题，集中在土地制度的改革，试图观察学习成都地方干部群众的长期探索和实践，对求解中国土地制度改革提供了什么启示和经验。

课题组成员大都是北京大学国家发展研究院中国经济研究中心的师生。国家发展研究院有专题研讨课（Workshop）的制度。除了上课以外，大家可以对共同感兴趣的题目在Workshop上进行研讨。在土地问题工作小组中，来自不同研究领域、不同年级的硕士研究生、博士研究生共同对这个课题进行研究。经济中心的同学课程压力是非常重的，老师的教学任务、科研任务、发表论文的任务也非常重，在不影响完成正常教学科研工作任务的前提下，我们实施了成都实践调查项目，做了这项研究，主要是在于成都实践对我们所有人的吸引力。课题组大部分成员都是初次接触土地问题，今天把我们调查结果系统提出来，请各位指教。今天会议的另外一个目的，就是给我们中心同学提供报告研究成果的机会，希望倡导理论联系现实的学风，也许他们中间某些人今后能够坚持关注这一问题并成长为未来研究专家。

今天还有幸请到我国研究土地问题的几个权威专家，请他们一块儿来帮助我们带学生。像胡存智先生，从国土资源部角度给我们上过课。天则所的学术委员会主任张曙光教授，他也在进行很重要的土地问题的研究，在全国做个案研究。天则所有一个很好的传统，研究中国制度变迁，已经持续很长时间了，这一次他们研究的中国土地制度变迁跟我们的题目是一样的。蒋亚平先生是我们的老朋友，人民网的创办人，现在是国土资源报社的总编辑，也在国土资源部门工作。黄小虎先生是我们国家的土地问题专家，土地规划院的党委书记。刘守英先生是国务院发展研究中心农村部的资深研究员，多年关心农村和土地问题并有大量论文发表。

黄跃：以土地综合整理为平台统筹城乡发展

观察成都农村得到的几个现象非常重要。第一，农民的土地不仅平整而且成片，很像现代化大农场；农民的住宅不仅整齐、漂亮，而且比许多城市居民的住宅还要好。第二，这些变化都发生在2003年之后。在此之前，成都的农村与中国其他中西部地区一样，田块细碎、地大房差。第三，成都市农村居民的人均年收入不过几千元（2003年仅为3 655元），仅靠农民自己，是绝不可能完成这么大规模工程的。那么，成都市自2003年起到底做了什么事情，使得农村发生了如此巨大的变化？促成这些变化的资金到底从何而来？

课题组通过深入调研发现，土地级差地租是上述变化的经济源泉。城市化发展要占用耕地，但按国家土地管理法，建设占用耕地，需要依照占多少、补多少的原则，在远郊农村补充同质同量的耕地。据了解，成都市自2003年提出城乡统筹发展战略以来，在遵守国家关于耕地占补平衡的法律法规前提下，通过各种形式的土地综合整理，将一部分城市土地增值收益返还于远郊农村，极大地改善了农民的生产和生活条件。成都市的土地综合整理大致分为农地整理、村庄整理和城乡建设用地增减挂钩项目区三大类。

1. 农地整理

农村的土地共分为三大类，即农地、建设用地、未利用地。成都市早年的土地整理项目多以农地和未利用地整理为主，故简称为农地整理。以成都市金堂县栖贤乡向前村为例，2005 年，成都市为了推进中心城区的城市化建设，需要征用一千多亩耕地。于是，市政府投资 1 722.94 万元，在其下属的金堂县栖贤乡向前村以农地整理项目的方式补充耕地。据了解，这个项目共整理土地 4 978.7 亩，通过田土坎调整、农田归并、荒草地及荒河滩开发，净增 1 081.3 亩耕地，新增耕地仍由向前村农民耕种，市区仅带走 1 081.3 亩耕地占补平衡指标。获得指标后，市政府将规划发展区内的耕地征为国有拍卖，收回前期补充耕地的投资。

这么大规模的农地整理项目，只有以城市的发展为基础，才可能做到，由农民来出钱启动几乎不可能。以这个项目为例，依托于城市化的集聚效应，只需要利用城市土地增值收益的很少部分就可完成。

2. 村庄整理

随着成都市中心城区土地价格不断上涨，征地规模越来越大，由此导致耕地占补平衡的压力日益紧迫。加之成都市的远郊农村多为山区，农地及未利用地整理新增耕地潜力相当有限。到哪里找到可供补充耕地的后备资源，成为困扰成都市地方发展的一大难题。

成都通过实践发现，农村建设用地存量惊人，若将其集约利用，可新增大量耕地。据 2006 年的土地详查统计，成都市 20 个区（市、县）共有农村建设用地 139 万余亩，农村人均建设用地面积 154 平方米，其中近 90% 是宅基地。此外，农村居民住宅具有点多面广、林盘院坝面积大等特点，如果可以通过土地整理，将农村居民人均宅基地面积降至 70 平方米，则全市共可腾出约 65 万亩耕地占补平衡指标用于城市发展建设。结合农村居民普遍存在的建新房愿望，成都市政府主动增加投入，开始了以建设用地整理为主的新型土地整理，也即村庄整理。

新津县普兴镇的土地整理项目就是村庄整理的典型。这个项目也是成都市为缓解中心城区发展用地矛盾，由市财政从城市土地预期增值收益中拿出一部分投资进行的。此项目于 2007 年 3 月开工，同年 12 月竣工，共花费 3 894 万元。整个项目新增耕地 1 770 亩，其中宅基地整理新增 522.855 亩，占新增耕地总量的 29.54%。以新增耕地面积算，每亩投资约 2.2 万元。相当于仅用了不到 1% 的城市土地收益，就完成了相当庞大的农村建设工程。村庄整理后，农民的生产和生活条件得到了极大的改善，新建的农民社区相当漂亮、整洁。

3. 城乡建设用地增减挂钩项目区

城乡建设用地增减挂钩项目区（以下简称挂钩项目）由村庄整理演变而来，与后者的主要差别在于：第一，挂钩项目的城镇建新区所使用的耕地不占国家下达的年度新增建设用地指标。第二，为便于管理，挂钩项目封闭运行。由于挂钩项目属于国家规划外的新增建设用地行为，为了防止只占不补、占多补少、占东补西的现象发生，国家规定，城镇建新区和实施村庄整理的农村拆旧区必须在立项之初一同上报，一旦确定，不得随意改变。第三，也是由于它属于国家规划外新增建设用地行为，挂钩项目返还于农村的资金投入量也更大。

以成都市郫县犀浦镇、友爱镇城镇建设用地增加与郫县唐元镇长林村农村建设用地减少相挂钩的项目为例，长林村为实施村庄整理的农村拆旧区。项目实施前，这里的人均建设用地面积为255平方米。通过整理，人均建设用地面积减少为79.4平方米，为建新区的城镇犀浦镇、友爱镇提供了263亩建设用地指标。

整个项目通算，城镇建新区的263亩耕地，在取得挂钩指标后，以每亩420万元的价格拍卖，总价款11亿元。唐元镇长林村共得补偿5 500万元，合每亩20万元（宅基地整理复垦后新增的耕地仍由长林村村民耕种）。城镇建新区的农民因失地共得补偿8 000多万元，合每亩40万元。上缴中央各种税费总计约5.6亿元。郫县政府共得财政收入约4亿元。以新增耕地面积算，相当于有5%的城市土地收益反哺给了远郊的长林村。

4. 价量齐动，从点到面

成都市在主动提高投资标准（农地整理1.8万元/亩，村庄整理2.5万元/亩，城乡建设用地增减挂钩项目每亩十多万元）的同时，还扩大了各种形式土地整理的规模。数据显示，全市的土地整理总面积从2003年的434.14公顷上升为2007年的46 405.64公顷，年均增长率为21.3%。横向比较，在人口近千万的八个大城市中，2003年，成都市的土地整理面积占城市国土总面积之比仅为0.04%，与哈尔滨的水平相当，大大低于上海（0.76%）和天津（0.73%），也低于重庆（0.09%）、石家庄（0.08%）和北京（0.05%）；但到2006—2007年，成都的同一指标分别为1.81%和3.75%，远高于上述其他几个大城市的水平。据统计，截至2008年年底，成都市共实施了135个土地综合整理项目，新增耕地19万亩，累计投入88.3亿元。

评论

如此"价"、"量"齐动，显著加大了城市化土地增值收益返农的力度。这就使成都的农村包括那些远离中心城区的偏远地方，也能得到一笔仅靠农村和农民自己根本无从筹措的资本，用于增加农业资产存量、加大农民收入流量。一大批村庄的面貌因农地整理、村庄整理、增减挂钩项目得到显著改变。很清楚，离开了城市土地增值向农村的重新注入，根本不可能有效推进新农村建设。虽然土地综合整理在具体实施方面还有很多细节问题值得商榷，但是，与没有这项政策相比，城市土地增值收入的分配格局确实得到了很大程度的改善。因此，课题组认为，成都市以这几类方式统筹城乡发展的总体思路是大体正确和值得推广的。另外，在推进过程中，还需要认真考虑和处理如下几个问题：

第一，土地综合整理项目的实施分配与定价规则需要让农民参与，保证公开、公平。虽然成都市在过去几年中实施了不少土地综合整理的项目，但还是有很多村庄没有获得项目实施权，而这些地区的农民也有改善生产和生活条件的强烈愿望。而且，挂钩项目（10万—20万/亩）与农地整理项目（1.8万—2万/亩）的补偿标准不一样，到底谁有权拿到补偿更高的挂钩项目？分配的规则及相应的依据是什么？

第二，课题组在实际调研过程中看到，在实施完农地整理、村庄整理或挂钩项目后，虽然农民的房子变漂亮了，耕地增加了，但由于种粮的经济收入仍远低于从事第二、三产业的收入，大多数农民还是选择进城务工。他们在城市那头需要自己花钱租房，而在农村这头的新房却又长期闲置。

第三，有些农民为了获得更高的土地增值收益，在自己的耕地上修建了经营性用房，这对于国家的耕地占补平衡是不利的。

雷晓燕：从农地整理到挂钩——强制征地制度内有限弹性

前面黄跃同学对成都从农地整理到挂钩的经验做了直观的介绍，下面我就这个方面对成都经验做一个简单概括。

假设要在一个城市的近郊发展一个房地产项目，需要占用一块耕地。我们知道城市近郊的土地拍卖一般会得到较高的收入，那么这个收入是怎样分配的呢？首先要从政府获得一个征地指标（在年度征地计划之内），同时要向政府交付农地转用的费用以及征地其他费用，这是很大的一块；另外还有一部分是付给这些近郊农民的征地拆迁补偿，现行征地制度下，这还是比较低的比例；此外，根据我们国家法律规定，占用了耕地需要占补平衡，也就是说，需要从别的地方补充一块同质同量的耕地。这个耕地从哪里来？成都最初的方式是在远郊农村进行农地整理，也就是把未利用农地整理成为耕地，这样有一部分收益就要付给这些远郊农村，作为农地整理的补偿，这个补偿基本上是弥补土地整理的成本，所以相对还是比较低的。对于这些远郊农民来讲，相当于（免费）增加了一块耕地。

但是，农村的未利用地毕竟有限，不能满足城市化的发展，这就促使农地整理转向了村庄整理。村庄整理让农民更集约节约利用建设用地，减小住房占地面积，从而将腾出来的建设用地复垦为耕地，作为占补平衡之用。由于村庄整理的成本比农地整理高，其补偿也相应提高一些，从每亩1.8万元提高到2.5万元。

成都从村庄整理中发现了一个特别之处，那就是村庄整理腾出来的本来就是建设用地，如果复垦为耕地，那就有了可以使用建设用地的指标，这些指标就可以为城市发展所用，这就发展成为以后的"挂钩"项目，也就是将远郊农村整理出来的建设用地指标，卖给近郊发展城市化所用。这个挂钩项目有什么特别之处呢？首先就是有了建设用地指标，就可以不用向政府缴付农地转用的费用了，转为向远郊农民支付指标费用，另外这个建设用地指标最初并没有在年度征地计划限制之内。由于城市化的迅速发展，很多地方每年的征地计划都不够，所以向别的地方调剂或者向国土部门申请预支将来的计划非常普遍，所以挂钩得来的建设用地指标就显得非常珍贵了，尤其是对于房价比较高的地区。因此，向远郊农民支付的指标费用比以前的农地整理或者村庄整理要高很多，目前是每亩15万元。对于农民来讲，基本不用付什么成本，就能搬进新居，同时拥有的耕地增加。农村的生产生活条件得到较大的改善。

观察由农地整理到挂钩的这个过程，我们可以发现成都在征地制度的框架之下，有了越来越多的弹性，要素实现了一定程度上的流动：农村低价地区的建设用地指标流动到了地价高的城市，城市化的收益越来越多地返还到农村。在总量控制之下，通过位移，让级差地租部分地释放出来。在强制征地制度之内，有了一定交易的成分，更加符合市场规律。

但我们也要看到市场的作用还是非常有限的。首先，交易主体是由行政界定的。谁可以进行挂钩，挂钩到什么地方去，挂多远都由行政部门决定，而不是由市场决定，只有在批准的项目区才能进行挂钩。其次，价格也由行政决定而不是由市场决定。这包括挂钩指标的价格，无论那块地拍卖到多高，指标多珍稀，都是15万元。征地补偿费用标准也都是由政府规定。再次，项目区是由国土部门审批，国土部门人力有限，要把全国审批下来，速度非常慢，远远不能满足需要。最后，如前面所讲，挂钩项目吸引人的很大一个原因是不算在年度征地计划内，但听说现在已经在实行或者在考虑要将其纳入征地计划中。这样的话，弹性更会减小。

这种强制征地制度下的弹性的有限性，决定了其不能满足城市化的需要，从而使得突破征地制度的实践不可避免。这将在后面的演讲中进行详细的讲述。

2009年第48期(总第809期)

《成都土地制度改革报告》发布会简报二

(2009年6月)

2009年6月24日,北京大学国家发展研究院在朗润园举行《还权赋能:奠定长期发展的可靠基础——成都土地制度改革实践调查报告》发布会。周其仁教授主持会议,综合课题组成员向大家汇报了调查报告主要内容,并邀请了多位专家评论。我们分七期简略报道发布会概况。本期简报将报道发布会第二部分"突破征地制度的尝试"的部分内容:北京大学国家发展研究院研究生程令国和赵琼同学的报告。以下是报告的具体内容。

程令国:集体土地上的工业园——蛟龙工业港

蛟龙工业港是一家建设在集体土地上的工业园。这家工业园区引人注目,主要基于三个特点:(1)它是一家完全民营的工业园;(2)它建设在集体土地上;(3)它规模庞大,占地达5平方公里。从全国看同时具备这三个特点的工业园可能绝无仅有。研究蛟龙工业港这个案例,对我们理解和探讨新的工业用地模式提供了很多启发。

基本概况

蛟龙工业港共有青羊和双流两个园区。其中,青羊园区距成都市区六公里,紧邻黄田坝机场;双流园区距成都市区五公里,靠近成都市双流国际机场。两个园区周边交通极为便捷,工业区位优势非常明显。从青羊园区的照片可以看到,整个厂区规划得非常科学。整洁宽敞的街道,标准的现代化的厂房;厂房建筑非常密集,土地集约利用的程度很高;与国有工业园区的空旷形成了鲜明对比。很难想象这个地方5年前还是"田园风光"的农村。蛟龙工业港建设了污水处理厂、自来水厂、学校、公交车站等基础设施,而且几乎没有花政府一分钱。蛟龙工业港两处园区共占地5平方公里,2008年,800多家企业入住,吸收10万人就业,年度创造GDP10亿元,缴税1.5亿元。其经济效益非常突出。

创始过程

这么一家规模巨大的民营工业园区是怎么建立起来的呢?这不能不讲到它的创办人:

蛟龙集团总经理黄玉蛟。黄玉蛟是重庆涪陵人，1968年出生于一个贫困农村家庭。他经历了早年创业磨难，到20世纪90年代中期已颇有家底。1996年，黄玉蛟想找5亩地开办一家肉联厂，但在此过程中四处碰壁。原因很简单，用地规模太小，一般工业园区不愿接待；费尽周折，最后在四川彭山拿到地。这个过程使黄玉蛟对中小企业用地难有了深切体会。

1999年，黄玉蛟在成都青羊区拿到5亩地想办一家卫生巾厂，厂房建好后因地气过于潮湿一直未能开工；这时有一家企业找到他表示愿意每年出20万元租用他的厂房，黄由此发现商机。2000年，黄玉蛟接手了52亩政府招商失败的土地，建成13家厂房。当年土地就全部租出，净赚几百万元；这些土地后来扩展至1平方公里，构成今天的青羊园区。黄玉蛟在青羊的成功，为他带来巨大的声誉和新的商机。2003年，双流县招商小组到青羊找到黄玉蛟，先后承诺给他4平方公里的土地供其开发使用，这便是今天的双流园区。

蛟龙工业港的出现绝非偶然。工业化迅猛发展要求一些区位优势比较好的地段能够建立工业园区，集中发展工业。工业化的迅猛发展催生出了数以万计的中小企业，而在现有征地制度下中小企业拿地难。现有的国有工业园区，门槛太高。就拿同样位于双流县的一家国有工业园区——西南航空港来说：入园企业必须达到30亩地和5 000万元投资额的投资门槛，并符合县委、县政府的五大产业集群规划，这对于处于起步阶段的中小企业来说基本上是不可能的。蛟龙工业港的成功恰恰就是因为捕捉到了这一商机，市场定位的准确是蛟龙工业港成功的首要因素。

蛟龙的运营模式

蛟龙的主营业务是出租厂房，基本业务流程是：从农民那里租地建厂房，然后出租厂房给中小企业；用赚取的租金收入来支付农民的地租；租金差就是蛟龙的利润。

蛟龙的核心竞争力用一句话来概括就是"方便"加"便宜"。首先是方便，入园手续简单，入园后服务周到。其次是便宜。就拿占地5亩，建筑面积2 000平方米的标准厂房，如果用招拍挂方式拿地：首先要支付土地出让金：$20\times5=100$万元，然后要支付厂房建筑安装费：$1\,600\,\text{元}/\text{m}^2\times2\,000=320$万元，合计420万元。而用蛟龙模式，你只要预付2万元定金，每月付1.4万元租金（$2\,000\times7\,\text{元}/\text{m}^2$），就可以开工了。可以说，对中小企业而言，入住蛟龙工业港是非常经济划算的。

蛟龙的用地模式共有以下三个步骤：第一，首先经过村民大会2/3以上同意后，农民的土地承包经营权向集体（组、村、乡或镇）集中；第二，集体出面将土地出租或入股给蛟龙；第三，蛟龙按年发放租金或"土地分红"。这里我们可以看出，蛟龙的用地模式已经突破了国有的征地模式。

从合理到合法

蛟龙工业港的建立具有内在的经济合理性。第一，它解决了中小企业用地难的问题。第二，较之"家家生火，户户冒烟"的分散的工业发展和工业用地模式，蛟龙工业园能更加集约地利用土地。第三，对农民而言，蛟龙模式的占地和拆迁安置补偿较国有征地合理。农民不失去土地的长久使用权，从理论上说可以获得一份永久的稳定的收入流。租金支付以市场价格折算成货币来支付，可以规避通胀风险。租金按一定金额或比率每三、五年上调一次，使农民可以分享土地不断增值的收益。

然而，这样一家具有经济合理性的工业园区一开始就踩在政策边缘线上，几度差点被查处。蛟龙工业港的建设涉及耕地，没有完成土地转用手续。另外由于它不是乡镇企业，也难说是土地联营。按土地管理法的规定，外来投资者是不能使用集体土地搞建设的。

面对蛟龙工业港的建设，地方政府和国土部门有不同的态度。国土部门肩负着保护耕地，坚守18亿亩耕地红线的职责，对蛟龙集团的占地行为不可能坐视不理；然而，蛟龙创造的经济效益也是有目共睹的，蛟龙为当地创造的就业、税收和GDP为当地政府所肯定，这也就成为蛟龙工业港最终得以合法化的最大缘由。

最终合理化的完成则是"条条"政府和"块块"政府协调行动的结果：在蛟龙补交部分罚款后，双流县国土局前后两次动用宝贵的"2005—2020年土地利用规划"计划内用地指标，帮助蛟龙完成调规；双流县财政则帮蛟龙垫付大部分占补平衡费。至此蛟龙完成了合法化，成为成都市招商引资的典型。

启示

第一，集体土地上也可以兴办起高度集约利用土地的工业园区，这一点是值得高度肯定的。第二，事后看来，蛟龙的合法化和规范化最终是通过传统制度完成的。农地转用指标的总量并没有突破。一方面，在计划内指标总量一定的前提下，既然政府自己使用农地转用指标的目的也是发展工业和地方经济，在今天征地成本逐渐升高的今天，既然蛟龙模式可以达到同样的目的，为什么不采用这种新的模式呢？

当然，蛟龙模式还存在一些遗留下的问题，需要我们继续保持关注：首先，后续的立法工作应跟上。比如说关于当前法律对"联营"的规定模糊不清；又如蛟龙工业港不能为入港企业提供合法的具有普遍法律效力的房产证明等。其次，蛟龙的经营风险仍然是个值得继续关注的问题，一旦经济效益恶化，出现厂房闲置的现象，农民的租金收入可能没有着落。好消息是蛟龙工业港经受住了这次金融危机的考验，仍然有企业在排队，让人不得不叹服这种新的工业园发展模式的生命力。

赵琼：集体土地上的经营性住房

三道堰镇的现实

三道堰镇是成都市的水源地，不可发展工业。2000年后，经过三轮旧城改造，镇中心的古堰社区建起了很多两楼或三楼一底的小楼，兼具川西民居特色和徽派建筑风格，整齐划一，古朴美观。来此处购房、看房的成都人络绎不绝。

很难想象，2000年前后三道堰镇到处还是新中国成立前的房子，人民生活拮据，财政资金匮乏，基础设施跟不上。面对不能发展工业的限制，当地政府可谓一筹莫展。该镇仅有的优势就是地理位置很好，距离成都仅26公里。适逢2000年后成都市房价高企，三道堰镇便走上了一条建房兴镇之路。通过三轮旧城改造，本来只有700户左右居民的古堰社区，已经成为一个有非自住安置房1 400套左右、楼盘商品房4 500套左右的新兴小镇。

仔细来看，如此大规模的旧城改造工程，财政的力量是远远不够的；依赖的就是级差地租。土地资源具有特殊性，用于城市建设的土地资源其价值取决于位置，区位好，建房就可以卖出去，得到的资金就可以用于乡镇建设。

首先将这些房产按照出让方的不同，而划分为安置房和经营性楼盘。安置房，也就是700户居民的房子，以"统归自建"的方式建成，两楼一底或三楼一底。当地人往往一楼商铺用于经营或转租，二楼自住，高层出售，售价为1 000—1 200元/平方米，这意味着只要高层售得出去就基本可以覆盖拆旧建新的费用。安置房中的小产权房总量，以每户提供两套出售房算，大约为1 400套。经营性的小产权楼盘，共4—5处，占地200—300亩，供房量在4 500套左右，目前的售价为2 000元/平方米左右。这2 000元并非全部落在建筑商的腰包，而是要支付基础设施建设、拆迁补偿、安置补偿、占用农地的补偿等开支，农地的补偿标准和政府征地、租地补偿标准相似。全部的买房人都需要支付村镇基础设施建设费，这笔费用直接留在镇上使用。就是这些资金，构成了三道堰镇旧城改造的经济支柱。

这一过程并非一次性完成，也不是靠强制力推动，而是在当地人对级差地租规律的逐渐认识和利用过程中完成的。"级差地租是所伟大的学校"，用这句话描述相当贴切。2000—2001年第一批旧城改造只有7、8户参与，建房为一楼一底——这意味当时并非是为了卖房才建；当时的成本价是350元/平方米，转让的价格也大致是这个价格——主要是因为此地尚未汇聚成都的买房需求，而且当时成都的房价也没有达到后面的那么高。看到建房能卖的前景，2002—2004年37、38户参与到旧城改造中，建房为两楼一底或三楼一底。因为汇集了需求，房价明显上升，但仍在1 000元/平方米以内。2005—2007年全古堰社区700户中尚未参与旧城改造的开始参与，同时开始有成批的楼盘出现，价格却有增无减，这和成都的房价高企直接相关，但也和三道堰镇旧城改造面貌改变、汇集成都买房人群不无关系。

三道堰的发展无疑是利用了级差地租规律，各方获益的现实也昭示了其中的合理性，但此过程确实和现行法律法规有冲突之处。按照所有权，我们的土地分为国有土地和集体土地。对三道堰这样的镇级区域来说，大部分的土地归集体所有。按用途，土地又主要分为农地、建设用地和未利用地。在建设用地的使用上，国有土地和集体土地是高度不同权的；长期以来，国有土地是建设用地的唯一合法供地来源，集体建设用地入市虽然也有三个例外，但仍然受到严格限制。集体建设用地又要分是宅基地还是非宅基地，宅基地是非经营性用途的——只能自用，不能流转。宅基地不能流转，地随房走，房地不分离，这意味着宅基地上的房产也不能流转。从房产完全私有私用的角度看，无疑是弱化了房权。

这样的权利结构有着深刻的历史原因，适应于当时的现实需要和意识形态需要，然而到了今天，却和现实产生了巨大的冲突。虽有禁令，但小产权房势不可挡。对于像三道堰镇这样区位具有明显价值的地区，允许农民占着房自己用，却不允许流转，当房价高企时，法外流转就成了千百个个体的自发选择。

"解决遗留问题"（解决已建成的小产权房问题），三道堰提供了哪些思路呢？安置房由于房主分散，协调困难，尚无合法化可能；楼盘的规范，当地给出了一个两步走的思路。第一步是通过震后的"挂钩指标"来解决农地转用的问题；第二步就是在符合规划的前提下，经过报建等常规手续，根据条件来决定是否征为国有，然后以协议出让的方式交给开发商。如果两步都顺利完成，三道堰的楼盘将完成农地从集体建设用地到国有建设用地的转变,完全变成大产权楼盘。当然这个经验有特殊之处,首先就是赈灾的背景,当时亟须资金支持灾区重建,因此客观上推进了"遗留问题"的解决。其次就是不符合"挂钩项目"的常规程序,先上车后补票。

分析和政策讨论

总的来说,我认为小产权房问题是挑战,更是机遇。我国城市建设用地的面积是2.5亿亩,集体建设用地的面积也是2.5亿亩,且其中一半是宅基地。全国的人均宅基地面积是223平方米,城市居民的人均建筑面积是27平方米,可见农村、农民拥有的土地资源比城市居民要多很多;但是对比收入,就可以看到在现有土地权利体系下,这些资产并没有成为资本,为农民带来源源不断的收入,农民的年收入仅为城市居民的1/3。如果盘活这些资产,给予这些资产流转以合法的渠道,并妥善地寻求利益平衡点,将释放多大的经济潜能?参照城市房改这个体系,集体建设用地入市问题,甚至小产权房问题,如果能妥善解决,很可能成为下一轮经济增长、改善分配关系、统筹城乡发展的发力点。

根据调研中的发现,我认为小产权房问题是必须尽快解决的。大规模的房产交易流于法外,将滋生很多的隐患。首先,缺乏房屋记录和权属认证,容易形成纷争,造成不必要的社会成本。买房人如果不能获得房证和地证,下一步的流转如何完成?如果考虑不到下一次流转,流转小产权房的居民、农民,如何充分认识到房产的价值?其次,房屋通常没有走过报建、规划等程序,因此质量缺乏有效监控。再次,有法不依,执法不严,是法律的尴尬。

效率上的损失更让人惋惜。随着城市化的进程,已经有两亿农民进了城,如果家中有一块宅基地,只允许占用不允许流转,是不是一种浪费呢?更明显的情况是,同样是由于制度变革滞后,城市并没有接纳这些城市建设者的制度环境,很多农民辛辛苦苦在沿海的工厂打工挣到钱,不用于教育,不用于生意投资,而用于修老家的房子。这样的房子恐怕只有老父亲和老母亲在住,真是一种巨大的浪费。

由此,我们得出的结论是小产权房问题应该是有解的,而且有求解的必要性。面对快速发展的经济社会,各国政府都可能面对"法外存在"大规模产生的情形。如何吸收其中的合理因素、规范不合理因素,正是国家改革能力、创新能力的集中体现。对于利益错综复杂,且涉及主体众多的小产权房问题,不但要拿出勇气来管,而且要积极地给出解决措施,寻求规范和应对的正确渠道。

反对小产权房的一个主要担心,是担心放开后农地会受到更多侵蚀。事实表明,占地问题往往跟地方政府的行为是分不开的,尤其是基层乡镇一级的政府。可是地方政府为什么要这样做呢?我们再回到2000年的三道堰镇,难道你固守着这个发展的机遇吗?而且新增建设用地指标一般不会下到县以及县以下的,对于一些发展机会好的县难道就不发展了吗?占地是对现行建设用地资源,依赖行政配置,通过规划、土地指标的形式来实现的回应,是建设用地资源行政配置缺乏效率的集中体现。如果有一个市场来对2.5亿亩建设用地资源说"是",而且可以搭建一个空间配置的平台的话,那么占地的压力也会随之得到缓解。其他的问题,如宅基地的来源问题、会不会出现失房农民的问题、还有政府税费的问题,只要级差地租得到合理释放,房产交易有序、稳妥进行,有理由相信利益平衡点可以被找到。

最后，根据实际的观察，对解决这个问题有哪些具体的设想呢？换句话说，集体建设用地入市的合理渠道该如何搭建呢？首当其冲的就是确权，将支配财产的权利明确地给予当事人，厘清财产边界，止纷定争，方能为日后权利保护奠定坚实基础。第二，可能还是坚持占补平衡政策，事实证明这是一个将农村发展和城市化进程统筹考虑的政策，同时满足了我们对不同用途土地资源总量控制的需要。第三，就是努力推动土地整治的市场运行，即不是依靠行政命令来决定一个地方是否整治、如何整治，而是在确权之后，让当地人决定他们要怎么做。第四，整治中节约出的集体建设用地指标要通过挂钩指标市场来用到建设用地资源区位价值高的地区，而以什么价格买指标、由哪里购买到这个指标，基本由市场决定。而这里的指标价格，就可以作为第三步中，农民农村决定是否进行村庄整治的主要参照。政府从相关的环节提取税费，甚至可以提留保障资金，建设同城里人一样的最低水平的社会保障体系。第五，强调政府在其中要进行积极的政策配套，尤其要推进财税制度的变革，这是改革能否稳妥进行的关键。

《成都土地制度改革报告》发布会简报三

(2009 年 6 月)

2009 年 6 月 24 日,北京大学国家发展研究院在朗润园举行《还权赋能:奠定长期发展的可靠基础——成都土地制度改革实践调查报告》发布会。周其仁教授主持会议,综合课题组成员向大家汇报了调查报告主要内容,并邀请了多位专家评论。我们分七期简略报道发布会概况。本期简报将报道发布会第二部分"突破征地制度的尝试"的部分内容:北京大学国家发展研究院研究生徐建炜同学的发言以及国土资源部总规划师胡存智先生的评论。以下是报告和评论的具体内容。

徐建炜:灾后重建中的集体建设用地流转——"联建"

灾后重建出现的集体建设用地流转方式,有许多特别之处。根据成都市统筹委的统计,成都市在震后大约有 35 万户房屋需要重建,其中 27 万户在农村。房屋重建工作中最大的问题就是资金问题。即便仅计算房屋的建筑成本,按每户 10 万元的建筑成本,仅农村部分也需要筹集 270 亿元的资金。这 270 亿元的资金从哪里来呢?依靠灾损户自身显然不大可能。农户的财产在地震中损失惨重,不可能有经济能力独立完成房屋的重建。完全依靠地方财政也不现实,成都市政府 2000—2007 年的财政盈余不过 130 多亿元,还不够灾后重建的一半。最后他们想到了一招,就是充分利用成都市的土地级差地租。

具体来说,成都市的灾后重建方式分为五类,其中原址重建和货币安置适用范围比较小,对土地的利用方式较为简单,这里不多做介绍。统规统建和统规自建,主要是采用土地挂钩的方式实现级差地租,只不过震后操作在量上更大,突破了原有的项目区范围,但本质上就是黄跃讲的那些,这里也不再赘述。我想着重探讨联建的方式。

在具体介绍联建以前,让我们看看联建有什么样效果。在地震刚刚爆发的时候,房屋倒塌状况是十分严重的,受灾的农户不得不搬进临时搭建的板房。但仅在联建政策实施一年以后(其实不到一年),原来的受灾区就修成了各式各样的欧式小楼。这些楼房都是农户自己建的,政府基本没有在其中投入一分钱。所以,如此大资金的释放和漂亮房屋的修建,都是联建所带来的变化。

首先,对联建下一个定义。联建,又称开发重建,是指集体经济组织以外的个人或法人机构，通过帮助受灾农户重建家园，获准使用整理出的剩余集体建设用地，发展旅游业、服务业、商业和工业等经营性用途。本质上看，这是市场机制对土地价值的实现。农户最大的资产就是土地，但是，仅仅靠土地资源，如果缺乏资金的配合，是没有办法实现土地价值的。所以，联建在这个过程中使得城市资金和农村土地结合在一起，实现土地的最大价值，然后，对这种实现的价值做重新的收入分配。农村的居民从中获得了房屋重建的资金，而城市投资者获得剩余集体建设用地开发的权利。在整个过程中，政府的工作是被严格限定的，仅仅包括提供规划、把关质量和确权办证。整个交易，是通过市场方式完成的。

接下来，介绍几个典型的案例。王全家是在地震中房屋受毁的一户农民。在地震发生以前，许多城里人就想到他家购置房产，他也有意愿出售。但受当时法律的限制，一直没能实现。2008年6月地震刚刚结束，政府提出联建政策，王全和城里的张先生就一拍即合，达成协议：张先生用其中132平方米帮助王全建设新屋房屋，花费28万元；张先生自己用剩下的100平方米建设一家由他所拥有产权并经营的乡村"酒店"（其实自己住）。这一例还节余50平方米的建设用地，仍然归王全承包经营。实际上，张先生是花了28万元购买100平方米的土地使用权。很可惜的是，王全和张先生虽然是第一例进行联建运作的，但直到我们一月前去调研时，仍然没有能够获得土地使用权证，原因是他在修房子的时候占用了一部分耕地，而根据联建政策，必须在原有建设用地里拿出一部分复垦为耕地以后才能颁发土地使用证。在联建过程中，耕地的把关是非常严格的。正因为如此，才让附近的王正良和邓小林拿到了第一户联建相关的土地使用权证。据我们了解，现在王正良已经把房子转租给邓小林，和邓小林一起做乡村酒店开发。值得注意的事，联建案例中所有的房屋都是乡村酒店，没有"小产权房"。这是新中国成立以来第一张非农村集体经济组织成员获得的农村集体土地使用权证。一对一单户联建的规模都比较小，无法满足城市化的土地资源需求量。因此，不久后便产生了一对七、一对十三等多户联建形式。土地使用面积的增加，也衍生出一系列问题，后面会讲到。2008年7月，茶坪村出现了一对三十五户联建。联建方中国建筑建设集团是国资委下属的一家央企，与35户农民达成协议，流转24亩土地，其中3亩用作农户的灾后安置，剩下21亩供开发使用。同一时间，成都市一家房地产开发商明科置业与青城山镇味江村13组达成联建协议，按40平方米/人补偿住房，其余面积均可开发旅游度假养老项目（号称可以出租30、50或70年）。

随着案例逐渐增加，都江堰市总结出一套完整的规范化联建流程。这后来也成为成都市联建规范的基础，具体步骤为：(1) 土地确权到户。(2) 召开村民大会，由三分之二村民同意在本村开展联建，确定联建方案。(3) 农户自愿寻找联建方，也可以委托村组共同寻找联建方，初步达成联建协议。(4) 农户、联建方、集体达成三方协议，在农户的房屋建设和耕地复垦完成以后，由农户将土地交还给集体，然后由后者将使用权重新分配给农户和联建方。农户自用部分作为划拨宅基地，联建方所占部分作为直接流转的非住宅（期限40年），分别颁发土地使用权证。土地使用权证的颁发是对现有制度很大的突破。

既然联建能够在灾后重建中发挥巨大的作用，那么它能否适用于没有发生地震的地方，帮助那里的农民致富呢？我们比较一下联建、征地制度和"小产权房"的差异：(1) 联建和小产权房都是市场主导的，而征地是政府主导的。(2) 联建和小产权房的开发主体是农户，土地到底流不流转、流转给谁，都是由农户决定，而征地是政府强制性决定。(3) 对于联建和"小产权房",土地性质没有发生变化,仍然归农村集体所有,而征地制度是把集体土地变成国有土地。(4)就产权保护状况而言,征地制度受到现行法律保护,而"小产权房"是不能颁证的,处于法外状态。联建则很有意思,土地性质没有发生变化,仍然是农村的,但是政府却可以对外来投资方和原来农户同时颁发土地使用权证,交易受法律保护,具有很高的效率,农户利益也得到最大程度的保障。(5)原来的征地制度是以土地原有制度为基础进行补偿,农村的收入非常低,而"小产权房"虽然也是由市场磋商形成价值,但没有对交易后外来投资方的资产形成产权保护,交易价格有限,农民获得的收益也是有限的。而联建则不一样,它既有法律保护,又可以由市场磋商形成价格,农民权益可以得到保护。(6)联建还可以有效保护耕地。政府对征地有占补平衡的要求,耕地数量得到严格保障。联建同样可以做到这一点,而且保护是由农户自己完成的。例如,刚才讲的王全案例,土地没有完成复垦,政府就不发给土地使用权证,直到把耕地数量还回来为止。小产权房缺乏法律保护,保护耕地成为空谈。因此,联建政策为突破征地制度和解决小产权房提供了很好的参考。至于能否帮助非灾区的农户致富,这个问题,就留给读者思考。

当然,现有的联建政策也存在一些问题。第一,土地的所有权是村集体,农户在交易时必须把自己的土地还给村集体,获得村集体所有者同意才行。村集体在概念意义上是虚化的。如果缺少良好的村庄民主建设的话,村集体、所有权、使用权交织在一起,极可能造成少数人侵犯多数人利益,这是潜在的隐患。第二,联建对确权提出更高的要求。开展联建以后,农民财产权被彻底盘活,原来不甚明显的农民利益也就凸显出来。如果之前的确权工作不够细致,那么一旦开始交易,农民之间可能再次出现争议,到时候难保不会出现重新确权的要求。这实际上是对确权的考验。第三,在现有的联建过程中,村集体和地方政府都没有从中收取任何集体基金或者税费配套。但是,村庄始终还是需要公共品投资的,比如道路、沟渠等。缺乏集体资金配套,公共开支的资金从哪里来呢?在最初联建的时候,政府一分钱都没有收,这对于刚开始试点是可行的,但是以后要推广或者更大面积铺开的话,税费基础就成为重要的配套环节,希望有关部门注意。

胡存智:评论

本次报告谈的不是征地制度改革本身,而是展开探讨了征地与不征地之间存在的新选择。成都改革对征地制度改革来说也非常有意义,将来可能对征地改革起到一个绕道上山的作用,这是我听前面三位同学和老师的报告的一个总体感觉。

我从四个方面对案例来进行评论。第一,土地整理。大家谈得非常细致深入,并且用了实证的方法。挂钩周转实质上是解决城镇化进行过程中地怎么随人进城的问题。首先要优化用地的结构和布局,之后才考虑怎么集约用地。就挂钩周转来说,我们给的补偿不是全部建设用地的收益。这点要非常明确,就是我们不会对土地发展权补偿。原来这块地不能用,有了指标后可以作为建设用地来发展,那么由此获得的收益是不是应该全给拥有生产指标的一方呢?不对。不管是2010年用还是2012年用,反正最后都能用。指标的提供方只是让落地的地方提前两年能够使用,所以对指标提供方进行的补偿只是对发展权的时序提前所做的补偿,这不等于所有的农地转为建设用地的收益要全部返回去。

回到规划上的老问题来说,挂钩周转也要有规模控制。审批不是要限制周转,而是由于宏观调控上的考虑，需要对它的规模进行控制。比方说一个地区经济已经过热，如果这一块再加一块建设用地就麻烦了。今年我们加大力度，对拉动经济有好处，但是如果放到往年去看就有问题。另外，需要防止制度不太成熟时，弄成大拆大建，侵害农民利益。

第二个案例，蛟龙工业园区使用集体建设用地发展工业，我认为这是一个非市场模式情况下出现的一种特例。它的形成过程并不是一种市场的交易行为。由于只有它一家企业要土地，因此只要收益高于农业产值就可能成交。那么为何国有土地的开发者拿地成本那么高？因为它是和建设用地的产值进行比较的。假如市场放开之后，蛟龙工业园区还是否能以低廉的成本提供服务，恐怕是一个问题。当然，"小产权房"也有这个问题。发展工业，用集体土地不是关键，谁来开发也不是关键，用的是不是建设用地才是关键，建设用地的规模有多少才是关键。农民企业家来建，也是利用了我们法律中的一个规定：农民入股可以使用建设用地。在规范蛟龙工业港的过程中，为什么罚他、找他麻烦呢？因为它违反了农地转用的规则，破坏了控制规模上的要求，而不是所有制歧视。

为什么控制建设规模是关键呢？因为建设规模涉及今后建设美好家园的可能。广东的建设用地规模就已经搞得太大了，小区域中建设用地面积达到一半以上，不知道怎么补救。如果不控制规模，广东的今天就是其他地区的明天。因此，需要从总量上进行控制。大城市郊区大量集体建设用地的出现非常普遍。这些集体建设用地在跟政府争夺用地。举个典型例子，河南有一个村，书记是全国人大代表，非常聪明。他把全部农村集体土地变成国有土地，由他来支配，叫"自征自用"，办了很多工厂，收益都归当地。那么，政府再要建设用地怎么办？这就可能产生很多问题。

第三个案例是三道堰的"小产权房"。一旦"小产权房"或者"无产权房"合法化，价格就会跟其他房一样，就会存在价高价低的问题。这是市场经济的原理。如果农民集体或者农民个人以节约土地和节约房屋资源换取特定的收益，这是应该要鼓励的。

"小产权房"的提法本身就是不科学的，是一种自我掩饰的说法。乡镇政府或者规划、发改、建设等管理部门，有管理松懈的问题。不能想象，没有政府的鼓励和支持，这些房能盖起来。我们应该提倡集体用地的流转。在法定面积给出合法用地；拥有合法用地资源的主体，拿这个资源换取我应得的利益应该受到鼓励。

最后一个案例，联建。我认为，联建有局域性，即使在成都也有局域性。它不利于集中，也不利于基础设施的建设，是一种自然经济的模式。而且联建能够有收益，很大程度上是因为利用了我们的公共资源。没有水、电、路，联建根本搞不成。然而，公共资源并没有收到相应的回报。联建会促使人们把现有生产生活模式固定下来，不利于城镇化进程。因此，除非我们认定这种方式就是我们今后的生活方式，联建才可能值得鼓励。我们在成都跟他们谈过，在风景区这些地方是可以的，因为它的生产生活方式以后就可能以旅游为主。但把联建推广到务农区等地方就很麻烦。而且，部分地方官员并不赞成联建，一些乡、镇政府也不太赞成。在这个问题上，他们倒没有私利。因此他们的意见我们也要听取。

《成都土地制度改革报告》发布会简报四

(2009年6月)

2009年6月24日,北京大学国家发展研究院在朗润园举行《还权赋能:奠定长期发展的可靠基础——成都土地制度改革实践调查报告》发布会。周其仁教授主持会议,综合课题组成员向大家汇报了调查报告主要内容,并邀请了多位专家评论。我们分七期简略报道发布会概况。本期简报将报道发布会第二部分"突破征地制度的尝试"的部分内容:北京大学国家发展研究院研究生黄凯同学的发言和中国国土资源报社总编蒋亚平先生的评论。

黄凯:集体建设用地直接入市——锦江模式的经验与挑战

刚才我的几位同学已经向大家介绍了绕开征地制度的几种探索,包括小产权房、联建和蛟龙工业港的模式,这次在成都的调研中,我们还发现一个很有趣的案例,就是锦江区对集体建设用地直接入市流转的推动。

在现有的制度框架下,集体用地流转比农用地流转更困难复杂。我分析原因可能有两个:第一是除三种例外情况,现有法律规定集体建设用地不能用于工商经营性用途;第二是关于成员权的限制,比如宅基地之类的集体建设用地,可以在集体经济组织内部流转,但不可以流转给集体之外的人。与以上提到的模式不同的是,锦江区的改革一样也突破了既有制度框架的限制,却基本是由锦江区政府推动的、完全合法的实验(至少符合当地政府的规范性文件)。

所谓锦江模式,就是将以前比较模糊的与村委会很难区分的集体经济组织,真正独立出来,成立股份公司。农民将土地使用权交给集体经济组织,集体经济组织拥有所有权和使用权相统一的完整产权。那么,其作为独立的市场主体进行交易,可避免很多因为所有权和使用权分离所造成的法律法规限制上的不便。集体土地的流转交易,可以像国有建设用地一样,在官方建立的流转平台上,通过招拍挂进行。企业可以直接获得集体土地使用权而不需要和村集体共同拥有,土地也具有合法的工商经营性用途(当然,目前还限制进行房地产开发)。农民上交所有权后,换取对集体经济组织所拥有的股权,交易收益再通过集体经济组织的股份返还农民。

锦江模式实现的特别条件，在于成都市在117平方公里的规划城市建设区之外还设立了198平方公里的城区非城市建设用地。锦江作为成都市的五个主城区之一，有17.28平方公里位于198平方公里这个区域。同时，也由于城市周边乱占建设用地、违法扩建现象严重，锦江区也要进行集中治理。借取成都市作为城乡配套改革实验区先行先试的优势，锦江区利用机会进行了农村土地产权改革的探索。

锦江区的具体实践，概括起来可以认为是作为城市周边或半城市化区域自主突破旧的制度框架约束，追求级差地租收益的一次大胆尝试，并且这完全是由官方推动。大概流程分为三步，首先从确权开始，接着是拆院并院，然后流转。

首先是确权。确权的一个问题是，在城乡结合部，存在大量农村宅基地多占、少批、未批和工矿企业违法用地的情况。锦江区建设用地实测面积8 000亩，远大于其2004年地籍台账面积4 000亩。锦江区的改革在确权时是把这个问题和后面的流转贯通思考的。具体操作是，没有简单地按现状将集体建设用地使用权确定给实际使用人，而是依据2004年台账进行确权，通过组建11个村级新型集体经济组织（即经过工商局注册的有限责任公司），将集体建设用地所有权和使用权确给这11个公司。同时，11个村级新型集体经济组织又共同组建成立了成都市农锦集体资产经营管理有限公司，委托其统一经营管理所有集体土地。在给新型集体经济组织颁发的《集体土地使用权证》上，只明确了集体建设用地的面积，并没有与具体地块一一对应。

作为集体经济组织而成立有限责任公司的股东为原农村集体经济组织全体成员选出的村民代表，公司的资产为农村集体经济组织原经营管理的集体财产及村组集体土地。按《公司法》规定有限责任公司股东不能超过50人，但一般来说，一个村的村民个数远大于50人。按公司章程是一人一股平均分配收益，但实际上这与公司法相冲突。实际操作过程中，是村集体出一部分股份，再由每个村民小组的组长代表那个村民小组出一部分股份，组成公司。分红时，先分到村民小组组长，再平分给具体村民。这个过程中可能还会产生很多的问题，我们会在下面讨论。

再说土地整理和拆院分院。首先将所有区域划分为集中居住区和非集中居住区，在集中居住区内，对300余家企业实施拆除，对零星散居的4 500余户农民实行宅基地置换，集中居住到石胜、大安两个新型农村社区。全面完成后，可整理出建设用地2 863亩，其中，新型社区占用362亩，占整理出的建设用地的13%，拟建面积145万平方米，安置农民2.2万人。除新型社区和其他公共设施建设用地外，可结余2 501亩用于流转和开发建设，占整理出的建设用地的87%，可见整理效率还是比较高的。锦江区的拆院并院跟以前讲的挂钩项目有很大区别：一般来讲挂钩必须有两个项目区一一对应，但是锦江区可以在198平方公里的区域内任意两个地点间进行调整，只要保持总量不变即可。

在流转方面，锦江区专门成立了农村土地房屋交易登记中心，把国土、统筹、房管三部门相关职能整合而成。整个流转的过程由以下的步骤组成：确权登记—数据库建立—交易申请—权属调查—产权交易—登记发证—数据库更新—再次交易—数据库变更。锦江区已通过招、拍、挂的形式流转了四宗共约55.4亩成交价为80万元/亩的集体建设用地。通过协议转让的方式流转了四宗共约93.8亩建设用地，协议转让价格为80万元/亩。由于集体建设用地没有通过征地的方式入市，流转收益在扣除土地整理等成本后，将全部通过农锦公司以股份的方式返还农民。流转过程中整体来说就是"大集中、大统筹、大流转"。锦江区将整个整理区域通盘考虑，通过集体经济组织协调进行，这反映出锦江区土地产权改革的政府主导性特点。

农用地承包权的流转相对比较简单，工作也比较少，只需要核实、登记，一次流转到集体经济组织，然后二次流转直接给产业项目业主。而集体建设用地的使用权流转方面就会复杂很多，要先进行核算，然后一次流转到集体经济组织，二次流转到农锦公司，再通过受托的农投公司，再通过官方的交易平台，最后才到产业项目业主。在土地流转收益分配方面，农地承包权和集体建设用地使用权之间也有上面的区别，收入的50%作为农民社保，40%作为公司发展存留，10%作为现金分红。

锦江模式的经验与启示是：首先，成立了作为集体经济组织的有限责任公司，使得集体土地所有权主体实化；其次，搭建了农村产权流转交易平台，为整个集体土地流转提供了基础设施，流转土地可获颁证，是对集体土地产权流转合法性的肯定；最后，该模式绕过了征地制度，解决了实际建设用地面积和台贴面积存在较大差异这样的历史遗留问题，统筹了集体土地收益分配，实现了土地资源价值最大化。

锦江模式的问题与挑战在于：首先，因为没办法实现同地同价，锦江区拍卖价格只有80万元/亩，而附近区位的国有土地是182万元，整个项目实际做下来还有23亿元左右的亏空，这个亏空是通过城市其他区域分配的土地收益来兜底的。如果不解决资金问题，这个模式是无法复制的。其次，需要考虑如何完善新型集体经济组织的法人治理结构如收益分配机制，使集体资产合理量化到农民个人，保障农民的股东权益的问题。同时，要防止确权过程中，农民的个人权利被弱化，集体经济组织被控制在村庄的核心人物手中的问题。此外，一些村民不断通过婚娶等手段使得集体经济组织增加了新的成员从而稀释了成员权带来的收益。最后，需要解决集体建设用地流转收益在土地所有者、土地使用者以及政府等不同主体之间合理分配的问题。

蒋亚平：评论

我认为课题组的工作成果是当前中国土地制度的研究方面，尤其是城乡统筹研究方面的最新成果，而且是来自一线的、基层的、充满了生命力的成果。在学界、新闻界，在当前能认认真真下去面对现实，按照学理和做人的伦理道德来做研究的人，目前还是太少。刚才听到四位同学（黄跃、程令国、赵琼和徐建炜）的演讲，印象都非常深。黄跃对改革的介绍非常好，并能够把问题更加深化。徐建炜在整个表达、讲述当中，表现出对自己研究的一种自信，让人印象深刻。关于中国一些最基本的问题，比如土地问题的研究，这支队伍是后继有人。真的感谢你们。

实际上，中国的改革开放是从农村土地制度改革，即联产承包责任制改革起步的。周老师日前在成都土地问题现场会上发言，对成都的经验有四个概括：第一，级差地租是大学校；第二，确权是基础；第三，现有制度，包括耕保基金和征地制度，都具有弹性；第四，要寻求利益平衡点。我个人认为，最重要的是确权。改革开放三十年的成功大家都是认可的，但并没有最终完成。改革如果有最后阶段的话，就是以成都确权为起点。成都这件事情是成都当地政府领导和群众、中层干部非常自觉的改革，当然他们也是没办法，逼出来的。我们对成都经验的关注，怎么关注都不过分，当然，成都也有很多问题需要继续解决。

我国当代土地制度肯定是历史上一个空前绝后的土地制度，甚至是世界上空前绝后的土地制度。土地制度中有三个主体，一是中央政府，二是工厂、学校、单位，三是农民。我国农村土地改革为什么这么困难？因为依目前征地制度为核心的土地制度，国家可以无偿获得土地。然而，国家、集体、农民三方面在土地制度中都要获得利益。哪方利益拿得多，哪方利益拿得少，要看三方的实力。人民公社的基因在我们联产承包责任制的制度里是存在的，这个制度是去不掉的，既然去不掉就要面对它，很好地把它变成财富。中国当前的土地制度是融合整个世界史上不同土地制度而成为一体。这个土地制度支撑了我们中国当代工业化、城市化、现代化的发展，包括解决了我们现在很多人担心的吃饭问题。在目前制度框架内解决问题，我认为是实事求是的态度，而且制度是有弹性的，这也使我们的继续改革成为可能。

2009 年第 51 期（总第 812 期）

《成都土地制度改革报告》发布会简报五

（2009 年 6 月）

2009 年 6 月 24 日，北京大学国家发展研究院在朗润园举行《还权赋能：奠定长期发展的可靠基础——成都土地制度改革实践调查报告》发布会。周其仁教授主持会议，综合课题组成员向大家汇报了调查报告主要内容，并邀请了多位专家评论。我们分七期简略报道发布会概况。本期简报将报道发布会第三部分"农村土地确权"的内容：北京大学国家发展研究院研究生路乾和邢亦青同学的发言。

路乾：都江堰柳街镇确权实践

之前几个流转案例都提到了确权的重要性。实际上，当财产没有流转时，财产没有市场价值，没人会关心财产到底是谁的，财产的权利界线也因此是模糊的。然而，一旦财产开始流转，有了市场价值，大家就都想争夺这个市场价值，在权属不清的情况下，农民的权益就可能受到侵犯。那么，如何保护农民的权益？为了避免流转给改革带来风险，成都市于 2008 年开展了产权制度改革，给农民的土地、房屋进行确权、登记、颁证，给农民的财产权利以清晰的、合法的表达。可以说，确权是流转的基础。

产权制度改革的第一个试点是都江堰柳街镇。2008 年 3 月，柳街镇鹤鸣村村民领到了《中华人民共和国房屋所有权证》《中华人民共和国林权证》《中华人民共和国农村土地承包经营权证》《中华人民共和国集体土地所有权证》和《中华人民共和国集体土地使用权证》。然而，确权工作是复杂的。农村的土地和房屋经过多年的变动，边界已经模糊，要确权不是一件容易的事。下面我结合柳街镇的确权过程，介绍一下确权中的一些困难和柳街镇的实践经验。

确权工作分为测绘、户调、校对、公示等几个阶段。测绘就是画图和量度，把地形地貌、土地的方位、形状在图上勾勒清楚，把土地和房屋的面积测量清楚，把房屋的结构搞清楚。新中国成立六十年来，我国还没有一套真实的、完整的土地数据资料，这给确权工作带来了困难。首先，农村有一套土地的台账面积，这个面积是上交农业税所采用的面积。由于要上税，台账面积一般比实际面积小 30%。其次，台账面积根据耕地的产量分为三等九级。同样的台账面积，产量高的田实际面积小，产量低的田实际面积大。如果按台账面积确权，由于实际面积比台账面积多，多出的这部分面积确给谁？值得欣慰的是，成都市决定用实际面积确权，这就保障了农民的权益。

确权的第二个工作是户调。户调的第一步是要了解户籍信息。比如，这家的户主是谁，有哪些家庭成员；在这个地区居住的人中，有哪些人享有集体组织成员权。户调就是要搞清楚土地、房屋的实际占有者。确权中发现，我国农村的人口信息也是不准确的：有的人在公安系统里有记录，却没有户口本；有的人有户口本，但在公安系统的记录中找不到这个人；有的人既没有户口本，在公安系统的记录中也没有这个人，也就是所谓的"黑人"。据我们了解，实际人口数据和公安系统的记录相差近10%。这次确权帮助我们把农村的基本人口信息也搞清楚了。

户调的第二步是在户籍信息的基础上，把这块地的实际占有者搞清楚。这不是一件容易的事情。我国的农业政策，在这三十年来有了许多变动。一轮承包、二轮承包、2003年农业税的取消，都使得土地的占有发生了多次变动。然而，由于没有明确的流转合约或交易系统的记载，很难搞清楚土地的权属。同一块田，张三说是张三的，李四说是李四的。这块田到底是谁的，光靠政府工作人员是搞不清楚的。在这次产权改革中，柳街镇通过选举议事会的方式，很好地解决了这一问题。议事会是由村、组里有经验的长老组成的，他们一般都担任过村庄管理方面的职务，对本村、本组的历史和土地的变动有丰富的知识。由他们组成议事会来调解农户之间的纠纷，农户一般都比较容易接受，这就极大地加快了确权的进度。目前，议事会制度得到了进一步完善，一方面有助于村"两委"开展工作，宣传国家政策；另一方面也起到了对村委会的监督作用。

在议事会的基础上，柳街镇各个村组制订了《村规民约》，把确权中的纠纷以《村规民约》的形式固定下来。比如，从哪一天算起，迁入的人算是集体组织成员，享有土地的权利和流转的收益，哪一天后没有这个权利。确权方面的其他纠纷，也用类似的方式予以规定。议事会和《村规民约》完善了我国村级治理结构。

测绘、户调完了之后就是校对，校对包括权属校对和数据校对。村民和议事会要对登记的土地、房屋的方位、面积、权属等进行核对。如果有问题，重新进行测绘、户调，一直到没有问题才进入公示阶段。

公示中，一是要对权利人（户主）进行公示；二是每户要签署八个无异议声明，包括户主（权利人）签字无异议；本户家庭成员人口数无异议；本户承包地田块分布位置和登记面积无异议；本户自留地面积登记无异议；本户屋（宅）基地面积登记无异议；本户房屋建筑面积登记无异议；本户对本组公示的集体经济组织成员名单无异议；本户对本村、本组公示的集体资产登记无异议。如果在公示期内没有异议，就将公示结果交由相关部门作为发证的依据。通过测绘、户调、校对、公示，就基本上完成了农民的确权工作。

在确权工作中，柳街镇另一个值得学习的经验是发明了现代化的地籍信息管理系统，也就是鱼鳞图系统。明清时代，鱼鳞图曾作为土地管理和流转的依据，极大地方便了地方政府对地籍信息的管理，也方便了土地流转。但是，自新中国成立以来，我国还没有一个清晰有效地记载和管理土地信息的方法。在这次产权改革中，柳街镇采用了现代化电子信息的手段，发明了现代版的鱼鳞图。只要用鼠标在鱼鳞系统中随意圈出一块多边形土地，这块地的权属、面积、地类、四至都可以显示出来。鱼鳞系统极大地降低了确权的工作量，加快了确权的进度。同时，该系统能够清晰地表达有关土地的信息，为土地流转奠定了基础。

在这次产权制度改革和柳街镇确权实践中,我们至少得到两点启示:第一,确权是流转的基础。清晰明确的产权,为保障农民在土地流转中的合法权益奠定了基础。第二,新中国成立六十年来,我国还缺乏对农村基层数据信息的掌握。建立一个类似鱼鳞系统的、完整有效的农村基层数据管理系统是十分有必要的。

邢亦青:农村土地确权的意义和启示

刚刚周老师和几位专家都已特别提到确权这项工作的意义,在此我想简要总结一下在课题组的考察和讨论中积累的对农村土地确权工作的意义的理解。我手中是一张《城市房屋所有权证》,这是从我家里拿来的;如我家一样,在城市里家家户户都有这个证。类似的证在农村的情况如何呢?新中国成立之初,农村也有房产证和土地证,但经过人民公社化运动等一系列历史沿革,这些证没有了——城乡存在着"有"和"无"的对比。后来一些乡村下发了《城镇房屋所有权证》,发证单位级别低,也很不规范——于是形成了"规范"与"不规范"的对比。而经过确权工作,刚刚路乾给大家展示的"证",发证单位都是由县以上人民政府或相关政策执行部门,过程也更加规范,这些"证"和相应的"权"也就更具有公信力。可以说,像都江堰柳街镇这样的确权工作,终于在"权证的规范拥有"意义上把城、乡的距离拉平。下面从三个层面来讨论确权工作的意义。

成都确权工作中带给我们的直接启发

第一,确权工作中解决纠纷的办法是:政府只控制总量,具体怎么分由农民自己做主;农村创立以"议事会"为代表的新的村级治理结构。也即,确权的过程与其目标相似,都在"还权于民";这也伴随着政府职能的转变:由原来的判官和直接博弈人,逐渐转变为规则的制定者与"服务员"。

第二,确权过程中宅基地面积分块处理。目前政策规定(依地区不同)农村居民人均可拥有宅基地面积不超过30—35平方米;但人均实际拥有量却远大于此(以柳街镇最新实测的数据为例,人均房占地面积约133平方米)。成都市在确权时找到了政策与现实间一个平衡的办法:将现有宅基地的实测面积分为两个条目进行确权。其中政策规定内部分确为"批准农村宅基地",其余部分确为"其他农村宅基地",两个数据均记在同一使用权证中。

这种分块处理的启示包括:在宅基地现行的"无偿性"与"引入经济杠杆的需求"这对矛盾中,可以对"批准农村宅基地部分"保持无偿,而对其余部分讨论收取税费的可能;此外,可以规定"批准部分"使其不可流转,而相应对"其余部分"讨论流转的可能性——硬化一部分,软化另一部分,可能是解决"流转带来级差地租与土地集约利用"与"失房的担心"这对矛盾的一个途径。

确权的"防御"意义

我们感到成都实践有一种"倒爬楼梯"的感觉:2003年起成都提出"三个集中"——工业向发展区域集中、农民向城镇集中、土地向规模经营集中,作为城乡统筹或者城乡一体化的核心内容。2008年成都市委一号文件部署"农村产权制度改革",其中首要任务是进行全面的确权,尤其是要权属明晰到户。总结来看,"三个集中"带来一系列使用方式、分配方式的变动,所有的变动都可能引出问题:现在和以前不一样了,多出的地和房给谁?类似的问题,使这些"变动"的过程很可能变成其他利益主体侵犯农民利益的机会。成都下如此大决心,率先全面推开"确权"工作,是因为确权可以消除"城乡统筹和土地制度改革中的系统性风险"。

确权首先是"清资核产",把以前的量和归属划清楚;否则我们更不可能搞清现在分配的问题。其次是确立农民的主体地位。要说明它的重要性,只需对胡司长提到的自行车的例子稍加改动:如果别人的自行车我拿来卖,我就可能不太在乎;但如果我自己卖自己的自行车,就会比较在意。土地也是同样的道理:农民的地由政府来考虑如何卖,如何处置,有时候总不免有"我卖别人东西"的感觉。与其如此,不如把这个东西的权利直接给农民,让农民自己去卖自己的东西。换句话说,确权是把"政府思考如何保护农民"的现状部分地变到"让农民有权自己保护自己";这样在某种程度上为农民提供了系统性的保障,为改革加上了保险阀。

确权更加积极的意义

确权不仅具有防范风险功能,还会有一系列积极的意义:确权给了农民"权威、合法、抽象"的权属表达。首先,"止纷定争",使人们的精力都投入到生产生活中;其次,这种表达使远距离对资源的拥有及取得收入成为可能,这在如今大量农民离乡进城务工的背景下尤为重要,使他们不必担心他们拥有使用权的土地或其带来的收益因自己的离开而被他人侵占。

确权更重要的意义是协助"广泛的流转":都江堰房管所门前有一个横幅,"农村产权制度改革确权是基础,流转是核心,配套是保障"。确权实际上不仅是在保护交易,而且还在提供新的更广泛的交易机会。没有正规的权属表达,我们也可以进行交易,但常常仅限于很小的范围,熟人之间,很难找到更好的"价",也很难提升一个村庄的经济总量。而有了正规的权证与保障体系,相互不认识的经济参与者,即使不见面,甚至有不同的文化、国籍、语言,也可以放心地广泛参与到交易中。这样看,也许确权并不是流转的前提,但它却是"广泛流转"的前提。而更好地释放土地级差收入,引入更多资本,扩大农村经济总量,都有赖于更广泛的交易可能性。最终达成的也便是资源更有效的配置,资源更集中的利用。

当下的金融危机,政府拨了4万亿做基础设施投资。而确权这项工作,非常复杂、琐碎、艰难,也需要政府去推,并需要大量的人力物力。但这些花费并不是没有价值的,因为它是一种无形的、抽象的建设,是"社会主义市场经济制度的基础设施投资"。这包括很多方面含义。第一,它是新中国成立六十年来第一次全面推进的"清资核产"工作。第二,它是从权利上提供城乡公平的起点。第三,它是这次报告中提到的,围绕土地问题思考城乡统筹的基石。第四,它是提供广泛公共服务的落脚点。如果有一个不动的土地、不动的资产和人民联起来形成服务网络,公共服务就会延续下去。第五,它同样也是未来财税体系的支撑。只有先确定权利,才可能正常进行征税或补贴。

当然,成都市确权工作中也存在一些问题:第一,实测与确权的关系应该清楚——先测清楚再确权。第二，工作中出现了部分按台账确权，或者"确空权"的问题（报告里已有详细讨论）。第三，现在很多农民对确权之后流转可能性的意识没有跟上，应该在确权的同时，让农民的意识跟进，使农民知道他们的住房和宅基地跟自留地一样有价值，甚至更有价值。当然，这种意识的传播，在政府之外，更需要媒体、社会大众作为媒介。总而言之，确权要做得扎实，这样才能更充分发挥其意义。

最后需要强调，确权操作中的问题绝不会掩盖这项工作的重大意义，或影响我们对这项工作的肯定。全面地推进确权工作，将为我国土地制度深层改革与城乡统筹建设奠定制度性基石。

2009年第52期（总第813期）

《成都土地制度改革报告》发布会简报六

(2009年6月)

2009年6月24日，北京大学国家发展研究院在朗润园举行《还权赋能：奠定长期发展的可靠基础——成都土地制度改革实践调查报告》发布会。周其仁教授主持会议，综合课题组成员向大家汇报了调查报告主要内容，并邀请了多位专家评论。我们分七期简略报道发布会概况。本期简报将报道发布会第四部分：《全面改革征地制度的思考》的内容。本部分有两位报告人发言，分别是北京大学国家发展研究院李力行教授和研究生谭力同学。

李力行：改革征地制度与税收转型

前面各位的发言已经描述了改革征地制度的必要性以及改革征地制度对农民有什么样的好处。然而，改革征地制度所面临的主体还是政府，尤其是地方政府。如果改革对政府来讲没有好处只有坏处的话，那么这样的改革是不可行的。所以下面我从公共财政的角度来讲一下改革征地制度所面临的税收转型问题。

我们观察到，中国现在城市化的推动力是以"征地—卖地"为特点的土地财政。政府通过垄断力量低价从农民那里拿到地，高价出让出去，形成的土地级差收益成为城市化推进的动力。征地制度改革就是要剥夺政府的这种垄断权力。这无疑会使得土地财政大幅萎缩，那么地方政府愿意吗？如果地方政府不愿意的话，我们改革征地制度就只能是一个"乌托邦"。要使征地制度改革在地方政府层面可行，需要在财政收入方面有所弥补。很重要的一点，就是要以对占有土地、房产等资源进行普遍征税来替代现有的土地财政。另外，地方政府获得的土地级差收入也用于地方公共支出，土地财政的缩减会造成公共支出的减少，政府公共职能能否完成也成为一个问题。因此，地方政府公共职能也需要转型。例如蛟龙工业港就是一个例子，在4平方公里内，污水处理、学校等基础设施都由民营的蛟龙工业港提供，政府不用操心这些公共职能的履行。

下面我先介绍一下现有征地制度下土地财政的特点。第一，一次性的土地出让收入远远超过常规的土地税费，比如土地增值税。第二，在这种情况下，地方政府缺乏节约用地的经济动机，因为它只有通过不断征地、卖地才能获得土地出让收入，而不会在意小量的正规的土地税费。第三，于是就出现了摊大饼式的城市发展方式和低密度的用地模式。蛟龙工业港正是被这种低密度的用地模式给逼出来的。现有的土地税费制度则有这样一些特点。第一，土地税费多是在流转阶段征收，而不是在持有阶段征收。这相当于在资产交易的时候需要税费，持有则不用交。第二，这样的制度不鼓励流转，从而不利于资源的最优配置。我们知道，资源要多交易才能获得有效的配置，让愿意出价高的人去使用。第三，地方政府需要通过征地、出让来获得一次性的土地税费收益，缺乏来自房产、土地的稳定税收来源。

与现有征地制度下的土地财政和现有土地税费制度相对的，也就是我们认为的改革方向是财产税，或者说叫不动产税。它的特点是能够提供稳定的税源，因为它是对房产、土地的占有进行征税。同时，它可以起到鼓励地方政府提供良好的公共服务的效果，因为地方政府需要吸引人们来使用本地的财产和资源，才能获得税收，这也就是公共财政学里面常讲的"以脚投票"。在鼓励地方政府提供良好公共服务的同时，财产税当然也促进了资源的优化配置，因为占有、使用房、地的人需要交税，所以不愿意让这些财产闲置，会出让给更能有效利用它们的人。

现在如果要征收财产税会遇到两点困难：一是权属界定不清，没法普遍征收，很难达到公平性。二是缺乏独立的评估体系。在具备完善评估体系的发达国家，会按照房屋等不动产价值的百分比进行征收。通过国际比较可以看出，中国的财产税在整个税收中所占的比重偏低，尤其是在地方政府税收中所占的比例偏低，另外经常性税收在财产税中的比例也偏低。

税制改革的大方向包括：一是简税制、少税种、宽税基、低税率、严征管，宽税基是要对土地、矿产、房产等资源普遍征收；二是对占有征收替代对交易征收；三是完善评估业，发展独立的评估体系，对土地和房产价值定期做出评估；四是合并相关土地房产税收，设置统一的财产税种；五是财产税应该全部留给地方享有，使它们有动机提供良好的公共服务。

以上讲了面上的大思路，下面就以成都为例来具体看看转型的过程怎么实现。先看看现有的状况。成都在 2005—2007 年土地出让纯收益分别是 155 亿、190 亿和 421 亿元，考虑到 2007 年是房地产高峰期，因此正常的土地财政规模应该是 200 亿元左右。同时，政府承担了所有的公共职能。我们提出，向全面财产税过渡的转型可以分三步走。第一步是小幅度减少征地，同时大力推进征地利益分配的改革。成都提出在未来五年每年整理 100 万亩的农地和 9 万亩农村居民点，这样通过占补平衡和挂钩指标可以收入近 100 亿元成为返农资金。第二步，也就是在中期，大幅减少征地，转向以财产税为主的地方财政。匡算一下，如果仅对建设用地每平方米每年平均收取 2 元地产税，那么每年可以收入 50 亿元；房产方面，仅对城市房产征收每年 1‰ 的房产税，只要有 1 亿平方米的持有量，每年就可以征收 50 亿元。两部分相加就可以获得近百亿的收入，可以抵消土地财政收入的削减。与此同时，需要对集体建设用地的流转合理征收税费。成都基于锦江模式的经验，已经提出了对集体建设用地征收相应基础设施配套规费。这是对突破征地制度的尝试规范征收税费的例子，可以起到维持政府收益的效果。同时，政府让出部分公共职能，这样财政压力减少。另外，地方政府还可以用未来数十年的财产税收入作为抵押来发放地方债进行过渡。第三步，也就是在长期，征地范围严格限于公益用地，彻底告别卖地财政。如果财产税收能达到韩国的水平，也就是 GDP 的 3‰ 的话，那么按 2007 年的水平，每年可以获得 150 亿元收益，这样可以基本替代原有的土地财政。

当然，税制转型可能碰到很多问题，要注意平衡各方利益，包括地方政府的利益和房产、土地占有者的利益。但是这样的转型总要开始，可以由某个地方先行试验，这也是我国渐进式改革的成功经验。成都是我国城乡统筹综合配套改革试验区，最近获得了国务院批准的财税改革试验权，应该在此方面做出积极探索。

谭力：从法外到法内：改革动力学

前面发言已经分层次介绍了成都实践各方面内容。我们看到成都的实践是逐步推进的：从土地制度的改良，如土地挂钩和村庄整理，到突破征地制度，如三道堰和蛟龙工业港的案例，再到改革征地制度，如联建和锦江的"招、拍、挂"，一环扣一环，真是精彩。我们不禁问：如果这是一场变革，那么改革的动力到底在哪里？改革的推动力是什么？又给我们什么启发呢？我在这里做一些尝试性解读。

我们思考和观察的起点是国家的征地制度，它是一种行政配置和市场配置的混合体，简单来说就是政府低价拿地然后在二级市场高价卖出，在其中获得巨大级差土地租金。我们不否认这种土地财政为政府快速有效提供公共产品，例如基础设施，提供了相当大的便利，我们也不否认征地制度在国家建设中所做出的巨大贡献，但是问题是，经济在发展，社会在变化，如果法还是依然不变，那就一定会暴露出相当的制度漏洞。而征地制度正是一个典型。

在征地制度下，拿的地是一次性拍光，是存量，花出的银子却是流量，两者不能配比，当财政不够用时，政府有很强的动机再去拿地；再加上拿地容易，两头一夹，城市就拼命地摊大饼，结果土地的集约利用远远不够。其次，拿地容易换句话说就是侵犯农民容易，这就造成了大量的失地农民上访。而农民之所以还能"有理有据"地上访，那是因为大部分征地根本就不是因为"公益性"。既然不是公益项目，凭什么征地？

当然，主刀的政府如果能够很好地分配这样大一个土地租金蛋糕，也许事情也就这么罢了。可是这就像砍掉自己的手臂，好难！既然你政府分不好，好，农民的逻辑就是：你干不好，我干行不？于是就拉开轰轰烈烈的集体建设用地入市的行为：先有南海和昆山之例，后有各地小产权之火，偌大一个法外世界开始形成。可是农民干也有好多麻烦：法外的入市行为没有相应法律表达，没有相应法律承认，如前面确权所提到的，这就大大加大了资本流转的成本，限制了资产流动的范围。更要命的是，只要是法外行为，就意味着有随时被消灭的危险。正是在这样的背景下，为了延长存活以及享受收益时间，一部分具有经济合理性的法外行为就一定会想尽办法保护自己，哪怕是让自己看起来合法。而这恰恰是事实的关键：一个事件一旦具有合理性，即使发生在法外，就有了最坚实的生存基础，就会想尽一些办法"合理换合法"，以延长存活的时间。而这些基层的呐喊恰恰就是改革最强的发动机。

在我们的调查中，总是不缺乏这样的例子。最浅层次的合法化是"更名换姓"。例如三道堰镇小产权楼盘就打出"乡村酒店"的牌号，一个"乡村酒店"的词就规避了至少在名字上涉及小产权的危险。还有三道堰镇开发商都不叫"开发商"，一律叫"建筑商"。蛟龙工业港的卖厂房不叫"卖"而叫"代建"。合法化的第二个层次是"向法内制度看齐"。

例如三道堰镇就请西南交通大学做了整体规划，蛟龙工业港也规划得井井有条，俨然一个小城镇。什么意思呢？就是说你法内怎么做，我也怎么做，这样至少在这一点上你不能拿我说事。

但是这些都还是浅层次的，真正有意义的合法化尝试来自地方政府所赋予的地方性合法化。法外的世界努力追求政府支持很容易理解，可是政府为什么会介入呢？这里有很多原因，不过从我们观察出发，一些原因是有启发性的：例如在三道堰镇的"建房兴镇"之路中，一方面旧城改造要钱，另一方面财政内的征地资金远远不能到位，甚至就算到了位，怎么办？还有蛟龙工业港的案例，政府的招商能力就是不如蛟龙，如果蛟龙没有办得红红火火，税收哪里来？条条政府管着土地，现有征地制度又把潜在的经济能量压制，可块块政府管着人民，"穷而生变"，于是逼出这样一条地方政府介入的道路。而一旦有了地方政府的支持，合理化的行为就能够生存得更久，从而能够在一个比较长的时间里改善各方利益主体的福利：三道堰镇人气聚集了，镇的经济发展了；而蛟龙工业港的中小企业也能安心生产，不用担心厂房被拆。

那么到现在为止，我们看到怎样一个图画呢？下有农民单干，中间有地方政府支持，于是中国就出现了一个巨大的法外世界。怎么办？当然最简单，政治风险最小的做法是"收编"，也就是把法外的世界想办法纳入原有体制，例如三道堰的小产权问题就是通过挂钩解决，蛟龙工业港也是占了年度内的用地指标。可是问题是那么大一个法外世界，原有体制消化得了吗？能真正解决问题吗？更重要的是，如果都用事后调规的办法来解决，规正的成本是相当高的，举个例子，三道堰小产权房要规正就少不了房屋质量再检查，这可好麻烦！更别提事前的寻租和猫腻。既然这样，我们接下来该怎么走？

大家常常谈和谐，可是和谐不是说大家没有矛盾，而是说存在足够灵活的机制去解决矛盾。很难想象一部好的法律能把那么多国民都排除在正式法律框架之外，说你们都是违法的。如果我们的法律总是"法不责众"，是不是说明法本身就有问题？既然法有问题，就改法吗，建立新体制才是可行的出路。而成都经验的最难能可贵之处就是让合理的事情一开始就合法化框架，从而趟出一条集体建设用地直接入市的合法道路。先确权，消除改革的系统性风险，然后再合法流转，减少规正的成本，这两大步，正是成都实践最值得称道的地方。而联建和锦江集体土地"招、拍、挂"正是这样两个典型的案例。

当然，"同权"的实践不是没有问题，从现有的观察出发，以下几点值得指出：首先集体建设用地入市完全学国有土地的制度不一定是可靠的，国有土地流转制度本身就有不少缺点，怎样建立一个更好的集体土地流转制度是对行动者的挑战。其次，土地的供给者是谁？农民还是集体？如果是集体，如观察所反映的，怎么保证集体不再侵害农民的利益？再次，82年宪法和"缩小征地范围"的矛盾。82年宪法规定城市土地国有，十七届三中全会又指出"逐步缩小征地范围"。历史的经验是中国的城市化还远远不够，也就是说城市还在扩大，如果征地缩小，空出的部分谁来补？现实来看只能是集体土地，可是如果真是集体土地，集体土地在城市又与宪法冲突。这个问题反过来也是一样，如果坚持宪法，又怎么缩小征地范围？更重要的是，城市是实现级差地租的地方，地是我农民的，我凭什么要把这个位置让给你政府呢？最后，也是改革的难点——政府的职能转变，主要包括三点：第一条是集体建设用地市场本质上要求是竞争的，政府怎么从垄断的征地制度下转型，当好服务者的角色？其次，如周老师在总报告中提到的，集体建设用地市场和征地制度的并存将使中国的土地市场形成一个"双轨制",这种制度大家并不陌生,减少这种制度的风险对大家将是又一个考验。最后如前面李老师所提到的,征地制度缩小,土地财政也必须缩小,可是政府也得过日子啊,而且不仅要过日子,还要继续改革,怎么让政府在运行中转型,的确也是个大问题。

我们衷心希望成都和其他各地的实践能为这些问题带来良方,为这些困难提供可行的新的解决方案。最后还是那句话:"问路,然后行动者创造制度。"

2009 年第 53 期（总第 814 期）

《成都土地制度改革报告》发布会简报七

（2009 年 6 月）

2009 年 6 月 24 日，北京大学国家发展研究院举行《还权赋能：奠定长期发展的可靠基础——成都土地制度改革实践调查报告》发布会。周其仁教授主持会议，综合课题组成员汇报了调查报告主要内容，并邀请多位专家评论。我们分七期简略报道发布会概况。本期简报报道北京天则经济研究所学术委员会主席张曙光、中国土地学会副理事长黄小虎、国务院发展研究中心农村经济研究部研究员刘守英和北大国发院教授卢锋的点评以及周其仁教授对参会人员提出的部分问题的回答。

张曙光：

今天这个报告是由在基层调查的同学来做的，我认为这是一个很好的方法。现在的经济学研究，内容往往比较苍白，缺乏对中国经济社会的现实了解。培养出来的学生只懂得书本上的东西，只懂得搞几个模型、几个公式，我觉得是误人子弟。对北大国家发展研究院这种带学生方法，我举双手赞成。这样做不仅能在北大建立良好风气，而且对改变中国的教育和学风也会有积极意义。

第二点，谭力同学"从合理到合法"的发言中揭示了一个很重要事情：按过去的经验，改革都是先取得地方上的合法性，再取得全国的合法性。其仁教授 1994 年那篇分析中国农村改革的论文就讲到了这个过程，今天成都的例子也证明了这个事情。回顾起来，整个改革过程就是这么一个过程，从突破法规限制到通过上下互动总结提炼变成合法规范，但是在这个过程中间，不同的制度也起了不同的作用：旧制度起的是稳定作用，新制度起到创造收益和推动改革的作用。

但是今天我想说的是，当初包产到户改革之所以能从地方上的合法到全国的合法，恐怕和当时的形势、状况都非常相关。当初我们是日子过不下去，逼着不得不改，因为不改的话连吃饭问题都解决不了。现在的困难和当初是不一样的，这一点我们必须要有充分的认识。特别是像土地这样的问题，里面的利益关系太多太复杂。例如赋予集体土地直接入市合法性的地方政府是现在土地方面最大的收益者，因此这个最大利益者可能又会成为阻碍改革行动合法化的力量，这和当初改革时的情况是完全不同的。当初的情况和现在的状况还有一个很大不同：当初主导改革的地方政府层级比较高，围绕联产承包责任制进行争论的是各个省高级领导；而现在地方政府层级相对较低，如果只在乡镇、县市这个级别处理这个事情，我觉得是很难的。

我们面对的现实，一是城市建设需要用地，二是农村的宅基地粗放利用。城乡统筹是一个解决建设用地需要的路子。但是如果城乡统筹是政府主导，问题是相当大的。因为政府在这里涉及两个利益：一是要扩大城市的建设用地，二是要给城市建设融资。城乡统筹的一个基本原则应该是：即使城市把土地拿去用了，收益还是应该返还给农民。前面关于成都实践的几个例子就坚持了这个原则。但是问题也还是存在。用三道堰的例子来说，政府由于层级比较低，所以对土地的需求不大，只需要资金来进行镇的改造。但是如果政府的层级不是在镇一级，而是在市一级，那么改造不光需要资金，还需要土地。比如天津开发区，有300个镇需要改造，其中的华明镇就把农民集中起来，让土地国有化，也拿走了土地收益。因此，不同层级上的问题是很不一样的。我认为这也是现在这个报告的局限性。华明镇的另外一个问题是宅基地换房这个交易结构是不对称的：政府强势，农民分散。我最近看到一个材料，根据华明镇民意测验，当时有99%的人都赞成（宅基地换房）；可是现在200多个村，有1 000多人委托农权事务所提起诉讼，结果法院就是不予受理。所以现在即使是民意测验也靠不住。

另一个问题是，现在城市化是"半拉子城市化"。虽然今年城市化率达到45.7%，但实际上也许连40%都不到。因为暂时进了城的农民并没有真正变成城市的一员，他们的思想观念、消费习惯还都是农村的，一旦出现现在的经济困难，大部分农民都会回乡。如果不解决这个问题，在农村建房然后空置的问题恐怕难以解决。只有让农民完全进了城，他才不会在农村再去盖房。

最后是关于"小产权房"的问题。最近由于深圳相关文件的披露，"小产权房"又出现了一轮热建和热销。从新闻报道里可以看到，政府实际上是在进一步约束这个事情。从"小产权房"状况来看，事实是谁都不愿意放弃这块利益。报告中提供的案例与其他案例里所揭示出的道理是一样的：因为农民是这个产权的实际实施人，政府限制不住农民争取利益的行为。但是我们怎么推进这个转变？举个启发性的例子：以前，城市的状况远比农村还落后，因为房子是公有的，地也是公有的，搞了三十年，到1978年城市人均居住面积才6.8平方米。但是1998年城市里"房改房"之后，我们看到这个问题解决了，城市也随之繁荣了，到2005年，城市里人均已经拥有了20多平方米的居住面积。

黄小虎：

第一，同以往有关研究相比，《还权赋能：奠定长期发展的可靠基础成都土地制度改革实践调查报告》特殊之处在于，它借助于成都试验区的独特平台，将散见于全国各地的土地问题聚焦到一个对象统一研究，反映了近些年来中国土地制度改革的进程，从而为我们进一步系统思考土地问题提供了线索。成都试验区所反映的土地问题也是全国需要面对的问题，清楚地认识并总结成都市在土地制度改革试验中所面临的困难与挑战，可以为我们下一步解决全国性的土地问题积累可靠的知识及经验。

第二，成都经验主要意义在于对农村土地要素资源的"放活"。1978年改革开放以后，城乡之间权利不对等的现象越来越明显。随着城市化进程加快，越来越多的农民从农村进入城市务工。当农民看到城市和农村的巨大差距是因为很多城里人可以做的事情自己却不能做时，心里就会失衡。这种失衡，通过各种方式表达给社会和政府，反过来又成为推动城乡关系改革的原动力。中央意识到这个问题后，提出对农村"多予、少取、放活"方针。比如，取消农业税、增发粮食直补，就是国家在"少取"方面做出的尝试。为缓解最近这次金融危机，国家新增 4 万亿贷款中有 1 万亿投向了农村基础设施也表明国家在"多予"方面的努力。但治本还是要依靠"放活"农村各种资产尤其是土地资产，以市场配置这些要素，从而在政府"输血"之外可以让农民自己"造血"。成都的试验正是在放活土地要素流转，还权于民方面迈出了相当可贵的一步。

最后，这份调查报告也存在不足之处。一些有关土地制度改革的深层次问题在这份报告中并没有涉及。比如说，虽然报告中谈及征地制度改革要调整财税体制，减轻地方对土地财政的依赖。但从目前情况看，与土地有关的不仅仅是土地财政的问题，还有金融、税制、政府发展经济职能方面的问题。更为重要的是，一次性出让城市土地未来几十年收益的方式与地方政府官员的任期很不匹配，新上任官员为获得新的财政来源，只好再征再卖，造成城市"摊大饼"发展，而这个问题又和我国的干部考核体系有很大关系。

刘守英：

我是研究土地问题的，也是周老师的学生。1988 年从复旦到北京工作，第一件事情就是跟周老师到农村调查。我作为学生向周老师表示感谢，向写报告的同学表示祝贺。我讲三个问题。

第一，课题研究的意义。这个报告继承了周老师已有研究方法：从基层创新探讨改革的路径和方式。1987 年创立试验区就是因为当时在农村进行深层改革找不到更好的路，所以在杜老和周老师领导下，在早期农村改革中搞试验。从成都整个实验过程来讲，下一步我们城乡统筹改革的动力和基点可能还是基层。今天我的感觉是，基层大量创新为我们下一步改革尤其是城乡统筹找到了很多新方式。这份报告建立在对成都城乡统筹的研究以及比较全面调研的基础上，对成都改革给予了准确的、全面的、理论化的表达。目前为止，对成都试验有很多评论。问题是地方在介绍和宣传上有很大的误导成分，简单地把城乡改革试验表达为两个置换，远远没有周老师所带团队描述准确。整个报告为下一步成都改革怎样从点到面设计了一整套方案。我们现在看到的整个报告都来自一个个点，这些点在不同的地方进行不同的政策实验，并最终符合整个地区的试验。这个报告刻画了一个路径：以确权为始点，以流转来放活，倒逼征地制度改革，最后实现政府职能的转变。这个报告为从点上的试验转化为一般性的政策提供了完整的路径，尤其是为克服一般性政策的风险提供了指导意义。

第二，谈谈我对研究的看法。首先，报告里讲的改革的最终动因，是城市化基础上土地级差收益的上升。然而调研时忽略了城市本身的推进是怎样进行的，城市化的机制是什么。我们目前看到的新模式基本还是政府主导。在其他地方调研时我们发现，级差收益归政府，是因为政府解决了基础设施投资等问题。但是如果级差收益的分配方式和比例不是通过政府主导，通过什么途径来进行土地征占、级差收益的分配、农村基础设施投资，以及农民土地的分配？其次，报告需要考虑推进改革对农村造成的风险：一是就业风险，二是大面积的村庄集中带来的风险。在产业落地问题上，我们在成都、重庆看到的情况和在江浙、广东看到的有一定差异。如果不解决产业落地问题，农民的就业及长期收入就难以得到保障。我们最近在重庆调研时发现，农民从分散居住转向集中居住后，他们的生活方式虽然有所改变，但是生活成本也极大增加。在集中安置区，农民不交物业费和水电费，因为他们原来没有交过那么高的物业费和水电费，使很多地方变得垃圾遍地。因此，集中居住的成本也是应该考虑的因素。再次，土地置换过程中，伴随这个地区级差收益的上升，农民的要价和谈判程度会越来越高。土地置换之所以能在成都做出来，说明土地的权益价值比较低，农民的要价也相对比较低。最典型地体现这一点的是蛟龙工业港。

第三，我想谈谈针对成都下一步改革要研究的几个问题。我认为要增加确权在报告中的重要性。在发达地区推进从农地转为非农建设用地的改革时，没有进行确权，导致现在出现了很多问题。土地分红收入增加后，集体成员权的界定出现了困难。广东有很多"外嫁女"跑到北京来要权益，前段时间还听说"外嫁男"也来要权益。最近我们在北京和广东调研时发现，确权更难的是对时点的确认，即在什么时点确认集体组织的成员权，这会变成很大的问题。除了对农户确权外，给集体土地的所有权确权也应该引起重视。对原来以小队为单位的集体所有权的确权和颁证是很重要的。最近我们在广东、南海碰到了新问题：本来是股份制，但之后发现行政村是假的，核心股份制在小队一级，因此给他们确权可能也是很重要的一件事。

如何建立土地交易市场？整个土地市场的形成是不是要将集体建设用地市场归并到国有建设用地市场，以国有市场定价来进行交易和建设平台？现在很多地方都依国有土地定价来交易集体建设用地，但是我们主张按市场机制建立集体用地的交易平台。

卢锋：

课题组报告和各位专家评论，已经系统介绍和分析了成都土地制度改革实践的内容和重要意义。我想提出来探讨的问题是：就中国农地制度变迁的纵向视角观察，成都实践有什么具体特色，有什么创新？

受历史背景制约，我国市场化取向改革注定要伴随土地制度转型的艰难探索。如果说农地承包制改革奠定农业劳动生产率革命和解决温饱的制度基础，城市建设用地使用权市场化交易为我国城市化起步发展提供重要前提，农地在城乡间基于市场与合理原则流转则是统筹城乡发展和实现现代化转型的更为复杂和困难的制度创新课题。农地用于城市化和工业化建设流转过程突破原有征地制度，实际上贯穿整个改革过程，粗略观察可能已走过三个阶段。

第一阶段是广东等南方省份在这一领域的改革探索，由于比较具有区域性，加上伴随经济快速增长，农民就业出路总体上比较好，没有引起很大争议。第二阶段20世纪90年代中后期到21世纪初年，农地超越征地制度流转实践开始在全国其他地区被复制或发挥，特别是在经济快速增长的其他沿海省份和长江下游地区不断涌现，国土资源管理部门开始通过试点方法，试图对这类现象寻求有序提升和规范的途径。第三阶段是在2003—2004年景气增长时期和宏观调控后，政府开始强化管制和强调规范，然而由于深层次需求和矛盾仍然存在，各方面都在思考进一步改革途径，十七届三中全会文件第一次对农地超越征地制度有序流转预留出进一步尝试和改革的空间。

以这样一个粗略的纵向观察为坐标，我觉得成都实践在三方面达到新的高度。一是在对这一改革难题自觉意识和政策优先度方面达到了新高度。中国地方基层政府发展经济，通过各种方式满足土地投入需求是一个绕不过去的门槛，因而主政官员重视土地政策具有普遍性。然而成都这样一个副省级行政单位，在过去五六年中，自觉把土地制度变革作为贯彻中央科学发展观、推动城乡统筹发展的一个中心线索，并且始终扭住不放、逐步深入、形成系统，应该说比较罕见，也难能可贵。

二是在对土地制度改革的深层内涵认识和政策实践系统性层面达到新高度。集中凝聚为成都指导土地产权改革三句话方针：确权是基础、流转是关键、配套是保障。我很赞同报告分析强调这三句话方针的重要现实意义，也认为成都实践后来居上，对我国农地城乡流转几十年改革经验具有集大成含义。其内在逻辑与新制度经济学产权理论暗通与契合，更是为中国经济改革实践内涵的丰富和精彩、为现代经济学产权理论的实践意义特别是为实践与理论之间的逻辑一致性，提供了难得的认识个案。

三是在组织实施改革政策的操作执行层面达到新高度。正确认识思路能否转化为制度创新成果，还取决于探索者能否成功应对制度转型操作层面难题，这类问题在土地制度改革领域由于利益关系复杂和认识分歧尤其具有挑战性。在大邑县村民和干部座谈会上，我了解到完成一个村庄确权流程需要如何复杂细致工作，因而在经验基础上归纳提炼近百个问题回答文本用来作为面上铺开的确权工作指南。在农民新社区随机性走进一家农户与主人交谈，使我确信农户最初是否决定搬迁真正以自愿为前提。"细节决定一切"的态度，使成都在管理错综复杂的制度创新中，能较好实现各方利益平衡并获得阶段性成功。

在当代中国土地制度改革的历史进程中，成都既非先知先觉也非捷足先登。由于中国经济成长在空间分布以及时间继起的内在逻辑，成都实践可能研究借鉴了其他地区的经验教训。然而这份报告记录的成都探索已经达到的高度，注定会使这个历史名城在中国农地制度变迁史上留下特殊印记。在这场远未完结的波澜壮阔制度转型进程中，成都能否持续领跑或者还会有其他地区另辟蹊径后来居上，都给关注中国城市化发展的研究人员提供了难得的持续观察和研讨个案。

提问一：

成都的城乡统筹实践对全国的意义是什么？在通过确权流转的途径中，使农民分享土地升值收益的过程中，如何保证农民的社会保障？

周其仁回答：

首先不要搞全国学大寨。我看现在中国地区间互相学习水平蛮高的，不会照搬。成都做的事有启发性，但有一点，刚刚专家点评到，作为先行区，成都没有立法权，但可以考虑在有权机关授权下立法。中国有很多地方法规，像集体土地问题2005年广州已经有一个集体土地流转法规。这样地方性法规越多，将来中央奠定可靠的全国性法规的基础就更扎实。现在到成都参观的也非常多，但不要助长跟风。成都是实验区，是先行在实验区中突破政策。联建政策就在探索中，里面有很多复杂的内容，目前灾区可以用，其他区域不可以。成都实践对其他地区可能有启发和帮助，但不等于说可以把成都经验列出几条让各地简单照搬和照办。

第二个问题非常重要，我们还是认为农民确权是第一位的，有权后如何使用可以让农民自行选择。是社保好还是其他好，要做选择。因为社保只是一个未来的许诺。我们现在很多地方愿意搞征地换社保，这里也有风险。这届政府管五年，下届政府能否兑现承诺？这点我不敢贸然评价。你看所有社保给付的利益都非常少，只是保底线。但农民手里的地，按级差地租看，可能不止保底线，所以权利应该交给农民，由农民选择用什么样的方式来交易。

提问二：

我们在城里都知道一个地方盖楼盘搞拆迁，肯定会出现钉子户。因为拆到最后几家，一两户就可以影响整个项目。现在确权到农家去，也可能出现钉子户的问题，如何解决？

周其仁回答：

为什么征地制度现在还存在呢？因为政府有较大的力量，便于解决钉子户的问题。我们最近也在研究这个问题。香港新界的开发中，每户利益和地区整体利益的冲突很有意思。一些中介公司发展出来负责解决钉子户难题，用的手段很有意思：先用市场化的手段，逐家买，买不下来之后，香港的法律规定，一块地的开发过了70%以上，司法机关就可以判定土地的强制出让。做这家公司的人现在是北大校友会香港会长，我们已经跟他挂钩，要研究他们的经验。所有权明晰以后，肯定会带来很多问题。所以很多美国、日本来的人，很羡慕我们的征地制度，说你们画一条线，明天就可以修路了。但是征地制度也有缺失，包括利益的分配。它很痛快，一道线就划下去。划错了怎么办？钉子户可以减少它划错的可能性。有人咬住你，你就不容易犯错误。

提问三：

确权很重要，但确权了，以后农村再出生的孩子没地权了怎么办？

周其仁回答：

可以对照我们自己想一想，如果我们家生了孩子，大概不会要求分邻居的房子吧。拿耕地来说，如果重新分地，所谓承包制几十年不变就是空话。20世纪80年代贵州湄潭县进行了新增人口永不调地的实验。这后来被写入中华人民共和国土地承包法，但现在很多地方还是双轨制。确权以后，重新调资源的难度就大了。俄罗斯的土地无穷大，落一个人就分一块，走一个人就收回一块，这是村社制度。中国人均土地资源匮乏，实施不了那样的制度，要靠低保、社会保障、济贫来解决问题。

2009 年第 77 期（总第 838 期）

中国土地制度改革研讨会简报之一

（2009 年 7 月）

2009 年 7 月 27 日，由北京大学国家发展研究院、北京天则经济研究所和博源基金会共同主办的"中国土地制度改革研讨会"在北京大学国家发展研究院顺利举行。多位专家、学者围绕中国土地制度改革进行了演讲和讨论。我们分七期报道发布会概况。本期简报报告会议第一节"经验研究"中国务院发展研究中心研究员刘守英、天津滨海新区管委会副主任郝寿义和云南财经大学城环学院院长张洪教授发表的演讲内容。

刘守英：土地资本化与中国城市化道路

城市化的本质是生产要素在城乡间的重新配置和经济社会结构的变迁，它的核心是人口城市化。但是我们在北京调查发现，中国特色城市化展示出它独特的一面。第一个特点是土地的城市化。随着城市化进程，城市版图在不断地延伸，农民集体土地被政府征用为国有。第二个特点是形成城乡结合部，和其他发展中国家比较中国没有出现贫民窟的现象，但是出现了城乡结合部这一典型现象。第三个特点是，城市化演变成一场政府和农民攫取土地级差收益的博弈。城市化对政府而言实际上带来的是土地级差收益的显化和上升。在政府通过土地征用获取级差收益的同时，居住在城乡结合部的农民也在用国家征用以后的剩余的土地和宅基地，为涌入的外来流动人口提供居住空间，分享土地级差收益。农民分享土地级差收益的主要动力来自流动人口的上升。

对外来人口租房反应最积极的首先是拥有宅院的农户。城乡结合部的农民利用一户一宅政策的模糊性、宅基地福利分配早已名存实亡以及政府对村庄违章建筑的难以管理，在祖辈传下来的这片土地上从原来的种地改为种房，使城乡结合部呈现出奇特的景观。另外一个行动主体是村集体组织。在集体土地被大量征用之后，他们利用剩余狭小空间发展非农产业，发展土地租赁和房地产，使之成为村庄集体经济的主要来源。下面我们来看三个具体案例：

朝阳区高碑店：政府主导的城市化

九十年代末的时候随着北京市城市建设的东移，高碑店成为典型的城乡结合部。其基本特征有：（1）农民土地基本被征用完毕；（2）失地农民就业没有着落，失业率上升；（3）地方产业空间受到挤压，农民失去生存和发展空间；（4）大面积征用土地导致农民生活水平下降；（5）农居混杂，人户分离和外来人口集聚，带来社会管理的困难，成为影响社会稳定的火药桶。

北京昌平区郑各庄：集体土地资本化和农民自主城市化

九十年代初，这个村子以集体企业和做建筑工程为主，九十年代末以后村子周边房地产开发极其活跃，郑各庄的选择是：（1）祖辈留下的土地不卖，自己的土地自己开发；（2）土地开发不急功近利，考虑可持续发展；（3）村庄开放有规划进行，实际上明确了保持集体所有制不变的情况下靠土地开发来谋发展。

首先，郑各庄通过进入昌平城区规划，对全村大部分土地实施整理、置换和缴纳复垦费，将耕地调整为建设用地。村企业使用土地需向村委会有偿租地，每亩每年不低于五千块钱。村委会将租金收入分配给本村有承包权的农户。通过这些做法，实现了以下的效益：第一，通过旧村改造和盘活宅基地实现了宅基地的资本化，获得了巨额土地资本化收益。第二，通过集体建设用地入市实现了村庄工业化和城市化进程。调整了产业结构，发展第三产业。引学校入村，使村庄工业化、产业化，并向城市化转移。郑各庄模式实现了多方共赢的城市化，农民集体和政府实现多赢。

海淀区北坞村：政府主导给农民让利的城市化

按照城市规划，北坞原址要全部用于建设绿化隔离带，村民需要移到另外一个地区居住。为解决农民在异地上楼的问题，政府对城市规划和用地规划进行了相应调整。工程建设启动资金由市区两级政府及镇政府出资解决，市政设施由市区两级政府投资建设。农民作为产业的酒店和租赁房建设以农民通过土地贷款来解决。商品房的开发和自用房的建设由村集体组织开发公司负责以降低资金成本。

移居地还增加了产业用地和安置用房确保农民的收入。每户除自用房屋外，至少还有一套可以出租的房屋。政府集中安排一批产业用地，新增加一批建设用地，解决外来人口居住，这就保证了农民有可持续的收入。在北坞村原址实现绿化以后盖低密度酒店，发展三产，解决了农民长期财产性收入问题。最后，当地农民社保被纳入城乡社会保障体系。

案例的启示

这三个案例呈现了三种城市化模式不同的景象。第一种模式完全由城市政府主导，农民被排斥在城市化进程之外。政府获得了巨额的土地出让收入，城市房地产市场也极其活跃，但原住民土地被征用以后农民集体发展空间狭小，就业无着落，收入和生活水平下降，违规建房出租导致环境的问题和治理的困难，群体性事件增加，政府管理成本上升。因此，这是一种不可持续的城市化。第二种模式完全由农民集体自己来进行，充分保障了农民土地权益，实现了农民集体以土地参与农村工业化、城市化进程，分享了土地级差收益的好处。然而，农民获益以土地进入市场为前提，既受宅基地法律的制约，又受土地非农化的法律制度制约，土地资本化收益留在农民集体也意味着政府失去一大块土地出让收益。在现行的财政主要依靠土地出让收入和土地抵押的情况下，这种模式和政府利益产生直接冲突，因而只能作为个案分析。第三种模式是对政府主导城市化的变通和利益妥协，给农民留一个分享级差收益的小空间，放弃土地出让收入，并将基础设施建设和农民社保纳入城乡一体化，避免了第二种模式中村庄巨额的基础设施投资和福利负担。这些政策保证了政府工程的推进，但当全市几百个城乡结合部大面积改造时，这种留发展空间、弃土地出让收入、包揽基础设施投资和社保的好事能否继续做下去、做得起，我们还有待观察。

土地级差收益的归属决定了城市化的道路。传统的政府主导城市化理论强调土地增值归政府，一是因为政府进行了巨额基础设施投资，二是涨价归公。实际观察首先发现，土地级差收入的来源并不是因为政府进行了基础设施投资，而是源于产业发展和人口城市化。其次发现，谁能分享级差收益，谁就有能力进行基础设施的投资。三是未来解决城乡结合部和城市化推进的问题，必须统筹解决流动人口的落地与本地农民增收问题。为外地人口建廉租房，可能是一个迫在眉睫的问题。第四，土地制度创新和实验迫在眉睫。

（王天一整理，经演讲人审阅）

郝寿义：天津滨海新区土地使用制度改革

滨海新区目前处于非常快速的发展期。特别是建设滨海新区上升到国家发展战略之后，天津市制订了《天津滨海新区综合配套改革实验总体方案》。滨海新区是快速工业化带动快速城市化的一个地区，也是在工业化、城市化快速发展阶段中探讨如何把经济发展和土地问题结合的一个典型区域。滨海新区开发开放面临的土地问题非常多，最主要的有如下两个问题：

第一是工业化快速发展对建设用地大量需求的问题。随着滨海新区上升为国家战略和加快开发开放的需要，土地指标和实际需求就产生很大差别。

第二是怎样随着工业化城市化的快速发展节约利用土地和充分保证农民利益的问题。滨海新区目前还存在着大量低效使用土地资源的情况。在保护耕地依法实施的条件下，农用地的征转依然是目前滨海新区解决城市建设用地需求的重要方式，怎么在这个过程中不牺牲农民的利益，使他们能够分享开发发展的成果，也是我们必须要解决的问题。

滨海新区按照"统一规划、依法管理、市场配置、政府协调"的原则来确定土地使用制度改革的任务和目标。新区建立了"耕地资源得到切实保护，土地资产效益得到切实发挥"的土地市场体系和土地管理制度，形成了与社会主义市场经济体制相适应的集约用地新格局，为滨海新区开发开放提供资源保障和社会保障。新区创新了土地利用规划管理和耕地保护模式，改革农用地转用和土地征收审批制度，建立了征地补偿和被征地农民安置的新机制，改革集体建设用地土地使用制度，改革土地收益分配使用和管理制度。工作中有以下两个重点：

第一，在存量上调整土地利用管理方式，对滨海新区开发开放想办法提供足够的资源保障。新区主要做了以下几项工作：

首先，创新土地利用规划管理，探索"三规合一"的思路。先对这个地区的资源、环境承载力做评估，制订资源环境规划。在规划基础上，制订土地的利用规划，再叠加城市总体规划，再把近期建设规划落实到具体项目当中，最终实现"一图三规划"的管理模式。其次，推进城市建设用地增减挂钩改革。周转指标"一次核定，集中下达"到市政府，由市政府确定拆旧建新项目区，编制城乡建设用地增减挂钩实施规划并组织实施。拆旧建新项目以小城镇示范项目为代表，坚持承包责任制不变、可耕种土地不减、尊重农民自愿的原则，将较低效产出的农村集体建设用地通过宅基地换房等方式集约使用，将增量部分转为城市建设用地，并将原有的宅基地统一组织整理复耕，实现耕地的占补平衡。再次，推进优化土地利用结构的改革，特别是通过循环经济的发展来转变低效率用地情况。再其次，进行滩涂资源开发，在保护耕地的前提下向海要地。最后，尝试农用地转用，进行土地征收审批制度和完善土地储备制度改革。

第二，着重于城乡一体化的改革。滨海新区城乡一体化改革主要有两种模式，第一种模式以塘沽区胡家园街农村城市化新社区安置项目为代表。塘沽区这个项目在滨海新区最核心区域，尝试把土地在城乡建设用地挂钩的基础上按照合理的目标把它们征过来。征地时除了给农民征地费、安家费，同时还给一份社会保障、提供就业机会，并给每人45平方米的住房。这样，实际上把土地房产化，房产资产化，农民对这种方式非常满意。第二种模式是滨海新区的边缘区汉沽区实行的"一镇、一业、一园"。一镇就是通过宅基地换房，建成一个新的城镇。腾下来的指标建立一个工业园安置就业，同时发展葡萄产业。通过三位一体的方式实现农村社会化、农业产业化、工业生态化。同时，保证"两个不变"：农业的用地性质不变，农地所有权性质不变。这种三位一体的模式对农民的保障和产业发展都起到了很好的作用。

（王天一整理，经演讲人审阅）

张洪：云南省农村集体建设用地现状及土地制度改革建议

首先简单介绍云南省农村集体建设用地的使用现状：第一，地形地貌对社会经济有显著影响，平坝地区的资源集聚能力更强。平坝地区的人均GDP是丘陵地区的2.7倍，是山地的3倍多。第二，农村集体建设用地的利用效率和建设用地级差地租具有围绕中心城区递减的趋势。云南省以昆明市为中心，可划分为核心区域、一环、二环、三环四个圈层，农村集体建设用地的利用效率由核心区域向一、二环递减，到第三环时略有增加（利用效率由人均GDP、农民人均纯收入、人均地方财政收入、与中心城市的交通距离、农村人均居民点建设用地等指标综合度量）。第三，农村集体建设用地多用于居民住宅，很少用作乡镇企业及公共设施建设。这表明，云南省农村的乡镇企业和村集体经济发展相当落后。

根据我领导的研究课题组在2008年对云南省农村集体建设用地流转情况所做的深入调查，可以总结出云南省集体建设用地流转具有以下特点：第一，由于云南省的乡镇企业不发达，符合流转条件的经营性集体建设用地很少，流转的标的物主要是宅基地。据统计，农民的自住房及附属的宅基地流转量约占总流转规模的70%—80%。这一事实意味着，如果将农村集体建设用地流转的标的物仅限于经营性集体建设用地，那么允许土地流转的政策对云南省农村发展的实际价值并不大。

第二，农村集体建设用地流转多发生在城市近郊和公路沿线，而且，流转规模由中心城区向外递减。在经济较发达的城市近郊及公路沿线地区，建设用地需求量更大。因此，这些地区的村民对宅基地的利用及保护意识更强，集体建设用地（主要是宅基地）的流转规模更大，土地的使用也更集约。相反，离城市中心较远的经济较落后的农村，建设用地需求量不大，宅基地仅是农民的住房保障，村民对宅基地的利用、保护意识淡薄，宅基地空闲较多，登记办证率较低，很多村组几乎没有发生过集体建设用地的流转。但是，这些远郊地区的农民都渴望通过土地流转的方式改善生产、生活条件。

第三，多数农民对集体建设用地流转持积极态度。课题组曾在昆明市和红河州先后采访了500多位农民，在昆明市采访的300多位农民中，约有54%的农民知道中央提出的农村土地流转新政策，约有60%的村民赞成承包地及宅基地流转，27%不赞成。在红河州采访的近200位农民中，约有50.3%的村民知道中央提出的农村土地流转政策，赞成流转的农户比例高达76.3%，只有7.9%的村民不赞成。不赞成流转的农户多是担心国家给的征地补偿太低，担心以征地方式流转土地后生活水平下降。据了解，住房、就业和社会保障问题是云南省被征地农民面临的最大问题。由于云南省的经济不发达，政府征地补偿费很低，被征地农民将大部分补偿款用于日常生活开支及新房装修和子女上学，用于各种保险的比例非常少。同时，很多农民希望政府出台相应政策，安排就业并提供社会保障。但是，由于云南许多市县工业化程度低，地方政府没有能力安置失地农民。基于这个考虑，很多农民要求政府在征地过程中预留土地，由自己建房发展，自谋生路。

上述调查表明，我国现有的征地体制既不能让近郊区的被征地农民得到实惠，也没有将城市化发展带来的土地增值收益辐射到广大的远郊农村。我认为，应该从有利于城市发展和农民增收的城乡统筹角度出发，寻求土地改革的思路。而这其中的重点在于，如何利用土地级差地租盘活远郊农村的集体建设用地资产，壮大集体经济，在促进城市发展的同时推动新农村建设。

鉴于以上讨论，我对我国土地管理制度的改革提出三点意见：

第一，加快农村土地产权制度改革，明晰农村集体土地产权，让农村建设用地与城市建设用地同权、同能、同价，为构建城乡统一的建设用地市场打下基础。

第二，要在《宪法》和《土地管理法》中明确提出允许农村集体建设用地流转，改革现行征地制度，将集体建设用地流转作为城市建设用地扩张的另一种形式。特别是要修改目前《土地管理法》中关于农村宅基地不能流转的规定，应当允许农村集体将多余的宅基地流转。

第三，建立农村集体建设用地跨地区流转的机制，推动农村集体建设用地在城乡统筹中跨地区合理流动，以实现更高的级差地租收益。调查发现，跨区域的流转更有利于促进远郊农村的发展和新农村建设。

2009 年第 78 期（总第 839 期）

中国土地制度改革研讨会简报之二

（2009 年 7 月）

2009 年 7 月 27 日，由北京大学国家发展研究院、北京天则经济研究所和博源基金会共同主办的"中国土地制度改革研讨会"在北京大学国家发展研究院顺利举行。多位专家、学者围绕中国土地制度改革进行了演讲和讨论。我们分七期报道发布会概况。本期简报报告会议第一节"经验研究"中，北大国家发展研究院土地制度改革课题组成员邢亦青硕士、戴德梁行主席、香港特区行政会议召集人梁振英发表的演讲内容，以及讨论内容。

邢亦青：成都市征地制度改革实践

很荣幸代表北京大学国家发展研究院土地制度改革课题组报告我们对成都土地制度改革的一些了解。受成都市委、市政府的委托，我们在周其仁老师带领下，从今年一月在成都开始进行了密集持续调查，逐渐形成了大家拿到的这本约 25 万字的调研报告。下面简要报告内容，在调研报告中则有更翔实的介绍。

成都改革的大背景是，在 2003—2008 这几年中，我国城乡差异普遍呈拉大趋势。而在成都，这个差距却有缩小。成都如何办到这一点的？如用八个字概括成都实践，就是"还权赋能，城乡统筹"，即"动用土地增值的地方收益实现城乡统筹"。近些年，快速的城市化、工业化过程带来了极大的集聚和集中，土地价格随之飞速上涨，这是整个故事的前提。关键的问题在于，这个变化过程到底由谁主导？增值收益又如何分配？我们熟悉的现行征地制度，主要由政府主导，返还农民比例非常少。成都的改革首先是在征地的基础上，拿出一部分地方财政收入打入农村；但靠财政直接转移的能量还远远不够。相对这种改变收入增量分配的办法，我们更关注另一些伴随着土地、经济制度广泛变革的实践；在这些实践中，村组、农户以多种形式参与到土地使用权的流转中，也更多地分享土地的增值收益。

首先要介绍的是国土整治与增减挂钩。这是一种大家都比较熟悉的实践，在各地都有发生。它的经济逻辑很简单：以农村整理土地新增耕地得到的农地转用指标，换取高地价地区的土地收益。这种实践本就在征地制度框架之内，而成都的做法是加大弹性——主动加大投资返农力度，也提升规模，所谓"量价齐动"。这种办法可以给农村1.5万—2.5万元/亩的经济投入。接下来是启动村庄整理，即"挂钩"。该项返农投入可以达15万元/亩。投入高，主要是因为涉及建设用地整理，且此项做法在当年无需占用城市建设用地增加指标。成都将这个实践做得扎实，又上了一定规模，仅2006—2008年三年内就申请了周转指标六千余亩，建城镇新区使用面积5 331亩。此外，灾后重建的统规统建、统规自建部分，实质上也是属于这种指标换资金的范畴。

值得一提的是，这种办法是农村分享"异地"的土地增值收益，渠道便是农用地"占补平衡"的规定。因为很多地方是没有土地增值潜力的，很多改革都会与之无关，因而这种"异地"分享土地收益的办法就显得尤其重要。当然，这是否必须由政府主导并决定项目区域，还是值得讨论的。

接下来，是一系列现行法律边缘或之外的实践，它们也都是本地分享级差收益的例子。首先是工业的集聚。蛟龙工业港是成都市郊完全民营、建立在集体土地上，规模大至5平方公里的一个工业园。它成绩斐然，井井有条的园区布置，整齐的标准厂房，有八百家中小企业入驻，解决十万人就业、年交税额一亿，厂房空置率几乎为零，还有两百家以上企业排在它的等待名单之中，这使得整个模式得以有活力地延续下去。值得一提的是，园区内一切道路水电等基础设施也都是工业园的民营资金投资的。工业园的成功之处，就在于它"租赁加租赁"的模式：一面是建标准厂房出租给中小企业解决它们的起步困难资金短缺问题；而另一面是向农民集体租赁土地加分批滚动开发，解决工业园自身的资金流运转。这个过程中，农民获得1 200斤大米的年租金，每三年递增5%；注意这里还只是租，农民保留了长久分享土地增值的权益。这是它很值得称道的地方。当然工业园经历了很曲折的法外到法内的过程，值得我们在制定政策和配套措施时总结。

再看集体土地上的商业建筑或住宅即俗称的"小产权房"。我们介绍三道堰镇的案例。由于地处成都水源地无法办工业，当地只好用这种办法"建房兴镇"，至今已建了700套自建房，4 500套小产权楼盘。三道堰特点第一是规划相对完善，街市也很整齐；第二是出让"空中发展权"，即我们看到的很多"三楼一底"的房屋，农民获得了一层房屋自住加一层底商，而上面另外的层数交给开发商出卖，可获得大约300元/月的租金收入。政府在其中的收益，首先是旧城变新城，带来面貌的改善和人气的旺盛；随后是通过收取每平方米20—60元的"市镇基础设施配套费"，使公共财政有了保障。但需要注意的是，整个过程中有很多法外的担心，外来的购房人也无法获得权证；这是三道堰镇繁荣街景背后的无奈。

接下来是以都江堰茶坪村为例的城乡联建。成都去年发生惨烈大地震，27万户房屋受灾，重建需要巨大资金投入给政府带来很大的财政压力。联建就是在这种压力下进行的一项制度创新。茶坪村是个非常秀美的山村，地处青城后山的旅游区，级差地租潜力很大。联建实质上便是农民出让部分宅基地，换取重建资金。这个逻辑和小产权房非常类似。但不同点在于，联建从一开始就给经济上合理的实践尝试提供了合法框架。首先，联建可以颁证，包括土地权证和房屋权证，尤其是联建方作为集体经济组织成员之外的人，首次获颁"集体土地使用权证"；当然这里有着细致的区别——联建方获得的证上注明"流转非住宅用地，期限四十年"，而农民获得的是"划拨用地"，永久年期。可以看到农民对部分宅基地的长久权益并未丧失。另外精彩之处在于，虽然是农民与联建方两方互动,但合同却使用了农户、集体、联建方三方框架,给整个过程提供了很好的保障。在这里权证的意义重大,不仅扩大了流转范围,更是作为项目得以规范执行的保障。譬如联建要求必须在复垦完成、农民房屋验收完成,才能开工建新房并获颁权证,这样就用"证"保障了房屋和复垦的质量。第一户联建出让 100 平方米宅基地换取 238 平方米建筑面积清水房,资金投入合 160 万元/亩;另有 7 户联建、35 户联建等。截至 2009 年 1 月,全村有 101 户达成联建意向,获得资金投入逾亿元,这里我们看到了联建政策和权证保障带来的力量。

最后一个案例是成都市锦江区去年底将两块集体建设用地进行招拍挂形式的入市流转。这是 1987 年规定国有土地出让必须招拍挂后,第一批以招拍挂形式出让的集体建设用地。这个实践以确权开始,土地流转后也给受让方颁发集体土地使用权证;而收入打入以农民组成的股份公司,再以各种形式分配给作为股东的农民。在这样的制度和权利保障下,出让收益虽然远不及预期,但仍达到 80 万元/亩。整个案例的关键在于,农民并不像原来一样是被动参与方,而成为交易中主动和平等的出让方。

一系列实践中一个重要的启发就在于,划定权利其实就是划定分配方式。产权权能的变化可以直接带来巨大的收入变化;特别是更加硬化的产权可以使整个流转变得更有保障,也带来更大的流转价值。

刚才提到的实践或者政策走向的精神,都是从以行政权为中心转向以财产权为基础。这种转换之中,"变动"很可能带来各方利益互相侵害的机会,特别是权责边界如果不清,可能引发各种转型中的矛盾。我们看到成都最关键的改革经验是:确权到户,给农民"自己保护自己"的权利。确权给农民"权威、抽象、合法"的权属表达:首先,它是新中国成立六十年来第一次大规模对土地这种重要的生产生活资料的清资核产工作;其次,它确立了农民在土地流转中的主体地位,有助于从根本上解决改革中巨大的系统性风险,给改革加上保险阀;进一步,我们说"契约",先有"契"再有"约",有了规范的权属表达才能扩大流转需求的范围,增大农村经济总量,也能更好地促进土地的节约利用。都江堰大观镇房管局的横幅"确权是基础、流转是核心、配套是保障",是基层实践对改革经验非常精彩的总结。确实如此,确权实际是"社会主义市场经济制度的基础设施投资",是推进一切改革的前提。

确权意义重大,但也非常繁复艰难。成都确权的实践工作中也有不少启发:第一,试点推进,找出符合当地现实的确权程序,最终一个程序严谨的确权到户过程的成本仅需十块钱每亩,这使得确权可能在更大范围内得到推进。第二,"村庄评议会"这样的村级治理机制,实际上是从"代民做主"到"让民做主"的观念转变。第三,确权在现状和法规中寻找平衡点。

就政策建议而言,我们的主张实际就是成都的经验,也便是实践的经验。首先,在确保耕地不减少的前提下,以确权为先打好一切改革基础,消除系统风险。逐步增加征地制度弹性,加大对农民的返还。接下来逐步缩小征地范围,也就要求逐步扩大非征地模式的使用范围。成都实践看到,集体土地上也可以办工业、也可以建住宅甚至进行大规模流转,关键是政策和法规的配套。在有条件的地区进行封闭可控的试验,对实践成功的尝试扩大规模,对还没有条件试验的提前做好准备。

梁振英：香港的房地产产权、征地制度和土地用途管制

在新中国成立之前，由于没有完善的产权制度和法律，中国人吃了很多有关产权纠纷的亏。在涉及土地及房产的各种矛盾出现之后，我们也没有比较完善的制度和法律解决问题，致使很多经济纠纷演变成社会冲突。社会冲突多了就有人用武力解决问题，武力问题多了就变成政治事件，现在我们所遇到的包括民众与民众之间、民众与社会之间以及民众与国家之间的各种产权纠纷，海外一些国家早年也遇到过。但是，现代欧美、新加坡等海外先进社会在土地问题上并没有出现像中国内地一样多的社会性冲突事件。因此，我们应该多了解和多学习国外在土地产权制度方面的经验。

接下来介绍香港土地制度的发展历史。香港的房地产产权制度是比较完善的。英国在1898年取得新界的租借权，1903年英国把新界每一块农民拥有的土地作全面的测量和地籍普查，同时废除了农民原来拥有的永久产权。所有新界农民的土地权属关系及用途都固定在1903年当天，当天是菜地就是菜地、稻田就是稻田、宅基地就是宅基地。港英政府同时又把新界所有土地的租用年期固定在1997年6月27号届满。港英政府对土地及房产的管理很严密，所有土地的上级地主都是政府，政府以批租的方式供给土地，不管这些土地是用作商业开发还是用作修建学校、医院等公益性事业。这一系列举措在当时也引发了很多政府与民众之间的冲突，但港英政府还是坚持实施，这说明当时的政府在土地管理问题上下了很大决心。

香港还有一套很严密的土地产权登记制度。在香港，所有跟土地楼房有关的权利义务都在法律上有具体规定，也需要登记。第一个例子是，某人在自己房子做装修，需要在大花板上挂个吊灯，为此需要在天花板上打一个洞。理论上，洞钻到某一点要停下来，不然你就会侵犯楼上邻居的权利。这在香港的法律上都有明确界定。第二个例子是公共大楼的电梯维修费问题，小张家住二楼，上下楼不用坐电梯。小李家住三楼，上楼坐电梯下楼不坐电梯，他们两位要不要对大楼电梯的维修负责？这些权责在大厦的管理合同上有规定。第三个例子是农地的水权和路权问题，你买了一块地，然后把旁边一条小溪堵了修蓄水池，下游的田就没水了，你是否侵犯了下游农民的权利？这块地的买卖只涉及你跟卖方（原来地主）的合同约定，但修蓄水池影响了合同之外的第三方，即下游的农民，你和卖方对下游的农民有没有义务？你买了张三的地，路在远方，你是否有权在李四的田地上走过？香港在处理第三方权利方面做得比较完善，例如下面房屋抵押与租赁的例子。小王把一套房屋用于抵押借钱，然后把房子租给租客。小王和银行是房屋抵押合同的双方，小王和租客是房屋租赁合同的两方。但是，当小王不还钱给银行时，银行就要把房屋处理，但这会波及租客的租住权。

香港通过土地契约实施用途管制。所有的土地实行批租制，民众向政府买地实际上是租用政府的土地。政府通过地契（即租约）条款规定了用地主体对每一块地的用途。香港政府作为规划当局，可能从规划的角度同意你改变土地的用途。但政府作为地主，可以根据地契条款不同意改变用途，除非给予政府（即地主）补地价（更改地契条款前后的差价）。这就为港英当局预留了一个征收增值税的权利，有点像内地的土地增值税。

香港的征地程序大体上和内地一样，一旦社会有需要，政府就颁发一个公告按程序征地，在补偿方面下面几点值得注意：第一，按土地市场价补偿。第二，被征地方在被征

地过程中产生的费用（包括法律费用、土地房地产评估费用、会计费用等）由政府负责，作为赔偿的一部分。香港的律师、会计师在社会上公信力强，有法律问题可以找律师，遇到商业财务问题可以找会计师，然后和政府讨价还价。第三，农地被征的民众可获得某种程度的未来土地增值补偿。在征地时，政府会发给被征地方一纸公函，其中注明某年某月征收的土地类型。被征地方可拿着这个公函去换另外一块地，五英尺的耕地可以换两英尺建设用地，这也就弥补了农民对农地增值的期望价值。

最后，我认为问题不管表面上看似多复杂：不管是农民与农民，农民与社会，甚至是政府与农民之间的关系，都要把它们归纳到产权关系上来。外面有很多经验都值得我们参考，以帮助解决我们在改革过程中遇到的问题。例如，改变土地用途的增值问题可以参考香港的做法，政府作为合同方，配置一些执行能力以解决操作问题，要树立律师、评估师、会计师的公信力。要以产权登记来防范由于第三者权益受到侵犯引起的各种社会矛盾。

会议第一节讨论

周天勇评论：

第一，三中全会规定规划区外农民可以以入股等方式直接参与建设用地的利用。在了解成都等一些地区的做法之后，我建议，是不是可以把三中全会的规定进一步扩展，让规划区内的农民也可以直接参与？我去年在广东调研发现，广东省规定土地最低出让价以后，在商业性征地时，政府基本上就不参与了，而让用地方直接和农民谈价格。有些地方农民可以入股，有些地方还采取给农民10%—15%预留地的方式补偿农民。这些做法能否扩展到规划区内？

第二，有些地区改革的核心问题在于设法获得年度建设用地指标。不论是成都通过宅基地整理节约土地指标，还是重庆的地票交易，都是为了解决这个问题。那么，作为全国统一的政策，年度建设指标应该如何设计？

陈家泽评论：

实际上香港实行的土地政策跟英国最早在11世纪开始的土地政策是一脉相承的。在英国，所有的土地所有权都归王室所有，普天之下莫非王土，所有农民只有土地占有权，因此香港的土地制度中没有内地的农地集体所有制。我们在设计成都农村土地产权制度改革时，就希望吸取英国土地制度的合理方面。大陆法系和英美法系是两条道上跑的车，但我们认为占有权这种制度可以极大地弱化所有的争论。

梁振英评论：

英国也不是所有土地都是王室所有的。英国实行土地全部王室所有是1066年，但后来他们把相当一部分土地的永久产权卖出了。相比我们国家的农村土地集体所有，英国绝大部分农地是农民所有。因此，在英国也发生一些我们现在面临的问题，包括征用农民农地、农地改变用途的增值问题等。不过，他们还是有制度法律去解决防范这些问题发生，所以我觉得英国关于土地的法律制度还是有一定的参考价值。

周其仁评论：

我们在成都观察制度改革，发现现存的制度存在弹性，而且存在很多层次的弹性。刚才建光提到规划区和非规划区之间的制度差别，现实中这确实是一条很硬的杠。我在成都调查的时候发现推进农户确权时，规划区以内不确权，规划区以外确权。这是因为基层干部很明白，我今天给他发了证，明天征地时他拿出证来讲价钱不麻烦吗？我们向成都市反映了这一情况之后，后来就在一些地方实验，在规划区内也确权。在产权明确的基础上来征用土地，才会有市价补偿这样的概念。刚才梁振英先生讲到征用土地按市价补偿和按原用途补偿这两个概念不同，其不同的实现实际在于权利的确定。所以，成都现在在规划区也做确权的推进。我们觉得这项举措非常有意思，要观察后面的结果。在确权以后再发生征地时，谈判的余地就增加了，价就会不同。在规划区内，农民能不能也以某种方式参与分享收益？其实各地都碰到这个事情，例如城中村的问题。深圳现在全部是城市，可是城市中有一些农民世世代代居住，他们的权是蛮硬的，自主修建用于出租的楼盖到了13层。因此，在现有制度框架内怎么扩大弹性，扩大到什么程度，还有很多问题值得研究。

龚强评论：

刚才听大家的很多想法，都希望通过土地流转让农民分享城市发展的权利。但是赋予农民权利的同时我们需要考虑到责任。我认为，只有农地保护做得好的地方才有权利流转土地。好多偏远山区，例如云南地区的农民，在山区盖了房子，政府希望用镇里的房子替换他的住房。这些农民可能通过在山上再盖一个房子来不断地获取利益。因此，我认为应该只有扩大了农地面积的地区，才可以有流转的权利。

2009 年第 79 期（总第 840 期）

中国土地制度改革研讨会简报之三

（2009 年 7 月）

　　2009 年 7 月 27 日，由北京大学国家发展研究院、北京天则经济研究所和博源基金会共同主办的"中国土地制度改革研讨会"在北京大学国家发展研究院顺利举行。多位专家、学者围绕中国土地制度改革进行了演讲和讨论。我们分七期报道发布会概况。本期简报报告会议第二节"问题与主张"中，清华大学人文学院历史系秦晖教授、清华大学政治经济学研究中心副主任蔡继明教授和北京天则经济研究所理事长张曙光教授的演讲内容。

秦晖：城市化与土地制度

　　关于土地、三农问题的许多争论目前进入了一个死胡同。比如，我们经常讨论是否要促进土地流转、土地应是集体所有还是私有、如何增加农民的集体谈判能力、是否要保护耕地等。还比如，我们经常讨论应该推进城市化还是复兴农村——有人说新农村运动应该是促进非农化的运动，有人说城市化是一条死路，应该搞乡村复兴，等等。但是，最近围绕这些争论所采取的措施搞不好都会产生所谓"尺蠖效应"的现象——无论出台什么样的政策都会增加一方面的强势而恶化另一方面的弱势。

　　比如，关于"18 亿亩红线"的争论，有材料认为今年这条红线很可能就要被突破。可是，中国突破红线完全是以政府圈地的方式，并不一定因为红线被放弃而增加了农民的权利。因此，这件事陷入一个困境：假如说耕地需要保护，那么农民就更不能卖了，但是政府要圈还是照样圈；假如说耕地不需要保护，政府就更加放手大圈了，但是农民要卖还是不能卖。所以无论是否承认红线，总而言之，这是一种只许官圈不许民卖的制度。这个制度很难讲到底是国有制、集体制还是私有制。

　　有朋友说明晰产权是不可能的，因为世界各国土地所有者的权利都不是百分之百的绝对权利。但是，权利的明晰化和百分之百的绝对权利本来就是风马牛不相及的两个概念。其实，包括土地在内的权利早在罗马法那个时候就已经是多种权利，已经是所谓的"一束权利"了。但是这一束权利中的每一种都是要明确的，不能赋予那些有权力的人太大的自由裁量权。说权利不是绝对的，因此就由某个人说了算，这完全是另外一回事。

我们现在很多其他问题都是这样,有人说要加速城市化,于是就出现所谓的圈地、招商、建大城;有人说西方城市化道路走不通,我们要搞乡村复兴,于是又出现所谓的收地、拆房、盖新村;有人说要推进规模经营,因此就用圈地搞大农场;有人说小农必须稳定,因此就不许小农把土地卖给大农,否则就会出现"无地则反",等等。这样的事情如果处理不好,不管怎样都会出现问题。因此,我认为中国现在的产权制度的问题,不在于是国有制、集体制,还是私有制,而是在于那种只许官圈不许民卖的制度不能再持续下去了。如果这种制度持续下去,不管采取什么政策,都会产生不利于农民的结果。

所谓集体谈判能力是政治概念,不是经济概念或所有制概念。而且,Collective 与 Individual 是一个对立的范畴,但是 Collective 与 Private 并不是一个对立的范畴。一个人所有是 Private,一万个人所有同样是 Private,前提是这一万个人是自由结合的。有人问我,到底是主张 Private 还是主张 Collective?其实我主张 Private Collective,也就是"民间集体"。Private 的第一个含义不是"个人的",而是"民间的"。Private 不是与 Collective 相对的,而是与 State 相对的,也就是与官方规定的东西、强制的东西相对的。因此,农民当然是有集体谈判的权利,但是集体谈判的权利应该是一种 Private Collective。

现在有很多村集体能够代表农民进行集体谈判,的确成功地维护了农民的权益。但是所谓地权集体的作用,和以前生产性集体的作用是一致的。联产承包制以后绝大部分农民退出了集体,但是还有一些农民留在了集体中,而且还都搞得不错。但是我这里假定,即使这个集体的微观经济机制与毛泽东时代没有任何区别,农民有了退出权以后仍然留在集体里,与没有退出权时把他们强行绑在集体里,性质是根本不同的。现在有些生产性集体能够成为明星村,前提是如果不搞成明星村农民早就跑了,剩下来的当然必须是明星村。现在生产性集体已经不是强制性的了,但是地权性的集体还是强制性的,那么这个地权性集体的强制性是不是也可以松动呢?如果农民对地权性集体也有退出权,所有剩下来的地权性集体都会变成真正捍卫农民利益的自主性集体。地权性集体和以前的生产性集体一样是可以存在的,而且也可以起到很好的作用,但是和生产性集体一样,一定要有退出机制和进入机制。

现在很多人说集体所有权是一种成员权或者身份权。什么是身份权呢?就是说你有这个权利因为你有某种身份,而且这个身份也注定了你有不可推卸的义务。然而,现在有一种很大的危险,就是这个身份是政府可以取消的。很多情况下,政府就是通过取消农民户口来剥夺农民的土地——既然农民才有土地权利,我通过宣布你不是农民就剥夺了你的权利。所以,集体、私有并不是真正的问题,但是我们的权利一定要是真正的公民权利,而不是一种所谓的特殊的身份。第二,一定要取消政社合一的制度。政就是社,当然就是强制性的。真正要维护集体并不是取消成员的退出权,而是要取消集体外的人对身份的任意设定。

我有以下两点建议:第一,地权集体是不是可以增加退出机制和加入机制?也就是去身份化和政社分离。比如规定是集体制,但农民可以带着身份退出一个集体或者加入另外一个集体。第二,有人讲地权不能给农民,往往是说地权一旦给农民就会出现无地农民。我们讲地权归农民有两种含义,一种是农民想卖就可以卖,一种是农民不想卖就可以不卖。现在既然担心无地农民会影响稳定,那么可以规定农民想卖未必就可以卖。但是农民如果不卖是不是就可以不卖呢?如果真的担心出现大量无地农民,就没有理由拒绝这一条。

（路乾整理，未经演讲人审阅）

蔡继明：城乡土地制度分步改革探索

当前的征地制度中存在二律背反。一方面，改革开放三十年来，政府在城市化进程中的征地行为大部分是违反宪法的，因为其中绝大部分征地都不是出于公共利益的需要。另一方面，政府的这种征地行为又维护了宪法，因为正是这种无论公益性还是非公益性用地，一律采取政府征用的行为，才保证了城市化过程中所有新增的土地都归国家所有，这恰恰符合宪法有关城市土地所有制的规定。征地既违法又合法，形成了自相矛盾的局面。

消除这种二律背反有三种办法。第一是在保持现有土地所有制结构不变的条件下扩大国家的征地范围，即在宪法中明确，国家为了公共利益和经济发展的需要，可以征收或征用农民的土地。无论是公共利益还是非公共利益，只要是为了发展经济并列入城市发展规划的土地，国家都可以征收或征用。我认为这种办法是不可取的，因为除了出于公共利益之外，国家不应该动用行政力量征收私人或者集体财产。考虑到现行政治体制下腐败行为已经很难扼制，十个贪污案里八个与土地有关，如果再把征地范围扩大，腐败行为会更加蔓延。

第二是改变城市土地所有制结构。对于公益性用地，国家可以通过征收变为国有土地，而非公益性用地通过用地单位直接向土地所有者购买或租用加以解决。考虑到改革开放三十年来，我国已经形成了公有制和多种所有制并存的局面，将城市土地从单一的国有制改为多种所有制并存，和宪法的基本精神是一致的。

第三是在宪法修改之前实行征收和征购并用，公益性用地由政府征收，而非公益性用地，由政府作为一个市场行为主体和农民平等地进行协商购买。这样，既可以满足公益性用地需要，又保持了城市土地的国有制。但是如果农民和土地使用者能够平起平坐，土地价格能够真实反映土地价值，为什么还需要政府在农民和土地使用者之间扮演中间角色呢？更何况，在现行体制下，由于买卖双方有寻租行为，政府官员很可能通过高价买地和低价卖地从中受惠。所以，这种方式并不可取。

如果从以上三种方式选择第二种的话，那么城乡土地所有制结构就必须统一起来，无论是城市还是农村，公益性用地都可以实行国有或集体所有，而非公益性用地都可以实行非国有或非公有。非公益性用地要通过市场交易而获得，不宜再实行强制性征地。至于国有土地，我认为也应该打破目前产权和责任权利不清的局面，实行分级所有。中央政府和省级政府、地级市政府乃至县级市政府各自拥有的土地应该明确划分。这样，就可以避免政府为追求政绩把今后五届乃至十届政府的用地指标全部用光，以至于以后各届政府不得不继续扩大城市土地边界。

北京大学国家发展研究院土地改革研究组把成都经验归结为"还权赋能"。问题是到底应该还什么权，赋什么能？就集体土地所有权来说，其本身目前尚不能够自由转让，经济上也没有完全实现。从外部来看，政府对非公益性用地的强制征收，是对农村集体土地所有权的否定。而从内部看，现在的农民无偿地承包农村集体土地，是对集体所有权的另一个否定。因此，所谓还权赋能，是否首先应该还集体所有土地全部产权？至于农村居民的宅基地，虽然就其所有权来说属于集体而不能够转让，但其使用权应该允许出租和转让。现行的法律法规一方面不允许农民的宅基地使用权出租和转让，另一方面又禁止城镇居民到农村买房或租地建房，这明显地造成城乡居民宅基地产权不对等。我认为，所谓还权赋能，不能满足于还到现行法律规定的所谓集体所有权和承包权，而应该还到1954年《宪法》所赋予农民的全部产权，这样，才能真正反映和尊重农民的权益。农村居民的宅基地也可以实行私有，建筑用地除了农民建房已经占用的之外，其他也应该按户分配给农民，这才是真正的还权赋能。

最后一点，是否因为农地私有会违背宪法而裹足不前？应该看到，1954年《宪法》就赋予了农民土地所有权，1975年和1978年的《宪法》都没有否定农民土地所有权。今天我们要推进土地产权改革，只要有必要，中央认可，提出修改宪法建议是完全可行的。从中共十三大到十六大，宪法已经修改多次了。所以，以"违反宪法"为由限制土地产权改革是不能成立的。

（洪浩整理，经演讲人审阅）

张曙光：解决中国土地问题的总体思路和行动框架

我今天的发言想在指出当前土地政策存在问题的同时，提出一个解决中国土地问题的总体思路和行动框架，进而使土地政策的方向更明确，弹性更大，借以推动和指导基层的创新和实验，加速中国城市化的进程。

城市化是中国发展、改革和调整的关键和重点。城市化，一方面是农村人口的减少和城市人口增加的过程，另一方面也是城市扩展和产业提升，资源从农村重新配置到城市工业和服务部门的过程。现在中国的城市化过程主要存在三个问题：第一，中国城市化是半拉城市化，进城的1.4亿农民工并没有拔掉农村的老根完全变成城市人，他们是城里居住的农民，而这就导致了例如留守儿童、打工者子弟学校、新夫妇分居、多人集体租屋、春运高潮之类有中国特色的社会经济现象。第二，现在城市发展中出现了大量的小产权房现象，据国土资源部统计，全国小产权房占地66亿平方米，而大产权房也不过120亿平方米，而深圳的小产权房已经占到全部住房的49%；而另一方面政府又严格禁止小产权房，这里存在巨大的矛盾和冲突，严重危及社会稳定。第三，政府想通过保护耕地维护国家的粮食安全，但是现在的办法不仅不能保护耕地，反而激励了耕地的占用。

这三个问题相互联系、彼此制约，也对应着三部分农民，他们对土地的偏好和关系也不一样。第一部分是进城的农民工，这些人中二三十岁的年轻人大部分已经不愿意再回去了，所以他们愿意放弃土地成为城里人。第二部分是城郊的农民，由于城市的发展和扩大，这些人在城市里有工作但是还住在原来的地方，所以他不会轻易放弃土地和土地的收益。第三部分是种地的农民，主要是种粮的农民，这些人因为各种原因没有成为农民工，但是他们却承担着耕地保护的全部成本。

从历史来看，彻底拔除在农村的老根，使农村人转变成城里人是各国城市化进程必经之路，而要点在于人口流动和土地流动需要同时进行。但是现在中国的情况是人口流动和土地流动是分离的。农民工虽然进了城，但是他们在农村还有承包地，因此这个根难以拔掉；另一个方面，这些人虽然进了城，但是思想观念、生活和消费方式还是农村的，很多人挣了钱就寄回农村盖房，这样人在城里面，房子却在农村，农村房屋空置率非常高，造成相当大的资源浪费。怎么解决这个问题？办法有这么几个：一是凡是在城市居住的农民工，有固定工作和固定住址的，同时还工作了一定年限，如三年，可以考虑让本人及其家属成为城市居民，给予城市居民的权利和待遇；二是农民工取得城市身份和待遇的同时，必须放弃在农村集体的成员权利和土地权利，但是仍然应该有权利处置宅基地上的房子，不论是出卖还是出租。三是要按照城市接纳的农民工的人数相应增加城市的建设用地指标，扩大城市建设和发展的空间。

至于小产权房问题，解决的根本原则就是把城郊土地给城市建设用，但是主要收益部分返还农民，使得农民有城市物业和长期的收入。具体而言，首先把小产权房新老划断，老的在交纳有关税费后承认它合法，其中存在的问题逐步解决；新建的在符合城市规划前提之下放开，成为城市商品房开发一部分。而新建房屋中不符合城市规划和建筑标准要求的坚决拆除，不像过去，只说不做。然后在符合规划的前提之下，开放建设方式。允许农民自己开发，允许农民和企业合作开发，当然也可以政府城乡统筹或者由开发商介入，等等。

最后，耕地保护的问题应该按照利益相容的原则逐步使种粮收入逐步接近平均收入水平，让农民主动去保护耕地。现在政府严管小产权房的一个原因就是害怕放开小产权房而使耕地保护政策难以实施。但是现实是，当下的管制政策反而刺激了小产权房的发展，其中问题的要害就在利益不相容：中央和地方的利益不相容，地方又和农民的利益不相容，因而最应当而且最有办法保护耕地的农民不保护，而远离土地最没有办法的中央政府却在努力保护耕地。因此我觉得应该按照利益相容的原则来考虑解决这个问题，首先经过科学论证来研究中国到底需要多少耕地；其次建立耕地保护基金，让发达地区和城市都来承担耕地保护成本；最后在耕地重点保护地区通过转移支付、种粮补贴和提高粮食价格，逐步把种粮人收入提高到接近于当地平均收入水平，激励农民自己保护耕地。

2009 年第 80 期（总第 841 期）

中国土地制度改革研讨会简报之四

（2009 年 7 月）

2009 年 7 月 27 日，由北京大学国家发展研究院、北京天则经济研究所和博源基金会共同主办的"中国土地制度改革研讨会"在北京大学国家发展研究院顺利举行。多位专家、学者围绕中国土地制度改革进行了演讲和讨论。我们分七期报道发布会概况。本期简报报告会议第二节"问题与主张"中，中国土地学会理事长黄小虎、中央党校研究室副主任周天勇教授、国土资源部总规划师胡存智的演讲内容和讨论内容。

黄小虎：我国房地产业的再思考

长期以来，房价与地价的关系是一个非常敏感的话题，争论各方都认同房价太高，但是分歧在于，到底是房价拉高地价，还是地价抬高了房价？其实房价与地价的关系在理论上早已得到解决。马克思和恩格斯在著作中已经论述过住宅价格是地价、建筑资本和利润利息以及修缮费用的加总。理论上说现在我国城市房价主要由土地价格和建筑安装投资及利润构成。当然如果由开发商组织建设，还应加上开发商管理服务费。

建筑投资及利润即通常所说建筑成本，是相对恒定成本：全国建设相同标准的房子造价差别不会很大，一定时期内建材价格和工人的工资也相对稳定。并且从长期趋势看建筑产品与其他商品一样，随着技术进步和劳动生产力的提高，价格更有可能相对下降。土地价格则完全不同。地价是地租资本化，地租会由于土地条件的变化引起超额利润。随着经济的发展，地租和地价有长期上升趋势，其中城市土地表现尤为明显；另一方面，短期内土地供求关系的变化也会引起实际生活中地租地价围绕土地超额利润，发生或高或低的波动。

需求有自住性需求和投机性需求，供应也是如此，有满足实际需求的供应，比如政府保障性住房和合作建房，以及农民自己建房等，同时也有投机性供应。马克思当年就已经注意到建筑业的变化：早期的房屋都是定造，但是大约到 19 世纪中叶定造房屋就极少了，建筑商购买大面积地皮建造很多房屋供顾客选择，建筑商所经营的土地财产可以超出他本人财产的几十倍，因此就面临着市场波动而破产的风险，这样一种建房方式实际上就是为投机而建房。建筑本身利润是很小的，投机主要对象是地租。马克思所关注的这种"为投机而建房"的建筑商就是世界上最早的房地产开发商，只是当时他们还是集建筑商、开发商、维修商为一体。而当代我国的开发商既不负责建筑又不负责维修，他们的主要职能就是为投机而建房，这种投机性供应与投机性需求结合在一起可以产生巨大能量，使房价剧烈波动，吸引公众资金进入，成就了一个又一个富翁，而后房价跌落又使后来者血本无归，造就一个又一个的"负翁"，这就是当今中国正在发生的事情。

保障性住房体系建立使穷人住房供应不再依赖开发商，下一步如果能够发展合作建房供应体系，中低收入人群的住房也将不再依赖开发商，那时候投机就只是富人之间的游戏，与老百姓无关了。当然保障性住房和合作建房也存在供需矛盾，价格也会有波动，但没有投机作祟就不会出现令人望而生畏的天价房，那时候政府实行"招、拍、挂"是好还是不好就无须讨论了。其次，既然投机者赌的就是地租，国家作为土地所有者就不应该在任何情况下都追求土地收益最大化。限价房本质上限的就是地价，将来发展合作建房时，土地供应可以实行划拨和低价，而这些恰恰体现了土地公有制的优越。

我国土地使用制度和管理也存在一些问题。开发商仍然垄断大部分住房供应情况下，土地"招、拍、挂"成了土地投机的重要途径。地价过高会对普通百姓造成伤害，因此当投机导致泡沫高升时，政府推出土地应慎之又慎，不应该简单谁出价高就把地卖给谁，应多增加保障性住房和限价房的土地供应。不过只要开发商垄断局面不改变，这些措施也只能是治标之策，不可能根本遏制投机对消费者的伤害。

现在城市发展过于依赖房地产业，以至于房价一跌一些地方政府就去救市，让老百姓很不满。现在我国各地城市建设投资、土地财政、与土地相关的税费以及土地金融占了经济相当大的比重，是一种透支未来的发展模式，不可持续。这种模式形成原因很多，有指导思想和发展战略的问题、政府职能问题、干部制度问题、财政金融体制问题，也有土地制度和土地管理问题。就土地方面，最主要的方面是不允许集体用地进入市场和低价征地高价卖地。不允许集体建设用地进入市场实际上强化了开发商的垄断地位，而低价征地就为投资炒作提供了空间，此外对土地收益使用缺乏规范管理也助长了地方政府的短视行为。党的十七届三中全会已经明确改革方向，需要我们加紧落实，稳步推进。

以上房价和地价的关系可以总结如下：地租地价是房价的重要组成部分，地租地价有长期上涨趋势，所以房价也会相应看涨；但是房价的短期变化是供求关系引起的。投机性的供求会使房价剧烈波动，投机的真正对象是地租地价；而投机活动之所以伤害普通消费者要害在于住房供应的垄断，因此解决问题的关键是打破垄断，而打破垄断需要建设部门进一步改革住房制度，深化改革土地管理制度。

周天勇：城市化的居住模式与土地管理体制的选择

城市化是人类社会农村剩余劳动力和剩余人口向城市流动和集中的一种不以人的意志为转移的必然趋势。城市化过程中的居住模式，是指农村人口在向城市流动和集中过程中，他们在城乡居住的分布，有无贫民窟，居住的面积、庭院、多层和高层楼房等。不同的国家和地区，在他们的城市化过程中，形成了不同的居住模式。但是，不同的居住模式，对土地利用率、人口年龄的城乡结构、社会安全等都有着不同的影响。

我们在研究城市化、土地和居住问题时发现，世界上典型的模式总结起来可能有三类：一类是东亚模式；一类是拉美和印度模式；一类就是目前中国内地的模式。在东亚模式中，居民收入增长较快，城市化过程中的大部分新迁移居民有购买正规住宅的能力。虽然有一部分居民在转型期间只能暂时居住在贫民窟里，但这种贫民窟能够随着居民收入的提高和政府财力的增强而逐步被改造并最终消失，城市居民的居住条件逐渐同一化。日本、韩国、中国台湾就属于这种模式。

另一种模式是拉美和南亚国家的居住方式，在城市化转型期间，相对东亚国家，它们的居民收入增长较慢，且收入差距特别大。在印度，公有的土地被私人实际占有十年以后就可以私有，而在拉美国家甚至占半年以上就可以私有。为什么城管不能把城市化过程中这种私占公地的现象消灭掉？因为这些国家的总统是直接普选，候选人因为要拉选票而需要讨好作为"票仓"的贫民窟里边的人。在这种居住模式里，只有富人到城市以后才能住上比较好的正规住宅，其他大量的农村剩余劳动力则居住在城市的贫民窟里，结果贫民窟成为农村人口城市化的主要居住方式。

第三种模式就是中国大陆目前的居民居住方式。我们研究了城镇居民购房的能力，收入最高的居民的收入房价比是 2.4∶1，即攒 2.4 年的收入就可以买一套房子，但是最低的则要二十多年；此外，我们对整个农村人口也做了一个估计，平均来说是 18∶1，为公认的最高房价收入比 6∶1 的三倍。在这样的情况下绝大部分农民肯定买不起房子。于是就发生了"两栖居住"的问题，即进城务工的农民只能居住在城市的工棚、集体宿舍或者城中村的小出租屋里，而在农村虽然拥有房子却空着不住。显然，如果这种两栖居住率越高，人均所占用的住宅用地就越多；进一步，如果农民工在城市里再买房子而且农村房子的居住权也不放弃的话，所占用的土地就会更多。另外，居住方式，比如说高层住宅、庭院、别墅，以及家庭多套率、住宅面积大小等，这些都影响土地的占用程度。比如，我们算了一个非常有意思的账，基于国土资源部的统计资料，2003—2007 年的别墅用地仅仅装了 2.7 万人，但是，如果按照 1∶3 容积率，则能装 30 多万人。

不同的居住模式不仅占用的土地不一样，而且对社会结构、对社会稳定的影响、所造成的隐患等也不一样。和拉美、东亚的其他国家和地区相比，中国大陆不一样的地方就是政府太强，土地没有私有化，中国大陆基本上也没有贫民窟。没有贫民窟的一个直接后果就是加重了农村的老龄化程度。由于没有贫民窟这样的地方长期定居，在外打工的农民工到了中老年纷纷回乡，这直接导致农村老龄化程度高于城市。根据我们的测算，如果目前这样的城乡两栖现象持续下去，那么到 2030 年农村老龄化，即农村 60 岁以上人口所占比重，将可能达到 69% 这样一个惊人的程度。没有贫民窟所导致的另一个后果就是人口剧烈流动对社会稳定的影响：其他国家的人口流动主要是商务和休闲流动，但是中国内地的人口流动主要是剧烈的生计流动；如果农村大量进城务工人口都能够居住在贫民窟里，那么就不会发生城乡之间人口的剧烈流动，因为在贫民窟里一家数口都居住在这个地方，这样由单身和流动所引起的社会危险就小一些。由此我们也需要重新考虑，究竟是存在贫民窟的社会更稳定，还是人口剧烈流动的社会更稳定。

为了防止居住用地倍增，必须防止城乡两栖居住的现象，不论是城里人到农村还是农村人到城市两栖居住。如果大量的城里人到农村去把农村庭院式的住宅买下来了，以后再把这些土地复垦成耕地，其成本就会非常高。而且，防止城乡两栖居住现象还可以防止出现在城乡之间形成剧烈和持久的人口流动，同时防止农村老龄化的加速和恶化。另外，我们还需要防止城镇中形成占人口 10% 的多套房阶层出租房屋给占人口 90% 的无房阶层居住；我们不同意有些学者所说的"买不起房子可以租房子住"的看法，如果一个社会有80%—90%的人都买不起房子，那这个社会的问题太大了。如果有钱人买了五六套房子，他们的孩子单靠租金就可以一辈子吃不完，这样的社会可能是非常糟糕的社会。

那么如何防止城乡两栖居住现象发生？我们认为，关键在于降低进城劳动力的居住成本。农民现在进不了城市，最主要的不是户籍政策的阻碍，而是由于过高的房价导致过高的进城居住成本。要降低居住成本，最重要的是调整土地利用和管理方面的战略思路。我们开始起草报告提纲的时候说一定要控制建设用地、控制城市用地，但研究的结果发现问题不在于此。实际上，村庄每年占有土地量非常大。改革开放以来，农村人口绝对数减少了六千多万，但是村庄用地却扩大了两亿亩，而同期城市通过人口迁移新增了四亿两千多万人，但是城市建设用地却只增加了五千万亩。改革开放初期农民住宅用地人均居住面积大概八平方米，由于对在承包地上盖住房管得不够严格，现在增加到人均三十多将近四十平方米，占用了大量耕地。所以，国土控制的重点其实不应是城市，而应是农村。研究中我们还发现，城市政府把很多土地拿去搞开发区、搞工业，比如建炼油厂、炼钢厂等，而居住用地供应则相对比较少，最后导致住宅地价暴涨，但是第三产业并没有发展得很好，这值得深思。

要调整土地的利用和管理制度，具体来说我们有以下建议：首先，要鼓励宅基地、承包地流转。比如我要去城里打工，如果我的宅基地和承包地可以流转，那么这些土地流转变现以后所带来的财产收入就能大大提升我到城市里购买住房的能力；然而现在大量土地资产都是"死"的，根本无法变现，使得农村居民缺乏到城市里购买住房的能力。必须加速对一些规模小又比较分散的村落进行户籍整顿。许多农村因为小、分散、土地利用率低、没有规模效应，是注定要衰败的，俄罗斯、巴西、印度的情况都是如此。问题在于衰败以后一定要整理土地，比如德国在村落衰败后的土地整理上就有一系列措施，对中国来说则一定要整理出耕地和建设用地以供流转。

其次，需要重新考虑是否可以宽容贫民窟的存在和发展。这个问题的关键在于，政府是否有能力为大量应进城市的人口提供低价房和限价房？如果2040年城市化率达到80%，那么需要增加城镇人口五亿六千万，这些人进到城市的话政府能够提供限价房和廉租房吗？我个人认为不可能，任何一个国家政府财力都承担不了。这种情况下我们可以尝试逐步重新考虑对城中村和城郊承租房的容忍程度，适度地放宽对贫民窟的限制，并随着经济发展逐步改造贫民窟，这样既能降低城市化过程中的居住成本，又能减少因为缺乏贫民窟而导致的剧烈生计流动对社会稳定可能造成的影响。

再次，还需要重新考虑对小产权房的容忍程度。在小城镇和城郊我们认为完全有必要发展小产权房，免去政府的土地出让金和各种高额税负，从而把房价降下来，让农民买得起房子。我们走访了一些地方，发现有些农民到城里买房子买的就是小产权房，大产权房他们根本买不起。小产权房不仅要发展，而且一定要区别对待。如果在城郊、小城镇建造比较节约土地的多层甚至高层小产权房，政府可以支持，但是城市居民到农村购买庭院式的住房则要控制，至于控制的理由则还有待细究。

最后，要提高收入降低房价。要降房价，首先就应当加大住宅用地的供应量。从我们的分析数据来看，住宅用地的供给是不足的。除了让地方政府加大住宅用地的供给量之外，如果允许农村集体建设土地进入市场，形成竞争性土地供应市场，那么住宅用地的供给也将能够有效增加。同时，如果允许在集体建设用地上建设商品房，那么房屋供给也将能够有效增加。此外，由于过高的城镇居民房屋多套率也加大了房屋的供求矛盾，如果用税收的办法来控制城镇居民房屋的多套率，就一定要开征房地产税，否则房屋多套率很难降下来；除房地产税之外，还可以征收土地使用税，并对两套以上房子开征累进税，这样可以更好地降低房屋多套率，从而改善房屋供求结构、降低房价、提高购房自住的满足率，而且开征这些税收本身也是对目前地方政府土地财政的一种改革方式。至于提高收入，我们认为最根本的还是要大力发展吸纳就业能力最强的中小型和微型民营企业以及个体户，具体办法包括放宽准入门槛、降低税负，减少对它们的吃拿卡要以及行政执法中索取费用等行为。

胡存智：以换地权益书构建自由流动机制

目前土地流转有很多现实的障碍，造成流转实际效果不好。其中，主要有三个障碍：第一，土地的多重负担造成流动的障碍和困难。土地既要满足生产力发展要求，同时还要为了中国国情需要保持承包权的稳定。障碍和困难主要表现在五个矛盾上：(1) 土地规模经营与稳定和维护家庭联产承包制的土地基础之间的矛盾；(2) 推动集中经营，鼓励资本下乡与强势资本造成土地兼并之间的矛盾；(3) 鼓励进城农民的承包地长期流转与以土地稳定不变充当返乡农民的生活退路之间的矛盾；(4) 社会化专业化农地流转与权势集团（包括村委会、农业公司、基层政府）对农民的强迫力量之间的矛盾；(5) 流转与流转后农民回乡及时索回土地作为生产生活退路之间的矛盾。这些矛盾造成了流转上的第一个障碍和困难。

第二，土地缺乏双向流动的途径和保障造成障碍。由于当前土地的流向和趋势是不一样的，农地从分散到规模经营是主流，反过来是少量和非主流；建设用地跟着城镇化过程向城镇集中是主流，返回去是次要也是零星的。同时农民把土地作为退路是零星和分散的，发生概率也比较小。这种情况下，各地各方面的探索都做的一件事就是为主流方向做"改革"，而没有为相反的流向提供保障。这样一来产生的问题就是：要素的流动只有正向流动没有反向流动，很难说是市场经济，也不是真正的要素流动。

第三，土地空间及位置制约经营方式影响流转。土地与资金不同，资金只要集中就可以规模使用，没有来源和位置的限制。土地的规模经营则有一个空间位置问题：土地必须连片，分散不连片是难以利用的。土地连片使用后还要避免把中心部位地再分割出去，否则土地规模经营方式也难以持续。因此，土地规模经营的核心是土地连片经营。规模经营中为实现土地连片，十有八九会出现强迫农民流转土地的现象。

由于上述原因的影响，目前土地流转的成效不是很好。十七届三中全会之前我们做了统计，流转比例只占耕地的 4.75%，比例高的地区也只有 20%—30%，远远低于农村劳动力进城的比例。土地流转情况不佳，不仅仅与制度不完善有关，更与要素流动的路径设置不完善有关。

基于以上这三个问题，我的主张是，以换地权益书构建土地要素反向流动的保证。这里的"反向"主要有几个意思，一是一定要有反向流动的路径安排，无论正向反向、主流和非主流，都要有安排，使得要素流动能够形成一个双向的、能够保证市场经济和城乡统筹发展所需要的自由流动。从分析中我们发现，有两个特点值得注意，一个是分散向集中、从农村向城市，这是土地的主要流动方向，相反是零星和少量；二是规模经营对土地的位置有更高的要求，但是为了保证农民的退路，土地社保功能主要与土地的面积而不是位置有更密切的关系。根据这个特性，我们就能够解决地块的替代使用问题，建立反向流动途径，同时能够满足规模经营和社会保障两个需求。我们所引进的创新工具叫"换地权益书"，它的特征是：面积是核心、位置是条件，通过这种安排来解决土地流转问题，构建反向流动的政策工具，从而构建完整的土地流动链条。

换地权益书是一种法律证书，标志着对土地的权利，可以在一定时候换取土地。这个证书既可以换取一定土地面积，也可以换取一定土地价值，还可以两者兼而有之。作为一个政策工具，它可以破除土地流动性障碍，淡化土地位置作用的影响。换地权益书可以由政府或者法定机构在收回土地的时候发放，作为一种法律凭证，它记载有原来面积、等级、价格等，在必要时候兑换成土地。权益书在欧洲主要用于土地整理和土地交换，在美国用于土地开发，而在中国香港则主要用于征收土地。中国香港的换地权益书可以合并使用，也可以交付一定的地价。中国内地于1999年在海南省发放了换地权益书，经过了十年的实践，目前还在使用中。

换地权益书可以有两种形式：一是以面积为主要记载，换地的时候可以换回同等面积；二是建设用地的换地权益书则可以记载换地权益书的价值，到时候可以换回其他同等价值的土地。为了保证农民尽可能换回原有那块地，当不能换回原有地块的时候，就可以通过距离原地远一点就多换一点面积的办法来履行换地权益书。我们把规则制订好了，农民接受规模经营就知道预期结果，将来就不会发生纠纷。对于建设用地的换地权益书，既可以换成本村本土的建设用地，也可以换成其他地方的建设用地，这样有助于农村向城市发展。

随着这个换地权益书而来的一系列管理问题，既然是法律文书，一是需要有公信力，二是需要有法律的严肃性。为此，我个人建议换地权益书最好由县级政府全程统一管理。如果换地权益书归集的土地范围大了，就可以在全域范围内调剂、兑换土地。此外，要有专门机构管理权益书，特别在农户赎回土地的时候要把权益书及时收回来销毁，对于宅基地也可以这样实行。这样，无论规模化经营，还是农村向城镇集中，农民权益都有切实保证。

最后要说的是，这种换地权益书作为一种新的制度安排，处理得好可以实现各方共赢，首先农民进城也不担心失去土地，放心把土地流转；其次，公司也能够得到规模经营，集体经济组织也能得到规模化的好处；再次，对国家而言则可以破除城乡二元结构，促进城乡统筹发展，可谓一举多得。当然，如果处理不好，它也会带来很多的麻烦和问题。所以，对换地权益书这种新的制度安排，我们必须慎之又慎，在充分论证和试点的情况下谨慎推行。

会议第二节讨论

盛洪评论：

我认为换地权益书是一个很好设想，但更好更一般的交易方式就是土地跟货币之间的交易。换地权益书肯定有更多附加条件，用来代替征地时候全额支付土地价格，因此它是一个很中间的改革方式。而且,特定一对一换地权益书其实妨碍交易。城乡对流不见得需要一对一的方式实现。一个人在城里住厌了愿意到农村当农民,可以通过很一般的货币买卖来获得土地。换地权益书的好处可能只局限在现在,且如果要推行换地权益书,需要证明更一般的交易可能达不到更多的政策目标。

胡存智评论:

盛老师说的有一定道理。关键在于土地被要求承担社会功能,可能需要给农民留下退路。换地权益书可以解决是否需要给农民留下退路的问题:农民拥有换地的权利,可退可不退。

陈家泽评论:

我觉得换地权益书的好处在于促进交易。成都在设计土地银行时,和胡老师的思路是比较接近的。换地有一个重要的局限,即地域的限制。它实际上是一种股票的概念,并有利于渐进式的改革。我比较赞同这种制度。

孙佑海评论:

现在有一个很现实的情况,即城市用地和农村用地的不同趋势,城市用地是人增地增,而农村建设用地是人减地增。2005年,农村建设用地是16.56万平方公里,占整个全国用地的51%还多。农村建设用地是我们整个城镇建设和工业用地的两倍之多,可是2005年农村人口只是城镇人口的1.4倍。1991年,农村人均用地为12.36万平方公里。14年间,农村用地增加了4.2万平方公里,且这4.2万平方公里的用地是在农村人口减少了1.1亿的情况下发生的。两个方面值得我们关注,一方面,整个城市的人口城市化滞后于土地城市化;另一方面,农村的建设用地在增加。这个问题值得思考。

胡存智提问:

秦晖教授提到Private Collective这个概念,中文的翻译是什么?国外有没有类似的实践?这个概念与我国已经实践十几年的、以土地为核心的农村社区补助合作制有什么区别和关系?

秦晖回答:

在国外,不管是在大陆法系还是普通法系的民法体系中,是没有Collective这个概念的。我之所以要说Private Collective是考虑到中国特色。在早期罗马法时代,罗马集体对权利的干预很大,但也没有Collective这个概念。如果有一些,也无非是附着在权利的行使上,比如继承权家族限制等。波音公司有几十万股东,股东人数可能超过一些小国的人口,但谁也没有说它是集体所有制。几十万人共有的财产或一个人的财产,只要是民间的,只要是自由组合的,谁也不会怀疑它是Private。大家知道很多大型的股份公司,但是谁也没有说这就不是Private。

然而，中国法律规定土地必须是 Collective 持有。制度是可以有弹性的，集体持有完全可以，只不过如果集体持有土地，应该给个人集体的进出权。当初我们生产性集体的解构就是采取这种办法，林毅夫先生反复讲过。地权性集体为什么不能采取这个办法？

Private Collective 的土地所有制和现在的制度有什么不同？这个不同是显而易见的。第一就是有退出机制。我们现在的集体哪怕是股份制的，股份也和成员权挂在一起，不能进也不能退。假设这个制度的确给农民带来好处，例如给一部分土地增值收益很大的农民带来享受。这部分农民可以无需劳动也无需投资，而他却也没有办法投资，一辈子可以作除了吃喝嫖赌以外什么都不干的人，这是一种正常的现象吗？

如果取消了所谓的身份制。实际上的变化有两个：一是取消所谓的身份权，二是取消所谓的政社合一。在座的陈锡文先生在去年有一个说法我是很同意的，即我们虽然要维护集体国有制，但是行政村的经济职能要逐渐剥离。我们只要解决了集体所有制的身份或者进入退出机制，这种所谓的集体其实就变成了股份制和 Private 制度。我们的产权改革不也就到位了吗？

秦晖评论：

天勇讲的东亚型和南亚拉美型其实并不是居住模式的区别，因为东亚和南亚拉美都是允许贫民窟的。区别只是在于东亚型由于经济增长速度快，分配也相对平均，贫民窟很快就自我消解了。但是在尊重贫民窟存在权这一点上，两种模式之间并没有任何区别，因此这两者可以合二为一。至于中国，也不是世界上唯一的特例。我认为，中国和民主改革之前的南非非常接近。你看看南非当时用的几个词，一个是"流动工人"，指可以进城打工但是不能在城市定居的黑人；一个叫"有序的城市化"，指的是黑人不能进城，使白人城市又干净又整洁又豪华，而且治安也很好。南非的学者在讨论有序城市化的时候，是拿美国作为反例的。按照我的分类则很简单，东亚、南亚、拉美都是一回事，发达国家早期也是一回事；第二类就是中国和南非这一类身份性的居住模式。

周天勇评论：

南亚、拉美与东亚相比，城市化的结果是不同的。我们做了世界各国关于中小企业制度的比较研究，发现拉美、东亚以及南亚的国家，政府关于中小企业的制度是不同的，这导致进城这些人的收入、就业、居住、创业上的不同。所以我觉得，南亚、拉美的城市化道路与人口转移的道路，和东亚是绝对不一样的。当然，拉美和东亚国家都是允许贫民窟的，但是拉美国家对中小企业的限制和中国差不多，都很苛刻。

梁振英评论：

刚才秦晖老师提的 Private Collective 概念，我也是第一次听到。香港有类似性质的拥有房地产的一些 Collective。比如说香港有一段时期，由于房价高，当地政府给某一个层级公务员集体批地，建立公务员建屋合作社。政府用低于市场价格的地价给他们批地发放地契，可以建房子但是不能买卖。公务员合作社修了房子以后在公务员之中进行分配，公务员可以分配到房子但是除了同样符合政策的其他公务员之外不能卖给别人。由于当时建房的容积率比较低，而且政府给的地契没有容积率的限制，所以后来很多地产商打这些土地的主意。如果每个合作社的成员都同意，这个集体的地权就可以卖，但也必须得到政府的同意。政府也要向他收一笔地价款。所以这个 Private Collective 至少在香港有以这种形式存在的处理土地流转的经验。所以，有很多经验可以借鉴。

胡存智评论：

什么叫 Private Collective？把地权量化到个人，在此基础上建立社区土地合作制，再加上土地置换书，即等于 Private Collective 制度。

2009 年第 81 期（总第 842 期）

中国土地制度改革研讨会简报之五

（2009 年 7 月）

2009 年 7 月 27 日，由北京大学国家发展研究院、北京天则经济研究所和博源基金会共同主办的"中国土地制度改革研讨会"在北京大学国家发展研究院顺利举行。多位专家、学者围绕中国土地制度改革进行了演讲和讨论。我们分七期报道发布会概况。本期简报报告会议第三节"土地法律修订"中，中国政法大学终身教授江平、社科院民法室主任孙宪忠教授和最高人民法院研究室孙佑海教授演讲的内容。

江平：土地管理法涉及的利益冲突和平衡

2007 年《物权法》通过以后，土地管理部门现在终于拿出了《土地管理法》修改草案。对修改草案的看法还有分歧，我只就草案里面的四个问题谈谈自己的看法。

公权和私权利益的冲突

《物权法》侧重于私权方面或者民事权利方面，而《土地管理法》侧重于公权方面。土地问题是公权和私权结合最密切的问题之一，许多土地管理问题是公权方面的问题。公权问题显然不能或不能过多在《物权法》中来规定，所以要寄托于《土地管理法》的修改。

《土地管理法》大大充实了土地权利的规定，但同时也极大地扩大了公权管理的范围。一般来说，当公权增加，私权行使的范围就要缩小；反过来如果公权管理的范围缩小，私权的权利就要相对膨胀。很难想象在流动领域里面政府管理的力度和私权保障的力度能同时加强。从这个角度来说，目前《土地管理法》存在着问题。

《土地管理法》加强公权力的行使主要通过两个途径：一是加强土地利用计划管理，即从全国到乡村都要制订土地利用总体规划，而且下面每一级土地利用规划都不得超过上面所规定好的规划范围。所以和过去一样，依然是利用土地管理的方式来层层控制。但是这样层层控制的话能不能解决问题呢？从现在情况来看，土地问题是法律和实践差距最大的一个问题之一，实际的土地运用违法现象大大超出了法律规定。沿用旧法，这些问题是否能解决呢？

二是加强对耕地的保护。《土地管理法》修改草案中大大增加了它的内容。其中规定，各级人民政府应该确保本行政区域内的基本农田总量不减少，用途不改变，质量有提高。这里要求总量不得减少，而不是说可以适当减少。还有一条规定是"先补后占"，规定了占有耕地的人应该自行补充耕地，而且要经县政府土地管理部门验收合格后，才可以办理用地手续。但这样的问题是，先补足耕地然后才能来用地，使开发土地遇到很大的障碍。另外，补充耕地对于不同的地方困难程度是不同的，试想对于一些大城市，能不能转变成缴纳一定的费用来解决这个问题呢？从这一点看，《土地管理法》缺乏能够实行的基础。或者说管理者有这么一个思想，严格管理后耕地还是会少，那如果不加以严格规定，可能流失的会更多。可见在公权和私权领域里面，我们现在的方针还是加强公权力的管理强度，来解决土地流失和其他一些问题。

国有土地和集体土地利益冲突

《物权法》起草过程中曾经讨论过集体建设用地使用权该怎么规定，最后在《物权法》第151条规定，集体所有土地建设用地按照《土地管理法》规定来执行。《土地管理法》对这个问题又是怎么说的呢？现在条文规定土地利用总体规划确定的城镇用地范围内的集体建设用地使用权，只能够因为企业破产清算兼并的情况才能转让。那就是说土地规划里面所规定的范围内的土地可以转让，但是如果涉及城镇建设用地的就不能流转。而我们现在面临一个问题，有人提出在土地建设规划以外的集体土地，能不能自行作为建设用地来储备呢？《土地管理法》修改草案杜绝了这种可能性。于是，修改草案和部分地方实行允许集团一定范围内建设用地自主处分权的改革方针相违背，或者说没有更好地体现改革方针。

尤其是涉及小产权房的问题。小产权房的问题严格上来说是在集体土地上盖商品房卖。大量现存的小产权房的合法化途径，是全国人民关心的问题。现在《土地管理法》明确规定商品住宅建设应当在国有土地上建设，就是说在集体土地上盖商品房是非法的。这解决问题了吗？我认为根本没有解决问题，没有找到现实中存在的集体土地上盖的房子合法性的出路。

公共利益和商业利益的冲突

《物权法》在这个问题上有两个重要思想：第一，把改革开放三十年来城市里面的发展都叫作公共利益的用途是不符合现实的；第二，把公共利益和商业利益通过一部法律很明确地划分清楚也是很困难的。在法律中不能够划分不等于现实中不能划分，这两个问题应该分清楚。

从世界范围来看，各国都有出于公共利益的土地征收问题。在许多国家，如果是商业利益用途的话国家不干预，完全采取市场办法来解决。但是《土地管理法》没有看到一个地方讲商业利益用地可以采取对等谈判的市场经济办法来解决。现行草案里面只有一条这样的规定：工业、商业、旅游、娱乐和商品住宅等经营性用地，以及同一块土地内有两个以上意向用地者时，应当采取招标、拍卖等竞争方式。那么这个招标、拍卖方式是什么？是集体土地可以采取招标、拍卖方式，还是集体土地要经过国家征收以后再来采取招标、拍卖的办法？目前，招标拍卖的途径只有一个，即先由国家征收，再招标、拍卖。这与我们所讲的商业目的使用土地不实行征收，完全由当事人之间协商的办法来解决是不一致的。所以，《土地管理法》还应该更多地把市场的因素考虑进去。

全国利益和地方利益冲突

起草《物权法》时涉及宅基地如何使用问题，原来条文规定比较多，最后条文在这个问题上用了第153条规定：宅基地使用权的取得、行使和转让适用《土地管理法》等法律和国家有关规定。为什么特别讲宅基地使用权适用《土地管理法》和国家有关规定呢？国家有关的规定当然应该包括地方的立法。有些省份，比如广东省曾经对宅基地的使用办法做了一些规定，可以把宅基地上面的房子自行卖掉也不用交国家任何钱，但是卖掉以后不得重新要求新的宅基地，有了这条规定，就可以堵住所有其他缺口，可以保证宅基地上面的房子可以在市场上进行流通。《土地管理法》草案里面基本上按照原来的《物权法草案》作了规定，对宅基地的使用权进行了全国统一性规定。试想全国那么大，广东省的一个做法能够成为全国的规定吗？所以全国性的规定不一定适合于某一个地方。因此，我非常主张在《土地管理法》方面应该允许各地方通过地方法规、地方规章来做出一些地方自己的规定。现在我们在草案里边只规定了每省、每地区宅基地面积多少可以由地方决定，而没有就宅基地流通问题允许地方规定，这样对地方权利的限制太大。

孙宪忠：土地管理法修改与农民土地权利

在《土地管理法》的修改过程中，国土资源部委托社会科学院民法室编制《土地管理法》学者建议稿。学者建议稿和立法机关最后出台的征求意见稿之间，还是有很大差别。学者建议稿可以算作一个前期性成果。

为什么要修改《土地管理法》？修改需要解决什么问题？1986年以前，我国还没有《土地管理法》，那时国家对土地的管理只有《国家建设征用土地条例》。这个条例规定，所有建设项目都属于国家建设范畴，任何用作建设项目的土地都由国家统一安排，个人必须服从国家。因为主要为建设服务，条例没有讨论建设用地之外的土地。这一条例在计划经济体制下为我国的工业发展建设降低了成本，有效地推动了工业化。但在我们放开土地市场后，《国家建设征用土地条例》所隐藏的问题就突显出来；于是，1986年国家颁布了《土地管理法》，但法律仍然受到了当时历史背景的束缚和影响。其中一个重要的问题是，如果所有建设项目都被称为"国家建设"，那么在涉及征用农民土地的时候，农民就不能正当地主张自己的权利；在涉及拆迁时，个人也不能勇敢地维护自己的权利了，因为个人利益不能跟国家利益相对抗。可是，如果什么建设都必须由国家来做，土地市场的发展从何谈起？所以，在修改《土地管理法》时，大家取得一致意见，把"国家建设用地"改为"城市建设用地"，这使得农民和个人有了部分主张权利的基础。经过近二十年的发展后，我国的市场经济建设已经取得了重大进步，民众对自己财产权利的认识也有了很大的提高，再加上近些年来城乡二元化结构的冲击之后，《土地管理法》的一些问题就表现出来了。于是，国家陆续颁布和制订了《物权法》及《农村土地承包法》，2008年中共十七届三中全会又提出一些土地制度改革的设想。然而，《土地管理法》与这些法律和国家的重大设想仍存在很多不相适应的地方，所以需要修改《土地管理法》。

《土地管理法》的原来设计,是从国家对土地这样一种重要的自然资源的行政管理出发的。在确定行政管理时,它以建设用地管理为核心,缺乏大土地观念(包括森林、滩涂、草原、水面)。它过分强调国家对土地这种重要的自然资源进行行政管理,忽视了对市场交易尤其是地权的规定,这需要调整。不过,土地管理也是必不可少的。从历史上看,公权力对私权利的冲击是一直存在的,但从我们的调查研究来看,全世界都不存在对土地的随意自主的利用,行政权的应用具有正当性。例如,土地上的建筑需要服从国家规划,耕地的用途更需要服从管制。土地管理法的基础性作用是需要存在的,不能因为市场经济而弱化甚至取消。目前,我国的地权管理条块分割严重,管理效率很低。我们希望通过法律的修改,推动土地管理法向土地法方面发展。以上是从《土地管理法》学者建议稿立法背景出发的思考。

从立法框架出发的思考。第一,《土地管理法》基本上是行政法的内容,但也涉及较多的司法及民权法内容,这些内容之间存在冲突。第二,对现行法律中的规定也要给予足够的尊重。宪法中对土地所有制有规定。与土地问题有关的法律还包括土地承包法、物权法,另外还有草原法、森林法等。我们只能从大土地法的角度,尽量地协调各种法律,为将来法律的统一建立基础。第三,我们广泛借鉴了国外的经验。另外,我们在立法技术方面采取总责和分责的结构,在总责上规定一般的制度,在具体责任上规定细节性制度。

学者建议稿的结构和目前颁布的修改稿相差很大。《土地管理法》原来是七章八十六条,学者建议稿设想的条文是十章,第一章总则,基本上没做改动,大体上介绍立法宗旨和基本制度。第二章介绍土地权利,我们根据《物权法》扩展了地权的概念。我们从所有权、用益物权和担保物权以及准物权的角度为地权建立了整体体系。我们把地权在公法上的权利限制和民法上的权利限制也都明确列出。另外,我们再次明确了一些原来法律上不太明确的地权。比如说集体建设用地使用权,在《物权法》中不明确,甚至有点被刻意模糊化,但在这次立法中被特别提出来。我们还再一次提出,国有土地权利除了城市中建设用地之外,还应该有其他的农地使用权,如国营农场使用国有土地的权利等。

第三章是建立土地登记制度。这在原来的《土地管理法》里基本上没有,但非常重要。从不动产法角度上看,登记是核心内容。一宗地上可以产生多个权利,多个权利之间究竟谁是基础性权利,在发生法律冲突时应该优先保护谁、优先实现谁的这类问题必须要得到清楚的界定。这就必须建立法律上权利的秩序,而这个秩序就要靠不动产登记簿来实现。不动产登记的本质目的不是行政管理。从汉朝开始,我们建立地契制度时就把它看作民权制度而非行政管理手段。所以,我们提出五个统一,即统一法律效力、统一法律根据、统一登记程序、统一登记机构、统一登记权利证书。《物权法》第十条对不动产登记作了规定,在制定之初争论也很大,但最终得以实现。为什么在物权法颁布之后,还需要再次规定土地登记制度?这是因为,在《物权法》颁布之后,还是出现了多部门登记,有些地方甚至还出现了多级别登记。这些不认真贯彻《物权法》的行为使我们有一点被动,所以想通过《土地管理法》来推动登记原则的实现。

第四章"土地利用总体规划"和第五章"耕地保护"没有多大改动。第六章增加了土地开发复垦和土地整理的内容。最后一部分是土地纠察监督和法律责任。

最后,学者建议稿和目前立法的最大不同之处,在于学者建议稿区分了城市地权和农村地权,以所有权为基础建立土地法制。在我看来,城市土地的市场化没有问题,但农村土地还没有市场化，而目前更亟须解决农村土地中已经市场化了的土地的问题。所以，在学者建议稿中，我们按照集体与国家两种不同的所有权基础设置了更加细致的种类不同的土地权利进入市场的机制，尤其我们大大强化了集体建设用地使用权，它和宅基地使用权是不同的，学者建议稿恢复了它的地位。

孙佑海：《土地管理法》的历史回顾和修改建议

今天我的讲演主要有两个方面的内容，一是对 1998 年《土地管理法》的修改进行简要历史回顾，二是对在新形势下如何进行土地法制建设提几点建议。

《土地管理法》修订过程的经验和教训

首先要肯定，1998 年的修改取得了历史性进步：一是建立了土地用途管制制度；二是建立耕地占补平衡制度；三是对在征地过程中农民经济利益的损失提高了补偿标准；四是建立了农用地转用审批制度并对土地征用审批权进行了调整，等等。

关于 1998 年修法的成功经验。我个人印象较深的经验有三点：一是从实际出发，大胆改革。例如为解决占用耕地过度的问题，断然建立土地用途管制制度，这个新制度对保护耕地发挥了重大作用。二是科学借鉴国际经验。例如土地用途管制制度就是借鉴了韩国等国际经验，并将之本土化。三是配套法规规章与《土地管理法》同步研究制定并出台实施。

值得汲取的教训总结起来有以下六点：一是对因追求耕地数量的"总量平衡"引起生态环境破坏问题重视不够。在本次修订中部分专家提出要对大规模新开发耕地按照建设项目进行管理，并要求进行生态环境影响评价。但这一重要建议未被采纳，最终没有建立新耕地开发的环境影响评价制度。二是土地利用总体规划地位过低的问题没有解决。土地利用总体规划的地位应当高于城市总体规划。长期以来，城市总体规划依法都由人大审议批准，但土地利用总体规划却与人大没有关系，这说明没有摆正局部规划与整体规划之间的关系。三是没有解决征地补偿的同地同价问题。四是对农村集体建设用地流转问题没有及时作出法律规范。五是法律的可操作性特别是司法性不强。当矛盾双方将争议诉诸法院之后，法院在解决某些土地争议时无法可依。例如天津滨海新区刚开始招商引资时地价很低，部分企业经营多年后因种种原因关闭或破产时就涉及土地归属权的问题。政府和企业往往都认为自己才是土地的真正权利人。现行法律既没有规定该类土地纠纷应由法院来解决，更没有规定法院根据什么具体规范来解决，导致社会矛盾久拖不决。六是指导思想问题。迄今为止，我们并没有真正解决国家工业化、现代化与保护农民土地权益之间的关系究竟应当如何具体处理等实际规则问题。

土地法制建设的具体建议

首先，要解决指导思想和利益调整的原则问题。在指导思想上，必须坚决贯彻十七届三中全会提出的为农村改革服务的指导思想，包括农村土地承包关系长久不变和加速城乡一体化进程等一系列指导思想，不能动摇。

其次，要将利益平衡原则作为土地制度建设的根本原则。为什么因土地征用引发的社会矛盾愈演愈烈，实际上就是因为没有将利益平衡问题解决好。所谓利益平衡，是指"通过法律的权威来协调各方面的冲突因素，使相关各方的利益在共存和相容的基础上达到合理的优化状态"。在符合社会一般目的的范围内最大可能地满足当事人意愿的方法是："认识所涉及的利益，评价这些利益各自的分量，在正义的天平上对他们进行衡量，以便根据某种社会标准去确保其间最为重要的利益的优先地位，最终达到最为合理的平衡"。实现利益平衡，与公平、正义等法的基本价值具有天然的亲和力。只有把各方面的利益关系摆平，社会才能稳定。换言之，利益平衡，是实现土地制度的公平正义价值的根本方法。

再次，对《土地管理法》修改提几条具体建议：一是依法明确规定土地承包关系长久不变；二是在农村土地改革中坚持城乡一体化进程，对农民进行土地流转的经济利益要进行有效的法律保护；三是土地统一登记问题应当在《物权法》的基础上要有所前进，要依法明确主管土地登记的具体机构，结束目前土地登记分散混乱的状态；四是提高土地利用总体规划的法律地位，应当将土地利用总体规划和城乡建设规划一同交由人大讨论、审议、批准和变更；五是加强生态环境保护，在大规模开发新耕地时要引入环境影响评价制度，并对耕地质量问题进行专门规定；六是为司法介入解决因土地开发利用引发的社会矛盾创造有利条件，出台解决土地权属争议等相关具有可操作性的规定。

最后，为解决前面江平教授和孙宪忠教授都提到的现行《土地管理法》侧重行政管理和公权而忽视私权保护的问题，我认为土地立法应当转变思路。由于目前《土地管理法》受法的容量、法的地位以及法律性质的局限，不可能解决太多的问题，所以我建议必要时换一个思路，就是研究制定《土地法》，从公权和私权两个角度全面调整土地关系。目前国外很多国家有《土地法》，但我没有发现有专门制定《土地管理法》的。

2009 年第 82 期（总第 843 期）

中国土地制度改革研讨会简报之六

（2009 年 7 月）

2009 年 7 月 27 日，由北京大学国家发展研究院、北京天则经济研究所和博源基金会共同主办的"中国土地制度改革研讨会"在北京大学国家发展研究院顺利举行。多位专家、学者围绕中国土地制度改革进行了演讲和讨论。我们分七期报道发布会概况。本期简报报告会议第三节"土地法律修订"中，北京天则经济研究所盛洪教授、成都市社会科学院经济研究所所长陈家泽教授的演讲内容和讨论内容。

盛洪：《土地管理法》及其修正草案批判

作为经济学家，我的身份和刚才发言的诸位法学家不同。但是法律背后应当有经济合理性，因此大会安排我在此发言是对刚才诸位发言的有益补充。我的题目是"《土地管理法》及其'修订草案'的批判"。首先验明正身，我批判的对象有两个：一是全国人大常委会 1998 年修订的《土地管理法》；二是国土资源部 2009 年 3 月出台的《土地管理法修订草案征求意见稿》。

如果用一句话批判现行的《土地管理法》，就是削弱和剥夺农村集体土地的权利，不当地扩大和加强征地政府部门和土地管理部门的权力。例如该法第四十七条规定，征用耕地的土地补偿费，为该耕地被征用前三年平均年产值的 6—10 倍。如果假定地租率为 50%，利率为 2.52%，这就相当于拿走 100 元而只补偿 30.2—50.4 元。更何况拿走的还不是 100 元的货币而是 100 元很可能升值的股票。这是非常不合理的。

《土地管理法》修订草案没有修正法律已有的问题，却进一步削弱和剥夺农村集体土地的权利，增加征地政府部门和土地管理部门的权力，把法律继续推向错误的方向。该草案无视我国近年来围绕土地的七大问题：一是由土地征收征用引起的大范围的严重的社会冲突；二是大量农民由于征地失去土地，却没有得到合理的补偿以及稳定的工作岗位；三是由于政府可以强制性低成本征地，导致过度的土地城市化及对土地的不当配置、滥用和浪费；四是绝大多数国有土地被企业、事业单位甚至政府机关免费占用，却实际享有土地租金及其他土地收益；五是由于缺乏对土地管理部门和征地政府部门的制度化监督，相关土地部门滥用权力，设租寻租，成为腐败的重灾区；六是在农村集体在被征用土地过程中受损害的基础上，由于农村集体主体概念模糊，以及农村集体的公共决策机制和监督机制存在问题，致使已经很低的征用土地补偿款还不能公平分配；七是由于现有法律和政策对农村集体和农民个人在决定土地用途方面的限制，致使我国农村土地使用效率非常低。

现行《土地管理法》及其"修订草案"的宪法层面的错误有五点：一是在第一条"为了加强土地管理"的表述中，错将手段当目的；二是"维护土地的社会主义公有制"忽略了现有土地公有制存在的严重问题；三是将所谓"保护耕地"放在不恰当的高位上；四是暗含着为了"公共利益"可以让局部或个人做出牺牲的原则；五是暗含着对居住在不同性质区域从事不同产业的人可以区别对待的原则。

同时，修订草案中还存在以下四处重大错误。一是对公共利益做了过于宽泛解释。将所有城市规划建设用地，都纳入到"公共利益"之中。这扩大了公共利益概念，也就扩大了政府征地范围，同十七届三中全会"逐步缩小征地范围"的改革取向是相悖的。二是删除了保留农村集体在其土地上进行建设的重要例外条款（第四十三条）。三是增加了缺少经济合理性和法理根据的条款"商品住宅建设应当使用国有建设用地"。四是将征收土地的定价权和争议裁决权交给当事一方（市、县政府）。

修订草案中也有一些值得肯定的条款：一是增加了"市场配置土地"的条款；二是较详细地确定了几种土地产权，并规定要保护土地权利人的权益；三是具体增加了"土地市场"条款。但通观修订草案，这三个条款确立的原则却在各个具体条款中被削弱、瓦解和架空了。比如第三个条款可以通过如下的比喻来说明。条款一：可以自由买卖电视机；条款二：不许买卖21寸以上以及19寸以下的电视机；条款三：买卖20寸电视机时要经政府批准。

修订草案还存在以下四点重要疏漏：一是缺少保证国有土地产权有效行使的制度安排；二是缺少对土地管理部门的定位、限制和监督的制度安排；三是缺少对土地冲突的司法解决机制；四是缺少对农村集体主体的明确定义。

最后，我认为修订草案是一个"全输"方案，只能加剧紧张、激化矛盾和重创社会。因此，我反对部门立法，主张建立健康的立法程序。我建议全国人大及人大常委会委托国土资源部之外的其他机构起草修订草案，甚至可以多家提出不同的竞争性的草案，最后交由人大常委会审议。

陈家泽：《土地管理法》修订过程中农民主体意愿表达的路径

我在上个月国土资源部成都会议的发言中提到了一个十分重要的概念，即《土地管理法》的修订精髓是利益共享，成本分摊。很高兴这种想法得到了孙教授的呼应。今天限于时间，主要讨论作为农村土地主体的农民的意愿怎样能够得到体现的问题。

土地法要表达或者设置一种关于土地的资源配置规范，就必须要听取土地资源主体的意见。孔子曾说过"君子务本"，"本"就是老百姓。农民群众十分关注自身的土地权益以及这种权益的法制化过程。我们经过大量的田野调查，知道老百姓的想法。我们认为修法的主体，不管是竞争性的主体还是国土部门甚至是代议机构都必须为这个主体考虑。

我个人对于法律创制程序存在一个设想。我认为创制、修订任何调适和规范私权的公法都应当是立法代议机构的行为。在我国现行的自上而下的委托——代理关系的治理结构下，政府部门是修订经济法的一种前置性主体。因此，在法律创制过程中必须要增加一个代议制所必需的模块，即必须通过公共选择达到社会偏好次序的均衡。这种均衡的产生是法律秩序可持续的基础，而这种基础又是建立在土地权益主体的公共选择之上的。

具体来说，农民的意愿表达的路径可以有以下几个方面：一是通过层级性的代议制主体对《土地管理法》的修改稿进行听证、讨论和集成；二是通过国土资源部门；三是在村民议事会中，通过模拟投票的方式来拟合群众的偏好，形成《土地管理法》的修订本，从而实现最优多数。这里唯一需要考虑的问题就是集体行动的成本。这个成本可能非常高，但如果样本空间足够有代表性，这个成本是可以忍受的。这个投票的过程更为重要的功能是明确了农民的想法，这可以提示法律修改的方向。立法者修改法律不是为了自身，而是服务于百姓，因此必须追求公共选择支持的最大化。只有将这个最大化同农民利益最大化结合起来，修改法律才能取得成功。

会议第三节讨论

王卫国（中国政法大学民商经济法学院院长）：

我对《土地管理法》的看法集中起来就是一个中心，五个基本点。一个中心问题就是《土地管理法》的改革是应当以城市化模式为中心还是应当以城乡一体化模式为中心？我国经历了从农业化到工业化，又从工业化到城市化。工业化和城市化都是以牺牲农村和农民的利益为代价。因此，十七届三中全会提出了城乡一体化，这就是一个基本点。现有的《土地管理法》是以工业化模式为基础，而其"修订草案"则是以城市化模式为基础的。这就是其产生错误的根源。盛洪同志刚才指出了"修订草案"错误的表现形式，但是还没有指出其错误的根源。

下面讨论五个基本点，也是我将来评价《土地管理法》修改的五个指标：一是尊重民权。《土地管理法》的修改要遵循2004年修宪时加入的重要一条，即保护公民的合法私有财产。2007年《物权法》的精神也是要尊重农民的土地权利。土地权利是私权，不是公权。公权干预私权要有限度、理由和程序。《土地管理法》修改首先要尊重农民的土地权利，包括所有权和用益物权。要按照十七届三中全会的要求，提供城乡统一的市场空间和市场规则。政府无权压制农民的财产自由，更无权任意剥夺农民的土地。如果把《土地管理法》的修改当成一次扩大政府剥夺农民权利空间的机会，是违反《宪法》和《物权法》的，也是违反中国共产党的执政宗旨的。二是综合发展。工业化时期形成的一个定式就是农民只能务农。而《土地管理法》的修改就是要打破这个格局，应当允许农民将自己的土地资本化，从事各种形式的经营，包括符合城乡建设规划的房地产经营。三是造福农民。《土地管理法》的修改要有利于增进农民的福利，这就要求尊重农民的土地权利和财产自由，使农民的土地权利财富化，而财富化的实现途径就是可流转化和可资本化。至于如何在流转中实现他们利益的最大化的问题，请各位专家学者和官员们相信农民有足够的智慧来解决这个问题，我们立法不需要越俎代庖。四是有序管理。有序有效的土地管理包括产权登记、用途管理、流转市场的管理等，它们符合农村建设发展的需要和农民利益的要求。管理秩序既是自由的边界也是自由的保障，而管理规则的说服力、管理部门的公信力、管理行为的规范性和透明度都是修改《土地管理法》时需要认真考虑的要求。《土地管理法》要在扼制土地违法，特别是城市房地产商土地投机和市场操纵行为等方面有所作为。五是政府改革。土地制度的改革根本是改革政府，当前中国土地困局的症结就是政府经营土地。要以切实的制度措施落实政府土地管理的公共性和非营利性，要结束目前以土地GDP、土地财政、土地垄断和土地腐败为特征的土地困局。要防止由此造成的官民疏离、官民对立的政治格局的继续发展，以确保我们国家的长治久安。

黄小虎：

刚才各位专家针对《土地管理法》提了很多意见。这些意见我认为都是很有道理的，但可能也是做不到的，至少现在不可能都做到。以我自己在国土资源部门工作的经验来看，很多问题不是国土部门管理的问题，而是整个体制的问题，包括财政、金融、投资体制以及干部制度等。我认为国土资源部门的工作人员在修订《土地管理法》的过程中，还是尽了最大的可能来体现十七届三中全会的精神，力图在一些问题上有更大的突破。例如在修订案的其中一稿中就规定了宅基地抵押制度，但这一规定很可能在未来的某个环节中被取消。这是由于抽象地看都应当改的条款在涉及整体利益格局调整上就变得复杂，不可能一蹴而就。

因此，我赞成在一些具体的点上做一些实在的推进，为将来条件具备时全面推进创造更好的条件和经验。例如，可以就征地问题单独征集一个条例。这是由于征地涉及私权的问题，不应当属于土地管理的范畴。其次就是现有的法律存在"硬伤"，即征地问题上政府的定价权问题。只要是政府定价就可以有各种操作。但由于利益格局牵动太大，一次完成修改这种"硬伤"的可能不大。

盛洪：

我认为与其有这样一个修改草案不如不改，这个草案推行下去可能的结果会更糟。而且我个人认为这个修改草案至少在征地这个环节上是倒退的。

张曙光：

这一节大家讨论得十分热烈，可能还有很多不同的意见。刚才五位发言人对现行《土地管理法》的修改提出了很多意见，启发了我们的思考。对于土地改革这一复杂问题的基本态度应当是先端正方向，再具体地推进。上午的一些案例十分重要，这些案例中体现的创造能突破现有的制度，具有很强的生命力。

2009 年第 83 期（总第 844 期）

中国土地制度改革研讨会简报之七

（2009 年 7 月）

2009 年 7 月 27 日，由北京大学国家发展研究院、北京天则经济研究所和博源基金会共同主办的"中国土地制度改革研讨会"在北京大学国家发展研究院顺利举行。多位专家、学者围绕中国土地制度改革进行了演讲和讨论。我们分七期报道发布会概况。本期简报报告会议第四节"政府与决策"中，国土资源部总规划师胡存智、全国人大财经委员会副主任吴晓灵和中央农村工作领导小组办公室主任陈锡文的演讲内容，以及北京大学国家发展研究院院长周其仁教授对会议的总结的演讲内容。

胡存智：

非常感谢大会再给我一次机会，我并不是代表部门发言，但周教授希望今天的研讨会上有人从知情人的角度来说一说，从这个角度出发我非常愿意跟大家交流。因为前半年我正好外出学习，没有参加《土地管理法》修改的全过程，只能就我知道的情况跟大家报告。在这里我先替我的同事包括我自己说一句话：非常感谢大家的批评，但我有一个要求，就是希望大家对我们做的事多批评水平，少批评态度。在这样的情况下，我就有点胆量把所知道的情况和大家沟通。

就中国土地制度改革的思考和抉择，我从以下方面展开。第一个问题是，完善农村土地产权制度改革的思考和抉择。目前土地产权制度存在很多需要改革的地方，大家对这个问题的批评也比较多，甚至批评现在的土地产权制度是城市欺负农村、国有欺负集体，实际上这种说法是不对的。实际上当年设计土地制度时，对国有和集体两种土地公有制产权的保护是平等的，各种管理措施也是一致的。当时为了保护农民也是为了保护农村集体产权，避免出现什么人都到农村去占地的情况，所以规定只有国家才能以征用方式使用农村土地。至于现在国家权力被滥用，一些地方政府使保护措施变成了欺负农民的手段，这是后话。可以确定立法的原则和目的是平等保护产权，否则得到的结论就是，《宪法》和《土地管理法》是恶法，是危害人民的法，就又回到态度问题上了。两种产权制度具有同等的法律基础，对它们的管理是没有差别的。那差别在哪儿呢？为什么形成今天的局面？就是农村集体土地产权权能因为改革滞后而受限。城市国有土地率先改为有偿使用，农村土地却没改；城市土地流动起来，与市场贴近从而符合市场经济的需求，农村土地改革则滞后了，仍停留在计划经济时代的权能设置上。目前真正的问题有三个：第一，所有权是清晰的，但是所有权的主体差异过大；第二，所有权的权益不清；第三，使用权取得的途径是非市场化的。这些恰恰和国有土地没改革之前是一样的，并没什么差别。

我们怎么改革？过去说产权不清的明晰产权，所有权不清的明晰所有权，我们沿这条路走了二十年，但到目前为止还没走通。所以我建议另辟蹊径，就是适应市场经济要求，不要有太多所有权情结的纠缠，淡化所有权，强化使用权。我提议，土地使用权与所有权相对分离，并且集中突破建设用地使用权，把国有土地取得成功的改革再往前推一步就行了。模仿国有建设用地使用权制度的改革，实现集体建设用地所有权与使用权分离的有偿使用制度，全力解决使用权的权益、使用主体、取得方式、流转途径等问题。具体的改革是这样，按集体建设用地使用权现有的权能和权益特征重新进行归类，按照特征分为：宅基地的来源由于是通过划拨方式无偿取得的，不能转让，相当于划拨土地使用权，公益性集体建设用地也是如此；集体经营性用地的土地使用权，则可以按现有权能归入出让土地使用权或出租土地使用权。在这样的产权状态下，可以相应设置年期、流转方式等，仿照国有建设用地产权改革的例子进行制度迁移。这样，改革的路径就比较清晰，由于不改变公有制的现状，也可以不触动一些现有权益而实行渐进式的改革。以这样的方式也可以解决小产权房等问题。小产权房是没有地权的房屋，而过去我们住的公有房屋对我们个人来说也是没有地权的房子，怎么进入市场？怎么平衡社会各方利益关系？怎么实行改革的大家也很清楚，我就不必细说。

第二个问题是，关于推动集体土地使用改革制度的思考和抉择。目前部里主要从几个方面落实三中全会决议的精神：第一，依法推进集体建设用地流转。这里的核心问题是依法推进，不能够超越法律。当然，可以在一些特定区域，比如说在综合改革配套区、试验区，有试点要求、有国务院批准的，可以进行深入探索、局部试行、结果可控的试验，如天津滨海新区有国务院专项改革方案。现在的关键问题是，法律上还有一点缺陷，建设用地流转有些方式是不允许、"不开门"，而有些方式是允许但缺途径、"开了门没有楼梯"，你要敢下去就摔死。所以，需要有一些衔接的环节，不是放开了随意搞。第二，严格集体建设用地流转的条件。集体建设用地流转需要符合用途管制，要有规划，流转不能用于商品住宅开发，还要进行登记。另外，宅基地目前不能流转。从 2000 年开始，国土资源部一直探索宅基地管理怎么改。探索过一些办法，但确实也有一些法律上和管理上的问题。集体建设用地的有些改革设想虽然好，但是如果现实中缺乏可操作性，特别是管理不到位，就容易出乱子。第三，规范集体建设用地流转程序。国土资源部已经拟出程序，正在征求意见和修改之中，一要申请，二要审核，三要公开交易，四要签订流转合同，五要办理登记，六要按照用途使用。第四，严格节约土地，集约用地。第五，理顺集体建设用地流转收益分配制度。这非常关键，也不是我们一个部门能解决的问题，要跟农业、财政等部门联合起来。因为如果土地一旦进入市场而没有收益分配制度的话，可以想象这些钱由目前的集体管理会成什么样子。第六，加强集体建设用地流转管理基础工作，包括登记发证、建立统一土地市场、中介服务信息统一发布以及流转制度的建立。

关于建立城乡统一土地市场的问题，涉及三个方面：第一，两种所有权，一个土地市场。在建立产权制度以后，由于产权制度基本结构是一样的，流转方式也是一样的，因此完全可以做到两种不同所有权的土地在流转中可以无缝对接。比如说，将农村的出让土地使用权也限定为 70 年，跟国有土地的 70 年就可以完全对应起来，流转规则一样。另外，农村集体土地所有权的划拨土地使用权要入市的话也要补交出让金，跟国有这块又一样起来。这样，在统一产权体制的情况下，两种土地都可以在市场自主交易流转，真正做到同地同价、同地同权。关于国有土地的制度，例如工业、商业旅游娱乐等经营性用地要公开招拍挂，主体需要公开化，用于入股的可以是协议方式，但是不能低于最低价，等等，这些市场规定都是一致的。第二，设定集体建设用地规模和运营空间。目前的法律和通行做法中，对集体建设用地份额没有限制，法律只规定了可以通过联营、入股、合作等方式使用集体建设用地，但是没有规定集体用地用到多少限额为准。我见过这样的特例，一个村把所有集体用地全部转成建设用地，那么政府或社会需要使用、征用这些土地的时候怎么办？因此，需要在改革的起始阶段由全社会商定集体建设用地的份额。

吴晓灵：

非常高兴今天能够来参加这个会，一天的会我受益匪浅。时间有限，我谈几个问题。首先，这次修法的目的应该是提高土地资源的配置效率、保护耕地。其次，应该充分借鉴上次立法修法时候的经验。所以，今天孙佑海主任的报告非常重要，他讲了上次修订时候的争论在什么地方，什么意见被接纳了、什么没被接纳，我们今后应该在前人的基础上继续前进，吸取上一次修订过程中的经验教训，这是非常重要的。最后，想借着江平教授刚才谈的四个问题谈一下个人看法。我是人大代表，而且是常委，能够参加法律讨论，并且我有最后投票权。我希望能通过听取大家的意见，使自己在人大会议上的意见更大程度地代表社会民意。

第一，在法律中怎样很好地处理公权力与私权利的关系？我认为核心点是处理好规划的法律地位。作为一个政府机关，法无授权不可为；而作为一个公民，法无禁止即可为。所以要想界定公权力和私权利的界限，不让公权力侵犯私权利，就在于规划法应该是各级人大通过的法律，民意代表通过的法律。应该由民意机构授权给国家机关执行这个法规，而不是由政府机关、书记来授权。很多时候，换一任书记就改一次规划，这样的话城市就无法建设了。

第二，处理好国有土地与集体土地的关系问题。我们的法律和宪法平等地保护各类产权，对于公有制产权来说更是平等保护的，所以我们应该对集体土地显示充分的保护。保护涉及这么几个方面：首先要明确地界定集体土地的产权。集体土地产权的界定在法律上没有一点问题，且现在国土资源部也在做确权跟进的工作。但是界定完了集体产权之后，再往下到农户就难了。这是属于集体经济的治理结构问题，即集体拥有这份土地以后大家怎么来治理的问题。现在中国的环境下，集体享有自由结社权尚不可能。那么怎样才能使村集体有一个好的治理结构？因此，我呼吁大家来关注未来人大要修订的《村民组织法》，使村民自治更充分，并约束村民委员会让它真正代表全体农民的利益。其次，我们要给农村的集体土地资本化的收益权。在规划当中除了城市的规划也应该有农村规划，农村规划首先要界定土地使用方向和量化它在使用方向上的比例。在保护耕地的基础上，给其他土地以资本化的收益权。再次是应该给集体土地以规划内的处置权。为了保证处置权，应该给农民司法保护与行政仲裁的选择权。我们现在的情况是必须先行政仲裁，仲裁完不服才去走司法的道路。制度设计的初衷可能是节约成本，但还是给当事人以选择权才能保障他的处置权。最后，为了保护集体土地产权应该同地同价，建立统一的土地市场。

第三，关于公共利益与商业利益的问题。从法律上来说，十七届三中全会当中谈到了农民建设用地可以有出让自主权。城市以外的土地如果是公益事业之外建设用地就要协商解决，这是一个非常好的法律起点。现在矛盾在什么地方？在于城市无限扩大化。城市的土地是国有的，如果说城市的边界无限，那么全国的土地都可以是国有土地。这就是现在国家想保18亿亩耕地却保不住的原因。唯一的办法，是用卫星定位图确定城市边界。如果以2008年12月31号卫星测绘图来界定城市，规定城市之外的都是农村，在农村的公益事业用地由国家征地，非公益事业用地由用地方和农民谈判，既保证农村建设用地商业化取得的资本收益，也能够节约土地。这个解决方法的困难在于地方政府不会同意。这就要求对土地财政进行改革。现在地方财政事权与财权不匹配，事权多，财力少，依靠土地财政。如果把预算方式改变，地方政府承担多少事情就给予多少财力，使他们不用依靠土地财政，就可以减少地方政府在划定城市边界方面的阻力。

第四，怎样处理全国利益和地方利益的关系？大事是耕地。在确定耕地得到保护之后，关于宅基地、建设用地，有主要立法之后，剩下的事情可以由地方商量。我们要尊重地方的首创精神，大统一小自由是共产党执政以来多年的经验，要调动中央和地方的两重积极性。如江平教授所说，在国家规定建设用地总量和宅基地总量之内怎么样流转、管理，应该给地方政府一定的自主权。

前面是我对江平教授提到的"四项关系"的理解。最后谈谈立法的技术。我们要在前人工作基础之上推动我们的民主法制进程。按照现在的立法程序，想让立法部门接受学者建议或者是接受多个方案稿是很难的。我非常同意孙主任的看法，即应该立土地法而不是《土地管理法》。修改《土地管理法》被迫在眉睫地提到领导人的议事日程上，我们就应该利用这个机会把今天研究的问题中能够达成共识的问题体现到法律当中去。因此，我们需要设定有限目标，而不要追求无限目标。在大方向正确基础上，前进一步是一步。通过今天的会议，我们可以梳理出哪些是绝对不能后退的关键问题，达成共识，在此基础上去争取最好的修法结果。

陈锡文：

非常高兴受邀参加今天的会议。听了一整天确实感觉到非常受启发，大家从多层次多角度就当前存在的问题和改革的方向提出了很有参考价值的意见，在此谈一下我个人的想法。

现行的土地管理制度有两个基本特征：一是对土地用途进行分类管理，即用途管制；二是农村的土地属于农民集体所有。现在要撬动这两个东西的力量非常大：第一要撬开用途管制，第二是把农村集体土地变成社会性建设用地。我们对土地制度的讨论就面临这两个问题。

土地用途管制是世界各国都在做的。生活在城市里的人对土地管制习以为常。农村有集体建设用地、耕地、林地、草原、水面，同样是用途管理制度。土地制度再怎么改，都不能把土地用途管制改掉。如果追求利益，耕地一定都变成建设用地了。所以，土地的用途管制是根据规划来的，不能简单地说是政府行政的控制。问题是，规划形成的过程是不是科学的、民主的、公开透明的，能不能体现出社会和广大人民群众最长远的根本利益。

有说法认为农村土地集体所有制给农民带来非常大的伤害。这要做具体分析：第一，征地的补偿够不够；第二，耕地能不能随便变成宅基地、宅基地能不能随便变成小产权房或其他厂房，这是用途管制的问题。但是还必须看到农民集体土地所有权在很大程度上给予农民一定的保障。农民在这种制度上获得了最基本的生存资料。现在各地改革探索想攻破集体这个圈，把原来只能由集体成员使用的土地拿出来给全社会用，或者原来不应该进入集体圈的资本和力量想拼命地进入这个圈。

就这两个问题而言，我认为一些概念不可以简单应用。比如，级差地租只能在同一类用途土地中才能区分。决定耕地级差地租高的原因是土壤肥力，但是从耕地转为建设用地，土壤肥力毫无意义。如果把价差不同的土地都概括为级差地租，耕地只有变成建设用地才能获得最高的级差地租，这对于保护耕地是非常不利的。实际上级差地租在我看来是土地转用和规划的结果，不是对土壤不断投资或区位的结果。又如，很多人认为土地资本化指的是农地的非农化，把耕地变为建设用地土地就增值了，这才叫土地资本化。土地市场化也讲得比较多。这个概念应该服从于土地用途管制，在同类土地之间才有市场化。

关于集体所有制，我们没有在宣布城市土地国有的同时，也宣布农村土地属于国有，就是看到农民相对而言是弱者，也意识到把农民土地转为国有土地要给一定补偿。1982年修宪时宣布城市土地国有化，没有人得到过补偿。现在对农民的补偿正在一点点提高，从6—10倍到16倍到现在的30倍以上，30倍不够还可以从土地出让金收益中拿出来再补。

三中全会的决定在土地制度改革方面提出了三个比较重大举措：一是明确提出在城镇规划区以外非公益性建设项目，如果符合规划，有关部门有用地指标批准用地，这个项目所占用土地不一定要征，这个地的农民可以用多种方式参与开发和经营，也就是不征，这在征地制度改革方面是一个很大的事情。二是对现有集体建设用地，包括宅基地、乡镇企业用地和乡村公益企业用地，三中全会文件明确提出乡村集体经营性建设用地——我理解的是依法获得使用的乡镇企业建设用地——如果企业不办了，这一块已经批准了的用地指标就可以进入城乡统一的建设用地市场，可以从社区经营型用地进入社会经营性用地。三是明确土地整治、整理。村庄整理后新增加的土地首先必须复垦为耕地，如果要调剂为建设用地的，就必须符合规划，纳入当年用地指标，而且要优先满足集体的建设用地。这三条跟过去相比都有比较大的迈进，现在问题是我们在农村特别在建设用地方面大量基础工作没有做好，尤其是乡镇企业用地存在非常混乱现象。乡镇企业这个概念含糊不清，给乡镇企业供地讲不清供给谁。

此外，宅基地有福利性质，相当于公盖房。公盖房上市要交费。宅基地在集体经济组织内部要公平分配，没有这个条件宅基地就会到乡村干部和权势者手里。如果宅基地在本集体经济组织内部分配是公平的，然后像公盖房那样，转让时交纳一定使用费或出让金即可。

征地到底应该怎么改？今天好几位专家提到《宪法》问题，怎么解读《宪法》？我理解，首先城市土地无论是否具有公益性都是国有的，其次在城市土地之外如果是公益的还要征。城市土地其实没有必要一定要国有，这条应该修改。但征地到底限制在什么范围内？城市化推进这么快，搞不清楚国有边界在哪里。

大家现在都觉得土地制度到了非改不可的时候，这是第一个共识。第二个共识是土地制度改革是极其复杂、艰难的事情，一定要有一个总体性的考虑。基本要求和目标是什么，我们当今在干的事是违背目标还是给它创造条件，这些问题想好了才能减少矛盾。土地制度改革是退不回来的，地变成水泥地建了大楼是退不回来的，农民利益受了损失是很难补偿的，所以要深入研究仔细搞实验。我对于实验一直是很赞成的，但是实验要有一些基本原则：第一，一定要讲究程序；第二，一定要可控；第三，一定要有预案；第四，应该塌下心认认真真试。实验条件应该是封闭的。做错了就改，做对了就坚持。

周其仁：会议总结

早晨说欢迎大家来，现在很感叹大家还没有走。看来三家机构在北大开这个会是蛮对头的，因为北大的精神是兼容并包，而土地问题非常复杂，各种不同学术观点需要有一个平台来互相交流讨论。金融是时间资源的配置。最近发生了金融危机，这说明仅仅配置时间这一种资源就复杂无比。我们现在讨论的土地问题需要配置空间资源加上时间资源，这就更难。怎么配置好资源、分配好收入、安排好制度？多深入的认识都不够。尤其是中国这么大一个国家，其城市化水平比世界平均水平低了5%，而山地占国土面积的70%，平地非常少，近年来经济增长非常快，经济自由又得到极大扩张，这就使得城市化的历史欠账和当前用地矛盾一下子被挤到土地这一个问题上。

资源配置、收入分配、制度安排，这三个层面目前都有大问题。首先看资源配置。从全世界的观察来看，人往城市走会节约土地。而现在我国城市面积扩大，但农村面积不缩小反而也在扩大。这两头都扩大建设用地，就挤压耕地。城市化明明可以促进资源配置的优化，为什么在我国造成建设用地在农村城市同时扩大？这是我们要面对的问题。

其次看收入分配。内需不足讲到底就是人口最大的那层人，即农民的收入提高不够快。改革开放三十年，种地权给了、卖粮权给了、打工权给了，但是农村和农民在收入中分享的比例仍然少。不解决农民收入偏低的问题，即使城市和工业发展起来也不行。

最后，怎样安排制度？任何制度变化不是一天完成的。文贯中今天没有来。他也是我的老朋友，从1988年土地调查时他就坚持土地私有化，观点一直不变。我很佩服他保持观点一致，但不同意他的意见。为什么？我研究了土改，得到的结论是：一个政治运动搞成的产权制度，不管是什么，同样可以由政治运动把它搞掉。土改首先是给农民分配土地的。为什么集体化运动一来，之前分配给农民的土地说拿回来就拿回来？这是因为地是毛主席分的，那么毛主席号召地合起来你合不合？于是，土地成为秦晖关心的Collective，消灭了农民私人产权之后的Collective。因此，我相信，仅仅依靠法律力量的产权制度大概是靠不住的。一个产权制度真正长治久安，需要等它变成社会当中的一种习惯，而这是需要渐进改变的，需要有耐心等待。农村改革中农民获得种地权就是一个过程。今天，农村集体所有制还是没有变，但是农民种地已经变成了以家庭为单位。最近，三中全会讲土地承包关系长久不变。于是成都双流县的瓦窑村在确权过程中填写土地证上的承包期时，不填"三十年"，而填"长久不变"。文件上写的东西，已经被写进土地证了。在温家宝总理第一次上任时的记者招待会上，有西方记者问"你们为什么不实行土地私有制？"他回答，我们的土地承包关系"长久不变"。长久不变就是永远不变。产权是由很多东西支撑的，而不是一句话可以改过来的。我们国家的权力在社会经济各个领域的影响非常大，怎样把它发挥恰当，是一个渐进过程。至于产权界定后如何交易、流转、定价，更是复杂。

正因为问题复杂，不同角度观察会得到截然不同的结果，所以需要我们政府、民间、学界以及一线实践者有一个平台来探讨不同方面的约束。我恰好在几个地方都工作过，所以知道在任何一个地方工作都有信息局限性。学界有学界的道理，决策层有决策层的道理。刚才说到土地需要用途管制，我原来想，发达国家城市化完成了才搞用途管制，而我们这个地方城市化还早着呢。用途一管制，城市化怎么办？但是，我在成都调查之后，发现用途管制真要搞，也管用。成都农民怎么得到2.5万元每亩的补偿？如果没有用途管制和占补平衡制度，农民是得不到这么多补偿的。所以，有些事情需要从不同角度来看。我不是和稀泥，我对很多问题有自己的看法。我有很多观点锡文要批评我，锡文很多观点我也是不同意的，但是这些都没有关系。我们都生活在中国，都希望这个国家发展得好一点，这是我们思想最大的一个交集。有了这个交集，大家就不用怕观点不一致。还有一条，是胡司长讲的，批评研究的水平，而不要怀疑动机。今天这个会总的来说是很成功的，我们还要保持这样的讨论氛围。无论是来自学界、现场调查、第一线实践还是来自决策部门的意见，交流之后还可以互相不同意，但是这个不同意跟交流之前的不同意还是会有所不同。谢谢各位！

第二篇

人口与经济发展

2006 年第 5 期（总第 567 期）

中国人口与经济发展研讨会简报之一

（2005 年 12 月）

2005 年 12 月 24 日，"中国人口与经济发展——经济学家谈人口问题"研讨会在北京大学中国经济研究中心举行。会议探讨了我国人口未来的变化趋势及其对经济发展的影响，并对未来发展战略提出相关政策建议。研讨会安排四个专题，每场专题由三位学者做主题发言，一位学者进行总结评论，到场学者展开讨论。我们分四期简报报道研讨会内容，本期简报报道第一场专题"人力资源与经济发展：全球化进程中的中国人口经济学"的研讨内容。

林毅夫：发展战略、人口与人口政策

我国 20 世纪五六十年代的生育率约为 6，1971 年推行"晚稀少"政策和 1980 年进一步推行"一胎化"政策后，人口生育率显著下降，直至现在仅略高于 1。在人口政策取得成效的同时，我国出现了发达国家高收入时期出现的"人口老龄化"现象。2004 年 60 岁以上人口高达 12.4%，已超过老龄化社会 10% 的标准。

进行国际比较可以看到两种对立现象。一方面，五六十年代人口生育率与中国大陆相当的韩国、新加坡、中国台湾、泰国等东亚经济体没有推行人口政策，人口生育率到八九十年代依然和中国大陆相似。另一方面，印度也没有推行计划生育政策，五六十年代人口生育率也和中国大陆相当，到了 70—90 年代，它的人口生育率平均每年比中国大陆高出 1%—2%。如果用印度的生育率作为参考，中国大陆假如没有实行生育政策，人口将比目前多 3 亿，达到 16 亿。

对于印度与东亚经济的人口增长差异，有两个假说。一是决定人口生育率的主要因素是人均收入水平。在低收入水平，社会保障和金融体系不发达，"养子防老"是保障的主要方式。随着收入水平提高，养老手段增加，"养子防老"的必要性下降。同时，低收入水平下，父母抚养孩子的机会成本低。因此，生育率和人均收入水平负相关。二是一国人均收入水平的提高取决于该国是否遵循比较优势。遵循比较优势发展经济的国家，人均收入水平增长较快，生育率会迅速下降。

对中国台湾、印度、韩国、印尼四个经济体的人口生育率和按购买力平价计算的人均

收入进行研究，用技术选择指标 TCI（制造业的人均资本密度与整个经济的人均资本密度的比值，TCI 越高越背离比较优势）衡量发展战略，结果显示人均收入和人口出生率之间有负向关系，发展战略和人均收入水平之间有负向关系，发展战略和人口出生率之间有正向关系。

中国在改革开放前长期推行重工业优先发展的赶超战略，人均 GDP 增长慢。因此，如果没有推行人口政策，人口增长会很快，与印度相似，而不似东亚经济。赶超战略下，虽然投资多，但创造的就业机会少，人口不能充分就业，从而变成负担。因此，我国 20 世纪 70 年代起实施的人口政策对经济发展做出了积极贡献，应予以肯定。

然而，我国已经出现"人口老龄化"现象，低收入水平下过度人口老龄化会对社会和经济产生不利影响，所以应当考虑放松现有的"一胎化"政策。改革开放以来我国逐渐放弃赶超战略，经济发展逐渐遵循比较优势，人均收入水平显著提升。而且，我国选择了社会主义市场经济道路，2001 年加入了 WTO，今后不太可能再通过政府干预发展不符合比较优势的赶超产业。未来一二十年，人均 GDP 仍将高速发展，人口生育率会逐渐下降。因此，如果实施好过渡政策，改变现有"一胎化"政策不会出现人口生育率急剧上升的情形。

蔡昉：中国经济增长可持续性——人口与劳动力因素？

经济增长来自两方面：一是生产要素的投入，包括土地、物质资本、劳动力、人力资本；二是生产率的提高。经济发展的早期，自然资源起很大作用。对于早期的发达国家，土地肥力保证经济增长领先。但由于土地肥力的递减，根据"贫困陷阱"假说，人口增长将使得人均生活水平达到极限。因此，必须进行经济增长方式的转变。

第一次转变是农业社会向工业社会的转型中，将对土地的利用转变为对可再生物质资本的使用。罗斯托（Rostow）、刘易斯（Lewis）等早期发展经济学家提出，工业化核心在于能否将积累率从 3%—4% 提高到 10% 或以上。多数发达的资本主义国家实现了这一转变，实现了资本积累。

第二次转变是资本积累到一定程度，劳动力增长赶不上资本积累，资本报酬递减造成增长减慢。新古典经济增长理论提出，此时的增长核心不再是资本积累，而是全要素生产力（TFP）的提高。欧美等发达国家也实现了这个转变，苏联因为体制原因没有实现，经济减缓直至崩溃。

东亚经济例外，东亚虽未实现第二次生产方式转变却保持了高速增长。克鲁格曼（Krugman）和杨（Young）认为东亚模式并没有所谓奇迹，东亚的增长依靠高投入，跟早期资本主义国家和苏联的增长方式一样，不同的是东亚地区的人口红利延缓了资本报酬递减的时间，因而有更长时间进行调整。然而经济增长到一定阶段最终一定以 TFP 作为经济增长源泉，亚洲四小龙目前也以生产力提高作为经济增长的主要源泉。

中国计划经济阶段的 GDP 年增长率为 3.9%，其中资本投入占 2.3%，劳动投入占 2.1%，全要素生产率为 −0.6%。改革开放时期 9.1% 的增长速度中，4.1% 来自资本投入，2.3% 来自劳动投入，2.7% 来自全要素生产率增长。尽管改革开放时期 TFP 增长较快，但主要是资源重新配置引起的（GDP 贡献率 21%），微观效率改进贡献份额很小（GDP 贡献率仅 3%）。而且 TFP 增长在部门间存在差异。TFP 的贡献率在农业、交通、邮电和通信行业增长，而在工业、建筑业和服务业下降。此外，如果把生产率提高分解为环境生产率和市场，反映减污技术利用效率的环境生产率是下降的。

新加坡、韩国在经济高速增长的70—90年代，超出稳态增长率部分有三分之一到二分之一源于人口红利的贡献。欧洲移民去新大陆的资本主义国家，经济的高速增长几乎全部归结为人口红利因素。中国在1982—2000年，人口抚养比下降对人均GDP增长的贡献为27%。根据人口红利理论，人口转变过程中，人口自然增长率会出现倒U形，滞后20年左右，劳动年龄人口增长率也出现倒U形。中国人口结构转变得快，人口红利来得早，而消失得也快。此外，经济活动人口和就业率、储蓄率存在正向关系。

根据人口与发展研究中心预测，中国的总人口将于2030年达到14.39亿的顶点后开始下降。劳动年龄人口2013年停止增长，稳定几年后开始下降。2013年以前，少儿抚养比下降幅度超过老年抚养比上升幅度，总抚养比下降。2013年起，少儿抚养比趋于稳定，老年抚养比迅速上升，人口抚养比不再是人口红利源泉。人口结构在1953年是典型的金字塔形，现在已接近橄榄形。根据联合国预测，中国的劳动年龄人口增长率将逐渐下降，低于世界平均水平。

这一趋势将影响劳动力成本。根据美国劳动部数据，中国正规部门工资仅为美国制造业工资的2.9%，民工工资只有2.1%。中国目前尽管拥有低廉的劳动力，但也是世界上工资增长最快的国家之一，由于人口红利即将消失，中国需要实现经济生产方式的转变，以生产率提高作为经济增长动力。因此，未来人口政策需要适当调整。中国的"未富先老"是非自然过程，应该尽快恢复自然倾向。以人口质量提高代替人口数量增加。清除制度障碍，充分利用丰富的农村劳动力资源。此外，中国还没有转入完全积累的模式，也没有把民工纳入养老保险体系，实现这两条可以把2020年的养老负担率从45%降到25%。

胡鞍钢：中国长期发展目标与人口目标

中国的HDI在1950年低于印度，联合国开发计划署（UNDP）数据表明，中国HDI在1975年超过了印度，世界银行数据表明中国HDI增长快于印度，我的研究发现中国人力资本增长明显高于印度。此外2005年《中国人类发展报告》预测，中国到2020年HDI继续领先印度。

比较中印两国人口红利，中国的人口红利来得早、来得快、峰值高、消失得快；印度的人口红利来得慢、时间长、对人口结构冲击小。2030年，印度的总人口和劳动年龄人口将超过中国；2050年，印度总人口比中国多2.2亿，劳动年龄人口多2亿。中国老年人口的比例、规模和增长幅度都高于印度，差距在不断扩大，2040年中国将高出1.35亿。未来中国人口发展目标，既要提高人均HDI，也要调整人口年龄结构。两方面结合起来，提出总人类发展指数（General HDI，GHDI）概念。

人口发展有规律，它的惯性和长期性决定人口政策不能是短期的，应当考虑长期至少两代人的时间。人口政策从20世纪80年代控制人口数量，转向以调整人口结构为主、控制人口数量为辅，符合长期发展目标。我们一方面应该充分肯定过去二十多年的人口政策，也应当看到人口政策的成本和代价。过去的人口政策因为当时的人口压力，目前人口压力已经减轻，人口老化、男女比例失衡问题更加显著。

生育政策方面，曾毅教授提出的"二胎晚育软着陆"是一个很好的设想。劳动政策方面,建议适当延长退休年龄,提高青少年劳动参与年龄。发展高中和大学教育,适当提高年轻人群的入学比例,对人力资本的提高是必要的。我国平均退休年龄的下降,与预期寿命上升相反,也与全世界退休年龄上升趋势相反。退休费用占 GDP 比重,从 80 年代初的 1%,上升到现在的 3%,并且会继续上升。中国 55—65 岁人群的劳动参与率远低于印度,如何将这部分人转化为创造财富的人取决于制度安排。然而,即使调整退休年龄也不能改变中国老龄人口比例高、社会负担增加的问题,只能相对缓解。中国人口有三个基本问题:吃饭、就业,以及社会保障和养老。人口政策不能独自解决,需要多种政策相配套综合治理,包括劳动政策、教育政策、健康政策等。

翟振武:评论

林毅夫从一个新的角度出发,讨论人均收入变化和生育率的关系,观察中国实际生育率的变化。结论很清楚,改革开放后,比较优势利用越来越多,生育率会逐步下降,即使政策发生调整,生育率也不会急剧上升,所以现行"一胎化"政策可以进行重新考虑。但其中有两个因素可能需要考虑。

人口和收入水平的变化是长期的过程,可以进一步分阶段研究。在经济增长初期阶段,生育率可能随 GDP 增长而上升,这个过程可能持续三五年或者几十年。中国处于哪个阶段,需要进一步研究。如果没有分阶段的具体研究,就很难对现行政策进行准确的定义和评价。

从经典的人口转变理论看,生育率受多方面影响,包括死亡率下降、城市化进程、教育水平提高、养老保障制度建立。这些都和人均 GDP 有关系,把 GDP 作为一个总的指标。具体研究政策时,进一步细化对政策会有更为直接的意义。

蔡昉描述了过去中国经济增长的源泉,未来的增长来源和人口方面情况。未来增长靠教育,调整政策,延长人口红利时间,破除制度性障碍,增加人口流动,对未来的人口政策设定提出了很好的背景和理论支持。

但没有说明政策调整对经济增长起到什么作用。此外,人口红利最终会结束,政策调整可以延缓这一过程,但只是短期。要想清楚,长期中国经济增长源泉依赖人口结构还是技术的创新能力。

胡鞍钢提出用 GHDI 指标衡量人口总福利,拿中国和印度相比,在国际竞争处于不利形势,人口达到高峰,应该防止人口负增长。除人口政策外,教育和流动也值得重视。未来经济增长,不取决于劳动力数量,而取决于劳动力质量。劳动力流动可能在一段时期内解决中国劳动力短缺的问题。此外,延长退休年龄是一个很有新意的设想,如果有好的制度安排可以增加劳动年限,实际上说明人口红利的时间可以延长。

邬沧萍:自由讨论

经济学考虑问题,长期通常指一二十年;人口学考虑得更远,至少一两代人或者一个生命周期,70 年以上。目前稳定低生育率水平是最优选择,有利也有弊,但是利大于弊。现在最应该考虑的是资源和环境问题,不能光从经济角度考虑。中国和印度变成中等收入和发达国家以后,世界的消费会怎样。人口问题不能只考虑短期,放松生育率后出现出生高峰，50年后也会出现老龄高峰。老年劳动力也是可以利用的资源。

马力（中国人口与发展研究中心）：我国的生育政策状况是国家有一个总的生育政策，各省有相应的细则和不同的政策内涵。全国城市基本上是生一个孩子；农村除了六个省份，是第一个是女孩可以生第二个孩子；少数民族地区是生三个孩子。随着经济和教育水平的提高，生育政策在保持稳定的前提下进行微调。中央已出台相应政策：城市双方都是独生子女可以生育二胎；七个省份的农村地区，一方是独生子女可以生育二胎。据此测算，最终有30%—40%的人口可以生育二胎。

考虑生育政策时，应该是渐进的。中国地方太大，如果立即放开二孩，会出现很多地区生两个孩子甚至生三个孩子的现象。此外，一些退休的计生委主任表明，汇报的总和生育率里有很大水分。由于情况复杂，尤其是流动人口的增加，管理存在着困难，计划生育率在江苏不到80%，河南甚至不到60%。

2006 年第 6 期（总第 568 期）（2006 年 1 月）

中国人口与经济发展研讨会简报之二

(2005 年 12 月)

  2005 年 12 月 24 日，"中国人口与经济发展——经济学家谈人口问题"研讨会在北京大学中国经济研究中心举行。会议探讨了我国人口未来的变化趋势及对经济发展的影响，并提出相关政策建议。本期简报报道第二场专题"我国人口老化、三农问题与经济社会发展"研讨内容。

郭志刚：我国 20 世纪 90 年代以来生育水平及其未来影响

  人口统计数据主要来自国家统计局每年公布的人口抽样调查，国家计生委 1993 年的生育率调查，1997 年和 2001 年调查。三个调查基本说明，生育率在 90 年代持续下降。根据 2000 年人口普查数据估算，总和生育率从 1990 年较高水平下降到 2000 年的 1.22。分孩次看，一孩总和生育率，下降较小；二孩和三孩总和生育率在 90 年代不断下降，三孩总和生育率已降到很低水平。考虑更长时期，终生生育率从 70 年代的六个孩子下降到 80 年代初二点几的水平；80 年代没有明显下降；90 年代出现新一轮下降。

  生育率下降受到婚育年龄影响，生育年龄推迟会使生育率在一定时期内下降。如果不划分孩次，90 年代的生育年龄变化不大。如果划分孩次，一孩、二孩、三孩的生育年龄都有所上升。把生育年龄推迟对总和生育率的影响剔除出去，计算出的总和生育率是对终生生育率的一种估计，我们称作"去进度效应的总和生育率"。调整后的总和生育率比按常规方法算出来的总和生育率偏高 0.2—0.3。调整后 2000 年的总和生育率由 1.22 上升至 1.6 左右。

  进行地区间比较，生育率水平较低的地区主要包括：北京、天津、上海和一些省会城市，以及全省（包括农村）实行独生子女政策的江苏和四川。我国的生育政策根据各地情况因地制宜，不是统一的一胎化政策。东部较严，中西部较松，西部少数民族地区较松，一些地方甚至没有计划生育政策。

  现行生育政策分为一孩政策（独生子女政策），一孩半政策（第一个孩子是女孩可以生第二胎），二孩政策（主要在不太发达的农村地区），以及三孩政策（少数民族地区）。不同生育政策人口比例是：一孩政策三分之一以上，一孩半政策 50% 以上，二孩政策约

10%,三孩政策比例很小。把一孩半政策平分,一半生一个,一半生两个。最后得出生育一孩的人口占63%,二孩占三分之一以上,三孩忽略不计。全国平均生育1.47个小孩。

如果以1990年人口普查为基数,假定总和生育率从90年代初的二点几下降到2005年政策要求的1.47,模拟得出2000年总人口为12.67亿,高于人口普查数据。按照正式公布的2000年1.8的总和生育率(而不是1.6)计算会更高,少儿人口比例也会增加。

人口政策可以选择不同方案。下限方案是现行生育政策长期不变,其中考虑双独夫妇(夫妇双方都是独生子女)的开放;上限方案是一步到位允许所有夫妇生两个孩子。中间可以有多种方案选择不同条件逐步放开二孩。

现行生育政策长期不变最平稳,总人口数最低;一步放开危险较大,2005年出生人口从1400万上升到3300万,人口最高处超过16亿。老龄化水平,到2070年,一步放开政策65岁以上老人比例较低,不到20%;现行政策不变这一比例较高,达到28%。60岁妇女中只生一个小孩的比例,现行政策不变将超过50%;一步放开政策会比较低。劳动年龄人口,一步放开政策将先上升再下降;现行政策维持不变,会急剧下降,二十几年减少2亿。

一步放开会出现出生危机,总人口过多。现行政策长期不变会在其他方面带来风险,比如劳动年龄人口下降速度过快、老龄化速度过快、独生子女家庭过多。因此需要有一个过渡期,从经济学和社会学角度比较分析,进行详细的调查研究和试点。现行生育政策虽然已考虑放开双独甚至单独生二孩,但不足以完成整个过渡,还需要有中间的衔接过程。

樊纲:农村发展、劳工迁移与社会保障

三农问题的本质是农民的问题,出路是将绝大多数的农民转移出来,这是现代化和经济发展的基础。中国需要把农业劳动人口减少到10%以下,韩国目前低于10%,日本为5%,美国为1.7%,法国为2.3%。目前的社保制度下,农民不参保,只有进了城市、工业、非农产业,才能够进入社保(尽管农村有一些合作制的社保)。农村向非农产业转移的是年轻人,这意味着人口老化,而社保体系可能年轻化。按照14亿人口高峰计算,农业人口降至10%需要转移2亿—2.5亿农村人口。目前非农就业每年新增900万—1000万,其中300万—400万来自城市,农村只有600万—700万,按照这个速度,至少需要二三十年。

而现在的关键问题是进了城的农民尚没有加入社保,成为老龄化的核心问题。进城农民的流动性很强,社保体制的统筹率很低,农民加入社保后无法带走,缺少动机加入社保。因此农民工加入社保比重很低,造成两个问题,一是他们自己的养老,二是社保体制没人付费。所以现在的首要问题是,提高统筹程度的同时,实行一些过渡办法,尽可能使新进城的农民工加入社保,对农民工的未来和整个体系都有好处。

另一个问题是农村留下的老年人的养老问题。一方面需要通过继续宣扬民族文化,鼓励农民工进城后将部分资金转移到农村;另一方面需要政府投入,实行农村养老合作等。其他政策问题包括,如何让失地农民拿土地补偿的一部分买社保、创造商业保险模式、保险政策、保险产品,让进城的农民工为父母购买商业保险等。

三农问题之所以被社会关注,是因为农民收入水平增长太低,收入分配差距不断拉大。中国目前的收入格局是倒丁字形,80%劳动者属于低收入阶层。其中的一半已经从农

村转移出来成为蓝领工人，平均年工资 8 000 元左右；另一半是现在的农民，年收入平均为 3 000 元左右。GDP 增长主要体现为 20% 的人收入增长，民工和农民的收入增长缓慢，只有农民转移到非农产业才从 3 000 元涨到 8 000 元。由于 30% 的劳动力等着从农村转移出来，劳动市场的竞争压力使这部分人工资不能增长。只有实现充分就业，这部分人的工资才能上涨。农村人口转移到 10% 以下还需要二三十年时间，如果是 16 亿人口，就需要更长时间。

如果依靠人口红利增长，社会矛盾不能解决，社会收入分配差距不能逆转，会有比较大的风险。国际上拉美、印度因为收入差距太大，出现各种补贴、社会运动、财政赤字、外债、通货膨胀、金融危机，使经济陷入停滞。与此相比，失去人口红利的风险相对较小。在老龄化和充分就业之间进行选择，宁可要老龄化的问题，而不要不充分就业的问题。

曾毅：人口老化、二孩晚育政策软着陆与经济社会发展

2000 年总和生育率是 1.22，如果加上 25% 的漏报，实际是 1.47。如果长期保持现行政策不变，假设 2012 年后失去生育年龄上升的效应，总和生育率将提高到 1.7。二胎晚育软着陆方案假定平稳过渡到 2012 年，城镇终身生育率是 1.8，农村是 2.27。

长期保持现行政策不变，总人口在 2050 年是 12.6 亿；二胎晚育软着陆在 2050 年总人口是 14.6 亿。长期保持现行政策不变，2025 年将达到 14.05 亿的峰值；二孩晚育软着陆晚一点，在 2038 年达到 14.8 亿的峰值。长期保持现行政策不变，2050 年后人口增长速度是 −1%—1.3%。

保持现行政策不变，老年人口比例和独居老人比例比二孩晚育软着陆都高得多，差距在 2030 年后急剧拉大。保持现行政策不变，65 岁老人 2050 年占 28%，2080 年占 38.6%；80 岁以上老人占 9% 和 17.6%。过高的高龄老人和独居老人比例会对社会产生负面影响，所以应该向二孩晚育平稳过渡。

两个方案的劳动年龄人口 2030 年后差别很大。长期保持现行生育政策不变，2030—2080 年，劳动年龄人口每 10 年减少 1 亿；二孩晚育软着陆在 2030 年、2050 年、2080 年分别多 2 600 万、1 亿和 2.74 亿。劳动年龄人口急剧下降可能不是好事，劳动年龄人口过多会增加就业压力，这里面的关系，请各位经济学家和人口学家一起探讨。

一孩半政策地区的男女出生性别比是 124 : 100，二孩政策地区出生性别比是 109 : 100。一孩半政策实际上产生一种心理暗示导向作用，导致了性别失衡；而二胎晚育软着陆不存在这种心理导向和负面影响。两种方案 20—49 岁婚龄女性与婚龄男性的比例的差异非常大，长期保持现行政策不变，会带来很多社会问题。

现行政策不变方案在 2030 年、2050 年、2080 年的总人口比二孩晚育软着陆少 7 840 万、1.96 亿和 4.2 亿，减少的人口基本上都是劳动力资源，只有 2060 年后，减少的人口中才有一小部分是老年人口。长期保持现行政策不变将导致劳动力资源每十年减少 1 亿，是不可取的。

由于政府需要花费巨额财政支出对农村计划生育户进行养老补助，如果保持现行政策不变，这项财政支出将大幅度增加。如果实行二孩晚育软着陆，这项财政支出 2021 年达到 72 亿峰值后迅速下降，2050 年几乎为零。假定计划生育户每年领取的 600 元养老金不

变,保持现行政策不变比二孩晚育软着陆多支出5 000亿元。随着生活水平提高,补贴标准提高,财政支出会大大超过5 000亿元。

现行政策中,农村独女户生二孩和双独或单独夫妇生二孩的方案作为临时的过渡措施尚可,但作为长期政策调整方案会产生一些问题。农村独女户生二孩会产生心理暗示作用,男孩价值等于女孩两倍,使性别比升高。生二孩需要指标,可能会出现抢指标甚至假证明。双独单独夫妇需要抚养四个父母和两个小孩,抚养比是3:1。非双独非单独夫妇只让生一个小孩抚养两个老年父母,抚养比是1.5:1。存在公平问题。城镇双独单独绝大部分是城镇老住户,非双独非单独多是农村迁进来的新住户,现行政策可能会人为强化社会分层,老住户间通婚,新住户间通婚。由于与非双独单独子女结婚不能生二孩,有可能产生家庭矛盾。

于学军:评论

郭志刚教授从人口发展前景比较不同方案,倾向于人口政策的调整。我国人口发展惯性大、周期长,具有不可逆性,因此人口政策规划要有前瞻性。以前过于强调人口过多的负面效应,对人口的比较优势和人口减少的负面影响研究不够。

樊纲教授从社会公平角度论证不需要太多人口,提出解决农民工问题尤其是社会保障以及劳动力转移对于经济发展的作用。解决农民工问题,让农民从农村转移出去,是解决人口问题和三农问题的有效途径,促进人力资源合理配置。这一工作既要靠政府,也要靠市场。市场信号告诉人们去哪儿,政府为人口流动创造环境,让人们去该去的地方。

曾毅教授详实地论证了不同政策的后果,提出抓紧落实两孩晚育政策。说明任何公共政策都有利有弊,决策者要用最小的代价换最大的利益,时刻关注政策的效应,根据不断变化的情况进行政策调整。

人口老龄化程度主要取决于三个因素:生育水平、预期寿命和人口迁移。国际移民忽略不计;国内的人口迁移不改变整个国家的老龄化程度;人均预期寿命越高越好,但人均预期寿命提高会加深人口老龄化;解决人口老龄化问题,唯一可以调控的变量,就是多生孩子。不同政策方案,人口峰值相差1亿—2亿。

大家对人口问题的讨论主要包括四个问题:多生1亿—2亿人口缓解人口老龄化有多方面代价,包括环境压力、经济发展、就业、社会保障、社会公平等,孰轻孰重;如果社会保障体系不变,多生1亿—2亿人能否有效缓解人口老龄化带来的风险;假设调控多生1亿—2亿孩子,会是谁生的,生在哪里,是否受到良好的教育,是否能够就业;人们是否意愿多生1亿—2亿。

过去中国生育水平下降,主要靠计划生育。今天生育水平下降,有更多的非计划生育因素,包括人们生育观念转变,婚育年龄上升,人口加速流动,城市化加快,生活水平提高,孩子抚养成本快速上升,效益下降,结婚人口比例下降,离婚率上升,竞争压力不断加大,不孕不育比例增加。

人口问题包括:生育问题、结构问题、素质问题和分布问题。我国目前已经进入到低生育水平,且下降趋势并未停止,生育水平问题的重要性逐渐下降,人口素质、人口结构和人口分布问题才是大问题。

樊纲：自由讨论

未来劳动力减少实现充分就业以后，我国的比较优势也不会完全丧失。如果 2030 年 14 亿人口充分就业，我国人均 GDP 是 5 000—6 000 美元，与国际上是 4 万美元还有差距。下阶段发展应当靠提高生产率支撑经济增长及养老。

邬沧萍（中国人民大学人口与发展研究中心）：

政府面临三个困难：老龄化问题、失业问题，还有中国的继续发展问题。就业问题比老龄化问题更为严重。解决失业问题，也是解决老龄问题。现在社会保障的重点应放在中青年农民工和城市人口，解决他们的就业，对老年人也有好处。

赵耀辉（北京大学中国经济研究中心）：

拉美国家出现不稳定，和人口出生率是否存在相关关系，人口多的国家，失业率不一定高。人口政策如果放松，增加的是相对高技能的人，因为原来的独生子女主要分布在城市和较发达的农村地区。用农民工参与社会保障解决城市社会保障，同时再负担自己家里的父母，是不公平的。

樊纲（中国改革基金会国民经济研究所）：

拉美、印度、菲律宾这些掉进陷阱的国家都是人口增长太快的国家。人口政策放松，首先增加的不是城市人口，而是教育水平不够的人口。让农民工承担两部分人确实不公平，但是假定在农村设立基金，与城市划分开，问题更大。

2006 年第 7 期（总第 569 期）（2006 年 1 月）

中国人口与经济发展研讨会简报之三

(2005 年 12 月)

2005 年 12 月 24 日，"中国人口与经济发展——经济学家谈人口问题"研讨会在北京大学中国经济研究中心举行。会议探讨了我国未来人口变化趋势及对经济发展的影响。我们分四期简报报道研讨会内容，本期简报报道第三场专题"人口年龄结构变化与经济发展"讨论内容。

刘从龙：人口老龄化背景下我国农村的养老保险探索

中国存在城乡的二元结构，城乡差别超过 3∶1，如果加上城镇的社会保障和各种价格补贴，达到 5∶1 或 6∶1。由于农产品受自然灾害和市场两方面的影响，农民收入不稳定，尽管免交农业税，但农业资产资料和农药化肥涨价抵消了。我国农村老龄化的速度非常快，受计划生育和农村人口城镇化两方面影响，农村的老龄化比城镇高出 1%—2%。农民收入中土地收入只占 1/3，主要收入依靠打工。由于家庭小型化和年轻劳动力向城镇转移，年轻一代和老一代之间的经济联系减弱，家庭养老功能不断弱化。

我国 80 年代中开始建立农村社会养老保险制度，到 2004 年年底在 1887 个县不同程度地展开。尽管覆盖面广，参保农民数量少，目前约 5 400 万人。1997 年曾经达到 8 000 万人，但受多种因素影响，一些农民退保了。基金总量不断增长，目前为 260 亿元。205 万农民已经领取养老金，2004 年支付保险金 20 亿元左右。

农村养老保险制度和城镇不同。筹资方式以农民个人缴费为主，集体给部分补助，国家给政策扶持（城镇以企业缴费为主）。但事实上，国家政策扶持在大多数地方没有落实好。管理方面，农村养老保险完全采取个人账户制，个人缴费和集体补助全部记在个人名下（城镇采取部分集体统筹部分个人账户），以县为单位进行核算。发放养老金时，根据个人账户积累金额和运行收益确定发放标准（城镇有一个固定的替代率）。工作方法以政府组织引导与农民自愿相结合，不是强制实行。

对目前工作开展情况举几个例子。山东省烟台市是最早开展农村养老保障的地区，98% 的农民参保，基本上每年缴费一次，金额从最初的 20—30 元钱增加到现在的 300 元，已积累基金 16 亿元，有 14 万农民领取养老金，人均月领取 80 元。江苏省苏州市在经济较发达的苏南地区，政府对农民进行补贴，金额达到农民缴费的 50%，实行统筹和个人账户结合。北京市今年决定每年拿出 5 000 万元财政支持农民参保，大兴区每年拿出 1 400 万元。

不发达的地区中，安徽省霍山县是国家级贫困县，政府对农民养老基金给予 2% 的利率补贴。新疆维吾尔自治区的呼图壁县，农民参保后可以用缴费证办理小额抵押贷款。因为农村房屋和耕地不能抵押，用缴费证进行抵押可以解决农民小额贷款的抵押问题。操作上通过银行办理，到现在为止八年多来没有发生过一笔不良贷款。

农村养老保障还存在很多问题。土地收入占农民收入比重非常低，农民只有土地使用权，没有所有权，老的时候不能把土地卖掉。而且农民年老后失去劳动能力，有土地也不能得到保障。土地并不能解决农民的养老问题。目前的社会保障体系中没有农民保险，是不完善的体系。商业保险等设想仍需要具体规划。政府对农村养老保险应给予必要的财政支持，财政收入中应该有农民的份。基金安全渠道需要进一步拓宽，保证基金增值而不能丢失。

下一步工作思路主要以经济发达和城镇化较快的地区为重点，以非农就业和收入稳定的农民和重点群体，推进农村养老保险制度。需要解决的主要有两个重要群体：被征地农民和农民工。全国有 4 000 多万被征地农民，无地、无业、无创业资金，生活非常艰难。农民工的养老保险应该适应农民工特点能够带走，而不像现在每退保一次蒙受很大损失，也不能以农民工补贴城镇。

王德文：人口年龄结构变化对若干东亚经济的作用

东亚奇迹不仅收入水平大幅增长，整个社会也得到了发展。早期发展经济学家把人口和资源作为经济体系中的重要变量。人越多，消费的资源和环境越多，从而产生悲观的看法，出现马尔萨斯贫困陷阱。如果按照早期发展理念，应该在非洲这样人口稀少的国家获得经济的奇迹；而事实上发生奇迹的恰恰是人均资源相对贫乏的东亚地区。

日本经济在第二次世界大战后迅速恢复并高速增长，人均 GDP 在 20 世纪 70 年代中期赶上美国。亚洲四小龙经济也迅速增长，目前新加坡和中国香港人均 GDP 是美国的 50%，中国台湾和韩国为 30% 左右（中国内地正处在这些经济 60 年代的水平）。人均预期寿命也大幅提高，人类发展指数得到很大改善。

芝加哥的杨（Young）对亚洲四小龙进行研究后，认为它们的奇迹完全是依靠高投入，包括劳动力的大量投入、人均受教育程度的提高，以及投资的大幅增加。同时他强调劳动力在部门间的重新配置，非农和制造业就业都得到快速增长。把亚洲四小龙的经济增长进行分解后，来自全要素生产力的增长，与同期的拉美国家和 OECD 成员比较没有太大区别。

克鲁格曼（Krugman）引用了杨（Young）的资料并结合自己对亚洲的观察，认为四小龙和日本存在区别，日本人均 GDP 的水平已经超过了美国，而亚洲四小龙还不到美国的 50%，日本实际上有很大的技术创新，在高速经济增长过程中实现了全要素生产率的较高增长，而亚洲四小龙没有。

世界银行对亚洲经济的全面回顾强调，在这一过程中，政府和市场的相互作用促进了亚洲经济奇迹的发生。一方面存在高积累，另一方面通过选择相应的发展战略，采取好的政策，而实现经济高速增长。

从人口学角度，东亚奇迹发生于人口快速转型时期。林毅夫教授用收入水平作为外生变量解释人口变化；人口经济学家也用人口作为解释变量，衡量人口对经济增长的影响。人口转变带来人口红利，包括劳动力的增加和人均受教育水平的提高。

东亚经济高速增长时期，人口扶养比大幅下降，人口老龄化的速度快于发达国家。东亚经济选择了符合比较优势的出口导向战略，发展劳动密集型产业，参与国际竞争，贸易依存度大幅提升。经济快速增长产生大量劳动力需求，创造大量就业机会。出生率非常高，失业率很低。储蓄率大幅上升，人均资本拥有量迅速上升，体现为高投入。同时重视人力资本积累，一方面改进教育、健康医疗措施，另一方面有劳动力政策支持。劳动年龄人口受教育水平大幅度改善，文盲率大幅度下降。

生育率下降使得人口老龄化。以日本为例，老龄化速度非常快，劳动力数量和劳动力参与率均出现大幅下降。人口老龄化带来一些问题。日本70年代建立了现收现付养老体系，由于人口转变产生了养老金账户危机，并引发财政危机，很大程度上造成了90年代后日本经济低迷增长。

人口既是消费者，也是生产者，人口转变通过生产和消费两个方面和宏观经济相互影响。人口转变中获得的人口红利是一次性的，人口老龄化必然会到来，应该为此做好准备。

左学金：中国人口转变对经济增长的长远影响

我国的生育控制政策是一个非常态的政策。如果没有非常强烈的理由，应该恢复到常态。我国的生育率已经降低到更替生育水平以下，今后人口老龄化会比较严重，应考虑对生育政策做适当的调整。

我国制定人口政策的背景是短缺经济，当时希望通过减少生育来减少消费、增加储蓄和投资，从而加快经济增长。但1997年亚洲金融危机后，宏观经济环境已发生根本性变化，我国从短缺经济转变为过剩经济，宏观政策重要目标是增加内需尤其是消费，现在决定生产的不是供给能力，而是需求的多少。今后一二十年，我国可能会面临劳动密集型产业从中国转移出去的局面，产业结构需要进行升级，不然经济将停滞。

人口学的重点应当放在人口质量上，增加人力资本投资。中国对教育和公共卫生的投资占GDP比重低于很多经济发展程度相当的国家，政府要发挥更多作用。并要鼓励公平竞争，创立一个鼓励研发和创新的制度环境。

人口下降对就业率的影响不确定。一方面劳动力供给减少会提高就业率；另一方面消费需求下降造成劳动力需求减少。短期内多生孩子不会对就业产生压力，却会制造很多需求，中国人都愿意为孩子花钱。世界上出生率最低的国家和地区是欧洲和日本，欧洲失业率较高，日本失业率虽低，却在上升。低生育率不一定带来高就业率。国内低生育率的地区也不一定是高就业率的地区，上海人口多年负增长，失业率大约为11.9%，居全国前列。

老龄化对消费需求的影响有两种解释。根据生命周期理论，青少年时期提取储蓄，成年后成为储蓄者，老年后再度成为提取者。因此，老年人越多消费越多。按照理性预期理论，中青年看到社会养老保险不可靠会增加储蓄，日本的情况就是这样。因此，老龄化程度越高储蓄率越高。

中国进入老龄化以后储蓄率没有下降，目前超过40％。中国家庭调查表明，城乡家庭储蓄的主要动机是养老保障和子女教育。社会保障是社会储蓄一个非常强烈的动机。日本也是如此，尽管采取各种措施，消费始终推不动。如果经济增长靠需求推动，没有需求就不能增长，今后老龄化将不利于经济增长。

人口结构对技术进步没有决定作用，芬兰人口非常老龄化，科技创新能力却在世界前列。老龄化对养老保障的影响是确定的。如果替代率不变，不缩减退休职工的福利，养老保险的缴费率和赡养率成正比。医疗费用的上涨和老龄化是相关的，上海非常明显。缺乏足够的养老保险资金不利于资本市场的发育，美国风险基金的50％来自养老基金。

对城市化的影响分两方面。移民的主体是年轻人，年轻人减少可能减慢城市化进程。移民减少，城市可能出现劳动力短缺（珠江三角洲地区已经出现）。目前城市对外来劳动力进入有一些障碍，这些障碍可能内生于劳动力供过于求的制度安排。如果劳动力供给增加，这些制度可能会改变，城市可能会更欢迎农村人口进入。从这个角度看，老龄化可能会促进农村人口向城镇迁移，减小城乡差别。政策上建议逐步放宽生二胎以至逐渐恢复常态，重点放在提高人口素质上，着重考虑农村人口的老龄保障问题。

自由讨论

王国强（国家计生委）：我国在20世纪70年代以来开展的人口计划生育工作，所取得的成绩不容置疑。人口和计划生育的贡献和改革开放的贡献是相提并论的。人口政策不等同于生育政策。中国的人口问题不只是生育数量问题，还有人口素质、结构和迁移问题，人口政策是所有人口问题的政策。

1981年全国人大五届四次会议第一次提出我国的人口政策，是"限制人口数量，提高人口素质"。经过20多年，我国人口形势发生了很大变化，需要进一步完善人口政策。我建议把人口政策扩展为"稳定低生育水平，提高人口素质，改善人口结构，合理人口分布，开发人力资源"，以应对当前遇到的人口问题。

中国的人口生育政策预测2010年把人口总量控制在13.7亿，2020年控制在14.6亿，2033年左右达到15亿左右的峰值。为了实现这个指标，"十一五"期间需要稳定现行生育政策。我国人口地区间不平衡，中西部地区生育率还比较高。我们不能把目前行政手段下的生育生平看作群众的生育意愿。50年代出生高峰出生的人口的子女在"十一五"期间进入婚育年龄，会形成一个小高峰，1亿独生子女和部分单独可以生两个孩子，因此生育水平可能回升。生育政策应该采取缓渐变的方式，逐步针对不同人群进行调整。上海人口已经十几年负增长，但是如果在政策上率先放宽，会带来很大影响。全国各地的青壮年、学生涌向上海，在一定程度上解决上海的老龄化问题。

张二力（中国人口学会）：现在各省新规定是双独生两个，农村单独生两个。这一政策对2010年以前"十一五"期间没有太大影响，影响到2010年后才开始体现。生育和就业之间有时间差，现在生的孩子2025年后才会进入就业大军。2025年以前就业压力比较大，2025年后劳动力以每年900万—1 000万的速度往下降。

生育政策调整是一个相当长的过程。我们花25年降到低生育更替水平以下，恢复到生两个孩子至少要15年时间。有很多技术上的准备工作要做，也要从计生干部工作的角度出发，才能保证计划生育工作顺利开展。

赵宝华（中国老年学学会）：我们应该分析一下生育率的下降中，政策性因素和非政策性因素各起多大作用，及其变化趋势。随着社会经济进步，不仅城市里不愿多生孩子，农村也有相当一部分年轻人看到多生孩子弊大于利，这部分因素在明显地变化。

老龄化高峰到来大概是二三十年时间，非常紧迫，迎接人口老龄化高峰的准备工作需要一个过程，不是一蹴而就的。要有制度性的发展规划，设计未来的养老发展战略。当前最重要的是建立社会化的养老照料服务体系，解决高龄人口的照料问题。

2006 年第 8 期（总第 570 期）（2006 年 1 月）

中国人口与经济发展研讨会简报之四

（2005 年 12 月）

2005 年 12 月 24 日，"中国人口与经济发展——经济学家谈人口问题"研讨会在北京大学中国经济研究中心举行。会议探讨了我国未来人口变化趋势及对经济发展的影响。我们分四期报道研讨会内容，本期简报报道第四场专题"人口结构、医疗保障、储蓄率以及国际比较"讨论内容。

李玲：我国未来人口数量与年龄结构变化对医疗卫生体系的影响

西方国家的老龄化是一个自然过程。随着工业化、城市化、教育水平提高、人力资本价值提升，生孩子的机会成本提高，出生率下降和人均预期寿命增长使人口趋于老龄化。而中国因为计划生育政策快速进入老龄化社会。西方国家富了才老，中国未富先老，养老压力比较大。老年人支出费用中，吃住行支出的不确定性较小。老年人消费中最贵的是医疗费用，而且不确定性相当高，并且这种不确定性随着寿命和生活水平的提高而增加。随着医学的进步，医疗费用也变得昂贵。

OECD 预测，老龄化将导致与老龄人口相关的社会支出占 GDP 比重从 2000 年的 19％上升到 2050 年的 26％。其中一半是养老金支出，一半是医疗卫生支出。韩国的研究预测，2030 年老龄化将使得人均实际卫生支出增长 30％，但年龄不是最重要的因素，医疗费用、保险等因素对医疗成本的增长更重要。国内有研究计算，2025 年我国医疗费用将达到 6 万亿元，占 GDP 的 12％（目前为 5.7％，普查前数据），老年人口人均医疗费用是总人口人均医疗费用的 2.56 倍，占总人口 10％的老年人口的医疗费用占总数的 30％。老年人口的人均医疗费用是其他人的三到五倍。老龄化的过程中医疗费用会增加，但是医疗费用增加还有其他因素。

人口老龄化对老龄人口医疗费用的影响，与老龄人口数量和老龄人口健康状况两方面有关，老年人口数量增长和老年人口患病率上升都会导致老年人口医疗需求的上升。联合国公布的数据预测中国的人口到 2040 年左右达到最高峰。中国的人口增长地区间不平衡。一方面出生率不平衡，大城市出生率很低，农村尤其是偏远贫穷地区出生率很高。另一方面人口分布不断变化，人口从贫穷地区向富裕地区移动。人口总量增加会增加对医疗卫生的需求。人口结构变化也对医疗服务体系产生影响。广东尤其东莞加工制造业地区民营医院发展很好,与大量外来人口的增加有关。

过去二十多年中国的疾病谱发生了很大变化。中国城乡居民主要死亡原因有恶性肿瘤、脑血管病、心脏病和呼吸道。尽管中国农村还处于自然经济状态,由于生态环境的破坏,我国呈现出发达国家的疾病谱。疾病谱变化也对医疗费用增加起很大作用。随着人口老龄化,两周患病率和慢性病患病率都会增长,医疗服务需求上升。

对芬兰、德国、葡萄牙和美国研究发现年龄越高消耗的资源越多。以芬兰为例,65岁以上人口比重是14%,75岁以上是6%,6%人群消耗了22%资源。中国有一个特色是50%的人因为经济原因应就诊未就诊,30%的人因为经济原因应住院没住院。如果老年人口人均医疗费用是其他年龄人口的3倍,根据老年人口趋势估算中国老年人口总医疗费用,结果显示老年人口医疗费用占GDP的比重不断上升。

李克平:我国未来人口数量与年龄结构变化对经济发展的影响

中国的人口问题始于五六十年代的高出生率,实行计划生育政策后进入稳定拥有大量劳动力的时期,65岁以上老人比例从1982年的4.9%上升到2000年的7%,与全球平均水平相同,而此前中国比世界平均水平更年轻。目前已步入老龄化社会,50年后,65岁以上老人比例将上升至23%,远高于全球平均水平,略低于发达国家水平。老龄化趋势将造成养老支出比例的上升。老年人支出的平均水平高于劳动力人口,其中医疗成本是重要因素。

人口老龄化是世界性问题。不同的是,中国的人口政策取得成果的同时,造成了未富先老的非自然过程和人口老龄化快速到来。目前从不丹这样的小国到人口最年轻的印度,都在讨论如何应对老龄化和制定养老制度改革方案,包括如何进行基金的运作。老龄化问题已成为一个必须关注和不得不解决的问题。

一种应对措施是改变制度也就是参数的调整,通过增加缴费时间来增加养老支出的来源,减少享受养老金的时间。比如提高交费率,延长工作年龄等。但是可能带来其他问题。另一种方式是改变筹资模式。尽管存在分歧,但在实践中的运作非常一致,即从传统的现收现付制度,转向以个人账户为代表的积累制。因为现收现付对人口结构的变化很敏感,在人口迅速老化的时候难以维系平衡,不断增加财政负担。

中国90年代起在国有企业模式基础上开始建立具有现代雏形的社会保障体制。最初是现收现付制,1994年提出统账结合,1997年建立基本养老保险,在现收现付制基础上建立个人账户。2001年,全国31个省级单位只有七个个人账户留有余额,因为现收现付部分赤字,地方政府用个人账户的积累弥补当期统筹账户的亏空部分,不是真正的积累制。2001年建立新的制度在东北三省试行,2006年将对全国进行调整。目前制度调整只引入统账结合方式,没有考虑延长退休年龄,实际退休年龄反而从规定的60岁左右大大降低。由于同时面对两种问题,现实政策通常更倾向于先解决眼前的问题。

根据世界银行2005年6月的分析报告,与不同组别国家相比,中国的储蓄率都更高。把储蓄分解为家庭储蓄、企业储蓄和政府储蓄来看,中国高储蓄率的主要原因是家庭储蓄率处于世界最高水平。中国的政府储蓄水平比较高,但中国有一个特殊情况是政府的资本转移,主要是对国有企业转移。中国企业储蓄仅仅略高于其他国家。

根据人民银行的储蓄动机调查，2000 年后中国居民储蓄动机第一位是社会保障。目前中国的储蓄率为 41%，高储蓄对经济增长起重要作用。但 1997 年后已不同于过去的短缺年代，供给能力大大提高，内需扩张成为经济动力，高储蓄开始起负面作用。推进社保有利于消除预防性储蓄动机，降低储蓄，增加消费。社保基金来自中央政府财政拨款、国有股减持收入、国有资产划拨、彩票福利金等方面，不涉及国民储蓄。

现在的个人账户实际上在弥补统筹账户亏空，如果单独做实，政府要增加支出弥补统筹账户的支出，等于减少政府储蓄增加个人储蓄。这关系到个人储蓄和公共储蓄谁更有效，储蓄如何转化为投资的问题。目前，全国社保基金已开始投资运作，是全国投资政策最宽的机构投资者。企业年金也开始运作，也能进入股票市场领域。个人账户在全国逐步做实，将面临投资运作的问题。强制性积累的基金能否有效发挥作用取决于市场和投资管理之间的关系，智利是一个成功典型。

顾宝昌：中国、印度与韩国人口发展的比较分析

任何事物发展变化都有客观规律性，经济的发展变化遵循客观规律，人口发展变化的客观规律性比经济更强。人口变化分为三个阶段：最初是高出生率、高死亡率，人口低速增长；随着死亡率下降而出生率下降滞后，进入人口高速增长阶段；最后由于出生率下降，进入低出生率低死亡率人口低速增长阶段。中国在历史上人口一直增长缓慢，到 17 世纪明朝达到 1 亿，最近几百年人口迅速增长，但不会永远增长下去，经历一定变化最后也会降低。

上海人口结构头部很大、腰很高、底部很小，决定了长期持续负增长。北京人口结构比上海晚十年，趋势与上海相似。全国人口结构在新中国成立后是典型的金字塔形，2040 年将变成柱状，上海人口结构 2040 年将成为倒金字塔形。根据这一趋势，中国人口将在若干年后达到顶峰，之后出现负增长。

印度人口结构也由现在的金字塔形向柱形发展，但头部较小。虽然也会出现老年人口增加年轻人口减少的趋势，但是劳动力在很长一段时间仍会增长。韩国在朝鲜战争后是困难国家，总和生育率与中国一样高达 6。韩国政府也把计划生育作为国策推行，被视为成功的典范，而 90 年代起出现了是否应该继续实行人口控制的争论。政府成立专门委员会进行研究，1996 年批准了人口政策的改变，防止生育水平进一步下降。然而，其生育水平却持续下降，现在是 1.17 已低于日本的 1.29，人口增长率不断下降，即将出现负增长。

韩国学者认为由于从前的计划生育政策过于严厉，以至于生育率不能恢复。目前采取诸多措施，加强妇幼保健中心、家庭健康和妇女联合会、保管部等机构的职能，建立人口政策发展中心加强研究，提倡新的生育文化，并且出台了低生育率和人口老化的基本法。韩国学者指出几个教训：一国到达更替水平时人口政策要及早变化；新的人口问题会不断出现，要不断地研究；计划生育工作要进一步加强改进。

以前把人口问题分为发展中国家人口问题和发达国家人口问题，中国的人口研究一直研究发展中国家的人口问题。但现在已经难以区分，发展中国家是高生育率，中国已是低生育率。在发达国家出现的青少年和婚姻问题在中国越来越多。人口结构、社会保障已成为重要问题。现在还面临城市化过程中，人口流动带来文化冲突的问题，巴黎地区最近的骚乱带来一些提醒。

王丰：评论

在 25 年前中国经济改革起步时，对人口和经济关系也有过激烈的讨论，与今天有两点不同。首先，当时形成的基本共识是，人口年龄结构和人口增长速度快被视为严重影响中国经济发展和人均生活水平提高的不利因素。甚至出现了人口决定论，认为一切不好的原因都是中国人口太多，似乎如果没有人，一切问题都解决了。此外，当时讨论人口和经济关系的绝大部分学者是从事人口研究的，经济学者基本没有参与。

过去 25 年中认为人口是经济发展不利因素的声音越来越小，一种新的人口决定论开始关注资源环境。但人口和经济环境的关系不是单向的，不能只用人口这一个变量进行解释。一些观点曾认为中国会造成全世界的粮食饥荒，事实上粮食不是一个问题。现在又开始关注能源危机，而中国作为生产大量出口品的世界工厂，不可能不利用资源。

这次会议叫经济学家谈人口，因为人口政策和就业、养老、医疗，以及经济发展和人均生活水平提高有非常密切的关系。中国的经济和社会在过去 25 年中都发生了非常大的变化，出现一些新的事实。比如全国 60 岁以上的老人已经达到 1.4 亿，比日本总人口还多，同时人口增长速度已经非常慢。

我们对中国的内部差异要有更多的讨论，中国是一个规模庞大的国家，类似于欧洲不同国家存在不同情况。现在城市里 65 岁以上老人已经达到 10%，到 20 年以后会是 20%，这与现在的日本和意大利一样，部分城市老龄化已经相当严重。此外各地区人口和健康情况也不同，所以在制定政策和研究分析时，希望看到地区性差异的研究。

自由讨论

易纲（北京大学中国经济研究中心）：今天的会议有人口和社会保障两个关键词。中国 80 年代初去美国的新移民，没有受到中国计划生育的限制，有些夫妇选择生了两个、三个、四个甚至五个孩子，但是现在到了孩子上高中上大学的时候，有的父母反思当时生三个、四个、五个孩子过于情绪化了。人口问题和利率政策、汇率政策一样，有预调、微调的问题，要有超前性。

现在的主流观点都清楚地认识到现收现付的缺点和局限，不利于积累和个人监督。很多人希望把个人积累账户做实，而做实会带来投资、管理的问题。而中国储蓄率过高，全积累型有可能进一步提高中国的储蓄率。最近 Peter Diamond 等专家提出个人名义账户，兼有现收现付和个人账户的特点，名义账户是现收现付和全积累之间的另一种选择。

李玲（北京大学中国经济研究中心）：中国目前的个人账户与社会统筹相结合就是名义账户，所谓个人积累实际上是空账，因为过去没有积累，用现有账户的钱支付统筹账户，东北试点就是想把它做实。影响人口的最大因素是教育，最应该投资的也是教育，教育水平尤其是妇女的教育水平提高了，出生率就降下来了。

李克平（社保基金理事会）：名义账户以瑞典为蓝本，世行有一个专门研究。名义账户的核心把收益确定型（Defined Benefit，DB）和缴费确定型（Defined Contribution，DC）两种模式的优点结合起来，每年可以查询个人账户养老金数额，但是资金没有实际积累。目的是用 DC 的激励机制督促个人交现收现付的钱，而将来用个人账户的钱享有个人权利。

张二力（中国人口学会）：讨论人口和经济发展都认为将来第一产业降到 10％以下，甚至 3％、2％，10 亿人口在城市进行三产活动，这不现实。目前的产业结构是世界工厂，每年新增 1 000 万劳动力，将来人口下降每年减少 1 000 万，如果产业结构没有到自动化、IT 产业、信息产业，仍是加工业，劳动力将会短缺，需要转移加工产业。

穷人对于很多医疗费用都支付不起，独生子女家庭父母的照顾是很大问题。农民工的社会保障不仅是养老，还要考虑工伤、职业病和大病的问题。养老和失业不可能都解决，城市在职职工的养老已经是大问题了，再把农村养老兜起来是不现实的，还要从中国国情出发。

王德文（中国社科院人口与劳动经济研究所）：日本 50 年代经济高速增长，乐观情绪下建立了现收现付制度，由于人口结构变化，养老金赤字不断加大甚至超过年 GDP。因此也进行了一系列改革，尤其 2000 年后，把现收现付制转变成现收现付加部分个人积累，同时大幅度提高退休年龄，降低给付水平。中国的可持续发展也取决于早期的制度安排，个人全积累可能更有利。

2009年第7期（总第768期）

"中国人口与经济发展论坛"简报之一

（2008年12月）

2008年12月20日，由北京大学国家发展研究院、中国经济研究中心主办的"低生育水平下的中国人口与经济发展论坛（2008）"在万众楼举行。论坛专题一讨论"我国低生育水平现状与未来人口发展趋势"。本期简报报道北京大学老龄健康和家庭研究中心副主任、社会学系郭志刚教授，中国人民大学人口与发展研究中心顾宝昌教授的发言。

郭志刚教授：中国低生育水平及人口发展趋势

目前，中国人口快速增长的态势已基本被遏制。生育率已经十多年显著低于更替水平，人口增长速度大幅减缓。虽然目前人口规模还在扩大，并且会持续20年，但从人口学角度看这属于人口结构的惯性增长。虽然生育率很低，但由于目前的年龄结构呈菱形，有很大一个人群处于生育旺盛期，所以新生婴儿数量仍然较大。对此人口学界已基本达成共识，分歧在于中国的实际生育水平是多少，这也是本次报告的主题。

2003年我们发表了一篇文章，计算出实际生育率大约是1.47个孩子。"21世纪中国生育政策研究"课题组结论是2000年我国实际生育水平正在接近政策要求，即平均生育1.5个孩子，但没有给出确切数字。2007年的《国家人口发展战略研究总报告》宣称综合许多专家研究结果得到如下观点：（1）群众生育观念没有发生根本改变，根据是调查城镇育龄妇女有50%认为生一个就可以了，40%认为生两个比较好。但这一根据并没有很大说服力，因为怎样才算作群众生育观念的根本转变，是否得要求全国人民都认为只生一个好？（2）估计当前生育率为1.8左右。（3）认为未来30年生育率最好保持在1.8，其根据是完成经济翻两番任务需要保持1.8的生育率。

根据国家统计局公布数据、6次人口普查数据、美国人口委员会、美国东西方中心人口普查数据（NBC/EWC五普）、国家计生委调查，我国生育率自20世纪80年代开始下降，90年代下降非常迅速。调查可能存在漏报生育人口的情况，但它们的结果比较一致，自1995年后均显示生育率在1.5以下。但是国家计生委给出的生育率估计认为自1994年后一直处于1.8的水平。另外根据教育部小学入学人数进行估计得到较高的估计结果，认为 1994 年生育率为 1.8，之后保持稳定；居中估计结果是 1994 年之后生育率略有下降。

可见国家计生委估计值以及根据小学入学人数的估计值，都跟实际调查结果差别很大。可以确定的是生育水平不会低于实际调查值，也不会高于估计值，但究竟是位于中间区域的哪一点，人口学界至今尚未有明确的解答。这一问题不仅属于学术研究范畴，更重要的是影响到对未来的预期，如果生育率高，人口数量将非常巨大；如果生育率低，老龄化问题便会突显。

简单评述近年来的生育率研究。学者都知道统计数据有出生漏报，但只能猜测漏报的程度。方法一是依据 90 年代各年人口变动调查出生数进行判断，问题是这些公布数字都经过了调整，而外界不知道是如何进行调整的。方法二是根据教育部各年小学入学儿童统计数进行判断，因为这是独立于人口统计数字以外的数据。但这一数据的准确性无法进行论证，而且还存在入学率问题和在外借读问题。比如，入学率越低，没有被登记的儿童数越多，漏报程度就越严重。方法三是依据调查 35—39 岁育龄妇女的平均曾生子女数进行判断，但这个方法是错误的。因为这一指标反映了这个队列多年生育率的累计，而非当前的时期总和生育率（TFR）。具体而言，一个 39 岁妇女不是在这一年中生育了所有的孩子，而是在之前十几年中生的。

在这十几年中，大家把多次调查中发现的低生育率归结于漏报问题，于是便调高估计值，并且继续严格执行计划生育，期望在下次调查中生育率会较高，但结果是下一次依旧非常低。这形成人口统计的怪圈。其原因有三：一是惯性思维，即在高生育率时千方百计把生育率压下来，同时在政府的指导意见中对"真实"生育率期盼过高；二是过分强调出生漏报，并尽力弥补调查实际值和期盼生育率（1.8 个孩子）之间的缝隙；三是现行大环境中，漏报瞒报总是存在，且很难查清，于是只能采取估计。陷入这一怪圈会有什么后果：一是忽略其他因素，将真的低生育率视为虚假统计；二是认不清生育形势和未来人口趋势，贻误决策。

当前低生育率的影响因素，除了现行生育政策和出生漏报以外，还包括以下几点：（1）育龄妇女的生育意愿降低，根据 2006 年调查，全国育龄妇女的理想子女数是 1.73 个。（2）生育年龄推迟，欧盟当前的时期生育率是 1.5，终生生育率是 1.8，两者 0.3 的差别就是由生育年龄推迟造成的。而中国在 1995—1999 年，生育年龄推迟造成时期生育率相比终生生育率低了 0.23。（3）性别偏好实现方式由"多生"变成"性别选择生育"，这造成了出生性别比失调和低生育率的并存。（4）新一代已婚妇女不孕不育风险明显提高。（5）其他社会因素，诸如教育、职业、城市化和生活方式的改变。（6）大规模的人口流动降低了流动人口的生育率，因而降低了全国人口的生育率。根据 2005 年统计数据，将妇女划分为流动妇女和非流动妇女，发现流动人口生育率明显低于非流动人口：全国流动人口的总和生育率为 1.19，非流动人口为 1.41，而全国 2005 年流动人口为 1.47 亿，且大多处于旺盛的生育期。

最后讨论低生育率下的未来人口模拟。王丰等（2008）在方案 1 中假设未来三十年生育率维持在 1.6，到 2037 年再回升到更替水平（2.1），那么在 2037 年时人口总量已开始下降，并且即便生育率回升到 2.1 后，总人口下降的趋势还将维持 49 年。在方案 2 中假设未来三十年生育率维持在生育政策要求的水平（1.47），在 2037 年回升到 2.1，那人口总量下降将要延续 54 年。二者相比，方案 1 在本世纪内减少的人口数为 2.2 亿，方案 2

将减少人口 3.1 亿，相差近 1 亿；方案 1 下最大老年比例为 25.1%，而方案 2 下为 27.1%；方案 1 下的最大中位年龄（半数人口的年龄在此年龄之上，半数在此之下）为 45.6 岁，方案 2 下为 47.6 岁。由此可见，长期低生育会积累巨大的人口负增长惯性，因此不仅长期维持低生育水平不行，即便是长期维持 1.8 的生育水平也并不理想。

顾宝昌教授："七年之旅"——中国生育政策研究（2001—2008）

在世纪之交时有一批学者不约而同地对中国生育政策问题表现出强烈的兴趣和关注，这并非偶然事件。第一，改革开放后，人们的行为越来越走向多样化，权益意识和自主意识越来越强。第二，人口形势发生显著变化，特别是自 20 世纪 90 年代初以来生育水平一直维持在更替水平（2.1）以下。第三，在计划生育工作方面，1995 年国家计生委提出实行"两个转变"以后，取消准生证，把决定生育一孩时间的权利还给群众；取消"一上二扎"，把避孕方法选择的权力还给群众；取消生育间隔，把政策允许生育二孩的时间还给群众。在这种情况下，应将生育政策调整问题提上议事日程。这是国家计生委和福特基金会合作的二期项目，当时计生委领导认为"不宜以计生委名义开展，但可以个人名义开展"，于是由我和王丰牵头组建了课题组。

课题组于 2001 年 5 月 12—14 日在上海朱家角召开了第一次课题会，参会人员包括京、沪、津、陕、宁的 16 位学者，讨论了课题的背景、主题、计划和分工。会议决定每位学者基于本人的研究特长和现有研究成果，与工作单位/部门脱钩，以个人身份参与课题。课题要回答如下三个问题：（1）调整目前生育政策的必要性；（2）调整目前生育政策的可行性；（3）调整目前生育政策的操作性。课题的要点是：政策期望达到生育率是多少，当前实际生育率是多少、群众的意愿生育率是多少？为了减少干扰，课题开展的共同原则是建设性、内部性、不争论和低姿态。会后 2001 年 6 月，课题组向国家计生委领导做了汇报，领导在批复中肯定了课题的战略意义和历史使命；强调政策的稳定是相对的，变动是必然的；赞同现在着手，否则会陷入被动；同意以个人身份参与，只做不说；要求保持客观、冷静理智。

为了认清现行生育政策指向什么生育水平，我们搜集了全国 420 个地区的生育政策，以政策生育率为量化指标，计算各地的政策生育率，并依此推算出各省的政策生育率与全国的政策生育率。研究结果表明我国生育政策并非一孩政策，处于一孩半政策地区的人口占全国总人口的 53%，如果完全遵循生育政策，有 63% 的家庭只能生育一个孩子，全国的政策生育率为 1.47。与此同时，课题组成员完成了 14 篇报告，从不同角度论证了生育政策调整的可能性与必要性。在完成后，每个报告聘请两位非课题人员进行匿名评审，评审人员来自各地、各部门、各专业，并向作者反馈评审意见。在此基础上，课题组于 2003 年夏天开始起草生育政策建议书，9 月进行集体讨论，期间进行反复修改、力求简明扼要，2004 年 1 月报送国家人口计生委党组。之后建议书经过进一步修改，于 2004 年 4 月再次提交给国家计生委。

建议书提出应该由现行政策逐步过渡到二孩政策。具体方案是渐进式方案，即"分步实施、逐步放开、两步到位、平稳过渡"，建议中央尽快将此事提上议事日程，并着手研究论证，同时建议选择少数地区，先行试点进行探索。2004 年 6 月经中国人口学会彭珮云会长提议，在保定召开了一次会议，彭珮云会长和张维庆主任亲自参会。这是课题组第一次系统地向人口学界报告课题研究成果和政策建议，引起广泛关注，也提出了一系列需要进一步回答的问题，包括生育政策与生育水平的关系、生育政策与出生性别比的关系、生育政策和计划生育工作的关系。为回答这些问题，我们和美国夏威夷东西方中心合作，配合国家计生委召开了中国和东亚面临的人口挑战研讨会，其中一次在夏威夷召开，另一次在北京小汤山召开；同时我们和经济学家合作，在 2006 年召开了和经济学家的研讨会，完成《21 世纪中国人口与经济发展》的专著；中国社科院劳动与经济研究所的蔡昉所长特地把 2006 年《人口与劳动绿皮书》的主题设定为"人口转变的社会经济后果"。

2005—2007 年我们对二孩地区的人口态势进行了系统调研，其中包括甘肃九泉、山西翼城、河北承德、广东和湖北恩施。调研报告于 2007 年 9 月 16 号在中国人民大学举办的研讨会上进行讨论，彭珮云会长亲自参会。调研的地区除广东以外，都从 80 年代中期就开始实行二孩政策，政策实行已历经 20 多年，覆盖了 840 万人口，这些长时间、大范围的试点有助于我们认识生育政策对人口态势的影响。二十多年的实践发现，这些地区的人口一直处于低增长，生育率从未达到过 2；没有出现出生反弹，也没有出现多孩增多；二孩越来越少，三孩微乎其微；出身性别比正常，干群关系良好；计划生育工作不断转向满足群众需求的优质服务。实践表明我们可以同时实现"既控制过快增长，又为群众所拥护"双重目标。这些试点地区的实践取得了可喜的效果，目前社会经济条件和计生工作已大大发展，应该说在二十多年后的今天，二孩政策应该更具有推广性。

同时，在湖北省宜昌市的五峰县和长阳县，两个老、少、边、穷地区，我们经过湖北省人大批准，分别于 2003 年和 2004 年在全县范围开始实行政策调整。这几年推行二孩政策的结果是，两县的出生率没有上升、自然增长率很低、出生性别比保持正常，总和生育率远低于全省和全国。这说明即使在经济欠发达地区，只要继续认真做好计划生育工作，实行宽松的生育政策也可以实现低生育水平。

为了进一步回答政策调整对人口形势的可能影响，我们和江苏人口计生委合作，由中国社科院人口与劳动经济研究所郑真真教授牵头，开展为期五年的江苏生育意愿和生育行为研究。江苏是少有的农村也实行一孩政策的省份。因此农村独生子女比例相当高，有的地方达到 90％ 以上。同时政策规定夫妇双方中一方是独生子女可以生二孩，现在许多独生子女陆续进入婚育年龄，这意味着越来越多的夫妇到了可以生育二孩的时期。我们对苏南、苏中、苏北各选了两个县，对 18 638 名 18—40 岁的本地户籍城乡妇女进行了调查，其中可以生育二孩的妇女达到 4 000 多个。在这 4 000 多名妇女中，已经生了两个孩子的不到 10％，认为生两个孩子最理想的占 45％，在这 45％ 中只有 21％ 表示会生第二个，剩余 79％ 表示不会再生，所以平均的理想子女数为 1.45。同时我们配合江苏计生委草拟了江苏生育政策城乡一体化的建议，以配合江苏的城市化趋势和户籍制度改革。

另一个颇具争议的问题是人口反弹和出生高峰。再过几年中国将达到育龄人群的高峰，但即使在 2016 年峰值的妇女数也低于 2001 年的水平，更低于 1993 年的水平。更重要的是，从长期看中国将面临育龄妇女的急剧缩减，在几十年时间内，育龄妇女的数量将减少一半。出生人数也有类似情况，尽管未来几年会有所上升，但远低于 2000 年的水平，更低于 1987 年的高峰水平。而且在长期中，出生人口也会急剧缩减。在此情况下，2008 年 5 月我们在上海召开了第二次生育政策座谈会，32 位学者出席了会议，21 位学者做专题发言，大家汇集近年来的研究成果，展开热烈讨论，互相交流以集思广益。大家认同在目前的情况下，人口学家应该走出人口学，开展多学科交流；走出学术圈，面向公众、面向媒体；走出个体性，形成研究团队。当时在复旦大学召开的上海论坛上，我们也邀请了来自澳大利亚、德国、韩国、日本、美国的学者，共同讨论亚洲低生育率的趋势及其对社会经济的影响，并在《第一财经日报》上作了系列报道。

　　七年之旅之初我们希望研究一个生育政策调整问题，但现在我们意识到实际上在作一个形势判断。开始我们集中在数据分析上，现在我们感到更重要的是走向实践、从实践中总结趋势。开始我们呼吁上层来认识生育政策问题，现在我们还要面向大众，让整个社会了解中国人口的今天和明天。开始我们集中关注国家未来的发展，现在我们认为更应该关注家庭、个人的成长，真正落实以人为本。这七年之旅并非畅通无阻，我们意识到中国人口正处于一个十字路口，只有认识越深刻才能应对越彻底。

"中国人口与经济发展论坛"简报之二

(2008年12月)

2008年12月20日,由北京大学国家发展研究院、中国经济研究中心主办的"低生育水平下的中国人口与经济发展论坛(2008)"在万众楼举行。论坛专题一讨论"我国低生育水平现状与未来人口发展趋势"。本期简报报道中国经济研究中心老龄健康和家庭研究中心主任曾毅教授的发言和卢锋教授的评论。

曾毅:尽快启动二孩晚育软着陆——战略与策略探讨

20世纪70年代周总理提出"一个不少、两个正好、三个多了"的"晚、稀、少"政策以来,我国计划生育政策为减少人口快速增长与促进经济发展做出了巨大贡献。1980年党中央提出"用一代人的时间提倡一对夫妇只生一个孩子"的号召,这一政策已经实行了28年,超过了一代人。目前我国已跻身低生育国家行列,并已进入老龄化社会。人口问题正是一个长期问题,不能通过一个政策立竿见影,因此很有必要认真讨论生育政策适当适时调整的重大战略与策略问题。

首先分析长期保持现行生育政策不变的主要弊端。(1)独生子女家庭是"高风险家庭"。四川汶川地震灾难提供了一个不幸例证,对于那些不能再生育的中老年父母亲们,一旦其子女死亡,即成为无后老人。根据预测,在现行生育政策不变的方案下,2030年、2050年独居老人比例将等于2000年的2.4倍与4.4倍。(2)日趋严重的出生性别比问题。人口计生委自2003年投入大量人力、物力解决出生性别比失调的问题,但收效甚微,一个原因是目前在全国52.9%的人口中实行一孩半政策(只允许独女户生二孩),暗示男孩价值比女孩高。20多年以来一直实行"二孩加间隔"政策的甘肃酒泉市、山西翼城县等的出生性别比保持在正常或接近正常的范围内,大大低于周边实行一孩半政策的地区。在全国范围内,实行一孩半政策地区的出生性别比偏离正常程度,约为二孩政策地区的5—6倍,女婴死亡率偏离正常比例高达99.9%,约为二孩政策地区的1.75倍。人口分析表明,一孩半政策地区有19%第一胎为女孩的夫妇做产前性别鉴定、流产女婴,而二孩政策地区这一比例只有4.6%。另外,一孩半政策本身导致二胎女孩数结构性减少,其影响占出生性别比超出正常范围的36%—38.7%。还有生育政策长期不变导致生育水平远低于更替水平,年轻一代人数大大少于年老一代,比相同或相近年龄女性"多"出的年长男子到年轻女性中寻找妻子的概率大大下降;相反,二孩政策下未来年轻一代人数与年老一代大致相同,即使性别比与前一政策时相同,"多"出的年长男子到年轻女性中寻找妻子的概率大大提高。(3) 现行政策长期不变不利于应对人口快速老化的严峻挑战和实现经济社会的可持续发展。如果维持现行生育政策不变,劳动力资源将从 2030 年的 9.59 亿萎缩到 2050 年的 7.77 亿,每年减少近 1 000 万。减少的主要是青壮年劳动力,55—64 岁老年劳动者占 15—64 岁劳动年龄人口的比例将迅速攀升,65 岁以上老人和 80 岁以上高龄老人占总人口的比例也将快速增加,另外老年抚养负担也会成倍增长。(4) 十分昂贵的管理成本与政治代价。在现行生育政策不变的方案下,政府用于农村独生子女和双女计生户年满 60 周岁领取养老奖励扶助的专项财政支出将从 2003 年的 9.3 亿增加到 2030 年的 539 亿与 2050 年的 1 433 亿。在二孩政策方案下,这一财政支出在 2023 年达到 157 亿的峰值,然后迅速下降到 2050 年的 0.3 亿。(5) 大量所谓"非法生育"的孩子与人口素质的"相对逆淘汰"问题。

下面讨论生育政策适当适时调整策略问题。很多同志担心生育政策放宽会出现出生反弹,但经过许多研究证明实施二孩晚育软着陆政策绝不会造成人口和资源环境的失控。在这一政策方案下,我国人口总数在 2038 年达到 14.8 亿的峰值后会平缓下降,这一估测是现实可行并留有余地的。虽然在二孩晚育软着陆政策下,我国 2030 年与 2050 年总人口将比维持现行政策不变情况下多出 5.6% 与 15.5%,但不会造成资源的紧缺和环境的恶化。我国人均水资源从 20 世纪 50 年代到 20 世纪末大幅度下降,未来还会下降但速度很慢,到 2039 年后就会逐渐回升。我国的人均耕地资源也呈现相近的态势。既然我们在过去几十年可以取得很好的发展绩效,对未来我们也应该有足够的信心。

最后提出政策建议。首先,要逐步平稳地过渡到在适当晚育与生育间隔前提下城乡妇女都允许生二孩。建议一开始就郑重宣布新政策不会再收紧,以大大降低怕政策改变而抢生的可能风险。其次,通过宣传教育与社会经济激励机制大力提倡鼓励适当晚育间隔,对模范遵守生育间隔政策者予以表扬和奖励,对违背者少罚款或不罚款,给予批评教育,但决不要求流产引产。

再次,要强调尽快启动生育政策平稳过渡的紧迫性。作为政策放宽目标人群的 27—30 岁二孩生育年龄妇女人数在 2008—2013 年处于低谷,然后攀升,到 2018 年达到峰值。显然,今后五年是启动生育政策调整平稳过渡的极好时机。如果等到 5 年或 10 年后再启动,则将与二孩生育年龄妇女人数的高峰撞车,并将累计更多只生过一孩的育龄妇女,极不利于平稳过渡。再者,当前生育政策调整后造成的新增婴儿在 20 年后进入劳动年龄,正值"人口负债"期,可以大大减轻劳动力资源萎缩与人口老化的压力。而如果等到 5 年或 10 年后再调整,新增婴儿在 2030 年后相当长一段时期内仍然是需要抚养的少年儿童,与那时的老年人口比例迅速增加及劳动力资源快速萎缩叠加在一起,则可谓雪上加霜、悔之晚矣。

卢锋:探讨未来风险对称的人口政策

人口专家研究结果提示,人口干预如同任何一种政府干预政策,会面临两端风险:干预过度或者干预不到位。解决这样两难问题需要不断借鉴学术界的最新研究成果,在一个风险对称或者平衡的基础上调整相关政策。下面从一个外行角度谈几点观察和认识。

先看我国人口峰值知多少？答案取决于何时应答。1996 年政府发布《中国的粮食问题》白皮书，预测 2030 年我国人口将达到 16 亿。1991 年世界银行预测我国 2050 年人口峰值为 18.9 亿。近年预测观点发生重大变化。晚近发表的包括联合国、国内主管部门、国内外学术界预测结果认为，我国 2030—2050 年人口峰值绝对水平低值估计不到 14 亿，最高不超过 15 亿。假定未来峰值不超过 14.5 亿，比十余年前官方预测降低近 10%，比 1991 年世行预测的低 23.3%。

可见对人口生育行为进行大规模强制性干预，除涉及如何看待个人基本权利以及操作层面复杂问题，还面临未来预测知识准确性的风险。我国人口政策实践提示两类风险：一类是 20 世纪 50 年代错误批判人口学者专业分析观点，导致鼓励家庭计划生育政策出台滞后；另一类则是如果在人口未来下降趋势早已确定的背景下，仍沿袭已有政策方针，过度限制人口生育，也会对未来经济社会发展造成不利影响。

人口学界关于我国总和生育率调查结果和争论显示，第二类风险累积增长是目前人口政策需要反思和评估的问题。专家报告数据显示，我国总和生育率 20 世纪 60 年代末处于 5—6 高位水平，随着国家实行"晚、稀、少"温和管理政策，加上人口演变自身规律，到 80 年代初已快速下降到 3 以下。改革开放后该指标继续下降，90 年代初调查统计显示总和生育率已降到 2.1 更替水平以下。虽然我国进入"低生育率"人口增长阶段早已成为共识，然而总和生育率具体水平如何存在很大差异和争议。

郭志刚教授提供的我国总和生育率统计和估计 11 个时间序列数据可圈可点。这些研究结果大体可分两组：一组主要是国家计生委对总和生育率提出的点值（或均值）估计，该指标值 1994 年以后固定在 1.8 不变水平上；还有两个利用中小学入学率数据估计，认为我国总和生育率到 2000 年仍在 1.7 上下的较高水平。另一组包括国家统计局常规调查、人口普查以及不同研究机构和学者调查结果，绝大部分认为近年总和生育率已降到 "1.3—1.5" 的低值区间。

从几点常识考虑，我认为上述低位结果较为可信。推测某个社会经济指标数值，较多科学调查和研究成果从不同角度提供交叉证据应较为可信。另外国家动员全社会力量进行人口普查所得结果比较可信。常识告诉我们，耗巨资进行人口普查，正是因为普查通常能获得误差较小和比较准确的信息。十多年前农业普查显示我国肉类产量大幅高估，农业主管部门起初以种种理由不接受普查数据，然而最终共识性结论是普查结果比主管部门上报数据更靠谱。

总和生育率应与很多经济变量指标类似，长期趋势演变更可能采取渐进和相对平滑路径，认为该指标值 1994 年陡然改变长期趋势并固定在 "1.8" 点位或均值上看法可信度较低。最后从 "人口漏报、人口流动规模更大" 角度质疑低位调查结果说服力也不够充分。20 世纪 80 年代就有人口漏报问题，然而国家统计局 80 年代总和生育率持续下降的统计结果被普遍接受。人口流动对生育行为成本收益函数产生的影响，通常会降低而不是提升妇女生育意愿。

如果我国总和生育率近年确已降至上述低位结果平均值即约为 1.4，假设未来生育率维持不变，十代人后我国人口规模将是目前人口的 2.8% 左右，即不到 4 000 万人口，与韩国目前人口规模相仿！即便采用上述 11 种统计结果简单平均值 1.57，假定总和生育率维持这一水平不变，十代人之后人口会降到 1 亿多。当然这些模拟结果不会变成现实，然而简单推论有助于提示，总和生育率"1.8"估计值依据薄弱，作为施政前提可能会使人口政策面临越来越高的单边风险。

经过改革开放 30 年高速发展，我国现实经济环境与中共中央发布提倡一孩公开信的 1980 年比较已发生实质性变化。已有经验证据显示我国严控人口生育政策两端风险天平可能早已显著变动。依据与时俱进方针和风险对称思路，需要科学评估允许二孩政策可行性，并对人口政策进行适当务实调整，从而保证我国在实现"两个 100 年"远景目标时，人口规模更加合理，人口结构更有活力，我们民族更加兴旺发达。

2008年第9期（总第770期）

"中国人口与经济发展论坛"简报之三

(2008年12月)

2008年12月20日，由北京大学国家发展研究院、中国经济研究中心主办的"低生育水平下的中国人口与经济发展论坛（2008）"在北京大学国家发展研究院中国经济研究中心万众楼举行。本期简报将介绍论坛第二场讨论内容。本场会议三位报告人分别是：社科院人口与劳动经济研究所所长蔡昉教授、上海社会科学院常务副院长左学金教授、北京大学国家发展研究院中国经济研究中心李玲教授，中国经济研究中心老龄健康和家庭研究中心副主任赵耀辉教授点评。

蔡昉：创造"第二次人口红利"条件

关于人口红利的研究，是指大西洋经济区、东亚经济区在一定时期有一个比较富有伸展性的人口年龄结构，因此劳动力供给充分且储蓄率高，从而取得了超过常态的经济增长。国内学者用人口抚养比作为代理指标，计算了改革期间人口红利对人均 GDP 增长贡献为 27%。根据这个模型，抚养比每下降一个百分点人均 GDP 增长速度提高 0.115 个百分点。给定抚养比到 2013 年下降到最低后上升的预测，可以推导出我国人口红利。

探讨 2013 年以后我国的人口结构是否还能对经济增长有积极效应，需要使用"第二次人口红利"概念。传统意义上人口红利主要与劳动年龄人口有关。而"第二次人口红利"则与老龄人口有关，是伴随老龄化及相应就业制度和社会养老保障制度而来，指与健康老龄化及储蓄动机和水平相关的人口红利。过去谈老龄化主要是看人口结构变动，往往忽略了老龄化的另一个重要原因是预期寿命的提高。如果老龄但身体健康，无疑是宝贵的人力资源和人力资本。如果社会保障体系和储蓄动机结合起来，促使老龄化社会增加储蓄，同时如果老龄化社会有好的劳动力市场制度，并伴随着知识保障和健康保障，同样可以获得劳动力意义上的"第二次人口红利"。

新古典经济增长理论认为后起国家赶超先进国家的核心在于有条件的趋同，也就是说，要创造某些条件才可能趋同。人口红利的获得和利用也是有条件的，如果不创造这些条件，就只是人口结构现象而已。中国人口抚养比下降开始于 60 年代中期，但当时没有劳动力在部门间、地区间和城乡间的流动，因此也就没有人口红利。随着改革开放和城乡流动的深入，才使我国具备了利用第一次人口红利的条件。现在的"第二次人口红利"，条件要求更高，涉及教育制度、就业制度、户籍制度、养老保障制度等各个方面的改革。

在一个人的生命周期中观察他的消费行为和储蓄行为，可以看到这么几个特征：第一，劳动收入集中在特定的年龄段，但消费在终生基本上保持一定平稳，这就意味着储蓄在劳动年龄人口时期得到，并为其他时期服务，宏观角度看就是劳动年龄比重大的社会是积累型的；第二，人们预料到未来的养老，因此在劳动年龄时期可能增加额外的储蓄。

但是与这个预测矛盾的是，我们目前的养老保障体系基本上是现收现付的，没有积累。累计的积累额可以说是微不足道，并且省际非常不平衡，排在前六位的省份就占用了积累额的将近一半，也就是说我国还没有形成全国可行的养老保障制度。现在我们名义上也有个人账户，2007年是1.6亿人，累计计账额有11万亿，但是做实了的也就7%，还有93%是空账。所以我们还远远谈不上是积累型社会，也就没有创造"第二次人口红利"的收益。

改革现有养老保障体系思路是变现有的现收现付制度为完全积累制度，第二种改革思路是尽快把农民工人口纳入社会保障制度。这两种改革都会改变未来的养老负担率。目前也有人提出延长退休年龄。但法定退休年龄和实际退休年龄事实上有很大差距。很多调查表明，现在实际退休年龄是51—52岁，所以我们有相当大的空间做调整。如果能够真正做到65岁退休，确实可以很大幅度地降低人口抚养比。可见我国人口红利已消失观点是不成立的，因为我们还没有把现有劳动力充分利用起来。但现在延长退休年龄不是一个好办法，条件尚不成熟。目前我们的劳动参与率到一定年龄后大幅度下降，其中虽然有自愿下降，但是更多是"沮丧的劳动力"效应，也就是他们是在劳动力市场没有竞争力以后被迫离开劳动力市场。特别是目前临近退休的劳动力群体是过渡和转轨的一代。由于历史的原因，他们的人力资本禀赋使得他们在劳动力市场上处于不利竞争地位。于是，在发达国家，提高法定退休年龄意味着为劳动者提供更大工作激励，对中国来说却可能会缩小了劳动者的选择空间，导致部分劳动者丧失工作又拿不到退休金。

我们按年龄分层的教育水平与发达国家比有巨大的差异。随着年龄提高，我们的人口受教育年限大幅度下降，这也就意味着目前想通过延长退休年龄来利用人口红利，是不起作用的。因此为"第二次人口红利"创造条件就要深化教育。如果我们的教育年限能够继续提高，我们既可以在劳动力市场上及时得到教育收益，同时也为未来真正延长劳动者在劳动力市场上的工作年龄创造了新的条件。

再次，我们还要通过制造业转移来避免人口红利真空。今天沿海地区已经出现制造业比较优势的下降。但是归根到底，制造业的竞争优势不仅仅是看工资，还要看劳动生产率。综合这两个因素之后可以看到，沿海地区在2004年出现民工荒以后，趋势已经有所平缓，而中西部地区越来越拥有劳动力密集产业的竞争优势。因此产业的地区转移是可行的，这也是延缓人口红利，续接新的人口红利的重要做法。

对不同国家来说，人口红利来得有早有晚，因而去的也有先有后，有些甚至来无影去无踪，故不存在相对于其他国家我们有特别严重的人口负债问题。而要避免人口老龄化负面影响，最重要的莫过于创造"第二次人口红利条件"，同时延长第一次人口红利，这样人口负债期就可以避免，老龄化也就不仅仅是一个消极现象。

左学金：我国计划生育政策的宏观经济背景分析

我国生育控制政策出台时，最权威的描述是 1980 年中共中央的公开信。信里指出，如果不予人口控制，按一对夫妇平均生 2.2 个孩子计算，40 年后人口将超过 15 亿。因此必须进行人口控制，一是控制人口的过快增长；二是减少消费，提高储蓄率和投资率，从而推动经济的快速增长；三是确保重要产品的人均产量更快地提高；四是减少资源消耗和保护环境。

经过 30 年的改革开放，当时生育政策据以制定的经济社会环境已经发生重大变化。但生育控制政策经过多年的运作，本身似乎已经成为一个独立于经济社会环境变化的既定政策，而这些重大的经济社会变化对生育控制政策的重要含义，却常为人们所忽略，就好像下雨了所以打伞，雨停了我们还在打伞。

我国人口已经不再增长过快，即使我们现在采取比较宽松的生育政策，2030 年前后开始负增长的前景也已经比较确定。这是因为，目前我国妇女的总和生育率，尽管存在不同的估计，均已显著低于更替水平，即从代际关系来看，下一代人口的数量已经显著低于他们的父母代。而人口数量逐步放慢的增长，只是迟早将出现负增长的前兆。例如，如果我们假设十代人有不同的生育率，假设这一代人的总和生育率是 0.8，每一个人下一代是 0.4。每一代缩减 0.4，十代人就是万分之一。那么中国 13 亿人，十代以后就是 13 万人。我们看不到这样明显的变化是因为我们同时存活的可能有三代，所以减少幅度不那么明显。但是现象背后我们应该看到中国存在剧烈的人口减少的趋势。

国家宏观政策的一个重要目标是扩大消费和提高消费增长率。改革开放以来，我国储蓄率不断提高，而消费率相应下降，特别是 2003 年以来，投资增长率大大高于消费增长率，以至扩大消费成为宏观调控政策的主要理由和目标。在这一宏观经济政策变化的背后，是我国制造业部门的产能过剩，我国经济增长类型已经从计划经济时期的供应驱动转变为需求驱动，转折点发生在 1997 年亚洲金融危机前后。显然计划生育政策出台时"增加储蓄率"的目标已显得不合时宜。

我国许多重要产品的人均产量目前已经大大高于国内的实际需求，以至不得不依赖出口需求，其中包括一些资源能源消耗较多、污染较重的制造业产品。而我国经济发展的主要矛盾，已经不是追求人均产品的数量，而是提高产品的质量和生产这些产品的经济效益，减少生产过程中的资源消耗和环境污染。以我国能源消费的增长为例，我们可以将能源总量的增长率分解为人口的增长率与人均能源消费的增长率之和（忽略两个增长率的乘积）。能耗消费总量增长中，人口增长的贡献始终小于人均消费量增长，在 2000—2005 年，五年的人口增长率已降为 3.2%，而人均消费量却增长了 57% 以上。所以节能降耗，减少能源消费的关键，在于改变人均消费量中的生产、技术和生活方式，而不是对人口的控制。

现在反对生育政策调整的一个比较常见的理由，是一旦生育政策放宽，就要出现生育率的反弹。但是这种担忧缺少有力的实证数据。相反，我们部分实行"二胎"试点地区的实证数据，以及东亚周边国家（如日本、韩国、新加坡）和我国的香港、台湾地区，都无一例外地出现了生育率不断降低和稳定的低生育率。这些国家和地区的生育政策，都从鼓励少生转向鼓励多生。

生育控制政策是一种非常态的、社会政治成本高昂的特殊政策，在不同的社会人群中，农民和妇女为进行生育控制，承担了更高的成本。到目前为止，在世界各国中，只有中国实行了这样的人口控制政策。实行这一政策，需要非常强烈地达成全国共识的理由，而不是相反，需要特别强烈的理由才能不实行这样的政策。

人口增长与经济发展不存在简单的线性相关关系，"少生快富"的口号并没有得到数据的支持。从一个农民的生命周期来看，少生孩子的农民在年轻时固然能减少赡养子女的支出，从而增加其家庭的人均收入和消费（未必能增加他家的总收入），但是在他年老时则可能面临更大的经济困难。有实证研究发现，目前农村独生子女家庭老人的贫困发生率较高。显然，那种认为我国农民收入问题可以简单地通过"少生"来解决的看法是缺少理论和实证数据的支持的，不足以作为政府制定生育政策的依据。

反对生育政策调整的另一个理由是认为过高的人口生育率可能会造成资源环境的破坏。但是，长期持续的过低生育率可能导致人类或一国人口作为一个物种的灭绝，所以不能将生育率越低越好作为我们政策追求的目标。如果这样的政策长期持续下去，会对我国未来人口本身和经济社会发展造成严重后果。

撇开"少生"能否"快富"的问题不谈，在家庭的微观水平上来考察问题。讨论孩子对父母的功效时，除了考虑孩子能提供老年经济保障和生活照料、增加家庭劳动力和收入，还需要考虑孩子在延续家系、提供天伦之乐和精神慰藉等精神方面的作用。

从当代经济学的角度来分析，实行生育控制政策的一个重要理由是生育行为的"外部性"，即一个家庭生育的孩子"净"占用了社会资源，造成了其他家庭的福利损失。根据我国的计划生育法，对计划外生育的家庭收取"社会抚养费"，就隐含了这个"外部性"的假设。不过生育行为的"外部性"，是建立在计划外出生的孩子在其整个生命周期内对社会的净贡献为负的假设基础上的。然而这个假设在更大程度上是主观的判断，我国在过去30年改革开放所取得的成就表明，我国在人口增长的同时提高了人口的福利水平，这就从实证上否定了这个假设。

经过了30年的改革和改良，在我国不同人群已出现利益分化，可实现"帕累托改良"的政策选择已经不多。生育政策的调整是这些所剩不多的政策选择中的一个重要选择。

李玲：人口老龄化、医疗保障与经济社会发展

健康的人力资本和受教育的人力资本，是中国这30年取得经济奇迹的最大动力。我们现在面临的挑战是人口寿命的延长以及计划生育政策带来的快速老龄化。老龄化给社会带来的最大负担可能就在医疗方面。

通常我们把年龄组别医疗消费曲线（Age-specific healthcare consumption）叫"J曲线"。对J曲线的观察，可以看到，从出生到5岁时的医疗需求，以及60—65岁以后的医疗需求较高，而5岁以后到65岁都是生命平稳期，对医疗服务的需求比较低。关于老年人口医疗费用与整个人群费用的研究，U. E. Reinhardt（2003）指出，老龄人口的人均医疗费用是年轻人医疗费用的3—5倍，所以老龄化一定会导致一个国家医疗负担的增加。比如Stefan（1994）指出，人口老龄化程度很高的瑞典，在1985年各年龄人口医疗费用中，65岁以上占56.4%。

J曲线的形状还受到医疗卫生体制的影响，不同体制带来的费用完全不一样。比如美

国，65 岁之前的人均医疗费用跟其他国家没有区别，但是 65 岁以后剧烈地上升，也就是说美国大量的医疗资源都消耗在老年人身上。因为美国的体制是 65 岁以上老人有老年医疗保险，由政府买单，而 65 岁以前是大量由企业买单。而美国有 20% 人口没有医疗保险，这些人小病不看，会拖到享受政府医疗保险后才看；而政府买单的医疗保险，是唐僧肉，所以各个医院都有积极性拼命消耗资源。

根据卫生调查数据，中国老龄人口医疗费用占总费用的比例，显著低于其他国家。1993 年到 1998 年，城乡老年人口的医疗消费在总消费中的比例较低。大大低于文献中瑞典和英国的比例，也低于国内其他作者的估计；1998—2003 年，这一比例又有显著上升，可能和 1998 年之后推行的城镇职工基本医保有关，并且中国的城乡之间差异巨大。中国农村的 J 曲线有下行的趋势，这在世界上其他国家是很少出现的。对于农村的老年人，很多家庭不愿意再给他投资，基本上老年人在农村是自生自灭的。

目前老龄化对医疗保障体系的挑战之一，是老年人口疾病谱的变化。老年人的慢性病患病率上升，而这些病的治疗是非常贵的，会是将来非常大的一个负担。另外，创造 30 年中国经济奇迹的主力之一，是将近 2 亿人的农民工。30 年经济的高速发展，是以一代劳动者的身体健康、他们的有效劳动年龄的缩短为代价的，他们在城市的生活环境、工作环境、医疗保障条件，不仅低于城市居民，也低于他们家乡的农村居民。现在这一代农民工已经逐渐进入老龄，他们创造的财富留在了城市，养老和医疗负担却留在了农村。

面对这些挑战，我们需要把医疗保障的重点放在农村，及早解决农村低收入老人和城市返乡民工的医疗保障问题，开展社区医疗服务，加强高血压等慢性病的早期干预和预防相结合，对老年人口主要疾病的治疗手段进行成本收益分析，通过经济和管制等办法，引导医院和患者选择成本低、收益高的治疗手段，控制没有成效的过度医疗，积极发展家庭护理和临终关怀服务。面对"后健康红利时代"的来临，我们一定要及早预防老龄化可能对社会健康造成的不良后果，创造出中国特色的老年健康保护和养老模式。

赵耀辉：背景评论

讨论人口政策经济学，一是看人口政策制定时的宏观经济背景是不是已经发生变化，再是看人口政策实行以后是不是有一些其他经济方面的后果。

计划生育政策实行以后，一方面是宏观层面上出现了人口老龄化；另一方面劳动力增长率下降，人口数量减少，性别比发生变化。当然，不能说这些都是人口政策造成的，比如东南亚国家没有人口政策，也是孩子数量从五六个降到两个或者以下，我们国家的趋势跟它们没有太多不同，所以不能说现在的成就全部是人口政策的功劳，也不能说现在人口变化是人口政策的罪过。但是计划生育政策的确是促进了现在这种老龄化的发展。

蔡昉教授和李玲教授讨论了老龄化的经济后果。蔡教授也谈到了负担率的计算，但这些数字对切实经济生活的含义，还有待进一步指出。另外，考虑到移民的问题，希望能把中国当成一个整体来预测，看看到底负担率是多少。当然这些预测需要做一些假设，像死亡率、出生率等人口指标，以及退休年龄、养老水平和制度安排。李玲教授讨论的是人口老龄化所带来的医疗负担问题，因为老年人医疗费用更高一些。根据李玲教授的预测，2015 年，由年龄结构变化导致的医疗服务费用比 2005 年增长 19.6%，2025 年又会比 2015 年增长 40% 左右。但是，因为有很多因素在影响医疗需求函数，如收入、保险安排、服务价格等，对这个费用的估计是一个很细的工作，需要很多假设。所以在预测医疗负担的时候，希望看到更具体的假设，然后才能知道到底随着人口老龄化，医疗方面会给我们国家带来多少负担。

人口老龄化也会带来其他社会后果。老年人的孩子减少后的生活水平可能下降。现在独居老人、孤寡老人逐渐增多，而社会照料是不能替代家庭照料的。所以这也是非常值得考虑的问题。

人口多是好事还是坏事？70年代制订人口政策的时候，国家经济非常困难，粮食比较紧缺，就业岗位也非常紧缺，所以多一个人对于国家来说就多一份负担。但是现在的宏观背景不再一样了，人口多对经济发展可能是促进的作用。人多了，交易也就多了，就可以进行劳动分工，而劳动分工是可以增强生产率的。人口老龄化，技术创新可能会减少。此外，劳动力稀缺可能使工资上涨，这对劳动力本身是好事情，但是对企业是坏事。劳动成本上涨可能改变中国经济发展模式，而具体经济后果，也希望学界能做一些模拟。

2009年第10期(总第771期)

"中国人口与经济发展论坛"简报之四

(2008年12月)

2008年12月20日,由北京大学国家发展研究院、中国经济研究中心主办的"低生育水平下的中国人口与经济发展论坛(2008)"在北京大学中国经济研究中心万众楼举行。本期简报将介绍论坛专题三"人口、资源环境与经济社会发展"的内容。三位报告人发言,分别是中国经济研究中心卢锋教授、中科院地理科学与资源研究所李秀彬研究员和中国人民大学人口和社会学院陈卫教授,另有美国加利福尼亚大学欧文(Irvine)分校社会学系主任王丰教授评论。

卢锋:关于人口与粮食安全问题的思考

在我国传统国情分析中,对人、地、粮三角关系曾有一种比较有影响的描述:人口"爆炸性"增长,人地关系高度紧张,粮食供给持续短缺。这样一组判断派生出一些规范性政策要求,比如最严厉手段控制人口增长,最严格措施管制土地利用,大量投入促进粮食增长。上述判断在特定历史阶段确有相当道理,然而随着社会环境变化,传统看法及相应政策是否合理,需要结合新的经验证据加以考察。这里简略考察我国改革开放以来粮食供求、市场、贸易以及农业劳动生产率等基本数据,反思我国粮食安全问题。

我国1980—2008年的粮食产量存在趋势性增长与周期性波动。20世纪末出现第三次粮食相对过剩,随后几年粮食产量下降以及处于低位。2003年产量探底后进入增长期,此后出现五年连续增长。实际情况显示,当代我国粮食增长确实受到供给约束,但同时也受到需求约束。

1980—2008年的数据显示人均粮食表观消费量(人均表观消费量定义为产量加上净进口量人均值)与人均收入相关度很小。不同种类粮食表观消费变动轨迹大有差异:大豆2008年的人均表观消费量是1980年的四倍(34.8/8.5),大米则略有减少。简单地把五年平均人均粮食表观消费量的增长率除以五年平均人均实际收入的增长率,得到近似的表观粮食消费收入弹性,衡量在过去几十年食物产消结构变动可持续假设下粮食消费与收入增长的关系。

该弹性的估计值显示,收入增长对粮食总体需求的长期影响已进入零值甚至负值区间。不过不同粮食品种的长期收入弹性差别很大：大豆有较高的正收入弹性，玉米弹性稳定在0.3%—0.4%，而小麦和大米具有负的收入弹性。可见今后收入对推动粮食消费增长可能不再有正的贡献，粮食消费增长将主要由人口增加推动。这反映了中国的粮食安全从需求角度来讲已经大大缓解了。

虽然伴随着剧烈周期性波动，但中国粮食价格总体上有下降的趋势，也说明中国粮食供需相对紧缺度并没有上升。短期的粮价偏离趋势与粮食产量存在显著正向关系，说明中国粮食问题的解决长期靠科技调节、中期靠市场价格机制调节、短期靠库存调节。国际粮价同样存在下降趋势并伴随周期波动，也说明从全球总体看粮食供给增长在趋势上超过需求增长。

依据以上观察分析提出一个可供讨论的判断：我国可能早已解决了以供给紧缺和匮乏为根本特征的传统粮食安全问题。凭借现代农业科技变革、市场化取向体制变革、单位劳动产出增长的生产率变革，超越"马尔萨斯陷阱"的历史宿命，是我国当代经济史最有意义的变革和成就之一，也是改革开放与现代科技给中国人民带来的最大实惠之一。新形势下，我们需要务实调整粮食安全政策：鼓励农业科技拓展潜在供给能力；治理粮食和食物生产的负面生态影响；减少对粮食市场价格和贸易的干预，降低粮价周期波动幅度；放松流通管制，降低粮食安全目标成本；对"小农户—大市场"格局下凸显的"食物安全"新议程挑战给予更高政策优先度。

考察粮食安全约束条件的历史性变迁，对反思调整人口和土地政策方针也有借鉴意义：我们应当依据过去几十年人口增长经验证据，借鉴学术界科学研究成果，对现行人口生育管制政策进行调整。土地政策应突破农地流转权城乡二元隔绝体制，大胆探索推动农民土地流转权改革，促进城乡协调发展。

李秀彬：从土地利用变化看中国土地人口承载力

我研究的主题是"土地人口承载力"。这个概念定义为保障国家粮食安全情况下能够供养的人口数量。其中，"粮食安全"定义为在战时或贸易封锁时，能够使人均食品消费量达到温饱水平（1990年前后的食物消费水平）的情形。

1990年以来的资料表明，中国的粮食供需基本平衡。近年来的土地利用发生了变化：伴随着食物结构的变化，蔬菜、水果种植面积比例持续增大，农作物总播种面积中粮食播种面积比例持续减小；农业劳动力机会成本上升，粮食生产的集约度持续下降，部分省份复种指数和粮食单产下降明显。这说明，中国的劳动力生产力还没有发挥出来。这部分隐含的劳动生产力可以认为是"储备粮"，估算这部分粮食生产力，可以为中国土地人口承载力估算提供一个依据。

我们通过估算由单产下降、复种指数下降及种植结构调整（作物结构调整以及耕地转化为果园和鱼塘）形成的粮食储备（空间计算单位为省），按各省耕地近年来曾经达到的最高粮食产量计算，得到储备粮14 324万吨；另一方面，预测未来建设用地的扩张占用耕地面积会使粮食储备减少3 837万吨，相抵后余储备粮10 487万吨，2004年粮食总产量为46 950万吨，于是中国耕地的现实粮食生产能力至少为57 437万吨。根据1990年人均粮食消费362公斤，中国耕地在2033年前后，可以保持5.7亿吨的生产能力，养活15.87亿人口。

上述估算可能偏小：在考虑农业内部结构调整时，我们仅考虑了三种导致粮食生产能力减少的因素：粮食播种面积占农作物总播种面积减少、耕地转化成果园、耕地转化成鱼塘，然而我们还未考虑耕地转成草地、果园以外的其他园地或耕地转成林地等情况。这些隐性耕地都有储备粮存在的可能性；此外退耕还林等政策使得大量劣质田退出耕地，导致2004年单产水平、复种指数提高，用其与历史数据对照得出的现实生产潜力值会偏小。

上述估算也可能偏大：由于估计经济作物转成粮食作物时形成的储备粮时沿用了经济作物的复种指数，而经济作物的复种指数高于粮食作物，故由此得到的储备粮估计可能偏大；估算中假定，由耕地转入增加的果园和鱼塘面积均可以转回耕地，然而实际情况下有些果园或鱼塘并不一定可以完全转为原始耕地，导致计算面积可能偏大；再次部分果园采用间作粮食方式种植，这部分粮食已经被统计在现有粮食产量中，在储备粮中被重复计算。

陈卫：人口、资源环境与经济发展的理论回顾

对人口与经济发展的关系的争论已经持续了200多年，争论的焦点集中在三大主题：人口与食物供给的关系、人口与经济增长的关系、人口与资源环境的关系。本文介绍关于这三个主题的各派理论，以及这些理论和观点对中国的启示。

首先来看人口与食物供给的关系。马尔萨斯首先提出了人口与食物之间的矛盾，食物增加将会导致人口增加，而当人口增加超过食物增加时，会有各种因素抑制人口的增加，最终使人口和食物保持平衡。第二次世界大战以后，美国学者皮尔逊和哈珀在《世界的饥饿》中强调人口与食物之间的矛盾是不可调和的。在批判上述观点的学者中，马克思首先提出资本主义社会里人口过剩是由于资本对劳动力的需求不足；李嘉图认为人口增加是资本增加使工资上涨产生的；西尼尔认为人口增长不会快于经济增长，因为人们一旦获得较高的生活水平，为了使它不至于降低，就会倾向于推迟结婚和减少生育；约翰逊认为一个地区人口数量的多少对该地区人均粮食的影响微乎其微，限制粮食供给增长的因素不是土地资源过少，而是劳动生产率过低。总的来说，最近两个世纪里，人口增长没有导致人均实际收入增长率降低；反之，人口增长对人类知识的增加起到很大作用。我们现在没有更多的资源但是拥有更多的知识，知识提高了我们对自然资源的生产能力，使食物消费不再受人口数量的制约。

再看人口增长与经济增长的关系。很多学者和研究机构先后提出人口增长对经济增长存在负效应。这些研究包括1956年纳尔逊提出的"欠发达国家的低水平均衡陷阱理论"、赫茨勒1956年出版的《世界人口的危机》、寇尔和胡佛在1958年的研究、1972年罗马俱乐部出版的《增长的极限》、1973年在开罗举行的人口与发展问题国际讨论会、1980年美国环境质量委员会和美国国务院发表的报告、1984年世界银行的世界发展报告。但是，很多学者不同意上述的观点，他们强调人口增长对经济增长的正面效应。凯恩斯1937年发表的《人口增长缓慢的一些经济后果》，集中论述了人口增长从上升到下降或静止的转变将给经济发展带来非常不利的影响。他提出如果人口增长缩减，对资本的需求会减少，这最终将不利于经济的发展。库兹涅茨在1966年继续总结了人口增长对经济增长的好处。伊斯特林在库兹涅茨周期分析的基础上，进一步研究了人口增长与经济增长之间的相关关系，提出了人口、劳动力和经济增长长波理论。20世纪70年代后期，博塞鲁普提出的

"人口推力假说"以及西蒙发表的《人口增长的经济学》都批驳人口增长阻碍经济增长的论点。此外,还有许多学者强调了人口增长与经济增长关系的复杂性。坎南提出适度人口论;库兹涅茨提出人口变量和经济变量之间的直接的因果关系可能相当有限;美国的人口委员会在1986年出版一个报告,提出人口与经济发展的关系需要对不同的环境下不同的阶段进行具体分析。

最后看一下人口增长与资源环境的关系。《增长的极限》强调了环境对人类发展的制约作用。而西蒙是人口与环境关系乐观派的代表,认为人类的发展能够解决人口与环境等方面的问题。

我们来考虑这些观点对中国的启示,20世纪上半叶中国的贫穷突出了中国人口规模的问题,但是人口规模绝不是贫穷和落后的根源。中国在50年代末期和"文化大革命"时期经济沦落到崩溃的边缘,但其根源在于制度而非人口。改革开放以来中国人口每年仍以平均1 500万的速度增长,然而今天的生活水平比30年前有了极大的提高,经济得到快速发展,主要并不是因为我国人口总量减少了,而是经济体制改革和创新的结果。

经济增长如何变化主要由经济规律决定。人口对经济增长有一定影响,但是这种影响究竟有多大?是不是决定性的?无论是对中国,还是对世界,恐怕还没有确定的答案。

王丰:评论

中国人口现状有三个基本事实:中国现有1.4亿流动人口,1.4亿老龄人口,1.4亿独生子女家庭。这三个人口会朝不同方向变化:流动人口会不断减少,老龄人口会不断增加,独生子女家庭可能会增加也可能会减少,但是在现有政策下每年有将近500万新的独生子女家庭加入这个行列。这三个人口有很密切的关系:流动人口的增加可能造成独生子女家庭的增加,而农村独生子女家庭的子女可能更不愿意外出,这又会减少流动人口。

以上三个演讲都建立在基础事实之上,给我们的启示是:人口和经济之间的关系是复杂、动态的,人口规模和增长速度与经济增长相关程度不是很大。最后补充一点:改革开放30年对人口的研究,前20年主要集中研究人口规模和人口增长速度对经济的影响,近10年,对人口和经济关系的研究已经转到对人口年龄结构的分析,这是人口经济学研究的一个新方向。

2009 年第 11 期（总第 772 期）

"中国人口与经济发展论坛"简报之五

（2008 年 12 月）

    2008 年 12 月 20 日，由北京大学国家发展研究院、中国经济研究中心主办的"低生育水平下的中国人口与经济发展论坛（2008）"在北京大学中国经济研究中心万众楼举行。本期简报将介绍论坛专题四"人口安全、和谐社会与经济增长"的讨论内容。本场专题三位报告人分别是中科院—清华大学国情研究中心主任胡鞍钢教授、南京大学社会学系风笑天教授、美国犹他大学社会学系蔡泳副教授，中国经济研究中心周其仁教授点评。

胡鞍钢：中国如何构建老龄健康友好型社会

    我们研究的问题是建设老龄健康友好型社会的政策框架体系。建设老龄健康友好型社会，最大的社会背景就是人口的转型，即中国进入了老龄社会，并且成为世界上老龄人口最多的国家。2006 年，我国 65 岁及以上人口比重已经达到 7.9%，65 岁以上人口数量从 1982 年的 4 881 万人增加至 2006 年的 10 384 万人，年平均增长率为 3.2%。

    65 岁以上老年人，平均每人两周门诊次数为 0.281 次，次均总费用（包括医疗费用和其他费用）为 127 元，据此估计，每年因门诊形成的总费用为 874.6 亿元。平均每人住院次数 0.084 次，次均住院总费用（包括医疗费用和其他费用）为 3 904 元，估计每年因住院导致的总费用为 308.3 亿元。由此计算，65 岁以上老年人因疾病导致的直接经济损失占全部疾病损失的 19.17%，占整个 GDP 的 1.1%。这只是老年人健康问题导致的直接经济损失，如果考虑到由于老年人的健康问题使老年人或其子女的工作时间减少而造成的间接经济损失，则总损失会更大。显然，在 21 世纪我们将面临新的发展难题之一，就是应对老年人口健康不安全挑战，与此相对应的是如何构建世界最大的老年健康友好型社会，这既是建立 2020 年全面建设小康社会的意义，也是 2050 年基本完成现代化的重要目标。

    老年健康友好型社会的发展目标是：建设"老有所乐、老有所学、老有所为、老有所用、老有所养、老有所医"的社会，建设全民健康和全民健身社会，实现人人健康、时时健康、终身健康，建设健康家庭、健康社区、健康城市、健康国家，努力达到人与人之间相互尊重、相互信任、代际和谐、家庭和谐、人人共享，人与社会、人与自然、人与人之间和谐相处的状态。老年健康友好型社会发展目标的阶段的设想是:"十二五"期间,着力于提高老年基本健康水平,应对健康不安全问题;2020年,基本解决老年健康不安全问题;2030年,老年社会健康水平明显提高;2050年,在富足、公平、健康基础上,完全实现老年健康友好型社会。

老年健康友好型社会的构建原则是安全、公平、持续发展、注重投资效率。从这个原则出发,我们可以把老年健康产品分为纯公共产品、准公共产品、共有财产、俱乐部物品、专利产品、私人物品。不同类别的产品应具有不同的资金来源。

最后,构建老年健康友好型社会的政策体系应包括以下几点:(1)投资老年公共健康,建立服务均等化的公共卫生体系;(2)建立"广覆盖、高效率、适度水平"的老年疾病医疗救治救助体系;(3)提高科技创新能力,大力发展适宜推广的老年健康技术体系;(4)开拓老年医学科学研究与开发体系;(5)建立市场调节的老年健康服务产业体系;(6)建立注重公平的社会保障体系。

凤笑天:现行生育政策背景下独生子女的教育问题

计划生育政策的一个最直接的后果是造就了大概1.2亿或者是1.4亿的独生子女。关于独生子女的问题有很多,我这里只谈独生子女的教育问题。

下面回顾一下从计划生育政策开始实施以来,社会关注独生子女教育问题的若干焦点。第一,独生子女是不是"问题儿童"?80年代初期,社会普遍关注这个问题。但这只是社会的一种普遍想象,没有得到学术研究的证实。第二,独生子女的个性特征是什么?历年研究表明,独生子女与非独生子女个性心理特征无显著差异。第三,独生子女的交往能力和合群性如何?研究表明,从总体上说,独生子女与非独生子女在社会性交往能力上没有表现出显著性的差异。第四,独生子女是不是"小皇帝"?这个问题来自80年代的一篇报告文学,并不是学术研究的结果。学术研究没有找到支持这种论调的结果。第五,独生子女与非独生子女的差别是什么?国内的研究可以说是众说纷纭。基本的趋势是,在80年代人们认为两者在很多方面有显著差别,但目前越来越多人认为没有差别。我认为有一个很重要的因素值得重视,就是和非独生子女进行对比的独生子女的年龄正在增长。早期,家庭影响是最重要的,但随着独生子女年龄增长,进入学校,走向工作,他们逐渐被"社会化",这使独生子女与非独生子女之间的差别随着时间的推移不断缩小。

什么因素可能造成独生子女的教育问题?最重要的一点是,计划生育政策使家庭结构发生了变化。"三口之家"成了主要的家庭模式。从1988年湖北五市镇调查中可以看到,独生子女的家庭结构和以往的家庭结构非常不同,且当时的独生子女父母对只能生育一个孩子有至少一半人不满意。家庭结构的变化导致了家长的心态发生改变。独生子女家长既没有做好终身只生育一个孩子的心理和精神的准备,也没有做好实际面对和养育这个唯一的孩子的实践和经验的准备。生育政策和生育现实所带来的独生子女家长心态的变化,突出表现在相互联系的三个方面:即紧张心理、"唯一"心理和"全部希望"心理。父母对子女的关注、与子女的互动,在青少年成长的过程中有着十分重要的作用。但问题是,过度的关注却可能在一定程度上限制和扼杀青少年成长中的许多自然的、自发的因素,造成其发展中的另一种缺陷。父母或家长与子女之间的过多互动,同样限制和占用了子女与同龄伙伴之间互动的条件和机会。这对于青少年的正常发展和健康成长来说,同样是不利的。当然，我们也应该看到，这种特殊的教育环境和家长心态的改变，同样具有正面的影响。它在一定程度上对广大家长重视子女教育以及提高自身素质起到了积极的促进作用。

目前许多被认为是"属于独生子女的"特征、现象和问题，实际上是 80 年代改革开放以来与中国社会巨大变革一起成长的新一代城市青少年儿童的整体特征、普遍现象和共同问题。这一代儿童的教育与发展状况，不会只受到现行生育政策这一个因素的影响，这一代儿童现有的发展状况也不是计划生育政策单一作用的结果，还有更大的社会背景所产生的影响。根据心理学和教育学家的看法，对于儿童的健康成长来说，有无兄弟姐妹并不是决定性的条件。独生子女成长中出现的种种问题也并不完全是现行计划生育政策的必然产物。

从教育学角度看，或许提高家长和教师的素质、提高学校教育和家庭教育的质量才是问题的核心。但生育二孩有利于家长对待孩子的心态改变。孩子的"唯一性"不复存在；家长的紧张心理、过高期望心理将会得到缓和；对子女特别是年幼子女的教育方式也将会变得相对自然平和，少走极端。第二个子女的出现，就会打破独生子女在家庭中的中心、重心和核心地位，可以从客观上帮助父母正确地摆正子女在家庭中的位置，正确地对待子女和子女教育，特别是在培养和教育孩子正确处理与他人的关系、学会关心、学会谦让、学会合作等方面，将会比现在具有更多的有利条件。兄弟姐妹的出现，将会在独生子女的童年生活中起到父母和其他人所无法起到的特殊作用。它对弥补独生子女儿童幼年生活中的许多性格和心理缺陷有很好的帮助。

我们应该如何研究独生子女的教育问题？最重要的是，研究独生子女必须要有同龄非独生子女作为参照系，否则我们将无法区分某个人群的问题是独生子女的问题还是普遍一代人的问题。其次，要区分不同阶段的教育问题——学龄前、学龄期、青春期、成年初期。最后，要注意到独生子女和非独生子女的差异会随着成长而逐渐变化甚至消失。

蔡泳：社会经济发展对中国生育率的影响

上午卢锋教授提出，应该从历史的、国家比较的角度看待中国生育率下降的过程，我的演讲准备把中国生育率的下降放在全球化的背景当中来讲，主要探讨社会经济发展和低生育率之间的关系。我的研究发现，中国生育率下降是全球化趋势的一部分；社会经济发展和生育率之间存在逆向关系；发展是导致中国低生育率的不可忽视的因素。

1960—2005 年，全球的人口生育率在不断下降。到 2005 年，50％ 的世界人口处于生育率低于更替水平的地区。生育率的降低可能有以下的原因：死亡率下降使生育动机下降、工业化、城市化和社会结构变化、家庭结构和妇女地位的变化、公共政策包括计划生育和社会福利的作用。

用一个简单线性回归模型来考察生育率和人均 GDP 之间的关系。可以看到，使用 1975 年截面数据拟合的结果与 2005 年基本相同：人均 GDP 上升 1‰ 会使生育率下降 0.012 5‰ 左右。可以看到，1975 年中国的生育率低于由人均 GDP 预测的置信区间的下界，这说明中国在 1975 年的生育率明显低于"经济发展预期"，这可能是源于中国的生育传统或 70 年代的"晚、稀、少"政策。在 2005 年，中国的生育率还是低于"经济发展预期"，但差距已缩小很多。这个结果说明，计划生育并没有使我们的生育率显著低于处于同一发展阶段的国家，相反，可能是经济发展导致了中国的生育率降低。根据 1950—2005

年中国生育率的趋势图，也可以发现，生育率下降最快的是 70 年代后一段，而不是实施更严格的计划生育之后。

下面我通过一个中国省市级的线性回归模型来探讨经济发展和计划生育政策与生育率之间的关系。我国的生育政策在不同地区是有着差异的：城市地区及江苏、四川的农村地区实施一孩政策；大多数农村地区实施一孩半政策；少数民族地区实施二孩（及以上）政策。这个回归的数据来源是：从国家统计局和美国夏威夷东西方中心获得生育率数据，从夏乐平、顾宝昌等学者的研究中获得计划生育政策的数据，从统计局获得经济数据。对 1990 年和 2000 年全国 30 个省份的截面数据作回归，在不控制其他因素的情况下，人均 GDP 对生育率有显著的负作用，而较紧的计划生育政策对生育率有显著的负的作用。但是，在控制了汉族比例、城市户口比例、文盲率、城市人口比例、人均计生预算之后，生育政策的作用不再显著。这说明，发展对生育率下降的贡献远远大于生育政策。

最后在县市级层面观察经济发展和生育政策对生育率的影响。我们选取了江苏和浙江两个省的 151 个县市进行回归。由于江苏省农村地区实行严格的一孩政策，而浙江农村地区实行一孩半政策，故我们可以认为江苏省具有较严格的生育政策。回归结果证实，江苏省的生育率较低，这说明政策对生育有一定限制作用。但是，人均 GDP 的贡献还是很大，这说明我们不能忽视社会发展对生育率下降的影响。

我们的结论是：不可忽视社会经济发展在中国生育率下降中的作用。由于中国经济会在今后一段时间内继续高速增长，生育率会继续下降。即使放松生育政策，人口反弹的压力也不会很大。由于中国长期实施计划生育政策，国人可能形成这样的观念：一是"中国人落后是因为人太多了"；二是"想多生孩子是一种落后的观念"。另外，儒家文化对子女具有高期望，而近年来教育费用急剧增加，使培养子女的成本上升。这些中国独有的社会因素都可能使中国的生育率进一步下降。因此，在未来扭转人口生育率下降趋势的前景可能不容乐观。

周其仁：评论

刚才三位的发言都非常有意思。这些发言提醒我们重视，人口政策有长远的影响，会造成老有老的问题，小有小的问题。从我们过去的经验来看，人口政策的形成和调整与经济发展或者与人口变动之间有一个不小的滞后。这里头的经验教训值得我们在今后讨论人口政策时问题时加以考虑。

50 年代战争结束进入和平时期，人口开始增加。马寅初注意到了这个问题，但他的意见没有得到采纳。大饥荒后人口大量减少，人口控制更提不上日程。但是 1971 年我国开始提出"晚、稀、少"的人口控制政策，这其中一定有重大的社会经济压力。我们研究人口变化常常是从宏观的国际比较入手，对微观个体的行为假设较简单，即假设人一定会多生孩子。其实个人的生育决策与历史条件约束是密切相关的。我认为人口增长一个重要原因是人民公社化。当生孩子的成本可以由别人分摊时，人会多生孩子。这可能是影响生育决策的重要历史因素。

进入 80 年代，总和生育率已经下降到 2 点几，这时候社会发生了什么变化？重要的变化是集体的土地被分给个人，其后果是生育孩子由父母独立负责。从微观来看，农民家庭开始有减少生育的动机。如果注意到这个趋势，生育政策应该放松。然而，生育政策反而更加严格化。

90年代中国发生了一个更大的社会变迁,就是人口流动。人口流动对生育的成本影响非常高。在一个陌生环境下,生活成本、空间成本非常贵,这使生育率进一步下降,形成人口老龄化的压力。

笼统来讲,我们有什么经验教训可以吸收?研究人口问题,我们要讨论人们自身行为的约束,这是目前人口研究还比较薄弱或欠缺的。Gary Becker提出生育率下降是由于母亲生孩子的机会成本上升,是运用这一方法论的表率。但是,对不同地区不同历史环境下人口问题的研究,还可以更仔细地考虑生育行为的约束。今天我们在考虑制定未来人口政策时,有两点可以从过去获得教育:一是人口政策有长远影响,需要慎重考虑;二是人口政策与实际需要可能已有很大时差。我们应该有非常科学的态度,尊重事实,容纳各种不同的意见。

2012年第023期（总第985期）

新时期中国人口与经济发展战略论坛简报之一

（2012年6月）

2012年6月16日，由北京大学国家发展研究院主办、国家统计局人口与就业司协办的"新时期中国人口与经济发展战略论坛"在北京大学召开。来自国务院发展研究中心、国家统计局、北京大学、中国科学院等机构的专家学者就中国人口和经济发展战略发表了演讲并进行了热烈研讨。我们将分四期来报告此次论坛的主要内容。本期简报报告的是国家统计局人口和就业司冯乃林司长、北京大学社会学系郭志刚教授和北京大学国家发展研究院曾毅教授的讲演内容。

冯乃林：2010年人口普查：面临的挑战和主要做法

冯乃林司长主要介绍了中国2010年人口普查所面临的挑战和应对这些挑战他们所采取的一些做法。人口普查成功的标志是查准人口总量和查准人口结构，而这次人口普查面临的挑战是查准总人口难和查准人口结构难。这次普查当中遇到的困难主要在于，与以往人口普查相比，这次普查是在中国社会经济结构和行政管理方式发生深刻变化背景下展开的，要在新形势下高质量完成普查工作面临巨大挑战。

第一，在确定普查对象上面临巨大挑战。普查要坚持地域人口登记基本原则，近十年来我国人口迁移规模庞大，2010年普查数据显示流动人口2.6亿，人口居住地不稳定，人户分离现象普遍，一户多房的现象大量存在。由于流动人口造成的问题使得人口普查登记要做到不漏面临巨大困难。

第二，获得真实准确完整的数据面临巨大困难。人口普查采取入户当场填报的方式，目前社会公众对个人隐私越来越重视，不愿意向外界透露婚姻状况、超生人口状况和教育情况等信息，不愿如实回答敏感项目。

第三，普查员选调难道大。这次普查的普查员要从居民委员会、社会上招聘，工作量大，能够组织好这样一只庞大的普查员队伍，让他们掌握统一的方法是组织协调工作上的一个巨大挑战。另外，此次普查是第一次把常驻我国的外籍人员和港澳台人士纳入普查对象，这也增加了普查员选调方面的难度。

针对上述的挑战，国家统计局主要采取了以下几种措施和做法。第一，开展法律建设、加强组织领导和条件保障。这次普查首次制定颁布《全国人口普查条例》，将人口普查纳入制度化管理，得到法律的保障。突出政府进行人口普查的行为，依靠强有力的组织领导保障工作保证普查工作顺利开展。以通知的形式颁发了一系列有利于人口普查的政策，比如与财政部联合发文对贫困县进行补贴，和建设部配合要求物业部门协助登记，和公安部联合进行户口整顿，和国土资源部联合协调数字化地理信息影像资料的使用等一系列政策。

第二，依靠科学制定普查方案。普查方案主要确定人口普查的基本原则，确定人口普查的标准时点、普查对象以及其他一系列重要问题。普查方案包括了一系列技术文件，最重要的是人口普查表的确定和相应填表要求的确定，以及 11 项开展人口普查工作的具体实施细则。

第六次人口普查和第五次人口普查在方法上的变化，主要有以下方面：第一，普查对象上有所不同。第五次人口普查主要是查在中国境内具有中华人民共和国国籍的人口，第六次普查是把在中国境内居住的所有自然人，包括在中国境内常住外籍人口、港澳台人口都作为普查对象进行登记。第二，登记原则。第五次普查以常住地作为登记原则，第六次普查以现有人口加户籍外出人口为原则。第三，人口普查项目相应进行了调整。

此次普查中，一个比较大的改变是区域划分和制图，利用遥感影像进行数字化普查小区绘图，通过数字化的地图锁定建筑物，通过建筑物锁定住房，通过住房锁定住户和人口，有效保证普查在地域上不遗漏。在普查数据录入方面，由第五次人口普查的光电识别数字技术过渡到利用光电技术识别汉字技术，一些汉字信息可以直接由计算机识别，节省了数据处理的时间。此次人口普查比较注重对行政管理信息的整理和使用，在普查登记过程中通过普查信息与相关行政资料的对比核查，有效保证普查登记总人数和项目的准确性。此次人口普查还建立了联合质量检查验收制度，确保普查数据质量，各级普查机构设置质量控制组，对普查工作主要环节进行全面核查和抽样调查。

总体而言，此次人口普查数据质量是较高的。第一，总人口漏登率好于 2000 年人口普查；第二，普查主要人口数据与年度调查结果基本一致；第三，普查数据与部门行政记录也具有较好的一致性。

郭志刚：重新认识中国的人口形势

郭志刚教授主要讨论了重新认识中国人口形势的问题。中国人口进入低生育率时期已经 20 年了，但长期以来人口研究对这种重大转变认识不足。全国第六次人口普查数据证实，以往严重高估出生水平和生育水平，低估人口老龄化进程。

郭志刚教授首先指出了我国人口统计上的一个怪圈，这个统计怪圈导致统计公报高估了中国人口总量，低估了人口老龄化的情况。一方面，近二十年来，几乎所有的全国人口调查均反映中国总和生育率处于非常低的水平，然而却不断被质疑是由于严重的出生漏报所致，并通过种种间接估计将其调整到 1.8 左右，而这些间接估计却大多存在着技术方法错误或数据的缺陷。另一方面，生育率调高使得计划生育继续得以实施，进而导致下一次调查结果依然还是低生育率。

从第六次人口普查公布的人口年龄结构"金字塔"中可以看出：20 岁以下人口数量下降迅速，出现了所谓的"少子化"，而 20—60 岁人口数量非常大。这表明，今后 40 年中国将迎来人口老龄化问题最尖锐的时期。

郭志刚教授把国家第六次人口普查数据和其他不同来源数据进行了比较。如果按照以前公布的数字估算，今天的人口数要比第六次普查的人口多两三千万左右，并主要集中在0—20岁人口中。高估生育率导致了人口预测结果对老龄化的低估。第六次人口普查数据揭示，中国总人口的增长远低于以往的人口预测水平，而在人口结构方面，少子化和老龄化的严重程度则又明显超出了以往人口的预测。

《国家人口发展战略研究总报告》中有两个基本判断：第一，当前总和生育率稳定在1.8左右；第二，1.8的生育率最好再稳定30年不变。第六次人口普查数据表明以往总和生育率不到1.5，这说明第一个基本判断已经不成立。

郭志刚教授用预测模拟方法分析和评价第二个判断是否合理。模拟是在第六次人口普查人口基数及结构基础上反映人口发展进程。他使用了低生育率、中等水平生育率、高生育率水平以及维持当前生育率不变四个预测方案，考察不同生育率对未来人口发展的影响。预测结果表明，如果1.8的生育率稳定30年不变，那么中国人口结构"两头沉"的问题将愈发严重，对中国经济社会发展产生不利的影响。对中国而言，人口结构上"两头沉"是当前和未来都必须面对的问题，与其等到未来老龄化程度最高的时候采取措施解决，不如在当前老龄化程度相对不高的时候采取措施解决。

曾毅：尽快调整现行生育政策，实现二孩晚育软着陆

曾毅教授结合第六次人口普查等最新数据对我国人口预测进行分析，比较不同生育政策方案对未来我国人口结构变化趋势的影响，提出二孩晚育软着陆的生育方案。

曾毅教授首先从2010年第六次人口普查数据来看我国生育水平现状。他基于第六次人口普查等最新数据的研究表明，过去大部分相关人口研究显著高估了2000年第五次人口普查0—9岁儿童的漏报率，高估了2000—2010年的实际生育水平，造成大部分人口预测显著高估了未来人口增长趋势和劳动年龄人数，同时低估了人口老龄化水平。曾毅教授估计2010年较为可信的实际总和生育率为1.6左右，低于国家人口和计划生育委员会向中央报告和向社会发布的总和生育率1.8的水平。由于生儿育女成本大增以及当前较低的生育率，有利于生育政策平稳过渡的社会经济环境已经形成。

接着，曾毅教授应用第六次人口普查新数据模拟预测不同生育政策方案，并进行了比较分析。保持现行生育政策不变的主要弊端和城乡普遍允许二孩晚育软着陆的主要效益可以归纳为以下几点：第一，保持现行生育政策不变将大大加速人口老化，而二孩晚育软着陆政策在应对我国不可避免的人口老龄化严峻挑战方面效果更好；第二，保持现行生育政策不变将导致劳动力资源加速萎缩，而二孩晚育软着陆方案可以减缓劳动年龄人口在2030年后的下降速度；第三，保持现行生育政策不变将继续助长出生性别比大幅偏高的危险趋势，而二孩晚育软着陆是解决我国出生性别比偏高问题并实现人口均衡发展的有效途径之一；第四，保持现行生育政策不变将继续制造越来越多的独生子女高风险家庭；第五，保持现行生育政策不变将继续维系基层民众超生造假和计生机构超生罚款敛财受贿的腐败土壤。

曾毅教授认为只允许"双单独"（即双方或一方为独生子女）生二孩方案极不可取，决不能作为生育政策调整主体方案。与当前生育政策相比，"双单独"生二孩方案可以有

效缓解人口老龄化和劳动力萎缩程度，但其效果仍然不如二孩晚育软着陆方案。

因此，二孩晚育软着陆方案需要尽快启动。为了避免普遍全面无条件放开可能造成的生育堆积，需要因地制宜，研究确定一个各地不同的当前二孩政策放宽起始年龄。然后，每隔一年普遍允许生二孩的低限年龄下降1—2岁，2015年前后实现城乡年满28岁的妇女都允许生二孩的软着陆。大力宣传适当晚育间隔有利于母婴健康与降低婴儿死亡率的客观规律。对模范执行适当间隔生二孩者予以表扬奖励，对未满间隔怀孕二胎者予以批评教育，但决不视为违法，决不罚款，不允许非医学原因人工流产，防止以不满间隔为由的性别选择流产女婴。二孩晚育软着陆方案既惠民又利国，是百姓和国家"双赢"。二孩晚育软着陆政策有利于克服保持现行生育政策不变的诸多严重弊端，而且适当晚育既满足群众生二孩意愿，有利于婴母健康，又使国家避免生育堆积，绝不会造成人口失控，是促进中华民族复兴与人口经济社会均衡持续发展、不断改善中华民族福祉的重要抉择。

曾毅教授也分析了二孩晚育软着陆方案的可行性。从20世纪80年代初以来，一些试点地区一直在实行二孩加间隔政策。甘肃酒泉市、山西翼城县、河北承德市与湖北恩施的实践证明，二孩加间隔政策十分成功，在经济腾飞30多年以后的中国实行是完全可行的。

另外，以保护资源环境为由反对改变现行生育政策并没有科学依据。在二孩晚育软着陆方案下，我国人均水资源与人均耕地在2029年人口峰值前后达到最低值。但是，2030年以后我国人均水资源与人均耕地将因人口总数平缓下降而逐渐上升。科学技术发展以及政府关于环境保护与可再生能源开发等强有力政策实施同样可以有效缓解环境压力，完全没有必要担心二孩政策平稳过渡会负面影响人口与资源环境的协调发展。

最后，曾毅教授分析了启动二孩晚育软着陆方案的紧迫性。生育政策调整的直接目标人群是27—30岁二孩生育年龄的妇女，其人数在2012—2013年仍然处于低谷。20—26岁一孩生育年龄妇女人数于2012年达到峰顶。因此，2012—2013年仍是我国实行二孩晚育软着陆方案的较好时机。如果我国尽快启动二孩晚育软着陆政策，适当新增婴儿正可扩大当前急需增加的内需市场，而这些孩子进入劳动年龄时，正好可以大大减轻2030年后中国老年人口比例快速上升及劳动力资源快速减少的"人口负债"压力，促进经济社会持续发展。

2012 年第 024 期（总第 986 期）

新时期中国人口与经济发展战略论坛简报之二

（2012 年 6 月）

    2012 年 6 月 16 日，由北京大学国家发展研究院主办、国家统计局人口与就业司协办的"新时期中国人口与经济发展战略论坛"在北京大学召开。我们分四期报告此次论坛的主要内容。本期简报报告的是中科院地理科学与资源研究所李秀彬教授、北京大学国家发展研究院客座研究员梁建章博士以及杭州师范大学人口研究所王涤教授的讲演内容。

李秀彬：新时期生态库兹涅茨转折与现行生育政策调整的思考

    李秀彬教授从生态环境角度来考察人口结构、人口增长与生态环境的关系，提出了生态库兹涅茨转折的概念，并就现行生育政策调整阐述了自己的观点。

    李秀彬教授着重于经济发展与生态系统之间的关系。根据经验研究，如果经济处于较不发达的阶段，农耕地会在空间上扩张，以林草为代表的自然生态用地会逐渐缩小，植被破坏和土壤侵蚀比较厉害。如果经济处于发达阶段，农耕地将会缩小，而自然生态用地将会在空间上扩张。因此，自然生态用地与经济发展之间呈现 U 形的关系，其中的拐点即为生态库兹涅茨转折，也可称为森林转型。

    丹麦、葡萄牙、日本、新西兰以及亚洲地区的韩国、中国台湾、越南、印度和中国大陆都发生了森林转型。2000 年的统计数据表明，全球 139 个统计森林面积的国家有 38% 都发生了森林转型。中国大陆森林面积的低点和耕地面积的高点都发生在 1980 年左右，之后森林面积净增加，耕地面积净减少。

    森林转型的驱动力有两个路径：经济增长路径与森林短缺路径。经济增长路径指的是，技术进步导致的优质耕地集约化，以及人口城镇化导致的农业劳动力的析出、乡村的衰落，由此产生了劣质耕地弃耕的情况。森林短缺路径指的是，由于森林破坏是水土流失的最主要原因，因此政府都制定了相关保护森林、增加森林面积的政策，大量植树造林开始出现。换言之，由于森林资源是稀缺的，所以国家的政策鼓励植树造林，增加了森林面积。两个路径中最为关键的是经济增长路径。在城市化的过程中，由于劳动力成本上升，土地将提供不了与劳动力成本相匹配的高劳动生产率，所以退耕将是部分土地的宿命。此外,山区的坡耕地难以实现机械对于劳动力的替代,农业经营的成本过高,出现退耕撂荒现象。

从数据中,可以发现生态库兹涅茨转折与刘易斯拐点存在着关联。日本、韩国和台湾地区均在刘易斯拐点前后实现了耕地面积最大,随后耕地面积开始缩减。日本的休耕和放弃耕作的土地在2010年达到59.6万公顷,占当年总耕地面积的13%。韩国的山区弃耕面积在1965—1998年总计为21.7万公顷,相当于同期全国耕地净减少量的62.7%。台湾地区2010年休耕地的面积达到20多万公顷,占全岛耕地总面积的1/4。这些地区的农业无法为劳动力提供较高的工资,所以退耕现象就会出现。

对于中国大陆而言,2006年的农户抽样调查表明,坡耕地面积较大的甘肃省,撂荒面积占总耕地面积的比重为6.78%,撂荒问题较为严重。针对撂荒问题,2004年3月30日,国务院办公厅下发了《关于尽快恢复撂荒耕地生产的紧急通知》。2008年和2011年,农业部办公厅均下发通知,要求各省调查并上报耕地撂荒情况。

最后,李秀彬教授谈及了生态库兹涅茨曲线对现行生育政策的启示。生态库兹涅茨曲线否定了原来人口爆炸的人地关系,这说明了人口结构变化的重要性。经济发展与生态状况可以通过人口城镇化呈现"双赢"的局面。然而,中国大陆还有许多土地不适合耕种,比如喀斯特地区。粮食产量对于中国大陆而言还依然是一个较为严重的问题,中国大陆粮食自给率不足90%。如果耕地面积快速缩小,那么粮食产量也会如日本、韩国和台湾地区一样出现大幅下降,这会为未来人口总量的控制提供一个新的借口。

梁建章:一胎政策削弱中国经济未来创新和创业活力

中国的人口结构在今后20—30年会严重老化,其老化程度甚至高于如今老龄化问题最严重的日本,由此会引发一系列的经济和社会问题。梁建章博士认为其中一个重要的负面影响,就是老龄化会严重削弱创新和创业活力。

梁建章博士主要讨论了劳动力老龄化是如何对企业家创业活动产生不利影响的。这一想法源于对日本近期糟糕的经济表现和缺乏年轻的企业家这一问题的思考。日本在20世纪70和80年代经济增长迅速,许多经济学家曾预言,日本的人均GDP会很快超过美国。然而,在1991年房地产泡沫之后,日本经济停滞了20年,而美国经济则得益于有活力的高科技产业的发展而再次领先。关于导致日本失去的十年或二十年的原因的争论有很多,但是现在越来越清楚,其间的主要问题既不是金融危机,因为大萧条也才持续了15年,也不是货币升值,因为日本仍存在巨大的贸易盈余。

梁建章博士认为日本失去的十年的真正罪魁祸首似乎是缺乏创业和没能像美国过去30年那样发展充满活力的IT产业。美国前十的高科技公司中有五个是在1985年之后建立的,而且这些年轻公司的创建人在创建公司时也很年轻,平均年龄只有28岁。相反,在日本,前十名高科技公司中没有一家是在过去40年建立的。新企业进入率从20世纪六七十年代的6%—7%降低到90年代的3%—4%。根据创业情况的调查,日本的创业倾向在所有发达国家中是最低的。并且,日本的青年和中年工人的创业倾向相比其他国家尤其低。在大多数国家,30岁的人相比50岁的人更可能成为企业家,但在日本却不是。

日本是世界上生育率最低和劳动力迅速老龄化的国家之一。生育率先是在20世纪六十年代后期降到了人口更替水平2以下,即每名妇女平均生育不到两个小孩,80年代降到约 1.7，90 年代继续降到 1.5，而到了 21 世纪已经降到了约 1.3。结果，年轻群组规模在迅速地缩小。在 2010 年，25—29 岁的群组规模比 35—39 岁的群组规模小 30% 左右。

一个典型的论资排辈公司，又存在一个更大大龄群组，这就导致年轻的工人升迁很慢。在 1976 年，32% 的经理级工人年龄小于 35 岁，而在 1994 年这个比率降到了 16%。生于 1945—1949 年的工人，他们 35 岁时的实际工资是他们开始工作时工资的 2.6 倍，而比他们晚生 20 年的工人，35 岁时的实际工资就只有初始工资的 2 倍。

为什么在一个群组规模不断缩小的国家中，青年和中年的工人更不可能成为企业家呢？梁建章博士为此提出了一个全新的解释。要成为一个企业家，除了要有一个好的想法外，还需要两种能力：人力资本和适应能力。这里的人力资本包括产业知识、人际交往能力和关系等。人力资本的水平主要由在企业的等级或职位决定。一个工人在企业有更高的职位，往往就要有更多的责任，和公司内外的人有更多的联系，对产业有更开阔和更深入的理解。从这个工作上所得到的这样的知识和关系对于建立一个新企业是必需的。

除了人力资本，一个成功的企业家还要有高度的适应性。这里的适应性包括学习新技术的能力、调整适应新环境的能力和处理意料不到的情况的能力等。一般而言，年轻人适应性更强，适应能力随年龄增长而下降。

较年轻的中年工人（约 30 岁）一般已经积累了必要的人力资本同时仍有很强的适应性，更容易成为一个成功的企业家。相比各群组规模平衡的国家，在一个年轻群组规模不断缩小的国家中，中年工人有更低的职位、更低的人力资本，因此企业家的才能更低。

梁建章博士分析了世界上几十个发达国家的创业数据，发现年轻人的创业意愿和一个国家的老龄化是显著负相关的，也就是说老龄化程度越高的社会，年轻人的创业活力就越低。同时，他分析了主要发达国家风险投资的数据，发现人口结构越老的国家，风险投资的活跃程度越差。另外，他还分析了本土互联网公司的竞争力，也发现人口结构越老的国家，本土互联网公司的竞争力就越弱，往往竞争不过外资的互联网公司。

最后，梁建章博士就人口变化对创业的影响进行了总结。劳动力老龄化会对企业家创业活动产生不利的影响，这是因为在一个劳动力老龄化的社会结构中，创业的最佳人选，即中青年工人升迁得更慢，因而他们所具有的人力资本相对较低，而人力资本又是一个成功的企业家所必需的。实证上，梁建章博士发现年轻群组的相对规模与创业活动、经济绩效正相关。

他据此指出，在未来的二三十年里，如果中国听任生育率继续下降，由于人口结构就会变得像现在的日本，中国将成为老龄化程度最深的国家之一。长此以往，经济发展的活力就会衰退。美国和印度则将凭借其年轻的人口结构和开放的移民政策，在很长的一段时间具有相对的人口结构的优势。

王涤：基层干部的心声——来自江、浙、沪、粤的报告

王涤教授对江、浙、沪、粤从事计划生育工作的基层干部进行了调研和访谈，她从基层计生干部的视角，阐述了当前人口形势和生育政策的实施及调整。

关于人口问题的讨论非常激烈，但很少听到来自基层的声音。人口形势可以引申至生育政策，生育政策最终需要落实到实际工作，而这都需要依靠基层计生干部。他们的工作意味着今后生育政策能不能真正得以落实，基层工作能不能得以实现转型。

2009年,江、浙、沪、粤的调研正式实施。调查问卷共计2 000余份,举办了53场座谈会,调查对象均来自县乡两级,访谈人员涉及493人。除了53场座谈会,调查人员还走访了县乡资格最老的基层计生人员。

通过调研,王涤教授发现,当前生育水平很低,生育意愿很弱。作为上海农业人口最多的松江,其生育率已经15年负增长;浙江现在年轻人生育观念有很大变化,80后生育意愿普遍低于70后,90后生育意愿又比80后低。浙江基层干部认为,70后现在想生孩子,并不是他们自己想生,而是父母给他们的压力,因为他们大部分都是独生子女,而父母希望家里能够再有小孩。广东省2001—2009年户籍人口增加了801万,常住人口增加了1 800万,但是广东省人口增长是由于年轻劳动力的大量涌入。影响上海人口规模的因素已经不是出生人口,而是大量迁入的人口,上海松江每年出生人口不到4 000人,迁入人口却高达10 000人左右,而且平均每年有1 000多人是婚嫁外来女,新娘现在也要靠"进口"。

此外,户籍地、居住地、从事职业很难分离。浙江外来人口超过本地人口,很多浙江村庄已经由外地人口为主来居住,而当地人迁进城市。浙江还出现了户在人不在,人在户不在,人不在户也不在的情况。广东省城乡二元生育政策失去了操作和实施基础,因为农村居民身份难以区分与认定。江苏省也遇到了与广东省类似的情况,区别城乡家庭变得越来越难以操作。在这些地方,国民身份、居住理念都发生了变化,很多地区城市居民与农村居民的身份难以区别,按照职业来区分农村人口和非农村人口变得越来越困难,许多农村人口也并不在农村居住,这使得二元生育政策和社会现实出现了分离。

调研结果也发现了当前计划生育工作中存在着的一些问题。江苏省计生基层干部认为计划生育工作的要求在不断提高,但是工作重点却越来越模糊。上海计生基层干部表示,计划生育工作范围无限拓展,计划生育部门被认为是第二个社保局或者是第二个民政局。广东省计生基层干部认为,计划生育工作范围变得越来越宽,但是根本任务变得越来越模糊。

调查人员普遍认为,计生工作考核产生了极大的压力。广东省计生基层干部表示,计生工作考核层次多、细节繁杂、时间长、指标高,在基层工作,计划生育牵涉大量工作时间和精力。浙江省计生基层干部表示,花费大量精力来应付计生工作考核以至于他们失去了踏实工作的时间。

在调查中,认为生育政策需要放宽的计生基层干部比例是74%。80.6%的计生基层干部认为,如果生育政策放宽到二孩,他们依然能够控制住多孩的情况。64.7%的计生基层干部认为2010年是生育政策放宽的最佳时期。可见,计生基层干部对生育政策的调整有迫切的需要,也有坚定的决心来执行调整后的生育政策。生育政策的调整,究竟是"单独"先放宽生育政策还是实施普遍二孩政策呢?54.5%的计生基层干部希望能够直接实现"普二"。但是王涤教授还是持相对保守的观点,生育政策的调整最好实行两步走,先放宽到"单独",再实施"普二"。

2012年第025期（总第987期）

新时期中国人口与经济发展战略论坛简报之三

（2012年6月）

2012年6月16日，由北京大学国家发展研究院主办、国家统计局人口与就业司协办的"新时期中国人口与经济发展战略论坛"在北京大学召开。我们分四期来报告此次论坛的主要内容。本期简报报告的是中科院数学与系统科学研究院余乐安研究员、清华大学经管学院李宏彬教授、南开大学人口与发展研究所李建民教授、北京大学国发院卢锋教授以及国务院发展研究中心苏杨教授的讲演内容。

余乐安：我国人口增长趋势、经济社会发展与生育政策调整

中科院数学与系统科学研究院所采用系统动力学法、投入产出法预测未来50年我国人口增长趋势。系统动力学法利用最新人口普查数据，把总人口分为21个年龄段（每5年为一个年龄段）分别做趋势预测。如果一对夫妻只生1个孩子，2048年老年人口数（65岁以上）达3.114亿，2060年社会总抚养比（（0—14岁人口数+65岁以上人口数）/15—64岁劳动年龄人口数）达到70.7%，老年抚养比达57.1%。如果一对夫妻生1.5个孩子，2048年老年人口数为3.118亿，2060年社会总抚养比为65.7%，老年抚养比为44.2%。如果一对夫妻生2个孩子，2048年老年人口数为3.123亿，2060年社会总抚养比为64.8%，老年抚养比为35.3%。总体来看，三种不同情形下全国总人口都呈下降趋势。政策系数越大（夫妻生育的孩子越多），总人口峰值时间越晚，峰值后人口减少的速度也越慢。即使现在调整人口政策也能延缓老龄化进程。50年后我国社会经济负担加重，国民福利水平将下降。

余乐安教授接着用人口投入产出法预测中国人口结构。原理是先使用人口出生、迁入、死亡和迁出数据编制中国人口投入产出表，然后利用人口投入产出模型及计量经济学方法测算未来十年、二十年人口总数和各年龄段人口数量。主要预测结论分育龄妇女和老年人两方面。我国15—49岁总育龄妇女人数呈逐年下降趋势，20—29岁生育旺盛期妇女人数不断减少。预计到2020年我国15—49岁总育龄妇女人数为3.39亿，占总人口比重24.38%，晚婚晚育政策、人们生育观念转变以及不孕不育率提高等原因都导致育龄妇女比例不断下降。

余乐安教授随之用系统统计学的方法构造人口经济、社会、科技、自然环境的模型，

用以预测人口与经济社会均衡发展状况。其主要结论有：放松计划生育政策难以抵消人口老龄化对经济发展的负面影响；放松计划生育政策对环境的负面影响较小，但对人均生活水平会产生明显的负面影响——政策调整增加了人口数，明显降低了人均可支配财富。

人口生育政策调整势在必行，而调整路径、调整时机则是多目标优化的过程。根据我国未来 50 年人口趋势预测，无论哪种政策系数，我国总人口数大约在 2030 年达到峰值，老年抚养比不断增加，儿童抚养比不断降低。中科院的研究结果响应了曾毅教授的报告——越早开始全面实施生育政策，将总和生育率提高 1.7 倍，更有利于充分享受现有人口红利及更好的社会经济发展。

李宏彬：人口转型与经济兴衰——发达国家经济危机对中国的启示

近期国际政治、经济领域正经历大震荡。八位欧洲领导人因欧债危机下台；美国史上首次被本国信用评级机构降级；日本过去十年换了七个首相。促使这些现象发生的共同长期因素是人口结构。

中国人常错误解读马尔萨斯人口论。1798 年《人口论》分析的是工业革命前的历史，其基本假设是农业生产技术不变。而工业革命后发达国家技术突飞猛进，各国人口快速增长。美国人口增长又进一步刺激技术创新，并有利于形成规模经济，是人类历史上最成功的工业化科技进步过程的人口转型。人口对经济增长有正面的刺激作用。

人口结构转型和经济波动密切相关。中国人口年轻，储蓄率高，有大额贸易顺差；发达国家人口老化，储蓄率低，大额贸易逆差。第二次世界大战后婴儿潮促成了日本、西欧经济高速增长。九十年代后随着婴儿潮一代逐渐退出劳动力市场，日本、西欧经济发生巨大逆转。表现之一是经济增长停滞。日本经济从 90 年代至今持续 20 年长期低迷；希腊、西班牙、葡萄牙，包括英法等欧洲国家也面临债务问题。表现之二是全球经济失衡——包括储蓄失衡、贸易失衡。表现之三是美国房地产危机。美国学者研究认为，婴儿潮一代劳动力逐渐进入市场，导致 90 年代前美国房价持续上涨。婴儿潮一代人逐渐退休，且下一代人口出生率下降，从根本上改变了房屋需求，导致美国房价下跌。

人口结构转型引起财政支出增加。从 2007 年开始德国每三年增加的养老成本相当于 GDP 的 1％。日本到 2020 年上班人口与退休老人比例是 4∶1。人口快速转型导致的后果是政府为了维持原有福利不变不得不四处借债。此次金融危机和欧洲债务危机不仅是经济危机，还是人口转型导致的财政危机或社会福利泡沫破灭，欧洲不得不通过降低生活水平的方式走出危机。

试想 21 世纪末中国人口降到 5 亿，劳动力比例降到 50％，将产生哪些巨大影响？也许比日本还要糟。中国除人口总量问题，还有人口结构问题，例如性别比长期失调。结果是婚姻市场失调。在目前劳动力市场上，女性劳动力短缺程度远高于男性。随性别比失调程度增加，男女婚姻中年龄差距、教育差距也不断扩大。另一方面，性别比失调使犯罪率上升。什么人最有可能成为罪犯？16—30 岁单身男性。这点全世界都一样，因为他们犯罪成本最低。

李建民：未来人口老化龄与劳动力资源萎缩对中国经济的影响

南开经济学院、人口与发展研究所用 CGE 模型（可计算一般均衡模型）模拟分析了人口老龄化对未来中国经济的影响。

首先根据投入产出表编制社会核算矩阵。目前我国劳动参与率（15—60岁作为劳动人口年龄）是75%，该数据结合四种情形（1.3、1.6、1.8和2.1四种不同生育率水平）的人口预测结果估计我国未来劳动力供给。预测的结果是我国劳动力人口将在2025年之后出现明显下降。

接着用人口数据预测储蓄率。日本数据显示，人口老龄化（老年抚养比上升）和储蓄率间呈现明显的负相关关系。但中国1990—2009年的分省面板数据并没有显示两者负相关，其中原因是虽然该时期中国老龄人口不断上升，但是中国总抚养比迅速下降，导致老龄化水平和储蓄率水平反而出现正相关。由于人口预测着眼于未来，因此应选择日本作为参照对象。根据人口年龄结构与储蓄率关系模型的估计结果，日本老年抚养比对储蓄率的影响系数为－0.809，少儿抚养比影响系数是－0.7。老年抚养比或少儿抚养比每增加一个百分点，就会使储蓄率降低0.81或0.71个百分点。

根据以上模型估计结果，李建民教授设计出抚养比对储蓄率影响的低（－0.7/－0.6）、中（－0.8/－0.7）、高（－0.9/－0.8）三个方案，然后在四种不同生育率水平下预测人口变化对经济的影响。在三种储蓄率方案、四种生育率水平下的一致的预测结果是，2015年后中国GDP将一直处于负增长状态，超低生育水平严重损害中国未来的经济增长。

如何应对人口老龄化给经济增长带来的挑战？中国有两个决策变量——TFR（生育水平）和TFP（全要素生产率）。提高TFP促进经济增长战略将是中国的重要选择。通过人口政策改变生育率水平也是核心变量，但我国的生育政策调整滞后于形势变化。中国的改革靠危机推动，生育政策调整也许也要靠危机来调整，如陕西事件。我们应改变功利化的政策，回归人性和基本人权。

卢锋：我国农业劳动力占比变动因素分析（1990—2030）

与国际经验和普遍规律相一致，我国农业劳动力占比从改革开放初期超过七成下降到2010年的约35%。随着经济持续增长，估计该占比值未来20年仍会以年均略高于一个百分点速度下降。哪些结构因素已经并将继续推动就业转型进程？如何定量估测这些驱动因素贡献？

估测结果显示，在未来农业劳动力占比年均下降1.1%中位降速假设下，农业劳动力数量将从2010年的2.7903亿人下降到2030年的1.0735亿人，同期农业劳动力占比将从35.6%下降到13.6%。2005—2010年新进入量、转出量、退出量、非农劳动力变化四个因素对农业劳动力占比变化的贡献率分别为－15.1%、38.3%、34.7%和42.2%，到2025—2030年四因素贡献率将分别变为－22.6%、49.8%、54.3%和18.5%。

未来农业劳动力转出量将从2005—2010年的年均849.4万人，下降到2010—2015年的658.2万人，此后2015—2030年大体维持在540万人上下。在农业劳动力占比低位和高位降速假设下，转出量将在2010—2015年分别下降494.4万人和756.2万人，2025—2030年分别下降388.2万人和694万人。可见虽然我国农业劳动力转移高峰期已过，然而这个历史进程仍将长期持续。

农业劳动力占比中位降速假设下，农业劳动力退出量将从2005—2010年的年均768.6万人，下降到2010—2015年的年均609.2万人，此后15年预测期年均下降567万—590

万人上下。转出量对农业劳动力占比下降贡献率从 2005—2010 年的 34.7% 上升到 2010—2020 年的 45% 上下，2025—2030 年进一步上升到 54.3%。年老退出影响呈上升趋势，甚至可能成为农业劳动力占比下降的单个最重要因素。

2005—2010 年我国年均非农就业新增量为 1393.8 万人，此后四个五年期年均新增量将依次下降到 1 057 万人、962 万人、840 万人和 701.6 万人。比较两个 20 年，1990—2010 年已有数据时期实际年均创造非农就业岗位约 1 117 万，2010—2030 年未来预测数据时期年均需创造 890 万个。从就业转型进程看，我国非农就业岗位创造压力将趋于缓和，然而仍将长期存在。

针对农业劳动力转移与就业形势演变特点，就业政策应从侧重数量扩张朝"数量与质量、速度与结构"并重方向调整。应在提升经济增长结构与质量同时加快培育城乡劳动市场体系以促进就业增长，通过推进完善普惠城乡居民的劳动培训、职业介绍和公共服务网络建设帮助劳动者提升就业能力，要把就业政策调整与人口、户籍、土地制度改革配合起来形成政策合力以保障就业和经济最终实现成功转型。

苏杨：如何理性看待人口城镇化、生态资源与经济社会均衡发展

中国人口问题有四难：第一难是中国有效人口密度高，人口与资源环境关系紧张。按国家总面积算中国人口密度不高，但是分省看，东部沿海各省份人口密度与日本相当，所有经济大省人口密度都大大高于韩国。人口过度集聚加剧环境污染，很多城市环境指标正明显恶化，北京、浙江、江苏、广东人地关系紧张。第二难是年龄结构和性别结构失调，未富先老、男多女少。第三难是人口分布没有过疏，只有过密、更密。第四难是人口素质是百年大计，不是一朝一夕之功。

统筹解决人口结构难题有两个聚焦点：老龄化和城市化。苏杨研究员对老龄化问题的基本判断是，人口存量是长期问题，年龄结构在短期不构成大影响。各省老龄化的程度和速度各不相同。农民工大量转移使发达地区城市老龄化速度慢于预期，欠发达地区的农村老龄化速度反而快于预期。大量劳动人口从欠发达地区转移到发达地区后，单位劳动力实现更大经济产出。

学界研究成果表明，现在放开生育率在 2050 年后才会显示政策效果，在 2030 年前对老年抚养比影响非常小。在人口政策显示效果前，应对人口老龄化问题还要靠统筹调整相关社会政策。首先是完善养老服务体系，鼓励人口向发达地区集中。其次是及时调整计划生育政策。

如何解决大城市人口过密问题？根据国务院发展研究中心的人口拥挤程度调查，北京、上海、深圳人口密度（建成区人口密度）高于纽约，和东京最核心的 23 区相当。高人口密度带来严重环境污染和交通拥堵。解决大城市人口过密问题还有两个制度性障碍。第一，中国城市是行政区概念，而不是由市场自发形成的真正意义上的城市。第二，中国城市分等级，通过非市场行政力量集中优势资源，城市公共服务水平和产业发展状况相当程度上取决于城市行政级别。参考日本三大都市圈的经验，建议把大城市人口从城市中心建成区分散到市区和市域，类似东莞 32 个镇的模式。这样才能舒缓人口过度聚集给资源、环境带来的压力，才能根治城市病。

2012 年第 026 期（总第 988 期）

新时期中国人口与经济发展战略论坛简报之四

(2012 年 6 月)

2012 年 6 月 16 日，由北京大学国家发展研究院主办、国家统计局人口与就业司协办的"新时期中国人口与经济发展战略论坛"在北京大学召开。本期报告清华大学清华-布鲁金斯中心王丰教授、北京大学国发院徐建国副教授、北京大学法学院湛中乐教授、北京大学社会学系李建新教授和陆杰华教授的讲演内容。

王丰：生育水平对经济社会发展影响的国际比较研究

王丰教授从三个方面报告。首先对世界人口大局变化进行简单回顾；其次对经济水平与生育率之间关系进行描述，重点考察随人口形势变化其他地区人口政策出现了哪些转变；最后，分析人口政策转变所产生的影响。

目前世界人口发展趋势出现两个特征。第一，人口快速增长的时代已经结束了，人口增长高峰在 20 世纪七八十年代。全世界人口增长 2％左右的时候也正是中国推出独生子女政策的时候。第二，人口增长形势有"三个世界"，即低增长率的欧洲、出生率急剧下降的东亚以及人口增长率较高的非洲。

在人口增长高峰期，人们担心人口爆炸，担心没有足够粮食能养活世界人口。过去 50 年间全世界人口增幅超过 1 倍，世界粮食产量增幅超过 3 倍，同时全世界人均粮食占有量增加了 50％以上，人口爆炸没有带来粮食供应减少，缺乏资源情况也并未出现。实际世界大宗商品价格只有 20 世纪 60 年代、70 年代的 60％。换言之，全世界人口增长最快的时候，全世界的商品价格没有增长反而下降。

1975 年以及 2005 年，全世界各国总和生育率和人均收入水平都呈现出负相关的关系。从计量回归得到的曲线来看，人口收入水平上升和生育率下降关系是非常明显的。值得注意的是，1975 年中国在这条曲线 99％置信区间之外，这是因为计划生育对生育率产生了很大影响，打破了原有生育率与人均收入水平之间的关系。但是 2005 年中国在这个曲线 99％置信区间之内。

2005 年，在人口总量超过 10 万的 197 个国家中，74 个国家被界定为低生育率国家，65 个为中等生育率国家，58 个为高生育率国家，低生育率已经成为全世界的趋势。生育率水平过低的国家所占比重在过去 30 年逐步攀升。1976 年,采取鼓励生育政策的国家还不是很多,到 2009 年,尤其在亚洲、欧洲、大洋洲采取鼓励生育政策的国家已经占到相当大的比例,该比例呈现明显上升的趋势。

20 世纪 80 年代中期尤其 90 年代之后,中国的生育率水平和周边国家没有太大差别,而新加坡、日本、韩国等都已经开始推出了各种各样鼓励生育的政策。然而,他们鼓励生育政策的出台并没有提高生育水平。世界其他国家也只有极少数采取宽松的生育政策在短时间内产生作用,比如俄罗斯和蒙古。

通过比较各个国家和地区生育政策的变化,可以发现诸多国家和地区生育率水平低于或者明显低于更替水平,日本从生育率低于更替水平年到鼓励生育政策出台年的时间间隔长达 17 年,台湾为 15 年,新加坡为 12 年,韩国为 10 年。生育率低于更替水平年和鼓励生育政策出台的时间滞后平均约为 15 年。目前中国存在的问题是,生育率低于更替水平年至今已经有 21 年,中国依然没有采取鼓励生育的政策。未来 4 年之内会不会进行独生子女政策调整,能不能出台鼓励生育的政策依然悬而未决。

从全球范围看,人口形势已发生了根本性变化,过去对人口爆炸的担心已经成为历史。中国现在属于低生育率的国家,按照其他国家的经验,生育政策随着生育率变化都会进行调整,越来越多的国家制定了新的生育政策以鼓励生育。但是,从东亚国家的经验来看,这些政策实际上并没有产生应有效果,鼓励生育政策成效可能小于控制生育政策成效,让人不生孩子比较容易,让人生孩子这事会变得更复杂。

徐建国:高房价与低生育意愿

中国生育率已属较低。据第六次数据,中国人口生育率为 1.18,上调后可能达到 1.8。低生育意愿可在一定程度上解释中国低生育率水平。联合国数据显示,除梵蒂冈外,生育率最低国家或地区都是华人区,如中国台湾、中国香港、新加坡、中国澳门、中国内地。计划生育可以部分解释中国内地的低生育率,但不能解释中国澳门、新加坡、中国香港的情况。用文化解释华人区生育率也缺乏说服力。很多国家移民生育率远高于本土生育率。2004 年华人移民在美国生育率是 2.3,韩国移民在本土和海外生育率也相差 0.4。

哪些经济、环境变量影响了人们的生育意愿?生活成本是关键变量。生活成本包括教育、住房、医疗、养老等。1998 年住房改革后,房价快速增长提高了育龄人口的生活成本,高房价和住房面积约束进而减少了人们的生育意愿。中国省级数据显示,城市生育率和城市住房面积呈显著正相关关系,商品房价格和总和生育率呈显著负相关关系。控制收入因素后,房价收入比和总和生育率负相关仍非常明显。

日本的经验事实也能佐证高房价对生育意愿的影响。日本是 OECD 成员国,六七十年代是很发达的国家,但日本人口老龄化速度比英、美、法快得多,日本人口在 80 年代就显著下降,日本政府采取一些刺激政策,房地产泡沫进一步加大。现在日本总和生育率大大低于其他 OECD 成员国。文化因素导致日本低生育率吗?事实上不是。第二次世界大战后有六到七个孩子的日本家庭非常普遍,但日本人口 80 年代显著下降。日本经济政策对人口生育率影响值得反思。六七十年代时日本经济快速发展,规模生产同时大量经常项顺差。从 1960 年至今,日本的实际利率都低于其他 OECD 成员国实际利率。日本低利率政策维持了整整 40 年,房地产价格也上涨了 40 年。日本用低利率刺激经济快速增长过程中催生了资产泡沫，增加了年轻人的生活成本，从而导致老龄化快速到来。

湛中乐：从战略规划与权力保障看现行生育政策调整的必要性与可行性

新中国人口法制经历缓慢而曲折变迁，折射出一个大国对人口问题由简单到复杂、由浅入深的思考历程，也折射出法律制度的变革和制度价值的新生。新中国成立初期不存在计划生育法制，人口政策主要参照《婚姻法》相关政策文件规定。计划生育政策在20世纪六七十年代推出，1978年《宪法》第53条第3款规定"国家提倡和推行计划生育"。1982年《宪法》更以两条规定了与计划生育有关内容。第二十五条规定："国家推行计划生育，使人口的增长同经济和社会发展计划相适应。"第四十九条第二款规定："夫妻双方有实行计划生育的义务。"具有里程碑意义的是2002年实施的《人口与计划生育法》。当前计划生育法制体系是中央"一法三规"，地方人口与计划生育条例及配套规章、规范性文件，以及部分部委规范性文件。长期以来计划生育政策以政策强调行政的模式逐渐过渡到依法行政的模式，在一定程度上体现了以人为本的和谐精神。

目前，我国人口法制正在由战略规划色彩浓厚时代向权利保障意识鲜明时代过渡。早期人口生育国策产生越来越多问题。为应对问题，中国人口法制正在经历革命性变迁，由纯粹把人当作一种资源和负担进行数量控制与战略规划，逐渐转到重视人本身权益、重视医疗、保健、教育、家庭关怀和社会发展定位上来，强制手段在逐渐柔和化、人性化，生育限制在逐步宽松化、灵活化，法律定位由纯粹的管理走向更多的服务，整个人口法制在法律价值和法律技术上都产生了重大改变。

当前的生育政策是国家战略之一。而纯粹以国家战略为内容的人口法制与以权益保障为核心的现代法制精神格格不入。我国的人口法制要与现代法治精神的人权保障取向相适应，就必须从根本上尊重每个人自主而理性的生育决定。

最后，反思生育政策调整的必要性与可行性。当前人口红利逐渐消失，老龄化威胁不断迫近，计划生育工作存在惊人耗费及社会成本，同时民众意见极大，这都使得生育政策调整迫在眉睫。生育政策的调整应当放开二胎限制三胎，这并不会导致人口过快增长，相反还会有助于消除未富先老的严重弊端，顺应民众意愿使得计划生育工作得到民众理解，执法也会更加顺利，社会冲突和人员伤亡大大减少，也消除了二胎审批中大量寻租空间和社会不公呼声。市场也已经日益起到调节生育意愿的作用，高昂的抚育成本使得许多人的生育意愿下降。

我国人口法制未来的道路，首先需缓和规制措施，建立指导性计划。未来国家不应再强力干预家庭计划生育的数量和时间，而应让公民自主负责任地选择。尤其是层层下达指标和配额应逐步取消，代之以更灵活的指导性人口发展目标。其次，需要建立生育权的保障机制，生育权是公民个人基本人权。再次，需要扩大人口法制覆盖范围，完善救济途径，确保权益保障目标。公民应该能够依法维护自己的权利，在充分理解尊重国家基本国策的情况下，自愿而非强制地实行国家的政策措施。

李建新：人口变迁及更替规律与大国兴衰

首先，李建新教授介绍人口变迁的基本情况。从人类发展轨迹来看，人口自诞生以来

99%以上的时间都处于高出生率和高死亡率的状况中,该状况在20世纪才发生了巨大变化,转变为了低出生率和较低死亡率。这导致20世纪人类人口出现了前所未有的高增长率。然而,发达国家人口总量和增速与发展中国家存在明显差异,发展中国家人口增速和总量高于发达国家人口增速和总量,这形成了发展中国家和发达国家的人口二元格局。

进入20世纪以来,世界范围的人口结构也在发生变化。老年人口所占比例呈现出上升的趋势,青少年人口所占比例呈现出下降的趋势。中国人口结构的变化更加剧烈、速度更加快、程度更加高。另外,与其他传统发展中国家人口结构变化有一点差别,中国的人口结构在快速转变过程中还出现了性别结构的严重失调,男性比例高于女性比例。

其次,李建新教授阐述人口和发展之间的关系。人口的增长不在于数量的多或少,也不在于增长率的高或低,而在于内部结构的变化。因此,无论是马尔萨斯的人口原理还是马寅初的新人口论都存在很大的局限性,他们只考察了人口转变初期的总量变化。生育率迅速收缩将导致家庭脆弱性和单一性,而宏观性别结构失衡将会导致婚姻挤压社会稳定的问题。

现在最受关注的是中美之争、中印之争。从人口结构来看,目前我国最有创造力的人口是1.2亿,到2050年这部分人口缩减一半。美国最具创造力人口呈一直持续稳步上升态势,所以美国专家对于美国的未来发展很有信心,他们认为现在中国经济高速增长、经济地位不断提高,但是从长期看中国经济增速将会放缓,中国依然无法挑战美国的经济地位。同样,当前印度发展不及中国,但从人口结构变化的角度来看,印度经济发展是非常稳健的,也非常有持续力。中国追赶美国并没有后劲,与竞争对手印度相比,经济的进一步发展也并不乐观。

最后,李建新教授总结道,政府不应该在生育政策调整方面有所犹豫,如果政府放松了生育政策、制定了主张多生的政策,这种政策的主要目的应当更加重视调整人口结构,而不仅仅是调整人口数量。只有人口结构发生了积极改变,人口质量出现了提高,才能保持国民经济的持续发展,最终才能保证国力不衰。

陆杰华:生育政策完善的可行性、利弊及政策建构思考

当前有关生育政策调整争论的焦点主要是:以数为本还是以人为本;人口与社会经济发展的关系如何;人口与资源环境关系如何。如果人口对资源环境是硬约束,生育政策就不应调整;如果人口对资源环境是软约束,那么生育政策应当进行调整。

生育政策调整具有可行性。可行性在于我国有很好的以人为本的发展理念,有800万"二孩"的实践成果,也有人们生育观念的不断变化,比如人们对子女数量的追求转向对子女质量的追求。当前,民众希望完成生育政策调整。生育政策调整越早越能够顺应民众的需求,也越能够顺应经济社会发展的需求。

生育政策调整完善有三方面收益。短期收益包括,提高政府公信力和执行力,增强政策方针的一致性;降低独生子女家庭风险,减少溺爱子女现象繁盛;增加家庭人口数量,刺激国内刚性消费需求;避免生育成为奢侈消费品,有利于增进社会公平。中期收益包括,增强社会养老能力,有效应对人口老龄化冲击;缓解人口增长不平衡状态,避免人口逆淘汰现象;增加国内消费需求,为经济增长提供内需动力。长期收益包括,减轻人口年龄结构失衡,降低老龄人口所占比重;恢复家庭伦理生态,有助于中国传统文化的延续;

保持劳动力队伍的长期稳定,避免经济发展长期波动;增加青壮年人口规模,有利于国防建设的稳定。

要确保生育政策的公平,消除政策的城乡差异,实现城乡同策。人口生育不应立即放松,而应当按照人口规划进行适宜调整。此外,我们还需要合理规划人口总规模,针对不同生育率,制定相应的人口总规模目标。生育政策的要点应当是"不再鼓励一胎,允许二胎,并不许三胎,个别地区和人群除外"。

第三篇

卫生、医疗体制改革

2008 年第 9 期（总第 704 期）（2008 年 4 月）

"中国医改研讨会"简报之一

(2008 年 1 月)

2008 年 1 月 19—20 日，在卫生部指导下，由北京大学中国经济研究中心主办、葛兰素史克公司协办的"中国医改研讨会"在万众楼举行。我们分五期简报报道会议主要内容。本期简报报告开幕式和第一、二场主题讨论（医疗卫生行政管理体制改革）的主要内容。

一、会议开幕

北京大学中国经济研究中心副主任李玲教授介绍会议的目的是重温胡锦涛总书记在十六届中央政治局 35 次集体学习会上的重要讲话，邀请中央有关部门领导，部分省市卫生厅局领导，有代表性的改革地区领导，高校、研究机构专家，共同就医疗卫生改革的关键问题，尤其是医疗改革基本框架确定后下一步要解决的具体操作和实施问题进行系统深入的探讨。

中国红十字会副会长、原卫生部副部长朱庆生同志指出，医疗卫生改革要把中国国情和卫生事业的规律结合起来。"一个目标、四梁八柱"是一个很好的方案框架，卫生行政管理部门的决策者、医院第一线的实践者以及理论界要共同努力来推动。

二、医疗卫生行政管理体制改革的基本观点

中华医学会副会长刘俊教授在主持第一场讨论时介绍了关于大部制、管办分开、全行业管理以及行政管理体制的切入点四个问题的基本观点。

第一，关于大部制。医疗卫生系统是社会系统的重要组成部分，两者应协调发展。医疗卫生系统可以分为筹资保障、医疗卫生服务、行政管理三个不同功能的子系统。筹资保障体系解决的问题是"钱从哪里来，又到哪里去"；医疗卫生服务体系提供公平有效、满足社会多层次需要的服务；行政管理体制负责决策、管理、监督整个体系的运行。其中，行政管理体系起着中枢的作用，它有大部制（一个部门管理三个子系统）；中部制（卫生服务体系和管理监督体系分开）；小部制（各子系统都由不同部门管理）等。也有观点认为中部制就是"大部制"。总的来说，大部制是最理想的、管理上最有效的、最科学的医

疗卫生行政管理体制，但是要走到这一步，还要经过一个历史过程。

第二，关于管办分开。管办分开起源于完善现代企业制度的过程中，把企业由政府办转为推向市场，因此管办分开的切口在政府和市场。所以，如果公立医院可以完全按照市场化的道路进行改革，那么也可以实现"管办分离"。但是医院不同于企业，所以这一刀实际上切不开。

医疗机构管办分开，目标有四个：一是政府从直接管理走向间接管理，加强全行业管理；二是明确出资人职责，加强宏观调控；三是完善医院管理者的法人治理结构，政府不管医院内部管理者该管的事；四是通过管办分开这个体制改革，推动医院内部的机制改革。这四个目标意味着，一要加强全行业管理，二要办好公立医院。"管办分开"必须伴随机制的改变，否则，如果 A 部门和 B 部门的管法一样，何必从 A 部门管换成 B 部门管？香港地区成立医院管理局时，不是一成立就了事的，而是促进了整个公立医院体制的改变。

在管办分开的方式上，应该有两个"横切口"，一是政府管理部门和所有者代表分开，即管办分开；二是所有者代表和经营者代表分开，即所有权和经营权分开。现实的情况是，一方面存在所有者缺位的问题，经营者把医院卖掉了，所有者还不知道；另一方面，经营者没有权，财务等业务管理都由所有者来代替，法人治理结构没有实质意义。

现在有的改革只做了一个"纵切口"。原来由政府部门管，现在成立第二个政府部门管，还是按照原来的模式管理，这样不能达到目标。管办分开既要有利于"管好"，也要有利于"办好"。目前讨论比较多的是谁来管，而没有讨论怎么管；是争权力，而不是争责任。

管办分开是改革公立医院运行机制的不可多得的历史机遇。比较好的管办分开制度是：（1）在系统内设立统一的专办机构，不能把一个个部门从卫生部门分出去，这跟大部制本身是矛盾的；（2）在体制转变的同时，推动公立医院管理机制的转变。

第三，关于卫生全行业管理。全行业管理有数量和质量两个内涵。在数量上，要覆盖全部的医疗卫生子系统；更关键的是，在管理内容上，要覆盖全部的管理要素。企业改革的时候，把管人、管钱、管物、管干部、管资源等很多管理要素都同步地进行了改革。公立医院改革滞后的一个重要原因是，公立医院的管理要素不在管理者的统一支配之下。卫生部门是名义上的行业管理，实际上各个管理要素分散在不同部门。在宏观上，要改善公立医院的公益性；在微观上，要解放思想，加大改革力度，引进市场机制。

第四，从何下手？首先，相信最好的办法来自实践，来源于群众。其次，严格评估已有模式。建议卫生部组建"中国医改推进办"，一定要有一个强有力的领导人物来领导一个强有力的机构自始至终地推动医改，而不仅仅是讨论医改。这个机构的功能，一是在卫生部内统一各司局关于推进医改的所有政策；二是负责与其他十几个部委沟通；三是总结、鉴定、评论全国各厅局的举措。再次，加强改革人才的培训，不仅要做对的事情，还要培训人才来把事情做对。

三、关于医疗卫生行政机构的设置

朱庆生副会长认为，当前改革的明确目标是建立覆盖城乡居民的基本医疗卫生制度，这必然要求行政管理体制与之配套。基本医疗卫生制度的主要内涵就是四个体系，而目前这四个体系由不同部门管理，需要有明确的领导。"四个分开（政事分开、管办分开、医药分开、营利性与非营利性分开）"是从机制上理解的，而不是形式上、机构上的分开。

大部制改革，要以整个政府机构改革为基础。理想的状况是把人事、钱、基建、价格等都归到统一的部门管，但是这很难实现。目前，起码要争取在财政上卫生部门管的钱，不是由发改委和财政部说了算。卫生部门如果管不好，可以挨板子，管好了，还要奖励。在医疗保障方面，目前医疗保险和医疗救助实际分散在社保部、卫生部、民政部、保监会四个部门管理，需要逐步理顺并实现医疗保险的统一管理。

中国医师协会副会长朱宗涵提出今后几年应明确几个关键问题：第一，经费谁来管？医疗卫生有两部分经费，一是医疗保障的经费，是由劳动和社会保障部门管，还是由卫生部门管？二是直接给卫生事业部门的经费，是由卫生部门管，还是由负责拨款的财政部门直接管？第二，公立医院的国有资产所有权的代表机构是谁？现在国资委管不了医院。医院要改革，首先要明确国有资产所有权的代表者。建议授权卫生部作为医疗卫生领域国有资产所有权的代表。第三，在价格的管理上，由于价格体系是控制卫生费用的重要手段，建议把卫生服务定价权由发改委授给卫生部。因为医疗卫生价格体系改革太复杂，由卫生行政部门负责更有效率。第四，医保由谁来管？国际上有两种模式，一是一个部门统一管理医疗保障和医疗卫生服务；二是医保由单独的部门管理。两种方式都可以考虑，但在医保管理方面，也应该实行管办分开。无论谁来管，都应该另外成立非营利的医疗保险经办机构。

天津市人大常委会教科文卫委员会副主任张愈建议成立国务院健康委。目前的卫生体系不仅牵扯卫生部门，还牵涉多个政府部门。在实际管理过程中，很多问题协调不下来，行政成本太高。在管理方式上也要改进，比如说财政管卫生的费用，预算的很多具体内容，是由财政部门事先定下来的，卫生部门做不了主，造成了卫生管理的无序。

国务院发展研究中心社会研究部副部长葛延风认为，第一，从目前的情况来看，大部制可能更好。相对来说，部内协调比部际协调更容易一些。第二，除了同一层政府的部门之间的协调之外，更值得关注的是不同层级政府之间的协调。目前地方政府的财政和责任不匹配，尤其是一些地方政府责任过大，财政能力过弱，很难把事情做顺。

劳动和社会保障部医疗保险司副司长李忠认为，大部制的核心是大预算。责权不统一是最根本的问题。不光医疗服务领域这样，在医疗保障领域也是这样。社会保险领域很小的政策，都要跟财政部商量，它不同意，就一票否决。大部制既有集权的问题，也有分权的问题。医疗服务和医疗保障，统一在哪个部门是次要的，关键是要有在两者之间的制约机制。在一个部门内部制约或者在不同的部门之间互相制约都可以。而对于两者各自来说，应该集权，各自说了算。对于保障来说，历史形成了新型农村合作医疗和城镇职工基本医疗保险、城镇居民基本医疗保险由不同部门管理的格局，这一定要整合，整合到哪儿没有关系。

而且，大部制还要考虑更高的层面。不仅卫生服务领域和社会保障领域有大部制的问题，目前养老、医疗、工伤统一了，但低保、社会救助还是分散的，影响资金的效率。

世界卫生组织驻华代表处官员汤胜蓝博士认为，应该设立一个独立于卫生和社保部门的半政府机构来管理所有的医疗保险，包括新农合、城镇职工、城镇居民医疗保险，还包括医疗救助。目前的管理体制，没有办法管好药品的市场，发改委管价格，药监局管质量,卫生部管用药,工商局管广告,七八个部委在管药品的流通和使用,结果都管不好,要由统一机构来管。

浙江台州医院陈海啸院长认为,政府具有执行和监督两大职能,执行和监督部门最好相互独立。

中国中医科学研究院陆广莘研究员和盖茨基金会北京代表处高级顾问翁永凯博士认为,从长远看,卫生行政管理体制的理念必须从"管医疗、管治病"上升到"管健康"的高度。通过整合和优化现有卫生资源,最大限度地从健康促进和健康教育的侧面发挥现有政府机构的作用,将健康知识直接传递到最基层。

四、关于"管办分开"

江苏无锡市卫生局局长王爱国介绍了无锡实施医疗机构"管办分开"的情况:第一,管办分开是整个社会事业改革的一部分,文教体卫都成立了管理中心,事业单位全部纳入管理中心管理。第二,"管办分开"改革的对象是政府,实质是转变政府职能,通过管办分开来推进政事分开。在实施管办分开的同时,还有一些配套改革,比如对事业单位进行重新分类,分成行政管理类、行政执法类、社会公益类、社会经营类等。第三,科学划分职能。卫生局作为"政府部门、行政机关、行业领导",负责"宏观调控、监督管理、指导服务"。医院管理中心不是行政部门,不具有行政的权力。第四,在实施管办分开改革过程中,要加强协调。由于思想认识或者人员素质的问题,一些问题需要在改革中不断调整。

上海财经大学高等研究院副院长俞卫教授认为,首先,目前社区和二、三级医院是分开的,没有形成经济共同体。需要通过行政体制改革来克服这个问题。其次,体制的设计取决于实际的管理水平。中国这么多省市,经济水平不一样,管理水平也不一样。有的事情在市场运营下,效率比较高,但是对管理水平的要求也比较高,如果管理水平达不到,可能还是政府直接办比较好。这取决于当地的管理水平,不要一刀切。

葛延风研究员认为,要认真研究管办分开和政事分开。事是什么?事是社会事业,是政府责任,既然是政府责任,就不能笼统地讲政事分开。如果说政是决策,事是执行,前后顺序上可以分开,但是笼统地讲政事分开是有问题的。至于管办分开,既然是政府责任,政府要办,既然要办,就必须管,怎么管是另外一个问题。所以笼统地讲管办分开也有问题。

2008 年第 10 期（总第 705 期）（2008 年 4 月）

"中国医改研讨会"简报之二

（2008 年 1 月）

2008 年 1 月 19—20 日，在卫生部指导下，由北京大学中国经济研究中心主办、葛兰素史克公司协办的"中国医改研讨会"在万众楼举行。我们分五期简报报道会议主要内容。本期简报报告医疗卫生筹资体制改革、城镇社区和农村医疗卫生专题讨论的主要内容。

一、医疗卫生筹资体制改革

社科院劳动保障研究中心主任王延中在主持讨论时指出没有哪个国家能够同时实现医疗改革的三个理想目标：公平性、高服务质量和低服务成本，因此只能降低理想目标。他提出两个适度目标，一个是适度成本，即技术、设备、人员工资水平要适度而不是最高，尤其要研究探讨控制人力成本和管理成本的办法；第二个是适度筹资。

1. 医疗卫生筹资水平、结构和渠道

劳动和社会保障部医疗保险司副司长李忠认为，医疗卫生筹资有四个渠道：一是个人缴费和个人自付；二是政府的投入；三是社会保障；四是社会慈善。个人自付水平维持在 20%—30% 是最有效的。按照这个标准，目前我国政府医疗卫生投入的缺口有 2 000 亿元左右，造成这个缺口的原因一是医疗保险的覆盖面不足，二是一些历史遗留问题没有解决，比如国有企业下岗职工参加不了医疗保险。在政府总投入不足的前提下，讨论怎么投入给供需双方是没有意义的。

世界卫生组织驻华代表处官员汤胜蓝认为，医疗保险的共付率最好不要超过 20%，否则就不叫医疗保险。而在卫生总费用构成中，世界卫生组织认为个人支出比例不能超过 40%。

中华医学会副会长刘俊认为：第一，中国的卫生总费用需要控制。虽然现在卫生总费用只占 GDP 的 5%，但这几年 GDP 增长也很快，所以才显得这一比例比较稳定，必须考虑到如果 GDP 增长速度减缓，卫生总费用占 GDP 的比重就会很快上升。第二，个人的支付比例下降，政府、社会的支付比例上升，是医改能够取得成效、得到社会认可的关键所在。同时，资金使用效率要提高。第三，在医改过程中，应该给老百姓一些能直接看得到的亮点，比如医保全面覆盖。

2. 提高资金的使用效率

汤胜蓝博士认为，现在医疗保险注重大病，这需要调整。医疗保险必须覆盖成本效益高的项目，根据医疗服务的成本效益确定范围。中国近年来对卫生投入很多，但是在费用控制方面效果并不好。比如推行新农合以后，新农合覆盖到什么地方，什么地方的剖宫产率就上升，很多都是不必要的。如果不解决费用控制，不注重经济效益，国家投入再多也没有用。

复旦大学郝模教授认为，医院的业务收入（净收入）一般是毛收入的 1/7—1/5。政府补贴应该按照净收入计算。目前不管是补供方还是补需方，都是补毛收入，而不是补净收入。

上海财经大学俞卫教授认为，中国人口流动性很大，越是贫穷的地方人口流动越大。应该改善医疗保险的地域流通性，实现医疗保险在省内的可携带性。

3. 医疗保险支付方式

俞卫教授指出医疗保险的支付方式有三类，我国现在以按服务项目付费为主，过渡到高一层就是按病种付费，再高就是按人头付费，以健康为最终目标来管理。但是，从按服务项目付费过渡到按病种付费，条件不成熟，因为必须要有对治疗方案的完善监控体系。目前比较可行的是按人头付费，但前提是医院要纵向整合，建立医院集团之间竞争的体制。但是，这在农村和边远地区很难实行。

复旦大学郝模教授认为看病贵的问题很大程度上要靠补偿机制的设计来缓解。不理顺补偿机制，医院就有多种赚钱方式。

4. 筹资方和服务提供方关系

俞卫教授认为，医疗服务的一个特点是从供方到需方都不愿意用最少的钱来提供最好的服务，供需双方都有用最昂贵服务的动机。需要政府从第三者的角度建立一个补偿制度，使医院愿意省钱来提供服务。医疗服务的投入和产出不是线性关系，到一定时候，边际收益有平缓的趋势，再增加很多钱，疗效也只能增加一点点。对于政府来说，要用比较便宜的方案达到与昂贵的服务相同的治疗效果，或是只差一点点的效果。但是，如果医院用比较便宜的方案治疗，风险比较大，所以供方不太愿意，患者也不愿意。怎样建立补偿机制是一个难题，却是绕不过去的。

北京大学中国经济研究中心副主任李玲认为，通过保险来控制供方和需方行为的各种方式，西方国家都已经试过了，它们的体制从某种程度上比我们有很多的优越性，为什么还存在问题呢？这是因为在需方、供方、保方三方博弈的机制里，供方和需方的激励机制都是把费用提高。实际上，保险方控制成本的手段和能力是有限的，同时监管的成本很高。如果现在的讨论跳不出这个圈子，成本控制不住，医改也很难成功。

5. 民营资本在医院融资中的作用

江苏省宿迁市卫生局局长葛志健认为，不同的地区应该有不同的政府投入比例和要求,不能总是责怪地方政府投入不到位。在政府投入不足的情况下,应该鼓励社会、民间投入,扩大医疗卫生服务的生产和供应,然后通过需方来选择医疗服务。政府在供方重点投向公共卫生领域和基本医疗。

俞卫教授认为,公立医院医务人员的收入中奖金占很大一部分。奖金直接和医院收入挂钩,使得其赢利动机比民营赢利医院的还要强。但是不能根据公立医院现有的问题而否定公立医院本身。

刘俊教授认为,国外确实有很多民营医院,但大多是不赢利的,因为很多是教会办的医院,还有很多是企业家做善事的。我们现在没有这样的环境,如果现在补需方,也就是把钱给老百姓,然后老百姓再到医院看病把国家的钱转为民营资本的利润。

二、城镇社区和农村医疗卫生

1. 农村卫生服务体系建设

黑龙江卫生厅副厅长王国才介绍了黑龙江农村卫生建设的两个制度创新:一是统筹管理卫生资源,探索以县医院为龙头的县域医疗集团联合体,形成县乡医疗服务共同体;二是"村医拜师"计划,把村医、县医院包括妇幼保健院中有主治医师以上水平和具有一定教学能力的医生作为老师,培训乡村医生,通过师生情感交流促进农村医疗卫生的和谐。要解决中国基层卫生问题就得坚持政府主导。农村卫生属于公共卫生范畴,公共卫生的根本出路在于政府投入,不投入,就没出路,硬逼着找出路,就走歪路。

宁夏卫生厅改革办副主任黄淳介绍了宁夏农村卫生建设情况:一是通过药品统一招标,统一配送,统一价格控制药价;二是加大政府对基础设施建设和基层医务人员工资的投入;三是政府出资培训村医,培养乡镇卫生骨干,提高基层医务人员水平;四是在农村地区开展大范围的农民健康教育,在财政紧张的情况下,每年拿出700万元,用三年的时间,通过给农民上课、体检等把所有农民培训一遍。

俞卫教授认为,为改善农村的医疗服务质量,政府应该加大远程治疗技术的投入。现在有线通信技术已经很发达,农村的诊所和县医院建立一套咨询的系统,能够快速提供农村的卫生医疗服务。

2. 城镇社区卫生服务体系建设

中国社区卫生服务协会副秘书长王炜介绍了北京东城区的经验:社区卫生服务按照人口居住情况进行整体规划和配置。政府给予基本设备和运营经费投入,实行收支两条线,从而切断医院和医药、设备之间的利益链,费用就明显降低。同时加强医生的考核,通过工作量、服务态度和满意度拉开收入分配。这个激励机制远远不如提成的激励作用大。但医疗不能等同于其他商业运作,不能够完全用经济刺激实现高效率。另外,社区卫生服务的信息化管理很重要。社区卫生服务通过一定发展过程,一定能逐步提高水平,对基本医疗做出贡献。改革中要继续坚持已经建立起来的公共卫生投入机制,千万不能因为目前效率比较低而把它抹杀了。

中国医师协会副会长朱宗涵认为,需要恰当评价社区卫生服务在缓解看病难、看病贵方面能起多大作用。对于看病贵,最昂贵的肿瘤、心脑血管病等 10 个病种都在医院治疗,社区解决不了,如果大医院费用不能降低,医疗费用也降不下来;对于看病难,目前门诊病人仍然在大医院集中,社区卫生服务的一些实际情况本身就限制着社区卫生服务的发展,比如限制药品种类,技术都是最简单的。必须把专科服务也引入到社区,才能使得病人从大医院分流到社区,解决看病难的问题。有些病人寻求全科医生,有些病人寻求专科医生。所以社区卫生服务应该有两个体系,一个是医疗服务,一个是预防保健。医疗服务的对象是个体,而公共卫生是服务群体。两个体系、两种服务对象不应该捆绑在一起。

刘俊教授认为,政府支持、政府重视社区卫生服务的方向要坚持。如果不坚持会对中国的医改产生影响。政府主导的关键就是真正以人为本,真正落实和谐社会的理念,所以一定要有必要的投入。随着生活条件的提高,投入也要增加。发展社区医疗要有适宜的技术。上海做中医进社区试点,现在上海所有社区卫生服务中心都有中医。社区卫生服务下一步深化改革,最好跟筹资保障体系的改革同步。基本服务包、基本药品目录在实施的初期,应该主要由社区卫生服务机构承担。

朱庆生会长认为"非典"的教训很深刻。第一,坚持发展社区卫生服务的方向不能动摇;第二,社区卫生服务"六位一体"的功能既要分工,又要有机结合;第三,政府要定位明确,投入到位;第四,社保、补偿机制等配套政策要完善;第五,要解决社区卫生服务的人才问题,提高服务水平。在此基础上,政府办好一家社区卫生机构的同时,也要允许办一些民营的诊所,做好准入和监督工作,方便群众就医。这样,医和防的问题、群众看病贵看病难的问题,会慢慢得到解决。

3. 农村和城市社区服务质量

汤胜蓝博士认为,对村医或者对基层卫生院、社区卫生服务进行规范化的同时,应该建立疾病标准指南。现在动不动就打吊针,上抗生素,再过几十年中国可能就没有抗生素可用了,因为大家都耐药了,而且这也是造成看病贵的重要原因。高成本不一定导致高质量,而低成本并非一定不能保证有效质量。

卫生部统计信息中心主任饶克勤指出,目前患者就医的行为已经发生扭曲。一些农村不管是什么病都是"三素一汤",就是抗生素、激素、维生素和一个吊瓶。在大医院看病是打吊针,在农村看病也是打吊针,久而久之,老百姓就觉得不打吊针就像没有看病了。

浙江台州医院院长陈海啸认为,乡村医院搞诊疗指南并不可行。卫生部和医院管理协会搞过一些诊疗指南,但只是写在纸上,从来没有推动过,更没有考核过。一个标准最后产生效果,是靠每一个医务人员执行的。所以重点是培养出大批优质的医生。当然一家一家医院做是没有希望的,只有成为一个国家的意志,质量水平提高会快得多。

宿迁市卫生局长葛志健认为"六位一体"的社区卫生服务中既有有偿服务,又有公共卫生服务,当有偿服务跟无偿服务发生在同一个主体身上、在同一个时间,必然是重视有收益的服务,轻视无收益的服务。应该把有偿的治疗服务和预防等无偿的公益服务分开。

4. 农村和城市社区医学人才培养

四川成都华西医院石应康院长认为现在的医学教育用培养科学研究能力的学位制度去培养医疗卫生的从业者。全科医生的培养找不到合适的基地。

陈海啸院长认为现在的医学教育在伦理导向上存在问题。他发现很多毕业生对学医的首要目的是救死扶伤认识不够，更多考虑个人利益。

吕玉波院长认为在农村和城镇基层都存在两个问题：第一，人留不住，许多毕业生找不到岗位，但是也不愿意到城镇的社区医疗部门去，不仅仅是因为收入的问题，还有以后的业务成长、职称评定、家属小孩等很多问题；第二，我们的培养制度没有全科医生的概念，所以很难培养出全科医生。

苏州市卫生局副局长陈小康认为，卫生人才培养多少应该是卫生部门规划的。这样才能保证卫生事业有合理的资金来源，因为人才是提供医疗服务的核心。对医学教育的资质，卫生部门是需要认证的。而现在卫生部门游离在外面了。

2008 年第 11 期（总第 706 期）（2008 年 4 月）

"中国医改研讨会"简报之三

（2008 年 1 月）

  2008 年 1 月 19—20 日，在卫生部指导下，由北京大学中国经济研究中心主办、葛兰素史克公司协办的"中国医改研讨会"在北京大学中国经济研究中心万众楼举行。我们分五期简报报道会议主要内容。本期简报报告公立大医院改革与发展主题讨论和会议总结的主要内容。

一、公立大医院改革与发展的外部环境

  四川成都华西医院院长石应康认为社会对公立大医院的定位直接决定了公立大医院的发展目标和可能的方向，不仅对公立医院发展本身具有重要意义，对全社会医疗卫生体系的发展和建设更具有直接影响。公立大医院的社会定位有四点：一是配合城市社区和农村乡镇医院进行疑难危重和复杂疾病的治疗，并提供医疗标准和技术支持；二是通过提供实践机会为医学在校教育创造实务操作平台；三是进行医学和卫生管理的基础性和实践性研究；四是充当所在区域内实现健康维持功能，并综合面向医疗、教学和研究等方面的主导性机构。对公立大医院的社会定位同样要考虑社会整体的负担能力，综合考虑医疗的投入产出比，防止过度医疗、重复医疗和无效医疗；同时也需要将公立大医院定位与社会保障体系的定位合理结合，在机制上合理分配保障体系的各方支付比例，既保证公平，又保证医疗卫生筹资来源，这样才能可持续地促进整体医疗体系的发展。

  广东省中医院院长吕玉波认为，在观念上，社会舆论一方面要尽可能改变当前对公立医院医务人员"妖魔化"的认识，另一方面也需要让社会认识到公立医院建设存在的问题绝不是过剩，更重要的是不平衡。

  解放军 301 医院副院长陈晓红认为要"把医生从挣钱的桎梏中解放出来"，一要让分配制度趋于公平，让医生拥有与其他社会人才相匹配的收入水平；二要推动医疗定价改革，尤其是对医疗服务中脑力劳动的更合理定价；三要积极推行公立医院医生的个人医疗事故保险，明确科主任管理下的主诊医师个人责任制度，而不是由医院或者科主任承担医疗事故风险。

  上海中医药大学附属普陀医院副院长张兴儒认为合理的外部政策必须要能够稳定公立

医院医护人员队伍，必须通过合适的配套政策保证群众和医生群体在改革过程中同时受益。

大庆油田总医院集团副总经理符强认为，医药关键不是在"分"，而是在于"分"之后，一方面是否真正能够解决大处方问题，另一方面是否真正能够避免低价药品从市场上消失。目前，药品的剂量并没有标准化，因此从开药的剂量就能看出是哪家的药，医药分开并不意味着医生不开大处方。

重庆九龙坡区卫生局局长张萍认为医疗纠纷的解决不能全盘推给医院，需要政府提供联动性的外围支持。在当地，大型医疗纠纷由专门设置的领导小组进行处置，分管副区长任组长，联合卫生、信访、民政、公安等部门，对群众接待、法医检验、安全保卫和宣传解释进行联动的配合工作，可以有效防止医疗纠纷的扩大和恶化，有利于公立医院的外部矛盾处理和责任界定，从而实现良性发展。

二、公立大医院内部管理体制

石应康认为，改变体制的目的在于实现机制的转变。在公立产权不变、监管到位和相关政策配套的基础上，保持一定的竞争压力有利于公立大医院的良性发展。在这一意义上，公立大医院完全实行"收支两条线"并不合适，不利于激励的维持。维持合理竞争压力的关键在于监管的有效性，并建立供方、需方和付费方相互制约又相互依存的关系。

浙江台州医院院长陈海啸认为从医院自身可以控制的角度看，等待或者要求外部政策和舆论环境的有利改变并非积极态度，必须从内部寻找一个既能充分体现公立大医院社会外部定位和发展方向，又能有效联系大医院内部经营、财务和人事等关键环节的核心元素，这就是质量。它比价格、服务量等指标更能有效体现上述两点要求。大医院只有充分重视对内部质量的管理才能在实现服务向"以病人为中心"转移的同时也为医院内部体制改革提供标准和突破口。在更广泛范围内推广医院内部质量管理同样需要政府力量的介入。政府要以法制和承诺的方式推动医疗机构注重和提高医疗质量，制定各种疾病的诊疗标准，建立国家医疗质量安全监测网络，同时加强政府投入，促进部门协调，为公立医院内部质量管理的改革提供充足的外部动力。而且，质量不是罚出来的，而是奖出来的。

上海财经大学俞卫教授认为，在当前中国的发展阶段，质量亟待提高和费用不足的矛盾十分尖锐，政府如何设计有效的筹资和补偿体系，在促进医疗质量提高的同时保证公平和更全面意义上资源利用的有效性是值得进一步探讨的问题。可以考虑将政府拨款的 5% 拿出来专门作为质量奖励金。

三、医院集团化建设若干关键问题

石应康和吕玉波认为，医院集团化既要在服务上有所分层，有效分配资源格局，又要在机制上实现竞争和协同。促进同一层次上的竞争和不同层次资源利用的合理衔接互补是医院集团化要实现的关键目标。医院集团化和基层医院的建设也紧密联系在一起，在医院集团中，大医院有责任帮助基层医疗机构培养人才、建立专科、解决疑难杂症并建立起稳定的协作关系。

符强介绍了大庆油田总医院集团的经验。首先，在充分明确各自定位和功能的基础上实现有效分层是医疗集团建设的关键。三级医院担负学科建设、重症疑难病治疗的责任，二级医院主要负责基本医疗和康复、长期复查性疾病的收治，同时，医疗集团通过有效的转诊网络深入社区，通过切实有效的措施让病人愿意在社区就诊。大庆的经验是严格保证双向转诊起点和终点的明确性，转诊必须根据需要明确转到某个科室找某个医生。其次，医疗集团的运作必须保证强有力的行政干预，在制度层面上保证人力资源和设备共享能够确实实现。最后，即使医疗集团不能直接干预医疗保障体系流程，但也需要与其实现有效的协商和配合，只有这样才能有效地解决转诊过程中可能出现的各种逆向选择问题。

四、总结医疗卫生改革的重点

中华医学会副会长刘俊教授总结认为：第一，中国医改处在重要的历史时刻，既有前所未有的机遇，也有前所未有的挑战，而机遇大于挑战。第二，在舆论宣传方面，医改方案出台时应该有几个亮点。要用通俗的语言而不是学术的语言告诉老百姓，他们能够从医改中得到什么，他们应该做什么？要有些老百姓听到就很高兴的措施。还应该告诉全体医护人员医改能带来什么，他们应当怎么做？应该给医护人员带来希望，创造全社会尊重医学、尊重医护人员的氛围，在医护人员工作条件和生活条件改善方面有些看得见的措施。同时，不能把所有人的预期吊得很高，应当说明医改的艰巨性，发动全社会人人参与医改，推动医改。第三，大部制改革可以先从容易的做起，现在可以把相同职能的"合并同类项"，一个是把医疗和药品的管理放在一个部门；还有一个是把所有的保障项目放在一个部门。下一步再讨论这两个方面归哪一个部门管，一步一步落实。第四，医改方案是卫生事业改革的开始，而不是结束。文件的推出，不是问题的解决，而是改革刚刚开始，关键要看执行和落实。目前，医改具有三个有利条件，一是党和政府空前重视，二是对改革目标的认识空前统一，三是全社区的氛围都在支持医疗改革。

中国工程院巴德年院士认为，医改要重视宣传，一头重视向下宣传，医改的精神要让媒体正确反映，让老百姓既看到前景、受到安慰，又知道这项工作要一步一步深入，不能急。不仅要宣传医改，更重要的是要把医药卫生知识普及、健康教育普及一并做好。另一头重视向上宣传，宣传卫生改革和整体人民健康的重要性。关于大部制改革，现在至少应该把药品管理纳入卫生部门管理，然后把医保部门纳入卫生部门管理，结束谁都管卫生、谁都不怎么管的局面。在管理上要抓两头，重点向下，抓农村，抓社区。但也要把上面特别是特大的医院管好。应该收支两条线管理，鼓励使用国产设备。

中医科学院陆广莘研究员指出：人类健康长寿的影响因素中，现代医疗只有8％。医改首先要充分认识医疗危机，当代医疗危机源于我们主要针对疾病的技术，反而缺乏对健康本身的重视。现在已经提出的"健康中国2020"的概念十分重要，中医药应该承担起这个责任。但现在中医人才流失很严重。

国务院发展研究中心葛延风研究员认为，教育事业发展的基本经验值得医疗事业借鉴：（1）进一步强调医疗事业的政府责任；（2）政府要增加投入；（3）必须强调中央和省级政府的投入责任；（4）要突出以公益性为目标；（5）要对医务人员的工资和福利提供保障；（6）政府的投入要变成老百姓的实惠；（7）要促进基本卫生服务的立法。

北京大学中国经济研究中心副主任李玲教授总结了前面几场讨论达成的共识和代表性的观点：（1）中国医改的旗帜和道路是建立中国特色的医疗卫生事业，目标是实现人人享有基本医疗卫生服务。医疗卫生体制是社会系统的组成部分，医疗卫生系统本身包含多个子系统，改革需要统筹兼顾。(2) 要用创新推动医疗改革，包括：医疗卫生体制创新，包括监督管理体制、医疗卫生服务提供体制和筹资体制；医疗模式创新，要从以疾病治疗为中心转为以健康管理为中心；手段和方法的创新，信息化为创新提供了平台。信息化不仅仅是从过去的纸版记录变成现在的电子版记录，而是全新的管理机制、考核机制，使过去比较难做的事，现在可以变成现实。(3) 应当财务保障和服务保障双管齐下。目前的机制下，供给方和筹资方目标是不一致的，宏观上应该整合筹资方和服务方，实现大部制，实现责权利的统一。具体到医疗保险的经办、医院的管理和监督、药品器材的管理和监督，应该在微观上实现管办分开。管办分开应当体现在制约关系上，而不是体现在机构和形式上。应当通过行政力量充分整合现有的医疗卫生资源。(4) 医疗筹资要增加政府投入水平，降低自付比例，整合资源，提高资金使用效率，改革经办方式（社会医疗保险可以由卫生部门结算），完善补偿机制（由控制需方过渡到控制供方），改革支付方式。(5) 农村和城镇社区卫生要坚持政府主导。农村卫生要规范化，整合农村三级卫生网，形成联动机制，加强健康教育力度；发展社区卫生服务的方向要坚持。(6) 大型公立医院的竞争要以质量为核心。简单的市场化不能解决现在大医院人满为患的问题。但市场机制可以被运用，如医疗集团内部三级医院自动实现转诊，就是利用了市场机制激励相容的原理。(7) 医改要注意发掘中国文化中的要素，以实现制度创新，如中医的健康理念、师徒关系在村医队伍建设中的作用等。(8) 医改的一些措施需要有顶层设计，整体推进，避免各自为政。例如，医疗卫生信息系统的设计，需要一开始就有统一的标准或规划，如果各地各自为政，则很难整合起来，无法发挥信息系统的作用。

2008 年第 12 期（总第 707 期）（2008 年 4 月）

"中国医改研讨会"简报之四

（2008 年 1 月）

2008 年 1 月 19—20 日，在卫生部指导下，由北京大学中国经济研究中心主办、葛兰素史克公司协办的"中国医改研讨会"在北京大学中国经济研究中心万众楼举行。我们分五期简报报道会议主要内容。本期和下期简报报告卫生部党组书记、副部长高强同志的总结讲话。

一、"医改"不能割断历史

中国医改不是从今日始，更不是从今日终。医改从什么时候开始是说不清的。中国卫生事业改革发展经历了几十年，而今后医改的道路仍很漫长，改革和发展是相辅相成，相互依存的。如果没有新中国成立几十年来发展得比较完善的医疗卫生服务体系，现在就没有改革的基础；如果没有医疗卫生发展中出现的许多突出问题，当前也没有这样强烈的改革紧迫性，引起大家高度重视。这些改革和发展的历程，既有改革开放以前的，也包括改革开放以后的，当然也包括今天的实践。

因此，首先不能割断历史，不能单独讨论某一段改革是成功还是失败，我们总是处在改革的某一个阶段，都会有成效，也会有不足，然后针对新的问题，再研究改革措施。所以，改革总是需要几十年的时间逐步完善。但是经过改革，发展方向总是要往前的，医疗卫生体系也总是要不断健全的。

其次，不要认为这次提出的改革方案就是十全十美的，以为方案出台就能解决一切问题。制定一个非常完善的改革方案，本身就很困难，而且即使从某一个角度讲，好像已经很完善，但是换一个角度考虑，往往又不够完善。比如医院收支两条线的改革，对恢复医疗机构的公益性、减轻群众的负担肯定是有益的；但是收支两条线实施之后，如何保证医疗系统的效率呢？现在大医院已经人满为患，如果医生缺乏积极性，这样的问题就更严重，就可能出现其他有些国家类似的情况，比如拍一个 CT 几个月都排不上队。这样的问题如何才能协调好，还需要进一步研讨。

再次，并不是改革方案出台后立刻就能落实，仍然要经过一个很艰巨的过程。以前的有些政策在某些方面的口气和决心，甚至比现在还要坚定，但很多都没能最终落实。同样，这次医改方案出台以后，推行、协调、落实也并不容易。而且，在此过程中，不仅要解决外部政策的落实，还要面对医疗系统内部管理的加强，而且这是更为重要的。必须明白这次改革方案出台、改革政策落实以后，卫生系统面临的压力并不会减轻，而是会更大，发展几十年中养成的观念、习惯、做法，都亟待转变。比如现在公立医院都是划分为非赢利的，但实际却都带有很强的赢利色彩，这是体制和机制造成的，并不是医务人员没有操守。正是当前的某些体制机制引导着医务人员过多关注经济利益。改革方案出台、落实后，就要转变这种观念和习惯，医院的管理可能会因此而有所改变，但是对于医生的个人思想和行为，又要通过怎样的方式去转变？如果在医生的思想和行为方面不能够出现有效的转变，群众便感受不到医疗服务的变化，改革就不能收到立竿见影的实际效果，对卫生部门的批评也会更强。现在还可以说，政府不投入，医院就只好自己创收；但是如果政府增加了投入，医疗服务还是没有大的改善，那是不行的。

最后，在改革过程中，老的问题解决了，新的问题仍然会出现。必须针对新发现的问题不断完善改革进程。所以，在宣传上，要通过有效的方式引导群众，不要期望改革能解决所有问题。当然，改革也要确实能够解决一些群众反映最强烈的突出问题，否则，改革的意义从何谈起？所以，改革应当每年解决几个问题，每年让群众都能看到一些实实在在的利益。这样经过若干年的补充、完善，逐步建立起一个适应群众需要的、适应中国国情的基本医疗卫生制度。

二、这次医改的核心问题

我认为这次医改的核心问题是要恢复医疗卫生服务的公益性。以前，在这个问题上，社会各界的意见并不完全一致，如今基本趋于一致了。如果没有医疗服务的公益性，其他诸如增加投入、加强监管等措施，都不可能发挥很好的作用。但维护医疗卫生服务的公益性并不是一句口号，需要诸多条件和环境，外部政策需要调整完善，内部管理更要健全和加强。

恢复医疗卫生服务公益性的根本目的在于减轻群众的负担，要把实实在在的利益落实到群众身上，否则公益性就是一句空话。这方面有一个问题还没有讨论得很完善，那就是如何把财政投入的"投供方"和"投需方"结合好？有的观点强调投入到需方，有的观点则倾向于投入到供方，而且在讨论中往往把供需双方截然对立起来。其实，投供方和投需方的最终目的都是要投到需方，但是如何把两者结合好？在卫生部门中，对这个问题的实质强调得不够。比如合作医疗，政府如果把30元钱、50元钱或者100元钱直接投到需方，便能让群众看到实实在在的利益；但是如果投到医院，怎样才能保证进一步把利益转移到群众身上？这样的机制当前分析得不够清楚，卫生系统内部相应需要的一些措施也还没有完全提出。因此大家会对这样的思路有疑惑，政府的钱为什么要投到医院呢？其实，这样做的根本目的并不是为医院增加收入，而是要通过增加投入，降低群众的医疗费用，直接减轻群众负担。但是进一步的疑惑又会出现，既然投入供方还需要间接一步才能转为群众的利益，那直接增加对需方的投入不是更好吗？这是不对的。因为，如果不投入需方，互助互济的医疗保障制度便无法建立；但是如果不投入供方，就难以保证对医疗服务实行有效的监管，便容易导致医疗保障水平和医疗服务价格越来越高，此时单纯"补需方"就无法收到良好的效果。所以，在这次改革中，要充分考虑如何才能做到既完善机制，又加强管理。

通过改革要设计出这样的合理机制，在这个机制中，不管是医疗卫生人员还是医疗机构，他们的基本职责就是提供服务，而不是考虑自己的利益，他们的利益由政府来考虑。真正建立这样一个机制，必然需要一个逐渐探索的过程。对于医疗机构和医务工作者的利益，让医生来考虑和让卫生部门来考虑是不一样的。医生不应该考虑自己的利益，卫生部门却必须为他们考虑。卫生部门的职责之一，就是要为医疗卫生人员创造良好的工作条件和生活环境，这样他们才有可能安心为群众提供良好的服务。现在我们还没有足够的力量为医务工作者们创造很好的条件和环境。政府没有本事，医生便会自己发挥本事，从而医疗机构的公益性便难以保证。这也正是当前改革考虑机制设计时所要面对的核心问题。

但也必须承认，上面提出的问题确实非常复杂。要想通过一次改革、一个文件就恢复整个卫生系统的公益性，是很困难的。对于这个问题的解决思路，我认为：

第一，必须尽快完善公共卫生体系。虽然公共卫生体系的问题和医院的问题表现不一样，但它们的本质是差不多的。比如注射疫苗，过去有免费的，也有收费的。公共卫生机构对提供收费疫苗的积极性很高，而对提供免费疫苗的积极性就不高。当然，也不能把责任全推给公共卫生机构，还应该追究政府部门的责任。如果政府能够保证对公共卫生机构的经费保障，那么它们就能逐渐从注重创收转移到注重人民健康。这次改革要尽快扭转这样的情况。

第二，这次改革已经明确了政府保障农村和社区经费投入的方向，但我担心的是这些经费如何才能有效发挥作用。当前农村和社区卫生机构水平比较低，能力比较差，群众不信任，都不来。有完善的经费保障，但是没人来，也就无法发挥有效作用，还不如把资金拨给医院。所以，在这个问题上，改革并不意味着只要建立政府负责经费保障的机制，而要让经费保障水平和医疗机构的服务挂钩。服务多，服务好，政府的经费就能保障；相反，服务不好，没有人来，政府就不提供经费保障。相应的，服务的数量和质量应该如何衡量？大家提到了要加强监督和评估考核机制的建设，但是至今这样的有效机制还没有建立起来。卫生部内部的工作还不够理想，至今还没有提出可操作的指导性意见，当然也就无法让地方各级单位进一步实施。

第三，在解决医疗机构经费保障问题、建立完善补偿机制的同时，让群众的医药费用负担明显降下来。也就是说，政府向医院增加多少投入，就要相应反映到群众的医疗费用降低多少，这样才能让群众看到实实在在的利益，才能给进一步改革树立信心。在改革过程中，必须要有一整套可操作的政策文件来把这些机制制度化。但是对于公平和效率的取舍，既要能够控制医疗机构创收的冲动，又要能够调动它们提供服务的积极性，确实不容易找到一个较好的结合点，这些问题都值得进一步研究。我们可以尝试一种思考的方向，由政府来核定医院的工资总额，在保证工资总额不至于太低的前提下，允许医院自己调动工资总额之外的积极性，多劳多得，优劳优得。当然，对于这样的想法也没有任何现成的经验，需要先在某些地区进行试点论证工作。

三、医疗服务行业如何开展公平竞争

从经济学的观点来讲，医疗服务行业应该鼓励公平竞争，没有竞争就没有效率。但是医疗服务行业的竞争如何开展、如何体现，仍然是值得探讨的问题。

医疗行业的竞争是什么？首先当然是医疗服务的质量、水平、条件。看病与吃饭是不一样的。大家吃饭愿意到物美价廉的地方，除了摆排场请客吃饭，排场是摆给别人看的。但是在医疗服务中，情况就完全不一样，大家都要找名医看病，谁也不愿意因陋就简，找没名气、没水平的医生看病，拿自己的生命和安全开玩笑。所以，医疗行业竞争最后导致的结果是，当前我们的医院规模越来越大，条件越来越好，设备越来越先进。但是医疗服务的水平和效果却不一定越来越好，因为设备的先进和治疗的效果不完全成正比，即使检测手段越来越高了，治疗手段未必就越来越高。而且有的疾病即使能够检查，也不一定能够治疗，最后的诊疗效果也难以用一个科学的标准来衡量，这是医学本身的特点，和机制的关系不大。

所以，我们需要考虑引导医疗服务行业实现公平、有序、合理的竞争。竞争的结果既要提高医疗服务的质量，又要有效地利用有限的资源，提高服务效率。既不能为了公平而丢了效率，但是也不能为了效率而忘了公平。当前，兼顾公平和效率的问题还没有解决。

那么，当前医疗系统的效率到底高不高？对这个问题有许多不同意见。有的同志认为当前医疗系统的效率是高的，因为不像一些国家那样，拍一个CT要等几个月；但是也有同志认为，虽然微观上服务效率高，但是宏观上服务效率不高，因为有很多服务都是多余的、无效的。比如现在大型设备检查项目的结果，阳性率只有2％—5％，说明无效的检查非常多。但有的专家也提出，无效的检查本身也是有效的，因为它确切排除了患病的可能，不也是有效的吗？应该说，不是医改本身复杂，而是医疗服务太复杂了，当改革和医疗纠缠在一起时，改革就变得极其复杂。所以，这些问题还要我们继续思考。

四、关于大部制问题

现在提出要实行大部制，把过去分开的部门又重新整合起来。这需要进一步解释，当初为什么会分开，现在为什么又要合起来？合要有合的道理，分要有分的道理，说不清楚是不行的。当前部门之间的权力确实很分散，但是大部制是否意味着需要合并成当初统一的状态，是否原来分出去的今天都需要合回来？也不一定。已经分出去的部门，它的实际权力与过去统一管理的时候相比，也已经大多了。

实际上，这次大部制改革最基本的原则是权责一致。有权有责，本应由一个部门管的事，就不要由几个部门管，而且必须要求这个管的部门承担相应的完全责任。比如，当前医疗服务体系和医疗保障体系是分开管理的。那么，关于医疗费用的问题，应该属于谁的责任？卫生部门负责提供医疗服务，如果服务质量不高，出了医疗事故，卫生部门当然责无旁贷；而群众负担费用的高低，不应该是卫生部门的责任，而应该是医疗保障部门的责任。但现在"看病贵"也被认为是卫生部门的责任，这样的界定并不准确。如果实行大部制，一个部门既管医疗服务，又管医疗保障，那当然应该承担全部责任。但在当前职责分开的现状下，让某一个部门承担所有问题是不行的，只能由医疗保障系统和医疗服务系统进行协调。

卫生行政管理体系到底是分开好，还是合起来好，是值得大家思考的。我们以前强调的"三项改革"，以及十七大强调的"四大体系"、"四位一体"的卫生发展布局，与这些问题都密不可分。至于最终把权力分给哪一个部门，不是最主要的问题。

五、关于全行业管理

全行业管理并不是新概念，1997年《中共中央、国务院关于卫生改革与发展的决定》就已经提出过。但是至今仍然缺乏有效的落实。这是为什么？是落实过程中有困难，卫生部门没有提出明确的指导意见？是大家认为全行业管理不可行？还是存在某些具体障碍？我认为，当前一个很重要的障碍就是医疗机构多渠道管理的现状。比如北京总共有500多家医院，但是有军队的，有卫生部的，有区属的，还有行业的，真正属于北京市卫生局管理的有几家？怎么统一管理？如果不打破现有的分立管理体制，全行业管理无从谈起，没有手段。现在卫生部门唯一的惩罚手段就是吊销医疗机构执照，但是吊销一个医生的执照都不一定能做得到，吊销一个医院的执照谈何容易？而其他的管理手段则更为缺乏，人、财、物都分别控制在不同部门，实行全行业管理的难度是很大的。

要解决这个问题，可能有效的措施是政事分开，延伸一步也就是管办分离。卫生部门最重要的职能就是全行业管理，不管谁办的医院都由卫生部门统一管理。当前，无锡、上海等地都在探索管办分离的经验。但是，如何把卫生部门监管的范围和重点由只管下属范围内的几个医院扩展到管全社会的医疗机构，是改革最关键、最重要的目标。如果政府只把眼光放在政府办的医院，其他的医院都不管，这样的改革是不会成功的。

进一步，靠什么手段来执行全行业管理的职能？实行全行业管理意味着卫生部门要承担全部的管理责任，但是如果缺乏有效的管理手段，那卫生部门的权责范围就是不一致的。这也正是这次医改的一大难题。比如在无锡，实行管办分离以后，卫生部门责任是加重了，而权力减轻了，那么靠什么去管理？当前，医院的设置、发展规划都还没有纳入卫生部门的管理范围，那么卫生部门的管理权力究竟体现在哪些方面？这些问题需要研究，特别是各地的卫生厅局长们，更要从当地角度出发思考，卫生部门承担了什么责任，相应要具有什么样的职权？

六、关于人才队伍建设

当前医疗人才队伍建设确实面临很突出的问题，最显著的就是供需脱节。人才的培养，如果不考虑实际需要，效果肯定不好。如果真的是每年医科大学毕业的学生有几十万都要改行，都不能在医疗系统就业，那是不是不需要办这么多医学院，或者说学科设置不适应这个社会的发展需要呢？但是，如果医学院校中的专科学校都不办了，都是本科，都是硕博连读，那么谁到农村、到社区去提供医疗服务？农村本来需要大量的合格医疗人才，却吸引不到医学院校的毕业生，这就是问题的症结。即使对到农村工作的医疗人才加工资，但医疗不同于一般的劳动行业，医生不光要考虑工资问题，更要考虑发展和成长的问题。医学院校学生如果毕业以后到大医院，可能三年就能成长起来，但是到农村，也许十年也成长不起来。这确实是很现实的问题，也是很复杂的问题。

有的同志提出，卫生部和教育部需要联合制定人才发展规划，这是一个很好的建议。我们下一步就考虑要和教育部召开联席会议，准备签订相应的合作机制，在现有条件下加强合作。总之，人才是医疗的基础，是医学的基础。

七、如何提高医疗卫生服务体系的效率

本来，医疗服务是一个完整的体系，但是，现在我们把它分割成几块相对独立的服务体系，有疾病预防体系，有传染病预防与控制体系，有医疗服务体系，还包括许多中间的、防治结合的卫生机构，比如卫生所和社区服务中心。总之，在卫生服务的高端是分离的，中间是结合的。这个体系有其存在的道理。如果大医院都改成防治结合，其实什么都做不好；如果中间的卫生服务体系水平很低，同样也是防不了、治不了。现在要思考的是，如何通过现有的基本预防控制机构和医疗服务机构向社区进一步延伸，把医疗卫生服务体系链条串在一起，既提升社区的服务能力和水平，又形成完整的服务链条。如果在社区就能解决一部分基本医疗问题，涉及疑难病症，再转到医院，涉及疾病控制，再转到疾病预防控制中心，这就是一整套完整的系统。各级传染病预防与控制中心，特别是县市级的疾病预防控制中心，要努力做到进社区、进农村。当前真正实施的地方是很少的。南京的社区就设有常驻的疾病预防控制机构和卫生监督机构，居民有什么疾病，相应机构马上就可以服务，如果服务不了，就上报到市一级的疾病预防控制中心。社区也长期有卫生监督人员。这样的机构设置并不占用社区的经费，只需要市里的工作人员将工作地点转移到社区，社区只要提供两间房子就行了。而在农村，现在既没有卫生监督人员，也没有疾病控制机构，就只能让卫生院承担防治职能，但卫生院承担不了。

还有一个问题需要解决，就是卫生系统中的"三不"：不会要钱，不会管钱，不会花钱。这个问题至今也没有完全解决。"三不"的存在导致卫生系统财政投入不足和卫生资金浪费并存。国家拨给了经费，并不意味着服务就一定能够改善。相反，今后改革的责任更大，任务更艰巨，这是在环境改善的情况下产生的忧患意识。关键在于进一步改善管理和服务，使得以后增加的投入，也就是纳税人的钱，最终能够真正回报到广大人民群众的手里，让大家能够真正感受到医改的成果，感受到党和政府的温暖。

八、继续深化研究和实践

总结一下，这次医改涉及很多层次的问题，有宏观的问题，有微观的问题；有外部环境的改革问题，也有卫生系统内部的改革问题；有一些体制机制的问题，也有一些管理制度的问题。研究和解决这些问题，一定要分清层次，不能从中央到县，大家都管一样的事情。在国家和省级水平，涉及宏观体制机制的改革更多；到市县一级，着力于政策落实和卫生系统内部管理的改革更多。正确的思路应该是，越到基层越具体、越深入、越细致、越实在，才能收到良好的效果。而且，对于改革的各种问题，也要区别轻重缓急。先把最突出的问题改善一步，在改革的大环境下建立起基本的框架，然后在这个框架下，逐步进行改革的推进。党中央已经提出，到2020年要建立起覆盖城乡的基本医疗卫生制度，这和我们建设小康社会的目标是同步的。不过，当前在社会上对这一目标的认识存在误解，误认为基本医疗卫生制度就是到2020年要实行全民免费医疗，这是不正确的。现在实现不了免费医疗，再过50年也实现不了，至少药物不能免费，否则必然会造成巨大浪费。这也就自然牵涉对"基本医疗卫生"定义的探讨。"基本"这个概念具有怎样的内涵？"基本医疗"是一个医学概念，还是一个经济概念，或者是一个社会概念？这很难界定清楚。改革要保障基本医疗，但是基本医疗是什么都还没有界定清楚，那落实又从何谈起呢？对于这样的问题，值得大家进一步研究。

总之，谈到的这几个问题，都是医疗改革不可回避的问题，而且这些问题也是必须做好的。改革为什么这么难？方案为什么迟迟不能出台？因为还有许多问题亟待解决。而且，在适当的时候，还要更广泛地征集一下意见。

2004 年第 17 期（总第 433 期）

"城市医疗卫生体制改革研讨会"简报之一
——我国城市医疗卫生体制问题和改革

（2004 年 5 月）

　　为探讨如何推进我国城市医疗卫生体制改革这一重要课题，北京大学中国经济研究中心于 2004 年 5 月中旬举办了"城市医疗卫生体制改革研讨会"。参会人员包括研究人员、相关部门政府官员、医院院长和企业界人士。会议开幕式上，北京大学校长助理海闻教授、中国经济研究中心副主任胡大源教授先后致辞，强调指出医疗卫生体制改革及其相关研究的重要性，希望研讨会能够为大家创造一个交流沟通的环境，对推进这一改革进程发挥积极作用。会议集中讨论了"城市医疗卫生体制改革的背景、政策目标、制度安排以及相关医院管理问题。我们分两期简报摘要报告部分发言的主要内容和观点。

　　社科院工业经济研究所余晖研究员认为，中国医疗产业组织有以下几点特征：一是医疗服务提供者主要是事业化运营为主的国有组织。由于国家预算投入不足，迫使医疗机构依赖"以药养医"的生存机制；由于社区基本医疗保健体系严重缺乏，在三级医疗服务体系中难以形成合理有效的转诊制度；城镇和农村医疗资源的分配极为不均衡；民间投资医疗的潜力和积极性很大，但由于税制落后和政事不分，国家对民间医疗机构进入设立了很高门槛。

　　二是医疗保险服务体系呈现低覆盖和垄断性特征。机构和个人缴费的基本医疗保险只覆盖了城镇人口的 25％左右，国家缺乏面向低收入高风险人群的医疗救助计划；国家没有投入，却拥有基本医疗保险的垄断管理权，服务效率较低，因而难以成为参保人群的真正代理人，也难以启动真正的医疗机构之间的有序竞争。

　　三是医疗费用控制缺乏有效的制度安排。现有的国家发改委为主的医疗价格管理体制，因知识结构和行政资源的缺乏，难以开发有效的医疗价格监控技术和手段，而实际成为既得利益者的代言人。由于医护人员的名义收入的低度刚性化，医院药品收入实际成为弥补医疗机构成本的主要手段，医疗机构大型现代化诊疗设备的竞争性投资也成为弥补其收入不足的又一个手段。

四是医疗服务质量低下。由于政事合一的管理体制、扭曲的收入机制、不充分的竞争压力和日益增长的庞大的医疗需求,使主要以准入许可和评级为手段的质量管制难以达到提高医疗服务质量的目的。过度的需求诱导和服务不足同时存在,导致大量严重的医患纠纷。

他建议引入医疗保险市场的多层次竞争。与其让一个只承担极少数社会优势群体医疗保障的政府承办全社会的基本医保,还不如开放医保市场,鼓励在基本医疗服务领域引入民间自组织的会员性医疗保险机构(如大型企业集团自办保险),打破由政府独家运作医疗保险的垄断局面,让社会各群体自由选择竞争性的基本医疗保险组织。他提出应加快社区卫生体系的建设,鼓励医生从医院分离出来,同时大力培养全科医生,形成独立执业的医生市场;鼓励医生或医生团体开办社区医疗诊所;积极放开民间资本进入社区卫生服务体系的建设,使其达成与独立医生的结合,同时鼓励民间对社区医院的捐助。确实加快国立医疗机构的产权和治理结构改革,政府主要保留部分完全公益性的医疗机构,如传染病医院、预防性医院以及专为高风险低收入人群提供救助服务的医院;大部分国有的教学医院、专科医院和综合医院都应该大力鼓励国内外民间资本的进入,由医院董事会来行使医院的管理权;绝大多数的城镇一级医院和农村的乡镇卫生院采取民营化的方式推进改革。应考虑将分散在文教、卫生、社会保障、民政、药品等部门中的有关社会发展和安全的职能集中到一个大的行政机构,减少这些部门之间的扯皮和摩擦,降低行政成本和提高行政效率。在大行政机构内,建立相对独立的医疗机构管制委员会(与药品管制机构并行),由这一专业机构负责对医疗机构管制的职能。

北京大学中国经济研究中心副主任李玲教授提出,形成目前老百姓"看病难、看病贵"和医患关系紧张等医疗卫生服务突出问题的原因主要有三个:一是卫生资源配置不合理,政府卫生投入不足,医疗投入重治疗轻预防,重城市轻农村,利用效率不高;二是医疗卫生服务没有合理的分层,高收入人群和低收入人群的医疗服务需求都得不到满足;三是医疗机构对资源的利用不合理,医院"以药养医"、以"高科技检查养医",存在很大的浪费。

产生这些问题的背景,在于从计划经济到市场经济的转轨过程中,医疗卫生领域政府职能的转变和市场机制的形成都不到位。如医疗卫生领域的监管职能分布在政府的多个部门即政出多门带来问题;医疗保障部门缺乏竞争、商业医疗保险市场很小、保险方对医院控制成本和提高服务质量的监督力量不足;医院之间没有形成有效竞争格局;社会资本开办医院存在医生执业资格、职称、社保定点、项目审批等限制和税收安排方面的较多限制;医疗卫生人员的激励机制不合理等问题。她认为,医疗卫生体制改革的目的是形成城市医疗卫生服务有监管的竞争市场。改革政策可选择思路包括:开放高端医疗服务的提供,充分满足城市高收入人群的医疗服务需求;用高端医疗服务的收入补贴对低收入人群的救助,解决目前老百姓"看病难、看病贵"的问题。

复旦大学公共卫生学院胡善联教授认为,现有中国医疗体系存在的问题包括:病人自由选择医院的制度,使三级医疗网形同虚设;三级医疗机构过度利用,一、二级医疗机构利用不足;医疗向专科化方向发展,导致医疗费用急剧增长;医疗服务可及性、质量和健康结果差距拉大;不同经济状况的个人、企业享受医疗保障的程度不一;城市医院效率下降和成本增高,如 2002 年卫生总费用已占 GDP 的 5.42%,但是 2003 年诊疗人数减少

5 000万次，全国医疗机构平均病床使用率仅为59%，人均门急诊和住院医疗费用继续增长，年增长率为8.7%。

他提出医疗体制改革的目的在于通过社会办医促进卫生事业的发展和改革；在医疗市场中引入竞争机制，提高医疗机构的服务效率；利用各种多元化的办医形式，来满足不同层次的医疗需求。政府的职能转变应该体现在管办分离，政府应由卫生服务提供者变为卫生服务筹资者和卫生服务购买者，最后应成为卫生服务的规制者。

劳动和社会保障部医疗保险司姚宏副司长用数据说明现行医疗卫生体制存在的问题。截至2004年3月，全国参加医疗保险人数达11 239万人。2003年参保人员中：机关事业参保人数为3 480.7万人，占参保总数的32%；企业参保人数为7 077.2万人，占65%；灵活就业人员等其他人员参保人数为343.8万人，约占3%。在各类参保人员中，在职职工为7 974.9万人，占参保人数的73.15%，退休人员为2 926.8万人，占参保人数的26.85%。2003年实际医疗保险基金总收入为889.9亿元（包括补缴医疗保险费、利息收入等），比上年增长46.43%；总支出为653.9亿元，比上年增长59.72%。由于基金支出增长幅度高于收入增长幅度，少数统筹地区当期出现基金赤字。医疗保障制度建设和管理还存在大量问题。

中国医学科学院肿瘤医院赵平院长建议，政府逐渐提高卫生经费的预算；多渠道吸收资金；开放医疗市场，允许外资进入；实行股份制改造，拓宽融资渠道；调整医疗结构，减少资源浪费；完善医保低水平广覆盖；对于医疗服务，逐步取消定点医院制度；要推动医院改制，调整城市医院布局，合理利用医疗资源。

北京大学中国经济研究中心陈平教授指出，从宏观结构调整与改革发展战略角度看，医改目标应包含三项基本内容：第一是解决就业问题。中国现在最大的挑战是就业的压力非常大。制造业技术越发展，解雇的人就越多。服务业的发展应该占创造就业的主要地位。现在医疗服务人员在就业中所占比例不多，且年增长不大。现在面临的很大的医疗问题是人民的需求很高，但医疗服务就业增加不足，导致中国医生的工作强度过高，比如远远高于美国医生。这就牵涉一个人员"准入"的问题。解决就业是一个战略上的考虑，光靠国有医院是不行的，需要引入民营的医院，包括赢利性和非赢利性的。

第二是解决社会安定和公平的问题。以这点为目标来看，中国的问题相当严重，比如城乡的差距很大。发展赢利性的私立医院可以解决中高层收入居民的医疗问题并推进医疗技术的应用。但如果以安定、公平为目标，城市医疗主要靠赢利的模式就不可能解决中低层居民尤其农民的基本医疗问题，美国也是如此，因此要大力发展非赢利的模式。在中国，所谓的公立、国有医院实际上国家投资很少，是挂着公立的名义进行赢利行为。所以靠它们是解决不了安定问题的。

第三是产业升级。中国的医疗技术也是尖端技术的一部分，应推动其向前发展。而尖端科学技术的研发风险很大，比如国防、医疗，需要政府的投入。所以重点扶持一些国立研究性医院与医学研究院有重大战略意义，不仅包括癌症、心脏等尖端领域，也应包括生物战与基因工程在医学上的研究。在具体改革思路方面，陈平教授对确定政府管理范围和方式、发挥医疗部门人力资本和管理能力作用等问题，发表了自己的意见。他指出在医疗卫生体制改革中，政府应改变只控制人事权、审批权，却不给予对等的财力投入的矛盾。

国家发改委价格司卢凤霞认为，药品价格需要政府的监管，但现在无论是力度还是全面性都还做得不够。现在政府只监管了医保目录上的药品价格。但恰恰是人们消费不在医保目录上的药品时需要自己付费。北京大学公共卫生学院周子君认为政府价格监管的效果其实非常有限。由政府直接控制价格的成本太高,而且界定如何定价、如何监管以及由谁来定价都很困难。医院的激励问题没有解决的情况下,价格控制无法发挥预期的作用。现在按服务项目付费的支付方式太过落后,应该花力量加以研究。中国医科院肿瘤医院赵平认为价格监管对医院的发展影响太大。由于对药品的价格加以控制,另一方面医院的服务价格又迟迟提不上去,导致现在小医院靠卖药、大医院靠设备维生。北京安贞医院白树功认为一个医院的水平关键在于医生,正如企业改革的根本在于人才。医院的发展需要技术进步、人才聚敛。但医院如此低的收入不足以留住高水平的人才,只能允许医生可以适当地拿回扣、走穴等。体制改革应针对这些问题,比如分配、人员激励。作为医院院长,希望可以有"长庚医院"这样的医院进入北京,因为长庚医院可以成为一个参照物,现在的医院没有比照的对象,因此很多问题得不到解决。

国家发改委社会发展司助理巡视员侯岩提出,卫生改革目标是政府、机构、群众各方面都满意,但迄今为止的结果是大家都不满意。出现的原因在于:一是我们对很多存在的问题没有搞清楚,尤其缺乏操作性的方案。这导致有些想做调整、改动的院长,由于没有参照,就直接套用国企的改革方法。另外,政府对这些自发的改革缺乏跟踪、论证和必要的利弊分析。二是在管理体制方面,笼统地说"政府"。现在是"五级政府办医",并且都办同样的医院。但是中央、地方政府所追求的改革的目标取向应该是不同的。在政府内部应分类加以考虑。三是卫生机构内部运行存在问题,公立医院的政府投入很少,医院承担的社会职能实际上也很少。医院收入大部分是通过市场得来的。医疗卫生领域实际上是"市场化不足"和"市场化过度"同时并存。一方面存在政府不该管的还在管,比如对医院的人事管理相当严格;另一方面,现在的医院在自主权方面市场化程度已经很高,医院不是没有自主权、没有竞争,实际上医院手中的权力很大,院长可以非常自主地考虑医院的扩张及大型设备的购置等问题,也可以考虑与谁合资的问题。四是现在对于改革的战略目标仍不是很清楚。对于为什么改公立医院还没有讨论清楚。改革虽然已经列入政府的工作日程,但仍有很多障碍很难突破。五是现在对医院的分类不太符合中国的实际情况。除了政府办的和私立的医院,由企业、私人投资的非赢利医院能否存在?现在有一些企业投资医院是为了赢利,但挂了非赢利的牌子。现阶段的改革多是从公立转到私立。因此实际上医院已经很市场化,对医院的改制、私有化要很慎重,要研究应采取怎样最适宜的模式,改革的突破点不在公私问题或是其他方面,而在医院自身管理上。

北京大学国际MBA项目美方院长杨壮教授指出,通过专题调查发现医院当前存在的三大主要问题是:政府卫生政策问题、医院管理问题和医院体制问题。医院最重要的问题是管理问题,但是如果不迅速改进政府卫生政策并解决医院体制问题,提供优质服务并建立科学绩效管理等问题就不可能得到彻底解决。医院管理的核心问题是改革医生的工资制度并在医院内建立有效的、科学的绩效评估体系。

杨教授还介绍,对医院员工工作满意度调查结果表明,北京对工作极不满意的医院员工最多,广州对工作非常满意的医院员工最多。对工作不满意的原因,三个城市相差比较大,北京最主要的是工资待遇太低、管理水平低下、无法参与决策。上海分别是发展机会太少、工作压力太大、工资待遇太低。广州最主要的是同事关系紧张、文化氛围不佳、管理水平低下。北京的医务人员离开医院的可能性比上海和广州来说更高。离开现有医院后，倾向于去合资医院的比例最高，说明引进合资医院对现有医疗体系的冲击可能最大。

纽约大学公共管理学院客座教授 Martin Chen 提出，40 年前美国做出在全美推行老年医疗保险（Medicare）项目决策，推行后使得整体医疗费用急剧上升。但花 GDP 的 15％在医疗卫生领域并不是坏事，对美国而言其实也是好事。这也是美国在过去 30 年经济虽有升有降但总体是升的重要原因。因为医疗方面的投入不仅是在产业上有贡献，而且对社会福利、社会职能也有很大的贡献。他认为，对于政府降低医疗卫生投入，很多医生、医院管理者有不同意见。不应单纯地降低医疗费用，而是应通过一些有效的方法加大卫生领域的投入，以此让整体社会受益。当政府已经建立了足够好的公路、电厂后，应该花更多的财力、精力在人力资本的投入上。其中最重要的一个投入是建立完善的医疗保障体系。

对于医院的管理，他认为中国医院管理者不是做得不好，而是在现有体制条件下只能做到这一步。现在大家都意识到了医院在逐步走向市场化，在这种环境下，医院才会去关注"病人满意度"等效率等方面的问题。但是医院管理者也会发现他们进入市场的做法是与政府、体制相冲突的。一个很简单的例子就是"红包"。主要原因在于医院医生没有浮动的工资制度，使得大家的收入没有差别。当更多的市场经济或赢利性模式出现后，我们会看到医生的很多收入是摆在桌子上而不是放在桌子下面。如果政府希望医院更像一家企业，或者希望引入更多的市场机制，那么政府就必须允许医院按照企业的方式来运作。

北京铁路总医院院长封国生认为，医院资金有三个主要来源，一是政府的财政补助，二是医疗服务收入，三是药品的差价收入。药品差价收入已经成为医院主要的，或仅次于医疗服务收入之外的第二个重要来源。随着国家财政状况以及与医院分配关系的变化，政府拨款占医院资金的比例越来越低，医院资金的三个主要来源正在发生深刻的变化：其一政府财政补偿在萎缩；其二药品销售差价补偿代价大，成本逐步提高，同时大型设备检查的收费也将大幅下调；其三是唯一可以争取的，就是提高医疗服务收费标准，特别是提高医疗技术劳务收费；但是，这又受到社会与居民承受力的制约。三方面情况使得医院的资金来源严重不足。国内许多公立医院在应用融资方法解决医院资金上取得了不少宝贵的经验和明显的效果，为国家减轻了不少负担，使医院得到很大发展。医院筹集资金的方式可以说多种多样，主要有十种方式：国家财政资金、主办单位或主管部门补助资金、医院内部资金、企业（民营、合资等）或个人的资金、社会捐赠、医院内部职工集资、金融机构资金、融资租赁、商业信用、引进外资。为了吸引社会多方投资，并为投资者树立信心，医院必须从产权方面对公立医院加以改革，力争在经营者选择机制上给投资者以信心，明确产权归属，界定投资权益，确实让真正有经营才能的人获得医院经营权，让投资者可以放心地将资金注入医院。

2004 年第 18 期（总第 434 期）

"城市医疗卫生体制改革研讨会"简报之二
——周其仁教授谈城市医疗卫生体制改革

（2004 年 5 月）

为探讨如何推进我国城市医疗卫生体制改革这一重要课题，北京大学中国经济研究中心于 2004 年 5 月中旬举办了"城市医疗卫生体制改革研讨会"。参会人员包括研究人员、相关部门政府官员、医院院长、与医疗卫生部门相关的企业界人士。北京大学中国经济研究中心周其仁教授在会上发言，着重阐述了我国医改讨论的认识思路、低价管制的社会成本以及准入改革的分层次设计等重要问题，本期简报摘要报告周教授发言的内容要点。

一、医改思路的观察评论

医疗卫生行业具有比其他很多部门更为复杂的经济属性，因而需要通过观察分析使得其中涉及的基本因素和变量变得简化和清晰，然后才可能找到比较正确的解决办法。第一，应该将愿望与事实分开，将医疗现状如何与如何评价、怎么办等问题分开。如果将这两方面混同会使问题变得更加复杂。对一些基本事实应给以足够关注。例如，我国医疗卫生开支占 GDP 将近 6%，在全球范围内算低还是高？好像并不算低。电信这么大的行业占 GDP 也不到 4%。在人均产值 1 000 美金的条件下，占 GDP 比重 6% 是较大的量，这说明我们投入的资源不少。另一个事实是，国家对公立医院实际上没什么投资。全国医疗机构平均的政府投入不到 5%。叫作"公立、国有医院"，却无国家投资，因此这些医院实际上是从市场上赚钱发展的。而市场上的钱又是怎么来的？中国的医疗卫生总费用中个人支付了将近 60%。国家强制性的保险机制只包括了 1.5 亿人，在整个医疗费用中只是较少一部分。改革的建议、方案都应建立在这些基本的事实基础上。

第二，向国际经验学习，要把中国的今天与发达国家的今天分开。中国在改革开放中很注意学习国际经验、国际惯例，这固然是重要的。但也有可能因此导致问题的复杂化。我们会挑选在发达国家中我们认为最理想的模式进行参照，这样会带来大量问题。中国有自身的特色，国际经验不是不要学，而是看怎么学。例如，我们感兴趣的应该是美国在人均产值 1000 美金的时候医疗是怎样的状况，私人、社保、政府各支付多少。因为发达国家也是从发展中国家发展起来的。对我们来说，应学习的是别人如何从低变到高的过程。当然，很多的情况是无法进行比较的。比如香港人均 GDP 两万多美金，其财政补贴力度是我们无法比拟的。我们要比较的还有同等水平发展中国家的经验，看它们在医疗费用、医疗结构上是怎样的。这对于分解、简化问题是有帮助的。

第三，医疗领域中牵涉政府、市场、医生、患者、个人等多方面的利益主体。中国的特点在于国家很大，政府本身就是个很复杂的系统。有些学者的思路，是讲到政府需要解决什么问题，就认为应该立法。但如果立了法还不行怎么办？总需要找到一个实际机制来推动这个复杂问题的解决。根据中国改革的经验，地方之间的竞争是个非常现实的情况，是解决医疗市场问题，让中国医疗水平不断提高的机制。现在医疗资源消耗很大，但产出、服务质量都未能让人满意，不能满足人民群众的需求。解决问题的过程中要注意城市之间、不同地区之间的差异以及互相推动。例如，在环境卫生领域，近几年发生了明显变化。地方政府之间，为了改善环境、招商引资、扩大城市吸引力，有很大的动力去互相学习、互相竞争。我认为在医疗领域上同样要注意地方政府间的竞争，但不是指中央或中央政府中的几个部门之间的竞争。一件事情如果同时由几个部门管，通常都管不好。像城市建设，之所以办得好，原因之一是其主管部门只有一个建设部；再者，地方政府之间有互动，推动就会比较快。

二、低价管制的社会成本

这次会议上，具有不同职业和部门背景的发言人都不约而同地关注到现行价格管制问题。医疗卫生体制改革中，价格政策确实是很大的问题。目前价格基本是管死的，而且看来现行价格管制已经很不合理、很扭曲了。国家发改委审定的明码标示的医疗价格很低。在我看来，只要看哪个地方排队，就是这个地方的价格偏低。当然有一些临时性的排队，比如"五一"、"春运"。但经过七年的通货紧缩，只有三甲医院还在"持续排队"，竟然还有替人排队倒票的，这个现象说明价格偏低很厉害。从管制的社会成本角度观察，低价政策存在多方面弊端和问题。

首先是价格管制并不能改变供求规律作用，因而难以实现低价管制政策背后的设计目标。价格低，需求自然就大，因此明面的价格低，那么就暗地里来。依据"三个代表"，我个人认为就不应该去反对红包，因为红包是老百姓的需要，他们着急的是没有地方去送这个红包。对于这个需求很多人未加以注意。因为看病价格低，大家排队也怕找不到好医生。红包就是那个被歪曲了的价格的表达方式。用行政手段去反，"抓红包"，抓没了这个包还会从别的地方冒出来。所以价格不是由于你有意图就能达到你想要的效果，效果是会转移的。现在价格低，价格的歪曲相对就大，用平常理发的价格和明码标价的开刀价格相比就可知。

医院的钱来自"灰色收入"，从药品、器械上来，还允许医生完成本职工作外"走穴"，到市场上去拿钱。所以这里管死了，就从那里冒出来。而从那里冒出来的代价是什么？是整个医生队伍的人格都搞得很猥琐，不能大大方方地拿钱，最后连好的医生也讲不清楚。例如开药时病人会说，为什么会开这个药？是不是有回扣？这样对医生的信任下降会在将来产生很恶劣的影响。连带的效果是社会还要支付一个代价：社会上有很多人变成了医疗专家。大家都有很多医疗知识，报纸、电台、广播都在讲医疗知识。真正是耗费社会资源。所以，一个低价格要带着很多其他东西投进去。

其次用低价管制目标本身存在问题。从政府角度讲，进行低价管制是因为穷人看不起病。比如在上海，有人在医院门口连夜排队。为什么？因为挂号费低，结果是凭时间来竞争。既然价格不能竞争就凭时间来竞争，时间成本低的人就可以用更多的时间去排队，就先得到服务。问题在于，只要走市场经济道路，收入总会有差距。所以今天的医疗市场不能光按一个市场来考虑。如果光想低收入人群看不起病，由此来解决问题，那么出路就只能是财政加大投资，财政替穷人来付这个钱。如果政府付不起，又把价格压至穷人看得起病的水平，那么医疗市场就会出现很大问题。我认为现在讨论医疗改革要兼顾两个问题。低收入人群看不起病是一个重要问题。还有一个问题是一部分人需要看病也出得起钱，但抑制了那一块的消费，而这块医疗消费被抑制的人群也是中国很重要的生产力要素。这里指的不是大款和有权力的人，这些人群没有看病难的问题。现在有相当一部分知识分子、中产阶级、白领，在医疗服务需求上是被抑制的。道理在哪里？就是价格定得偏低后，大家比时间、比排队，由于他们的时间成本贵，他们就会输。再次是如何看待医疗卫生行业的赢利与非赢利问题。现在一讨论价格，往往就想到赢利、非赢利，其中有误导因素。赢利、非赢利是从西方引入的词。非赢利的理念是，很多对社会有益的、具有公益性的事情，不一定非要由政府去做，而是民间也可以做。政府的做法，是抽税获得资源然后去做；既然可以由民间用非赢利方式做，政府就不应当抽税。这个制度出现后派生的一个激励作用，就是很多商业活动转到非赢利性领域去。这个词要不要从西方引进来？可能还是要。但是西方的非营利性机构里面也有很多漏洞，美国国会举行了多次听证，包括讨论大学、研究机构这类非营利机构运行的问题。非营利性机构不是说内部不分钱，只不过是投资没有回报，但可以把成本打到很高，高到可以大把发钱。所以非营利性机构在中国现在财政税收条件下，要达到怎样的比例，是要很好想清楚的问题。

我个人觉得在医疗卫生行业中也可以发展营利性机构，但应该把税负适当降下来，因为这些营利性机构在紧急条件下仍要承担公共服务职能，比如防治 SARS，所以对这类机构确定税负要考虑有所区别。设定一个妥当的税，然后就可以交给营利性的机构去处理。现在硬性地规定非赢利不交税、赢利交税，下面改制和投资活动就会化妆，宁愿注册为非赢利。那么利润怎么来，有些做法就是收取管理费，而管理费实际就是利润，只是换个说法。这种技巧很多，只要市场上通过管理、服务能赚到钱，那么怎么规定不许它赢利也没有用，反而只是增加社会的管制成本。还不如痛痛快快把价格放宽、把准入相对地放宽。

三、行业准入的分层讨论

无论如何界定赢利、非赢利，界定医疗究竟应该干什么，市场化的程度实际上在加快。比如外部资源愿意投到这个市场。当然也存在问题，比如投资后如何拿回报？但仍有很多资本在不断涌入，而且数量每年都在增长。如何来理解这个现象。首先应当是看好这个行业是上升趋势。医疗卫生行业的收入弹性很高。随着收入的上升，人们对医疗服务的需求也会增加。其次，看好的是这个行业一定会变。不会一直维持过去的体制，也不会维持现在这种中间状态。最后，因为这个领域改革很艰难，所以这个领域一旦改出来，其潜力会很大。这是市场上的人看问题的角度。由于医疗市场的独特性，所以医疗改革会比其他战线的改革慢并且晚。但恰恰由于这个特点，这个领域中积聚了大量的资源，包括新的设备、新中国成立以来培养的大量的医生护士等宝贵的人力资源，也包括市场上的需求。这些都预示着投资的回报潜力很大。

关键问题是政府在这种现实情况面前还有没有改善的余地。现在卫生部已经说要鼓励更多的资源进入医疗卫生行业。因为政府本身没有很多的资源投入医疗，而医疗又是社会和百姓的需要。政府不给钱就要放宽政策。政府应扩大投资，而且确实投资也在上升，但政府应该干的事情永远比它能够干的事情多，这是永远的矛盾。用哪个模式去改，应该由实践去检验。区域性的医疗集团也好，托管管理也好，医院自主去找外资来改也好，都在试，都是好的研究对象。

现在明确了"鼓励"的态度，但光有卫生部的鼓励是不够的，还需要其他部门的配合，比如要在价格管制方面进行改革。而就大家建议比较集中的放松行业准入问题，可以考虑不同层面有所区别的改革思路。

第一是农村市场上的行医执照准入要降低，价格管制要松动。低收入人口的医疗服务当然有重要性，要适当解决。解决办法在于要承认一个有差别的市场。现在中低收入人口的医疗问题，根据我自己的研究，在于医疗市场的准入门槛偏高。例如在很多县城、镇，看到很多贴在电线杆上的小广告，相当一批是医疗服务的广告。很多是巫医神汉、黑医的广告，他们打广告是因为有人看广告去买那个服务。当然出了很多医疗事故，我们要去打击。但对这个现象我们要从根上加以思考。我的看法是我们对这个低端市场的合法准入门槛定得偏高。

中国人口的平均期望寿命在80年代以后基本上没有大的变化，上升最快的是1964—1980年。那段时间一个关键因素是毛主席提出的"赤脚医生"。一个知青经过两三个礼拜的训练后就可以去扎针治病了。当时毛主席说过去农村农民没办法看病，就会去求神拜佛，拿土地庙里的香灰，吃了就镇静了，也管一点用，很多病是需要镇静的。赤脚医生总比这些要好。毛主席降低了农村医疗服务的门槛，显著改善了中国低收入人口的医疗服务。赤脚医生是有问题的，但有总比没有好。针对中国这么大的国家、这么多的农村人口，农村行医最起码的合法条件要适度调低。如不调低，农民得不到起码的医疗服务，就会有两个结果：一个是很多病得不到基本治疗，身体状况非常差；另一个就是得了大病，倾家荡产坐火车到北京、上海来看病。

很多私人医生、中医，虽然不是正规训练，但还是管用。一个受过初级训练的人可以做很多医疗服务工作，这种门槛太高没有好处，结果是逆向淘汰。规规矩矩的人都不敢去做，胆大的会去做，非法的去赚钱，导致大量社会问题。政府一看又会去打击。打击固然很重要，但另一条路要打开。中国有8亿农村人口，怎么样才可以有执照在农村合法行医，这个问题应该让医学专家讨论和确定，并有清清楚楚的规定。分层的问题要解决，并且应当与价格体制改革联系考虑。基本原则应当是价格与医疗服务质量对应，也要有很大差别和弹性。价格合适后，很多资源都会被利用起来。因此，解决农村医疗服务的关键，一个是降低准入门槛，一个是放松价格管制。

第二是高端医疗市场的准入。为什么不准有全资的外资医院呢？为什么医院一定要合资呢？实际上，合资会有麻烦。医院服务的复合程度很高，其中涉及理念、道德的标准，很多问题不容易讲清楚，因此合作的谈判很麻烦。现在很多外资公司都可以独资在中国经营，为什么医疗领域不可以？我们不应该单单从政治层面讨论这个问题。中国近代有很多教会医院非常优秀。我们有很多优秀的医务人员就是从这些外资医院中培养出来的。中国人的很多性命也是这些医院救下来的。今天我们主权这么强大，为什么不敢放这一块？我们只是到国外去看别人的经验是不够的，要让国外好的医院到中国来做，看他们怎么搞内部管理、怎么聘用人员等。中国各行业的进步都离不开改革开放。因此在医疗高端服务层面应该研究全资的外资医院问题，包括香港地区、台湾地区的医院，只要它们愿意把资源放进来，就可以考虑让它们进来，这个准入要打开。

第三是涉及中等和中等以上收入人群医疗服务供给。这些服务对象是现今中国非常重要的生产力。不能一讲中国医疗卫生问题就只讲低收入人群。中等以上收入人群也很重要，他们是国家发展的主干部分。知识分子的平均寿命据调查是下降的。压力大是一个原因，还有一个原因在于医疗服务的不及时、不方便。因此应该鼓励私人诊所、为中高层这些繁忙的人服务的医疗机构出现。现在很多高级白领愿意去上海，其中一个原因就是上海相比而言可以方便地获得优质的医疗服务。

有个相关问题需要研究：医疗服务具有很强的经验性，医生越老越值钱，但现在却像党政干部一样，一到年龄界限就统统退休。这是巨大的资源浪费。这些人为什么不能开私人诊所？为什么开到 CBD 去？香港的商业区中有很多诊所，因为那里的消费者时间成本很贵，需要医疗机构提供近便的服务。现在国内已经有一些私人诊所，比如牙医开在商业区，但很多还没有。原因主要有两点：一是签订合同很麻烦，私人诊所与医疗机构要签合同，因为私人诊所后面要有支持系统，一旦遇到需要开刀的患者，就不能在诊所进行，要去大医院。所以要发展大医院与私人诊所、个体医生之间的合约联系，然后来共同承担责任和分享利益。另一个是税收政策有欠缺，即医疗机构有经营性、非经营性之分。应尽快调整税收政策，降低税收门槛，然后普遍地让它们去赢利，变成赢利性资源。不是说为了质量、为了安全一定要非赢利才好。生活中吃饭很重要，但吃饭让很多人赢利。天下真正可靠的服务，就是让人挣钱的服务。不在于赢利、非赢利，而在于对于赢利、非赢利的限制条件，特别是相应法律、法规、章程等制度条件。

总之，现在要针对性地解决几个问题：低端市场，要用到改革前"赤脚医生"的经验，降低行医门槛，同时价格要浮动，使得价格能够体现服务的质量。高端市场上，中等收入以上很忙的一群人，他们现在被压抑的医疗需求需要得到释放，这就要放开这块市场的价格和准入，同时调整税收政策。政府的管制应该由一个部门来做，才能推动医疗市场的发展。

2009 年第 66 期简报（总第 827 期）

第二届中国健康与养老国际研讨会简报之一

（2009 年 7 月）

  2009 年 7 月 30—31 日，北京大学国家发展研究院举行了"第二届中国健康与养老国际研讨会"，讨论"中国健康养老追踪调查"（CHARLS）2008 年在浙江和甘肃预调查的结果。老龄和健康领域的许多国内外知名专家莅临了本次会议。我们分五期简略报道会议内容。本期简报将主要介绍美国国家老年问题研究院（NIA）社会与行为研究项目主任 Richard Suzman 的开幕致辞以及会议第一节"CHARLS 项目介绍"的内容。第一节会议有两位报告人发言，分别是兰德公司高级经济学家 James Smith 以及北京大学国家发展研究院赵耀辉教授。

Richard Suzman：CHARLS——亚洲的"超新星"？

  很高兴为这次会议做开幕致辞。在众多的 HRS（Health and Retirement Survey，健康与退休调查）系列调查中，CHARLS（China Health and Retirement Longitudinal Study，中国健康与养老追踪调查）会是一颗耀眼的"超新星"吗？我们拭目以待。

  为什么老龄化这个问题值得关注？因为作为一种人口变化趋势，它可以改变世界形态。现在低收入国家老龄化速度不断加快，中国和印度已经拥有世界上三分之一的 65 岁以上人口。到 2040 年，预计这个人群将达 5 亿人。因此，CHARLS 项目正当其时。

  人口老龄化将导致疾病谱的变化，非传染性慢性病将成为人类健康的主要威胁，其中包括老年痴呆症。疾病谱的变化使健康系统必须做出相应的改变，在非传染性疾病方面增加投入，建立一系列配套设施。并且，人口老龄化改变了家庭结构，我们需要更多地考虑老龄人口的家庭支持问题。同时，人口老龄化还改变了工作和退休的模式，我们需要养老金体系改革，以及在养老保障上进行创新。最后我们需要考虑国际资本流动和老龄化的宏观经济学问题。

  根据联合国的数据和相关研究，我们预计到 2015 年，也就是 6 年以后，全球 65 岁以上人口数将在人类历史上第一次超过 5 岁以下人口数，而且这种情况可能会一直持续下去。让我们来看中国的情况，1980—2005 年，中国领取养老金的人数一直在上升，而工作人数与领取养老金人数的比值则持续下降，从 14：1 降到约 2：1。赡养率下降可能导致更多的储蓄和更少的消费。

我们看另一方面，疾病给发展中国家带来的负担。我们预计到 2030 年，诸如痢疾、疟疾、肺结核等传染性疾病的威胁将大大降低，而心脏病、脑病、慢性肺炎等非传染性疾病负担将大大加重。几乎全球疾病谱都在向非传染性疾病移动，而低收入国家的移动速度更快，改革健康系统以应对这种变化是各国都需要考虑的。

在 2001 年，美国国家老龄化研究院（NIA）资助美国国家科学院（NAS）完成"为老龄化世界做准备"的报告。报告建议制定国际研究议程，而全球可比较的数据是该议程的重要内容。美国国家老龄化研究院要求美国国家科学院针对亚洲的老龄化问题提交新的报告，而这是我们支持 CHARLS 项目的原因之一。

在座很多人都了解 HRS（美国健康与退休调查）。世界其他国家也有许多类似的调查和研究，但难以达到 HRS 的科学研究生产率。与 HRS 有关的学术研究成果数目已经超过了 1 000 份。同时，HRS 还建立起了一个国际研究团体，团体内部各国研究者互动交流，提升了研究的水平。

最后谈一下 CHARLS 成功的条件。第一，也是最重要的，迅速而广泛地分享高质量的数据，CHARLS 目前在这一点上做得很好；第二，引导出高质量的政策相关报告；第三，需要与 HRS 全球研究团队保持互动和交流；第四，获取 NIA 的资助，这在 CHARLS 第一阶段已经实现；第五，在社会科学研究领域处于领先位置，在生物领域，中国的 DNA 样本做出了很多成绩，而对人类行为的研究，中国的数据同样要做出贡献；第六，不断地创新以及输出创新的成果。

James Smith：CHARLS 与 HRS

今天我演讲的内容是 CHARLS 与 HRS 系列国际老龄化研究团体之间的联系和相互借鉴问题。

什么是决定未来世界走向最重要的因素？人口老龄化。目前中国和整个世界都面临这个问题。人口死亡率不断下降，出生率下降，工作人口比重下降。我们来看一组数据：2000 年，全球有超过 6 亿 60 岁以上的人口，到 2050 年这一数字预计将达到 19 亿以上。在美国，这段时期内预计 60 岁以上人口数量将翻番。中国 60 岁以上人口预计将从 2000 年的 5 000 万左右增加到 2050 年的 3.3 亿，相当于现在美国的总人口。从人口比例来看，预计世界 60 岁以上人口比重将从 2000 年的 10% 上升到 2050 年的 20%，欧洲则将从 20% 上升到 35%。在亚洲，日本到 2050 年预计将有 42% 的人口在 60 岁以上，中国这一比重将达 30%。从赡养比率来看，2000 年中国平均 13 个 25—64 岁人口赡养一个 65 岁以上人口，到了 2050 年这个比率预计将降到 2：1。其他亚洲国家也会有类似趋势，但变化都不及中国剧烈。人口老龄化问题已经成为世界各国共同面临的挑战。

为什么我们要考虑应对人口老龄化问题？人口老龄化会带来哪些社会经济问题？一个重大的挑战是如何在可承受的预算下为不断增长的老龄人口提供收入和健康保障。这是世界各国都试图解决的问题。亚洲国家，例如中国，在这个问题的应对上有优势，也有劣势。不利之处在于中国将比欧美国家经历更为快速的老龄化，并且处在更低人均收入的背景之中。同时，中国非家庭养老和健康社会保障体系相对薄弱，即使近年来有一系列改革举措，这个系统仍然只见雏形。但是相应的有利之处在于，要改革这个系统将比在欧洲和美国更加容易。在美国，养老保险和健康保险体系的每一点改革都面临巨大的困难。

下面我将介绍世界上其他与 CHARLS 类似的养老与健康调查的情况。首先是 HRS。HRS 是国家层次样本的追踪调查，涉及 20 000 名 50 岁以上被调查者，用于获取公共数据。国家老龄化研究所（NIA）是其主要资助者，同时有部分资金来自美国社会保障总署（SSA）。HRS 始于 1992 年，当时主要针对生于 1931—1941 年的人群。这项调查每两年进行一次，调查员来到同样的家庭再度访问被调查者，以获取追踪数据。调查与养老金和健康保险的管理记录相联系，以获取更完整准确的信息。

为什么 HRS 是一项独特而重要的调查？它的核心特色是什么？与其他单纯的健康调查或者经济状况调查相比，HRS 的优势在于其数据的全面性和多维度，它汇集了老龄人口行为的各个方面，涉及了健康状况、健康服务状况、劳动状况、经济状况以及家庭结构等方面。这些方面是决定老龄人口生活的重要因素，而 HRS 的创新之处就在于把多维度信息放到同一个数据集中用于研究。

目前有超过 1 000 种出版物使用了 HRS 的数据，超过 1 000 名作者和合作者，而有超过 10 000 人注册使用该数据。1992—2008 年期间，超过 30 000 人至少被访问过一次，15 500 人被重复访问过，7 500 名工作人员退休。约 10 000 名被调查者去世，而约 9 000 次调查基于其在世的关系人进行。有 22 000 名被调查者与社会保障相联系，而有 17 000 人在老年医疗保险系统中。

其他地区的类似调查有墨西哥的 MHAS（墨西哥健康与老龄化调查），迄今为止收集了两轮数据。英国的 ELSA（英国老龄化研究追踪调查）进行了 4 轮，数据质量非常高，其核心调查问题与 HRS 相似，其创新在于使用了生理指标以及更好的健康状况度量。另一项调查是 SHARE（欧洲健康、老龄化与退休调查），共有 19 个欧洲国家参与，在 2004 年、2006 年和 2008 年共进行了 3 轮调查，其调查工具与 HRS 和 ELSA 非常相似，其创新之处在于在 19 国内部采用完全相同的问卷和调查方式，以保证数据的可比较性。

在亚洲，目前已有的调查有 IFLS（印度尼西亚家庭调查），进行了 4 轮，问卷中加入了很多 HRS 设计的问题，使得其与 HRS 相似。另外还有韩国的 KLOSA（韩国老龄化追踪调查）、日本的 JSTAR（日本老龄化和退休研究）、印度的 LASI（印度老龄化追踪调查），以及中国的 CHARLS（中国健康与养老追踪调查）。

目前有 55% 的世界人口处于 HRS 系列调查覆盖的区域，这类调查正在全球广泛开展。这些调查是富有成效的。下面的数据汇集了 HRS 的"产出"：截至 2008 年年底，使用 HRS 的期刊论文 736 篇、图书 123 部、学位论文 160 篇、工作论文 397 篇。我们可以看到近年来产出的趋势是不断上升的，预计 2009 年将有更多的学术成果产生。相信 CHARLS 也能同 HRS 一样推动学术成果的产生。

HRS 系列调查给我们带来如下的经验，这些经验可以被应用在 CHARLS 研究之中：第一，必须将数据公之于众，这一点在很多国家并不容易做到，但 CHARLS 在这一点上做得异常出色。第二，值得强调的一点是，尽管国际合作日益加强，最为重要的研究成果还是在国内产生，因此 CHARLS 最重要的相关研究可能还会在中国进行。第三，比较研究扮演着重要的角色。第四，需要坚持核心的研究方法和原则，但同时也要随着科技的发展改进方法和工具，使得研究既有延续性又能不断地进步。第五，CHARLS 是一个超过 20 年以上的长期项目，因此需要长期的规划。第六，由 CHARLS 项目带来的全球研究者的合作网络，是同 CHARLS 数据一样宝贵的财富。

最后，我想谈一下使用 CHARLS 数据可以研究的一些重要题目。例如，关于金融危机对中国老龄人口生活的影响，我们目前对其知之甚少。再如，青少年时期状况对当前健康和经济状况的影响，以及自然和人为灾难对当前健康和经济状况的影响，都是有趣的题目。尤其，中国近 50 年来经历了非常动荡的历史，各种外部冲击对家庭造成的影响是值得仔细探究的。另外，人口老龄化对经济可持续发展是否构成严重威胁，这个问题也是我们迫切关心的。最后，中国经济发展中，家庭之间的不平等日益加剧，这种不平等水平的上升将导致怎样的后果，我们也可以从 CHARLS 数据中得到启发。当然，还有很多有意思的题目等待研究。

赵耀辉：CHARLS 进程报告

我将对 CHARLS 项目目前的进展作一个介绍。CHARLS（China Health and Retirement Longitudinal Study），中文名是"中国健康与养老追踪调查"，是一项针对 45 岁及以上中国居民的、两年一度的抽样调查。

为什么我们要做这样一项调查？这是因为，中国是世界上老龄化速度最快的国家之一，中国经济又是从一个很低的起点上快速发展，这使中国面临"未富先老"的问题。这种状况使得中国的老龄化问题与发达国家的有所不同。同时，中国政府修订了很多社会保障政策，这些政策将影响老龄人口的生活，因此对政策效果进行评估是很重要的工作。在这些方面，CHARLS 数据都能提供相当大的帮助。

CHARLS 有两个主要的目的：一是提供高质量的 HRS 类型数据用于行为和政策研究。HRS 类型数据最大的特点是多维度多学科综合，不仅涉及经济和健康状况，还有很多其他的方面。二是提供与其他 HRS 系列调查数据可比较的数据。国家之间面临很多共同的问题，也存在制度和行为特征上的巨大差异，我们关注这些差异的原因和后果，通过这些比较为我们的政策制定提供帮助。

CHARLS 每两年在 45 岁及以上的中国居民中抽样，原因是在中国许多人很早就退休，在后面的研究报告中我们会发现很多中国人的确在 45 岁就退休。我们访问家庭中的一个 45 岁及以上的成员以及其配偶，这样可以捕捉到配偶间的互动和家庭关系对老龄人口的影响。我们追踪受访个体以便形成面板数据，而面板数据在实证研究当中有巨大的优势。在试点研究的时候我们没有涉及养老院中的老龄人口，但在后续的正式研究中他们将被包括到样本之中。

我们的问卷涉及面很广。问卷记录受访者的家庭成员情况、人口学统计、家庭结构及变化、健康状况、生理指标、健康服务与保险、工作、退休以及养老金、收入与消费，最后还进行社区层面的调查，这是我们的创新。因为问卷很长，纸质问卷并不可行，我们将所有问卷输入 CAPI（电脑辅助个人访问）系统，所有调查员携带电脑进行访问。

在抽样设计上，我们在县、村、家户和个体四个层级采取多层级抽样，并按照区域以及城乡分层抽样。我们的主要抽样单位是村级单位，在农村是行政村，在城市是社区或者居委会。我们并不是对所有的登记家户进行访问，而是按照居住的空间分布，在主要抽样单位的完全住户名单中随机抽取家户。同时，样本只包括当地家户，而不包括过去一年中未在当地居住满六个月的移民家户。

2008年夏季，我们在浙江和甘肃两省进行了试点调查。之所以选择这两个省是因为其代表了两个极端：浙江是沿海发达省份，而甘肃是内陆欠发达省份。我们认为如果调查方法在这两个省份都能适用，那么在其他省份的推广就应该可行。在每个省内我们随机抽取了16个县级单位进行调查。试点调查受到了企业社会责任组织（BSR）、世界银行、中国国家自然科学基金的资助。在开展研究前，我们通过了中国人力资源和社会保障部与国家统计局的批准。

试点调查的组织结构包括由国内外学者组成的活跃的顾问团队，同样由国内外研究者参与的研究团队，以及非常出色的调查执行团队。我们培养自己的调查团队，而卫生部和疾病控制中心帮助我们联系了地方政府，取得了地方的合作与支持。

下面我将简要介绍我们田野调查的组织和步骤，使研究者对我们数据收集过程和数据的可靠性具备信心。

我们在一个省有三个团队，每个团队包括一个两人组成的前站小组，负责与地方政府联系，安排食宿，绘制空间草图用于抽样，向抽中的家户发送通知函，以及一个大组，由1位组长、7—8位统计员和2位护士组成。调查团队的培训是取得高质量数据的关键。针对前站人员、组长以及统计员我们设计了不同的培训内容。我们为统计员开展了为期两周的集中密集培训，内容包括访谈技巧、CAPI（电脑辅助个人访问）系统的使用、问卷内容讲解，以及访问实践训练。

下面我介绍一下CHARLS试点项目从开始到现在的时间进度。2006年4月5日Suzman教授的演讲引起了对CHARLS项目的讨论，而2006年4月23日Smith教授的演讲继续了这场讨论，他们两位在CHARLS诞生的过程中给予了我们很多建议和鼓励。在2006年10月，经过研究小组数日的讨论和问卷前测，我们完成了第一版CHARLS问卷。随后在2007年3月我们召开了顾问团队的正式会议。2007年9月我们对新版本的问卷进行了前测。2008年1月我们在浙江进行了一次正式的前测，测试了CAPI系统。2008年7月我们对正式的调查员进行了集中的培训。2008年7—9月，CHARLS试点项目进行了田野调查。经过数月的数据清理和组织，2009年4月30日，CHARLS试点调查的数据正式发布。这就是CHARLS到目前为止的简单历史。

在试点调查样本中，近70%的家户有年龄适宜的受访者，而其中的85%愿意受访。城市的愿意受访率低于农村，这与我们的预计一致。两个省的抽样情况基本一致。尽管这只是个试点调查，其个体样本数也足够研究所用。

CHARLS项目计划在2011年进行全国范围的调查，调查将涉及212个县的10 000个家户，17 000名个人，样本包含了试点时抽取的家户，以便获取面板数据。调查今后将每两年进行一次。

CHARLS将为研究工作提供很多机会。我们的试点调查数据经过精心处理且完全免费。我们同时承诺今后各轮调查数据将在短期内公布且仍然免费。在中国，由于高质量数据的缺乏，很多研究题目尚未得到很好的研究，而CHARLS数据将提供一个很好的研究基础。我们还计划在未来对CHARLS数据使用者提供培训，以促进研究质量的提高。

2009 年第 67 期简报（总第 828 期）

第二届中国健康与养老国际研讨会简报之二

（2009 年 7 月）

2009 年 7 月 30—31 日，北京大学国家发展研究院举行了"第二届中国健康与养老国际研讨会"，讨论"中国健康养老追踪调查"（CHARLS）2008 年在浙江和甘肃预调查的结果。老龄和健康领域的许多国内外知名专家莅临了本次会议。我们分五期简略报道会议内容。本期简报将主要介绍会议第二节"人口学与健康"的内容。本节会议有两位报告人发言，分别是英国牛津大学经济学系 Albert Park 教授以及美国南加州大学经济系 John Strauss 教授。

Albert Park：CHARLS 的人口统计学和迁移特征

这场报告的主要目标有三个：证实 CHARLS 样本数据的代表性、介绍数据的一些关键特征并为后续报告提供基础资料、指出中国老年人口的一些有趣且重要的人口统计学特征。

首先，从 CHARLS 样本的人口金字塔图上可以看出，大约一半以上的受访者属于 60 岁以下人群，其中 50—60 岁的人群所占比例较大。从年龄组成来看，在人口金字塔的顶端，即 75—79 岁及 80 岁以上的人群中，女性的比例均高于男性。而在 60—75 岁的年龄段中，男性占有相对较高的比例，这一点在 2005 年的人口普查中也得到了证实。对 CHARLS 首批调查的甘肃和浙江两省而言，两省的人口年龄结构比较类似，浙江省的 75—79 岁和 80 岁以上老人相对较多。

其次比较受访者的居住地和户口状况。与全国比例相近，样本中大约 44% 的人群居住在市区。有趣的是，只有大约 20% 的样本具有非农户口。究其原因，可能是由于国家统计局的划分标准。具体而言，统计局对市区和乡村的划分主要基于人口密度。因此在浙江，大量的村庄被划分为城市地区，导致许多居住在城市地区的居民事实上拥有农业户口。此外，迁移也会导致居住地和户口状况之间存在不一致，但是稍后我们会看到，这部分人群在 CHARLS 的样本中所占比例不大。

再次是婚姻状况。约 80% 的受访者已婚且与配偶居住。随着年龄的增大，这一比例逐渐降低。另一方面，婚姻状况随性别和居住地之间差异较大。我们将所有的人群分为 45—

59 岁、60—69 岁以及 70 岁以上三个子群体研究，在最年轻的 45—59 岁群体中，不论性别和居住地，已婚且与配偶居住的群体均在 90% 左右甚至更高的水平。然而，这一比例随年龄的增大逐渐降低，降幅最小的是市区男性。70 岁或以上女性大部分属于独居，但同年龄段的市区男性中已婚且与配偶居住的比例仍然高达 75.9%。这表明，遇到困难时，老年人中女性较难从配偶处得到帮助。

接下来是受教育水平。老年人的总体受教育水平较低，尤其在 70 岁以上的群体中，低于初中毕业教育程度的约占 83%，文盲率更高达 60%。相比而言，60—69 岁的群体中，受教育水平有显著的提高，但取得初中或者更高学历的仍然不到 30%。有趣的现象是，45—59 岁的人群中具有高中或者以上学历的比例反而低于 50—69 岁的人群的相关比例。究其原因，可能是"文化大革命"或者其他相关的社会变革阻碍了他们接受教育的机会。此外，女性的受教育程度远低于男性，市区老人的受教育水平远高于乡村老人，这两类差距随着年龄的增加进一步拉大。令人惊讶的是，70 岁以上的乡村女性中具有初中或以上学历的比例居然为 0。

下面介绍迁移和家庭规模。这里的迁移就县市级的层面而言，分为户口迁移和非户口迁移两类。户口迁移是指源于婚姻、上学等因素导致的户口所在地与出生时的户口所在地不同，而非户口迁移即当前的居住地与户口所在地不同的情形。在 CHARLS 样本中，户口迁移和非户口迁移的比例分别占 13% 和 3%，整体上不高，其中非户口迁移的比例低得出乎意料。究其原因，可能是由于在中国，大部分的迁移人群都是 45 岁以下的年轻人和中年人。至于迁移的目的地，户口迁移中省内迁移和省际迁移各占一半，而在非户口迁移的人群中，约 3/4 的目的地是其他省份。

最后是子女数目和家庭规模。老人的成年子女承担着赡养老人的职责，平均而言，每位受访者有 2.59 个成年子女，60 岁以上的受访者的子女数目显著多于 60 岁以下受访者，男性的子女数少于女性，甘肃受访者的子女数少于浙江受访者，市区受访者的子女数少于乡村受访者。与此同时，超过 80% 的成年子女与老人居住在同一个县市内。至于家庭规模，与被访者性别和居住地没有显著的相关，仅仅随着年龄的增加有少量的减少。

总结如下：样本可以很好地代表甘肃、浙江两省居民的人口统计学和迁移特征。超过 80% 的群体已婚且与配偶居住，但是 70 岁以上的女性更多独居；老年人尤其是女性的受教育水平较低；只有 3% 的老年人在一生中曾经有过非户口迁移；60 岁以上的老人的子女数目显著多于 60 岁以下的老人，且大部分的子女与他们居住在同一个县或市。

John Strauss：CHARLS 健康部分数据的初步分析结果

近二十年来人类健康与营养状况的一大转变趋势，就是伴随着世界人口老龄化，困扰人类的主要健康问题由营养不良逐渐转变为营养过剩，导致死亡的主要疾病逐渐由儿童传染病转变为中老年慢性疾病。这种趋势将会促使中国以及其他发展中国家的公共卫生政策作出适当的改进和调整：过去卫生部门工作的重点主要集中在应对传染疾病方面，在未来，可能需要逐渐加大对中老年慢性疾病的投入。这对中低收入的发展中国家来说是一个不小的挑战，因为中老年慢性疾病的治疗与防范需要消耗更多的社会资源，并且更难做到平等分配。

观察 CHARLS 健康部分数据，可以发现以下主要事实：第一，对绝大多数健康指标而言，受教育水平比消费水平更明显地与它们相关；第二，地区之间、城乡之间乃至不同社区/村庄之间的健康水平差异非常大，最为典型的，就是即使控制了年龄、教育、消费等方面的差异之后，甘肃仍然比浙江在整体健康水平上差很多。

在分析健康变量与社会经济地位之间的关系时，采用消费水平而不是收入或财富作为自变量，一是由于消费在测量上要比收入和财富准确得多，二是由于消费更为平滑，更能反映一个人真实的可获得的经济资源。另外，这里所作的分析只能发现差异和相关性，而不是因果关系。因为这需要反过来考虑健康对一个人社会地位的影响，而这是此次获得的 CHARLS 试点数据暂时还无法解决的。

接下来，具体分析几个重要健康指标与社会经济地位之间的关系。首先是受访者自我总体健康状况评估。数据显示，在甘肃和浙江 45 岁以上的中老年群体中，女性的整体健康状况远不如男性。由此提出的一个有趣而值得研究的问题是：为什么到最后女性寿命反而更长？

接下来，观察体重指数，即体重除以身高的平方。本数据显示，中老年人口当中，女性体重指数显著高于男性，并且随着受教育水平的提高，先逐步上升再迅速下降，呈现一幅倒 U 形图像。与其他国家和中国 20 年前的数据相比较，这种结果和中国目前所处的发展阶段是一致的：随着受教育水平的提高，人们先是解决营养不良问题，待提高到一定水平后才开始防范超重和肥胖。

本次调查的体检结果显示，浙江和甘肃中老年人群患高血压的总比例是 45%，女性略高于男性，且患病率跟受教育水平和收入水平关系不大。在所有高血压患者中，55% 获得过医生诊断，40% 服用过针对性的药物或者做过治疗。这说明中国中老年慢性疾病防治任务还很重。不过与在印度尼西亚获得的数据相比，中国在高血压防治方面做得要好得多：在印尼，只有不到 25% 的高血压患者获得过医生诊断，只有大约 6% 的患者采用过针对性药物或做过治疗。

回归显示，身为女性、收入低、受教育水平低、处在欠发达地区，这些因素都独立显著地与高抑郁指数相关。其中甘肃和浙江的差别非常之大：即使控制了性别、收入和受教育水平，甘肃的抑郁指数也比浙江高很多，尤其是对于女性，地区差异几乎超过了其他所有控制因素的影响。

浙江和甘肃 45 岁以上的人口中，女性几乎不吸香烟，而约有一半的男性吸香烟。这一比例虽随年龄增加有所下降，但在 75 岁以上年龄组中，男性吸烟率仍高达 40%。进一步通过回归可以看出，吸烟率和受教育水平关系不大，但和消费水平显著正相关。

最后，为什么地区和城乡差异在控制了年龄、教育和消费水平后仍然对绝大多数健康结果有显著影响？除了医疗资源分配的不平衡之外，各个地方的自然条件（如水资源状况、空气质量、冬天的气温）和饮食习惯、居住条件、交通状况等因素也会对健康产生不小的影响。幸运的是在 CHARLS 调查数据中的社区问卷中包含了丰富的此类信息，这为我们进一步研究地区间差异对健康状况的影响提供了极大的便利。

2009 年第 68 期简报（总第 829 期）

第二届中国健康与养老国际研讨会简报之三

（2009 年 7 月）

2009 年 7 月 30—31 日，北京大学国家发展研究院举行了"第二届中国健康与养老国际研讨会"，讨论"中国健康养老追踪调查"（CHARLS）2008 年在浙江和甘肃预调查的结果。老龄和健康领域的许多国内外知名专家莅临了本次会议。我们分五期简略报道会议内容。本期简报将主要介绍会议第三节"家庭、转移支付和社会活动"的内容，报告人是北京大学国家发展研究院雷晓燕教授。

雷晓燕：中国老年人的家庭结构和居住安排

下面的演讲内容基于对 2008 中国健康与养老追踪调查（CHARLS）数据分析，围绕中国老年人的家庭结构和居住安排两部分内容进行研究。

首先，从中国老年人（45 岁及以上）的现存子女、孙子女以及父母的角度，展开对中国老年人家庭结构的分析。根据 CHARLS 数据，无论现存子女数还是成年子女数，都随着老年人年龄的降低而急剧下降。具体来说，在 80 岁及以上的年龄群体中，现存子女平均数目约为 4.3 个，其中成年子女平均数目约为 3.8 个；但在 50 岁的年龄群体中，现存子女平均数目仅为 2 个，其中成年子女平均数目仅为 1.8 个。现存子女以及成年子女数目随年龄的急剧下降，对传统的家庭养老模式提出了挑战。如果查看现存子女的性别比（现存儿子数目/现存女儿数目），我们还会发现，随着年龄的降低，性别比有下降趋势，在 60 岁及以上群体中，性别比为 1.2，而在 45—59 岁群体中，性别比将为 1.1。如果分城乡来看子女数目，则在 70 岁以下的样本当中，农村的现存子女和成年子女数目，均较城市更高，反映了计划生育政策在城乡不同的实施力度。

孙子女数目随年龄的变化趋势，和子女数目的变化趋势类似，但更加陡峭，即随着老人年龄的降低，孙子女数目急剧下降；在 60 岁及以上样本中，孙子女平均数目为 5.9 个，而在 45—59 岁年龄群体中，这一数目则降为 1.5 个；这一事实，既反映了计划生育政策对老人子代生育决策的影响，也体现出 45—59 岁老人子代的生育过程尚未结束。同样，农村老人的孙子女数目较城市老人更多，农村老人的孙子女平均数目为 4.1，而城市老人的孙子女平均数目仅为 2.7。

老年人照顾父母的负担并不重。在总样本中,仅有 9.3% 的老年人父母均在世,4.8% 的老年人父亲去世但母亲在世,17.8% 的老年人母亲去世但父亲在世,68.1% 的老年人父母均去世。特别的,在 60 岁及以上样本中,91.2% 的老年人父母均去世。

然后,报告了老年人居住安排的一些事实。在总样本中,6.7% 的老年人独自居住,35.9% 的老年人仅和配偶共同居住,46.9% 的老年人和子女共同居住,剩下的 10.5% 的老年人和其他人一起居住。CHARLS 询问了老年人的意愿居住安排,44% 老年人的实际居住安排与其意愿不符。其中,15.9% 的老年人想要独居或仅与配偶共同居住,但在实际生活中则与成年子女居住;10.9% 的老年人想要和成年子女一同居住,但实际上独居或仅与配偶共同居住。从家户代际关系来看,42.9% 的老人居住在一代户中,28.2% 的老人居住在二代户中,27.9% 的老人居住在三代户中,仅有 1.1% 的老人居住在四代户中。典型的代际家庭结构是老人仅与配偶居住(36.7%)、老人和子女同住(22%),以及老人和子女、孙子女同住(26.3%)。

同时,我们还察看了儿子和女儿对老人居住安排的不同作用。在城市样本中,和儿子居住以及和女儿居住的老人比例均随老人年龄上升而下降,但在农村样本中,和女儿居住的老人比例随年龄增加而下降,和儿子居住的老人比例则随年龄上升保持平稳甚至略有增加。但无论在城市还是在农村样本中,在任何年龄段,和儿子居住的老人比例始终高于和女儿居住的老人比例。儿子和女儿对老人居住安排的不同作用,在将分析样本限制在和子女同住的样本后,更为显著。与子女同住的老人中,无论城乡,随着年龄的增加,和儿子同住的比例上升,和女儿同住的概率下降,且前者始终高于后者。

最后,分析成年子女的居住地。成年子女的居住地数据,是 CHARLS 数据相对于其他中国数据的在居住安排分析上的优势。在所有拥有成年子女的老人样本中,55.7% 的老年人最近子女居住地为跟老人同住;19.2% 的老年人最近子女居住地为同一(或邻近)院子(或房子)或同一村庄(社区);14.7% 的老年人最近子女居住地为同一县市的另一村庄(社区);5.6% 的老年人最近子女居住地为同省的其他县/市;仅有 4.9% 的老年人最近子女居住地为外省或国外。因此,超过 70% 的老人最近的子女居住在同一村庄/社区以内,使老人受子女照料成为可能。但据此数据,不能简单断言大部分子女会留在老人所在的村庄和社区。如果查看最远的子女居住地,则发现,只有 15.6% 的老年人最远子女居住地为家中;10% 的老年人最远子女居住地为同一或邻近的院子(或房子)或同一村庄(社区);34% 的老年人最远子女居住地为同一县市的另一村庄(社区);15.8% 的老年人最远子女居住地为同省的其他县(市);而有多达 24.6% 的老年人最远子女居住地为外省和国外。

随着老人年龄上升,最近子女居住地在这个家里的老人比例下降;但同时,最近子女居住地在同一(或相邻)院子(或房子)或同一村庄(社区)的老人比例在上升。两个比例是此消彼长的关系。这一事实反映出,虽然子女随着老人年龄上升,有离开老人家户另立门户的趋势,但超过 70% 的老人至少会有一个孩子留在较近的地方(本村或社区内),客观上具备照料老人的可能性。如果查看最远子女的居住地,则会发现,随着老人年龄的上升,最远子女的居住距离地为本县(市)的其他村(社区)比例持续增加,反映了在留下较近的子女后,其他子女有离开老人家户,去本县(市)的其他村(社区)的趋势。进而,雷晓燕教授查看了儿子和女儿居住地情况,发现大部分老人与儿子同住,且拥有较近子女的概率随年龄上升而增加,而女儿更可能迁出老人家户,其中一些选择较近的居住地，而更多的会去其他村庄（社区）。

简单总结，初步的发现是老年人在居住安排上还是很依赖于子女尤其是儿子。老人和子女虽然倾向于分开居住，但还是愿意住得近一些，便于照料。同时我们也看到，在保证有子女在近处居住的前提下，其他子女可以到更远的地方居住。另一方面，我们也看到随着子女数目的急剧下降，这种传统的居住与养老方式可能会受到较大的挑战。

雷晓燕：代际转移和社会活动

本次演讲主要包括两方面的内容，一个是代与代之间的转移支付，另一个是受访者参与社会活动的情况。

代与代之间的转移支付主要介绍三种形式：第一种是受访者与其子女之间的转移支付；第二种是受访者与其父母之间的转移支付；第三种是对日常生活有困难者提供帮助的情况。受访者与子女之间的转移支付分两类：经济上的转移支付和时间上的转移支付。从城乡、省份和婚姻状况三个方面来看，受访者与子女之间的经济上的转移支付是相互的，但主要的方向是子女对受访者的转移支付。在城市，收到子女转移支付的家庭占51.7%，对子女提供转移支付的家庭有38.4%；在农村，接受子女转移支付的家庭占54%，而对子女提供转移支付的家庭仅有25.5%。浙江省的样本中，有51.4%的家庭收到子女的转移支付，34.4%的家庭给予孩子转移支付；在甘肃省的样本中，有54.8%的家庭收到子女的转移支付，仅有27.1%的家庭给孩子提供转移支付。失婚（包括丧偶）的人中接受子女转移支付的占到样本的59.8%，而给予子女转移支付的仅占18.2%，而已婚的人中接受子女转移支付的占到样本的50.4%，而给予子女转移支付的也有35.8%。从这看出，居住在农村、甘肃省、失婚人群更有可能从子女获得转移支付，而不是给予。这与利他主义（Altruism）的假设是一致的，即转移的目的是帮助更有需要的人。

从数量上看，受访者从子女处接受的平均转移支付要比给予子女的多，且不同居住地，转移支付的数量也显示出不同的形式。住在城市的受访者与子女之间的转移支付比居住在农村的受访者与子女之间的转移支付要高，浙江省的转移支付比甘肃省的数量要多。

分析经济上的转移支付的年龄模式，我们发现年长者更可能获得转移支付；并且，他们获得的金额也更高。这表现为子女对受访者的转移支付随着受访者年龄的增长而增加，对子女的转移支付随受访者年龄的增长而下降，结果我们看到子女对受访者的净转移支付随着受访者年龄的增长而增加，由负值变为正值。也就是说，当父母较年轻时，父母养育子女，主要是父母给予子女转移支付，子女对父母的净转移支付为负；而当父母年龄增大，子女对父母的转移支付逐渐增长，从而对父母的净转移支付由负变正，并逐渐加大。

从经济上的转移支付的收入模式中看到，较为富裕的受访者，更可能转移支付给子女，而从子女处收到的转移支付则较少；反之亦然。这也跟利他主义的假说一致。

受访者对子女的时间上的转移支付主要表现为帮助照顾孙子女。从城乡和省份来看，已婚的和未婚的受访者在照顾孙子女上表现非常不同。不论城乡或省份，已婚的比失婚（包括丧偶）的受访者更多地照顾孙子女。即使都是失婚，农村户口的受访者比城市户口的受访者更多地照顾孙子女，甘肃省的受访者比浙江省的受访者更多地照顾孙子女。分析时间转移支付的年龄和收入模式，发现受访者照顾孙子女的比例随着其年龄的增长而下降，但是与收入之间的趋势关系不是很明显。

受访者在照顾儿子或女儿的小孩上也有很大的区别。当子女与受访者住在一起时,受访者照顾孙子女要比子女不与其住在一起时多,但不论子女是否和受访者住在一起,受访者都更多地照顾儿子的小孩,较少照顾女儿的小孩。这与代际转移支付文献上的交换理论一致,也就是说父母更有可能转移给将来更有可能照顾自己的子女。在中国,传统的观点是"养儿防老",所以父母更可能转移给儿子;同时这也跟"进化"论的观点相一致,即中国的父母认为儿子的孩子代表自己的"血脉",所以更愿意帮助照顾儿子的孩子。但是这与西方的发现却不太一致。比如在美国,父母更可能转移给女儿,同时女儿对父母的照顾也更多。当然,当有更多数据的时候,可以研究中国这个趋势的变化,因为已经有迹象表明,中国父母对女儿的转移以及对女儿的依赖都在加强。

受访者跟自己的父母之间的转移支付也可以分为两类,经济上和时间上的转移支付。不论是从比例还是从数量来看,转移支付主要都是由受访者到其父母,而从父母处接受转移支付的情况较少。相比之下,住在农村和甘肃省的受访者比住在城市和浙江省的受访者转移支付给父母的要少,未婚的比已婚的转移支付少。分析经济上的转移支付的年龄模式发现,不论是从比例还是从数量来看,受访者对父母的照顾都随着自身年龄的增长而下降。从收入模式中看到,受访者对父母的照顾随着收入的增加而增加。

从婚姻状况和城乡、省份情况考虑受访者对不住在一起的父母的转移支付,可以看到已婚的受访者比未婚的受访者照顾父母的可能性要大,城市户口的和甘肃的受访者比农村户口和浙江的受访者更可能花时间照顾父母。分析时间上的转移支付的年龄模式发现,受访者对父母的照顾比率随着自身年龄的增长而下降。时间上的转移支付呈现"倒U形"的收入模式。即受访者对父母照顾的比例先随着收入的增加而增加,到达一定比例后,又随着收入的进一步增加而下降。

分析残疾人或有严重功能性障碍的人群发现,他们主要依靠配偶或子女的照顾,而来自孙子女或其他人的照顾则很少,需要注意的是,有19%的残疾人并没有人照顾。

人们参与的社会活动大致分为八种,数据中我们看到有三种是主要的社会活动,参与的比例较高,而其他的五种参与率都非常低。这三种主要的社会活动包括义务帮助他人、与朋友交流,以及打麻将、下棋等娱乐活动。研究发现,人们参与的各项社会活动都随着年龄的增长而减少,并且男性在更高年龄段表现出更快的下降趋势。例如,45—54岁年龄段的人义务帮助他人的比例是18%,55—64岁、65—74岁,以及75岁以上的人参与义务帮助他人的比例则分别是11.3%、4.5%和1.3%。尽管有多种社会活动,但仍有接近一半的人并不参与任何社会活动。对比男性和女性、已婚和未婚的样本发现,性别和婚姻状况对人们参与社会活动有显著的影响,男性比女性更多地参与社会活动,而已婚人士比未婚人士更多地参与社会活动。不仅性别和婚姻状况对人们的行为产生影响,而且人们参与社会活动也受到地域和居住地的影响。相比之下,城市人比农村人更积极参与各类社会活动,浙江省的样本也比甘肃省的要更积极参与各类社会活动。另外,不同社会经济地位的人在参与社会活动方面也有差异。当一个人社会经济地位更高,他(她)更倾向于参加社会活动,这显示出正的社会经济地位倾向,这一点男性尤其表现明显。即使是在分析60岁以上人群样本时,依然反映出这种趋势。

还有一类重要的社会活动是与父母之间的交往。样本显示,大约有一半人看望(不住在一起的)父母的频率少于每周一次,而且,城市人群比农村人群看望父母要少。从地域上来看，也许是因为交通不便，甘肃省的样本看望父母的比例要远低于浙江省的样本。而对比已婚和未婚的人群发现，未婚人群更少去看望父母。

本次报告主要有以下几点发现：(1) 经济上的转移支付多表现为子女给予父母（包括由受访者的子女转移给受访者以及由受访者转移给他们自己的父母）；同时，与社会经济地位的负相关关系显示出代际转移支付中利他主义的动机。(2) 受访者更可能照顾孙子女，而较少可能照顾自己的父母，并且总是更多地照顾儿子的子女，而不是女儿的子女。(3) 残障人士主要依靠配偶和子女的照顾，同时还有19%的残障人士无人照顾。(4) 大约有一半人并不参与社会活动，且越是经济地位低的人越是缺乏社会活动。(5) 大约也有一半人探望（不住在一起的）父母少于一周一次，并且较弱的群体探望父母的比例相对较少。

2009 年第 69 期简报（总第 830 期）

第二届中国健康与养老国际研讨会简报之四

（2009 年 7 月）

2009 年 7 月 30—31 日，北京大学国家发展研究院举行了"第二届中国健康与养老国际研讨会"，讨论"中国健康养老追踪调查"（CHARLS）2008 年在浙江和甘肃预调查的结果。老龄和健康领域的许多国内外知名专家莅临了本次会议。我们分五期简略报道会议内容。本期简报将主要介绍会议第四节"工作、退休、收入和财富"的内容。本节会议有两位报告人发言，分别是北京大学国家发展研究院赵耀辉教授和沈艳教授。

赵耀辉：工作、退休和养老金

我今天主要讲以下几方面的内容：中国老年人经济活动状况的描述、经济活动和健康之间的关系、行政退休、养老保险以及夫妻双方的经济活动之间的关系等。

首先讲一下我们对工作的定义。任何一个人，只要满足下面三个条件中的一个，我们就认为他（她）在工作：(1) 调查的上一年从事了 10 天以上的农业活动；(2) 调查之前的一周从事了一个小时以上的受雇或自雇性工作；(3) 调查当时处于临时放假、病假或其他假期中，但是有一份工作，并且可以在确定的时间或者未来 6 个月内回到这份工作中。这个定义的好处是考虑到了农业活动和自雇经济的季节性，从而可以把从事这些经济活动的人包含进来。这一点显然是重要的，因为中国有很大一部分劳动者在从事此类活动。

因为我们对工作的定义非常广泛，样本中失业者很少。失业是指现在没有工作并且过去一个月找过工作的人。考虑到这一点，我们并不单独考虑失业，而是把工作者和失业者结合起来，使用劳动参与的概念来进行下面的描述。

需要讨论的是那些从来没有工作过的人。在中国的语境下，很多人并不把务农活动当作工作，这导致在调查时很多目前没有工作的人回答说自己从来没工作过。发现这一问题后，我们通过电话等方式对这些人进行了回访，使很多人的信息得到了纠正。从未工作过的人数很少，但是在 80 岁以上的人中，从来不工作的人所占的比例有所增加，这可能是因为一些特别老的人很难联系上，他们的信息没能修正。根据经验我们知道，除了那些丧失工作能力的人以外，几乎所有的 45 岁以上的人应该都工作过。所以我们暂时不考虑这些回答说从来没工作过的人,而是把注意力集中到那些正在工作和退休了的人身上,这里的退休是指曾经工作但现在不工作了,而不是指行政上的退休。

另外一个需要说明的是城乡的划分。我们这里采用的是户口的划分方法,而不是国家统计局对地区类型的划分。在中国,社会保障和退休等政策在城市和农村户口人群之间有很大不同。采用户口的划分方法,有助于我们研究这些政策对人们的经济活动的影响。

城乡户口之间的劳动力参与率有很大差别,农村户口的老年人工作的比例更大,退休更晚。此外,我们可以发现,城市户口的人群中,在法定退休年龄(男 60 岁,女 50 岁)之前停止工作的人特别多。50 岁左右的城市女性中,劳动参与率只有 40%,说明 60%的城市女性在法定退休年龄之前就停止工作了。男性也一样,尚未达到 60 岁退休年龄的城市男性中,50%以上都不再工作。最后,法定退休年龄之后,还是有很多城市人口在工作。55 岁的女性和 65 岁的男性的劳动力参与率都在 20%左右。

我们做一下国际比较。首先,与 OECD 成员相比,中国 50 岁人群的劳动参与率与这些国家的相应人群并无明显差别,城市户口和农村户口的人都是如此。但是对 60 岁的人群来说,中国农村户口的劳动参与率要远高于 OECD 成员,而城市户口的劳动参与率要远低于他们。到了 65 岁,中国农村户口的劳动参与率与 OECD 成员之间的差别更大,而城市户口与这些国家的差别缩小了。其次,与欧洲 11 个国家(欧洲健康养老追踪调查样本国家)相比,中国的劳动参与率在 50—54 岁、55—59 岁、60—64 岁三个年龄段都要高于欧洲国家,但这主要是由于农村户口的人群劳动力参与率特别高,城市户口的男性的劳动力参与率与西欧发达国家差别不大,而城市户口的女性的劳动参与率甚至比欧洲国家低很多。总结一下,中国农村户口的男性和女性的劳动力参与率要比发达国家高很多;在 60 岁之前,城市户口的男性的劳动力参与率要比发达国家低,这一差距在 60 岁之后缩小了;对城市户口的女性来说,虽然我国年轻女性的劳动参与率特别高,但是随着年龄的增长下降得特别快,到 50 岁的时候,她们的劳动力参与率要远低于发达国家,然而,60 岁之后,她们的劳动力参与率重新超过了发达国家。

接下来我们看一下退休年龄的影响。通过法定退休年龄前后劳动力参与率的对比可以发现,法定退休年龄之后,城市户口的男性和女性的劳动参与率的下降幅度要比相应的农村人口的下降幅度大很多,这显然是由于我国的退休制度目前只适用于城市户口的人群造成的。

在工作时间方面,60 岁之后工作的人群中,一半以上处于半就业状态(一年工作少于 1 500 小时),对农村和城市户口的人都是如此。

接下来我们看一下退休年龄。首先是对那些 60 岁以上且已经停止工作的人,我们问了他们停止工作的时间(年龄)。农村户口的人退休要比城市户口的人晚很多。城市户口的女性的退休率在 50 岁左右急剧上升,城市户口的男性的退休率在 60 岁左右大幅增加,而农村户口的人大多数要到 60 岁之后才停止工作。其次,对于那些还在工作的人,我们会问他们预期什么时候退休,并且允许他们回答"只要健康允许,会一直工作下去"。60 岁以下还在工作的人口中,农村户口的男性中有接近 15%的人做出了上述回答,农村户口的女性中这样回答的比例更高,超过了 20%;而城市户口的人口中,做出上述回答的只有 5%左右。

不同年龄段的人的工作类型有很大不同。与 60 岁之前的人口相比,60 岁以上还在工作的人口中，受雇比例大幅下降，自雇比例也有所下降，而务农比例则大幅上升。这说明务农是老年人主要的工作类型。当然，这不一定都是年龄的效果，还可能是由于人群效果导致的。等有了面板数据之后，我们可以控制住人群效果，就可以分析年龄效果了。

对60岁之前和之后受雇人群的工作单位进行比较可以发现，个体私营企业给老年人提供了最多的非农就业机会，这说明个体经济在老年人就业方面起着重要作用。对法定退休年龄前后劳动合同比例的比较发现，过了法定退休年龄还在工作的人中，签劳动合同的比例很低，只有10%左右；法定退休年龄之前，这一比例在30%左右。

接下来我们看一下健康和工作之间的关系。我们用两个指标来衡量健康：一个是自报健康状况，另一个是是否被诊断出患有糖尿病、癌症、肺病和心脏病等严重的慢性病。无论用哪个指标，健康与农村户口的人群的劳动参与率之间都有一些负向关系，即健康状况越差劳动参与率越低。但是，与其他国家对比可以发现，在中国，健康与经济活动之间的关系要比发达国家弱很多，这可能主要是由于中国的伤残保险很少，使得那些健康状况差的人不得不继续工作。

接下来我们看一下行政退休，即办理退休手续，其中包括了正常退休、早退、内退等形式。农村户口的人群中，办理退休手续的很少，几乎没有，这不奇怪。然而，城市户口的人群中，也有很大比例过了退休年龄却没有办理退休手续，其中男性有10%以上，女性更是有50%左右，这说明即使在城市户口人群中，制度退休的覆盖也是不完全的，尤其在女性中更是如此。此外，正如前面提到的，城市户口人群中早退的比例很高。50岁之前，城市户口的女性中办理退休手续的比例达到了40%；60岁之前，城市户口的男性中办理退休手续的比例更是达到了60%。

具体到退休的类型，大约四分之一的人属于早退或内退，说明中国的退休体系有很多漏洞。具体到退休的原因，内退和早退的人群中有三分之一因为健康而退休，同时也分别有23%和44%的人是因为企业重组或改制等原因而退休，这说明早退和内退都是企业精简员工的重要途径。对比正常退休和早退人群的养老金可以发现，早退人群的养老金要比正常退休的人少，说明早退的人在福利等方面可能受到了一定的惩罚。

办理退休手续并不意味着不工作了，实际上有很多人选择继续留在劳动力市场上。办理了退休手续的女性中，在50岁前后20%以上的人还在工作，男性中60岁前后5年工作的比例更是达到了50%。在中国，现在有很多人建议推迟法定退休年龄，这里的数据表明，推迟退休年龄到65岁只会影响一半左右的男性的工作决策，因为有一半人已经在工作；推迟退休年龄对女性的影响显然更大。

下面我们看一下夫妻双方的经济活动之间的关系。相比于那些不工作的人及其配偶，如果一个人在工作，那么他（她）的配偶也更可能在工作。这说明夫妻双方在很大程度上是共同进行劳动决策的。

最后是养老保险。养老保险主要集中在城市户口的人口中。然而，即使在城市人口中，性别差异也很大。60岁以上的城市男性中，有养老金的比例达到了80%左右；而55岁以上的女性中，有养老金的比例只有40%左右。虽然农村户口的人口也有接近10%的人有养老金，但是进一步研究发现，农村养老保险的数额很少，平均每月只有300元左右；而城市地区的养老金平均每月则有1 000元左右，其中企业基本养老保险平均每月接近1 200元，政府和事业单位养老保险更是接近1 800元。

沈艳：收入与财富

相较于 HRS 系列的调查数据，CHARLS 在收入与财富部分有两个创新点。首先，CHARLS 不仅收集了收入与财富的相关变量，还涵盖了家户支出的详细信息。目前已有不少文献表明对于发展中国家而言，支出是比收入或财富更好的福利衡量指标，后者尤其是收入更有可能被低估。其次，CHARLS 针对个人和家庭两个层面，分门别类地收集收入与财富的信息，这更好地保证了数据质量。

收入与财富部分和问卷其他部分的最大不同在于，需要从原始变量构造一些新的生成变量，譬如家庭总收入、家户人均支出。这里家庭（Family）一般定义为受访者及其配偶（如果已婚或同居的话），而家户（Household）则定义为常住在一起、共享生活用品的所有成员。因此，弄清楚这些变量的具体定义是必要的。

第一，收入部分的生成变量主要来自问卷的工作、个人、家户三个模块。从组成上来看，家户总收入由工资收入、自雇收入、农业收入、养老金收入、转移收入及净资产收入六部分组成，其中转移收入仅限公共转移，而不包括诸如代际间等私人转移收入。个人层面的总收入由受访者独自取得的收入以及家户共同收入中的个人应得部分组成。当然，譬如工资收入是没有家户共同部分的，而农业收入则没有个人部分。具体而言，在收集个人工资信息时，问卷不仅区分了主业和副业，还按支付方式划分为定期支付及其他支付方式（包括按项目支付、按绩效支付或其他）。个人自雇收入涉及的行业种类很广，包括服务业、交通、建筑、采矿等。个人养老金收入细致地区分了农村和城市并分别进行计算，这是因为养老金的种类在不同地区有较大区别。个人转移收入与个人净资产收入的各个组成部分均可在 CHARLS 官方网站发布的问卷中查找到。第二，家户总支出由食物、耐用品（仅限于价值低于一万元）、衣物、教育文娱、医疗保健、交通、杂费等部分组成。为了尽可能减少回忆偏差，问卷以周、月、年三种不同周期收集支出数据。第三，家户净资产由住房净资产、实物资产、金融财产净额三部分组成。其中，住房净资产即家户拥有的所有房产价值与住房贷款之差；实物资产又可分为耐耗品和生产性资产；金融财产净额即金融资产和债务之差。

而后介绍收入及财富的基本数据描述，选取的度量为家户人均层面指标，以了解家户的平均生活水平。家户人均收入的中位数（5 950 元）大约为均值（12 746 元）的一半，支出上二者差距则小很多（5 814 元及 7 966 元），而财富上的差距更大（31 063 元及 101 800 元）。净资产大部分都是住房净资产（81%），而实物资产和金融净资产仅占 14% 和 4%。

分组比较可凸显不同层面的不平等程度。首先，从地域划分来看，浙江城市在所有度量上都是最富有的，而甘肃的城乡差距要大于浙江。单看收入的话，浙江农村比甘肃城市还要富有；不同地区在支出上的差距要远小于收入和财富差距。其次，初中以上受教育程度的收入水平为文盲的三倍多，但在支出层面，这一比例仅为 1.3 倍左右；财富随着受访者的受教育程度上升而单调增加。再次，不同自报健康程度之间的收入差距仍明显大于支出差距。支出不平等在不同分组比较间均小于收入不平等，这一信息表明选择收入或支出进行分析可能得到不同结果。出于发展中国家相关文献对支出的偏好，接下来我们重点选择家户人均支出（PCE）进行分布分析。

从家户人均支出取对数后的累积分布来看，支出在不同地区间的差别不明显，而收入很明显。甘肃城市地区的受访者中，约 20% 的收入水平低于国家贫困线（1 300 元/月），而浙江城市中只有 5% 的收入低于这一水平。若采用世界银行 1.25 美元/天的贫困线标准（根据购买力平价进行转换），该比例会更大。从居住安排来看，仅与配偶同住的家户人均支出最高；从年龄来看，60 岁以下人群的家户人均支出在均值和中位数上均高于 60 岁以上人群。比较不同分位数水平，可以看到家户人均收入的 90%/10% 比值在浙江子样本中为最低，小于全样本的比值，75%/25% 的比值也表明甘肃的不平等程度大于浙江。支出和财富指标情况类似。

从收入、支出与财富之间的相关系数来看，在 60 岁以上人群中，独居的收入/支出相关系数比其他居住安排类别要高 (0.68)，而仅与配偶同住的相关系数最低 (0.36)，这说明独居的老年人很大程度上须依靠自身收入来维持开支，不能较好地平滑消费。倘若在转移收入中加入私人转移，这一情况仍无甚不同。

总而言之，从以上针对收入、支出、财富的初步分析中可以得出三个主要发现：第一，消费是衡量福利的更好指标；第二，在较贫穷的甘肃，不平等程度反而更大；第三，由于独居的老年人平滑消费的自身能力较弱，他们可能是最需要外界帮助的人群。

2009年第70期简报（总第831期）

第二届中国健康与养老国际研讨会简报之五

（2009年7月）

2009年7月30—31日，北京大学国家发展研究院举行了"第二届中国健康与养老国际研讨会"，讨论"中国健康养老追踪调查"（CHARLS）2008年在浙江和甘肃预调查的结果。老龄和健康领域的许多国内外知名专家莅临了本次会议。我们分五期简略报道会议内容。本期简报将主要介绍会议第五节"医疗保健、保险、社区调查"的内容。本节会议有两位报告人发言，分别是美国南加州大学经济系John Strauss教授和北京大学国家发展研究院沈艳教授。

John Strauss：医疗保健与保险

在CHARLS调查的45岁以上受访者中，93.9%的男性和90.4%的女性拥有某项医疗保险。值得注意的是，农村地区的医疗保险覆盖率也在90%以上。可以说，几乎所有的老年人都拥有某项医疗保险。这样的保险覆盖率相比五年以前的情况，尤其是农村的情况，是非常大的进步。

根据回归可知，对女性而言，受较高教育与拥有保险正相关；对男性而言，较高收入与拥有保险正相关。75岁以上或丧偶的女性，较少可能获得保险；同时，丧偶的男性也较少可能获得保险。移民也更不容易获得保险。与非移民相比，移民获得保险的可能性低15%。甘肃农村的老年人更有可能获得保险，这是在控制了年龄、受教育程度、收入、移民情况和婚姻状况后的结论。社区因素对是否拥有保险也很重要。

在样本的45岁以上城市户口男性中，约3/4拥有城镇职工医疗保险，8.3%拥有城镇居民医疗保险；45岁以上城市户口女性中，49.2%拥有城镇职工医疗保险，22.5%拥有城镇居民医疗保险。45岁以上农村户口男性和女性中分别有89.8%和91.6%拥有新农村合作医疗保险。

在浙江以及甘肃的农村地区，保险金平均值为20—30元一年，这与3800—7500元的人均年支出相比非常低，近似于无。城市地区的保险金高于农村地区。例如城市地区男性和女性城镇职工医疗保险的平均保险金分别为441元和339元，但这与7500—10000元的城市人均年支出相比，仍然是承担得起的。值得注意的是，在浙江农村，一些社区给居民提供免费的合作医疗保险，大约 1/5 的老年人不需支付任何保险金即可获得保险。

45 岁以上男性自我报告前一月中访问门诊的比例是 17.9%，而女性为 20.9%。在 45 岁以上人群中，年轻男性是较少访问门诊的一个群体，在到达 60 岁之前，男性访问门诊的比例随年龄上升而上升，在 60 岁之后则稳定在 20% 以上。对男性而言，较高教育程度与一个月中是否访问门诊正相关，而收入与访问门诊并不相关，社区效应不显著；而对女性而言，教育对是否访问门诊没有任何效应，但收入与访问门诊有正相关的关系，社区效应相当强。

45 岁以上男性自我报告前一年中住院的比例为 7.3%，而女性为 5.9%，即使是年龄较高的受访者群体中，一年中住院的比例也未超过 10%。对男性而言，收入与一年中住院正相关，而教育与其不相关，社区效应也不显著；对女性而言，同样的，收入与住院正相关，教育与其不相关，社区效应不显著。

对前一个月访问过门诊或前一年住院的受访者，我们在问卷中了解了他们最后一次访问医疗机构的总支出和最终个人支出。因此，我们可以计算出他们医疗支出的报销比例。在不同省份的城市和农村，住院支出的平均报销比例为 30%—45%，在城市地区略高。这个数字可能低于美国与其他发达国家，但与中国前些年的情况相比，已经有很大的改善。考虑到新农合的年保险金平均值只有 20 元左右，可以说医疗保险是一项很大的福利。浙江城市户口的受访者的报销比例平均值达到了 68%，但需注意由于一年中住院人数并不多，可供分析的样本量非常小（14 人）。

门诊支出的报销比例较低。在甘肃城市和农村以及浙江农村，门诊支出报销比例的平均值都只有 10% 左右。与住院报销比例相比，这个值相当低。这显示，中国城市和农村新推行的医疗保险主要用来报销住院支出，且在这一点上做得相当成功；另一方面，报销并非面对门诊支出，尤其是农村地区。不过，在浙江城市，门诊报销比例的平均值达到 46.8%。这可能是由于浙江的某些城市社区正在进行提高门诊报销比例的实验。回归结果显示，门诊报销比例具有很高的社区差异，即使在同一省内也是如此。然而，门诊报销比例与社会经济地位，如受教育程度、收入的相关性并不强，这可能说明（但也不能排除争议）报销准则在具有不同社会经济地位的人群之间实现了平等一致。

沈艳：自然与社会环境

中国健康与养老追踪调查（CHARLS）对老年人所处的自然与社会环境的考察主要包括两部分，一部分是社区调查，另一部分是居民住房调查。

社区调查

沈艳副教授指出，加入社区变量对相关的统计回归结果有着较为显著的影响，因此，对社区效应的考察对理解中国当前的人口健康水平和个人社会经济状况有着重要作用。CHARLS 社区调查系统地考察了社区经济水平、公共基础设施，以及基本生活设施，如饮用水供给、供电、生活燃料等的相关信息，还进一步考察了社区的医疗机构设置与医疗保险覆盖状况，以及社区物价水平等。

社区数据显示，浙江省的人口密度大大高于甘肃省的人口密度，浙江省社区与村庄的经济收入水平也都远远超过甘肃省的社区与村庄。此外,甘肃省的城乡差距要更加明显,这与CHARLS从个人调查中获取的数据相吻合。从对两省村庄的各项收入与支出的比较中,可以看到浙江的村庄公共支出要高出甘肃村庄十几倍。观察具有长期影响的投资,发现浙江村庄的集体投资要比甘肃村庄高出二十倍左右。浙江的村庄不仅比甘肃的村庄更富裕,而且有能力并实际投入了更多的公共支出与集体投资,这能够对村庄的进一步发展起支撑作用。

在肯定两省的经济差异之后,沈艳副教授进一步展示了两省贫困地区和个人获得补助的情况。在现有的经济条件下,各种国家扶贫性的补助在甘肃各个社区的覆盖并不乐观,比如医疗贫困救助在甘肃农村的覆盖率还不到百分之三十,即使在覆盖到的村庄,也只有平均4%多一些的家庭能够获得此项救助。

CHARLS社区数据还提供了对基本生活设施的描述,如社区的生活排水系统、饮用水供给,以及生活用电供给等。在浙江,超过一半的村庄都有生活排水系统,但在甘肃,仅有百分之八左右的村庄有生活排水系统。百分之八十一的浙江村庄都建有自来水设施,但仅有百分之五十七的甘肃农村从自来水系统获取饮用水。沈艳副教授进一步提供了浙江和甘肃的社区与村庄所能获得的饮用水的不同来源及比例。浙江村庄主要以自来水或井水为饮用水源,甘肃村庄除了这两种形式的饮用水源,还采用了江湖水、雪雨水以及地窖水的形式,其中地窖水是甘肃农村一种特殊的饮用水获取形式。总体来讲,甘肃的饮用水健康水平要低于浙江的饮用水健康水平。社区调查也对两省份燃料的使用做了细致的考察,数据显示,超过百分之八十的浙江村庄使用天然气作为主要燃料,而甘肃村庄则更依赖于原始燃料,如柴草及煤炭等,这样的燃料构成会对其居民的健康产生影响,并威胁当地生态环境发展。

社区调查中对社区和村庄的公共基础设施建设的数据显示,城镇的基础设施建设要远远好于农村的基础设施建设。同样,甘肃的城乡差距要比浙江的城乡差距大很多。甘肃农村的状况在四种区域类型中是最不容乐观的。描述社区和村庄中心与当地基础设施的距离的结果更加显著,比如浙江的城镇社区中心到电影院的距离一般小于1 000米,但是甘肃村庄的中心到电影院的距离一般大于2.5万米,考虑到当地现有的交通状况,可以想见甘肃农村居民享受电影院娱乐的困难程度。对于农村居民,特别是甘肃的农村居民来讲,图书馆、超市甚至农贸市场,都与其居住区相距甚远。

CHARLS社区调查也收集了社区水平上的医疗保险信息。浙江和甘肃的参与率存在很大差异,在浙江城镇和农村,同时存在城镇居民医疗保险和新农村合作医疗保险,但在甘肃,城镇居民医疗保险仅存在于城镇社区,新农村合作医疗保险仅存在于农村地区。这样的情况可能由一些试点政策的实施造成,也可能由浙江的人口流动性较强、城乡界定不清晰造成。数据还描述了平均的保险费用,浙江的保险费用要普遍高于甘肃的保险费用,中央政府对两省的医疗保险补贴基本一致,但是浙江当地基层政府对医疗保险费用的补贴要大大超出甘肃地方政府对医疗费用的补贴。之前的描述也表明,一些浙江居民能够免费享受医疗保险。对两省居民常去的医疗机构的整合显示,浙江居民在医疗机构方面有更多的选择。百分之九十左右的甘肃农村居民会选择到乡镇医疗诊所或者综合性医院,而浙江农村居民到乡镇医疗诊所的比例则要小得多。社区调查也收集了社区和村庄负责人对当地居民常去的医疗机构以及市县医院的评估。结果表明,社区和村庄负责人对市(县)医院的评估要明显高于当地居民常去的医疗机构,由此,可以推断居民在就医时对理想医疗机构的选择受到距离和政策规定等各方面的限制。

在居民可参与的活动和机构方面,浙江农村居民的情况好于甘肃农村居民的情况。城镇的居民活动机构主要由国家财政提供资金支持,而农村居民的活动机构则主要由当地财政进行支持,因此,城镇的活动机构与农村的活动机构相比拥有更高的自主性和灵活性。

社区部分的最后一张表格描述了社区之间的价格差异,概括来看,浙江的基本生活价格要高于甘肃的基本生活价格。浙江的经济发展水平较高,同时也拥有着更高的物价水平。其中,浙江和甘肃的农村地区都不存在明显的房屋租赁市场。

居民住房调查

在甘肃,百分之九十以上的居民住在家庭成员所有的住宅内,而浙江省的这个比例要相对较低。根据已有数据,年龄越高的人群拥有自己的住宅的比例越高,但这也有可能由于高龄的人数较少进城。从基本数据来看,甘肃农村地区的人均住房面积较小,人均卧室数目也是四种地域类型中最低的。根据住宅的户型,沈艳副教授展示了通过构建住房指数的统计结果。每一种房间类型被设定为一条虚拟变量,每间住宅中该类型房间的数量高于地区平均值的,被设为1,反之则为0,最后将五种房间类型加总,获得一个值域为0—5的离散变量,设为住房指数,5为最高,0为最低。统计数据显示,浙江的住房指数均值要普遍高出甘肃的住房指数,而省内城乡之间的差异不是很明显。

总结

综合以上数据,CHARLS数据关于自然与社会环境的主要发现是:(1) 社区和村庄的社会经济水平存在很大差异;(2) 欠发达的甘肃省存在着更加巨大的城乡差异;(3) 经济发展状况较好的村庄能够提供更好的公共设施和娱乐设施,为居民活动提供更有力的资金支持;(4) 经济发展状况较好的社区与村庄居民拥有更好的住房条件。

2013 年第 059 期（总第 1091 期）

老年健康研讨会系列简报之一

（2013 年 12 月）

2013 年 12 月 2—4 日，北京大学国家发展研究院健康老龄与发展研究中心与中国疾控中心联合主办的"老年健康研讨暨数据分析培训会"在万众楼二层举行。全国老龄委副主任肖才伟、中国疾病预防控制中心主任助理冯子健研究员，联合国人口基金会驻华代表 Arie Hoekman 博士、北京大学社科部副部长耿琴教授、北京大学健康老龄与发展研究中心主任曾毅教授及中国疾控中心慢病社区处吴静副处长等出席了开幕式。来自中国疾病预防控制中心、全国 23 个省级疾控中心、8 个县区疾控中心及相关地市疾控中心、北京大学的老年健康领域研究人员共计 110 人参加了会议。我们将分三期简报报告此次会议内容。本期简报报告联合国人口基金会驻华代表处代表何安瑞（Arie Hoekman）博士以及北京大学国家发展研究院曾毅教授的演讲。

何安瑞（Arie Hoekman）：老龄化的影响取决于老龄人口的健康状况

人口老龄化是 21 世纪的大趋势，它将会影响社会的各个方面。目前全世界每一秒钟就有两位老人庆祝他们的六十岁生日，每年则共有 5 800 万人迈入花甲之年。从人口比例上来看，目前全球九分之一的人年过六旬，而这一数字在 2050 年将达到五分之一。80 岁及以上人口的增长速度更快。目前全球有 1.6% 的人口在 80 岁及以上，而到了 2050 年，这一比例将达到 4.3%。中国同样处在人口老龄化快速发展阶段，老年人口正以年均超过 800 万人的速度增长，60 岁及以上老人到 2013 年年底越过 2 亿人，即每七人中将有一名老人。2050 年中国 60 岁及以上老人占总人口比例将高达 33.4%，即每三人中有一名老人。老龄化的原因不仅包括日益降低的生育率，也来自普遍增加的预期寿命。

世界范围内如此迅速增长的老龄人口，对于社会来说既可能是挑战又可能是机遇。究竟它是挑战还是机遇，则在很大程度上取决于老龄人口的健康状况。随着医疗技术的提升与医疗服务的普及，很多老人的健康状况获得显著的提升，但仍有数以百万计的老人生活在病痛之中。

加速发展的人口老龄化，给发展中国家的健康保障和服务领域带来的挑战是极为显著的。这突出表现在老年人患病状况日益严重。新的研究表明，绝大部分非传染性疾病（慢性病）的患者是老年人。其中，缺血性心脏疾病、中风和慢性肺部疾病是最主要的老年人杀手，而视觉和听觉障碍、老年痴呆症和骨关节炎则是老年人残疾的主要原因。

发展中国家身患慢性疾病的老年人人数远远超过发达国家。各类慢性病患病数量的快速增加使得老年人口医疗负担持续攀升。对于老年人，特别是在较贫穷的国家，重大疾病带来的负担十分沉重，甚至会给整个家庭带来重压。高昂的医疗支出可能使全家人的生活水平倒退数年。

世界卫生组织通过以下策略，从社会各个方面促进健康和积极的老龄化：

首先，在所有年龄段推广有利于身体健康的行为，以防止或延缓慢性疾病的发生与发展。这包括身体运动、保持健康的饮食、避免使用酒精、不吸烟或不使用烟草制品。这些健康的习惯都可以减少在老年时期患上慢性疾病的风险，要在青壮年期便建立起来，并一直延续到老年时期。

其次，通过疾病的早期发现和高质量的护理，最大限度地减轻慢性疾病的后果。虽然可以通过健康的生活方式，减少慢性疾病的风险，很多人还是会在老年时期出现健康问题。因此，需要及早发现，如高血压、高血糖、高胆固醇等慢性疾病，并有效地管理它们。

最后，重塑老龄化观念。社会必须改变态度，鼓励老年人参与其中。在 20 世纪，人口构成相当年轻，社会形态与未来有很大不同。在 21 世纪，我们需要发展老龄化下的新思考模式，并创造一个老年人愿意参与其中的新社会环境。

老年人的经济保障、生活照料、健康服务、社会参与等方面的需求迅速增加，老龄化问题的影响日益超出社会民生范畴，成为关系国家与全球长远发展的重大战略问题。联合国人口基金会作为一个国际性组织，长期以来致力于与各国政府在人口老龄化政策制定方面进行合作，推动与资助相关数据的采集、整理与研究，为政府制定合适的方针政策提供所需数据，并支持他们将老龄化政策融入国家发展框架中。

曾毅：为祖国健康老龄化的科学与政策研究提供支持
——中国老年健康影响因素跟踪调查（1998—2014）

我国人口老化数量与速度均高居全球榜首，老人年均增长速度超过西方大国 2 倍。我国 65 岁及以上老人将从 2010 年的 1.19 亿（占总人口 8.87％）增加到 2050 年的 3.3 亿—4.1 亿（占总人口 23％—26.5％），而 60 岁及以上老人占总人口比例将高达 33.4％。最需照料的 80 岁以上高龄老人将从 2010 年的 2000 万迅猛增加到 2050 年的 1.1 亿—1.6 亿。

在人口结构老龄化这一发展趋势面前，国内外学者们不约而同地研究健康长寿老人，希望从他们身上知道如何促进老龄健康。"中国老年健康影响因素跟踪调查"受国家自然科学基金、联合国人口基金会、美国老龄研究院等联合资助，由北京大学与中国疾控中心联合执行，在全国 22 个省份随机抽取一半县（市），目前已经进行了 1998 年、2000 年、2002 年、2005 年、2008 年、2011 年六次跟踪（含递补）调查，累计入户访问约 9 万人次，搜集了 23 800 位 65 岁以上已死亡被访老人的信息。调查内容包括个人特征、家庭关系、生活自理能力、躯体功能、认知功能、生活方式、饮食、心理特征、社会和家庭支持和照料等在内的 180 项内容。同时，进行了最基本的健康体能测试。

"中国老年健康影响因素跟踪调查"吸引了众多学者参与，取得了相当丰硕的成果，得到了相关部门、社会各界的高度评价。以下是若干政策相关研究发现举例：

（1）女性高龄老人是弱势中的弱势。高龄老人是所有年龄组中的弱势群体，而女性高龄老人是弱势中的弱势。与男性相比，女性高龄老人不但更有可能丧偶，经济上不能自立，没有退休金，而且她们的日常生活自理能力、生理功能、认知能力和健康状况都比同龄男性差。年龄越高，性别差异越大。

（2）儿童健康与老龄健康密切相关。如果儿童生病时能得到充分治疗（或未生过病），高龄老年时期生活自理能力丧失、认知障碍及健康状况较差的风险会下降 18%—31%。由此可见，老龄健康必须从儿童健康抓起。

（3）心理健康有助于身体健康。日常生活自理能力正常、躯体活动能力良好和认知功能正常的老人比例从 65—69 岁到 100—105 岁急剧下降，然而自评生活满意和自评健康良好的老人比例在 65—69 岁到 100—105 岁几乎保持稳定，甚至略有上升。这充分说明乐观心态是健康长寿的秘诀之一。

（4）女儿提供的养老回报优于儿子（尤其是在农村）。养育女儿在日常生活照料、精神慰藉与老人存活概率等方面都优于养育儿子，这个现象在农村比在城镇更明显、女性老人比男性老人更明显、高龄老人比低龄老人更明显。成年女儿孝敬父母的观念指数平均比成年儿子高 18%—35%，成年女儿与老年父母的情感关系比成年儿子好 30%。主要照料者为女儿（女婿）的高龄与中低龄老年人的满意度比主要照料者为儿子（儿媳）的高龄与中低龄老年人分别高出 45% 与 13%。既然农民养育女儿的养老回报优于儿子，为什么农村地区重男轻女现象仍十分严重呢？原因包括以下几个方面：农村老年父母从儿子获得净经济支持的可能性显著比从女儿大；广大农民没有完善的基本社会养老保障；以及所谓儿子才能传宗接代的封建思想习俗。建议尽快普及完善包括农村的、政府保底的养老保障体系，科学宣传养育女儿的养老回报优于儿子，扭转出生性别比升高的危险趋势。

（5）鼓励三代家庭同住或老年父母与子女近邻居住有益于社会发展与家庭幸福。与空巢老人相比，与子女同住（或近邻居住）的老年人的认知功能改善了 40%，健康良好的可能性升高 32.4%，生活满意的可能性提高 54.8%。对于子女而言，相对于与父母分开居住（不近邻），与老年父母同住（或近邻居住）的成年女性的就业可能性增加 23.1%，女性就业者每周工作时间增长 9.4 小时，男性就业者每周工作时间增加 6.2 小时。可见，三代同堂居住（或近邻居住）模式对老人及其成年子女是双赢选择，政府应采取措施予以鼓励，例如鼓励发展老人与子女近邻居住的复式单元房。

（6）保护环境，提升老龄健康。在控制个人特征与社区社会经济状况前提下，空气污染使老年人虚弱指数上升、生活自理能力受损、认知功能受损的发生率增加 10%—25%。可见，减少环境污染也有利于实现健康老龄化。

（7）幸福家庭与基本社会养老保障有利于健康长寿。在控制主要人口学和社会经济变量下，婚姻质量好的高龄老人的两年期死亡风险比婚姻质量不好的低 30%—25%。城镇有养老金的高龄老人的两年期死亡风险比无养老金的低 25% 左右。农村有养老金的男性（女性）高龄老人的死亡风险比无养老金的低 35%（68%）。这些差距在统计上均显著。

(8）养老护理措施应面向个体层面、实行差异化发展。人类群体和个体的健康与寿命差异的 1/4 左右由遗传基因决定，而 3/4 由社会行为、营养、环境及其与遗传因素的交互作用决定。针对不同老年人的自身基本特征（包括遗传基因类型），采取有针对性的健康行为营养干预、养老和护理措施可以获得更好的效果。

2013 年第 060 期（总第 1092 期）

老年健康研讨会系列简报之二

（2013 年 12 月）

2013 年 12 月 2—4 日，北京大学国家发展研究院健康老龄与发展研究中心与中国疾控中心联合主办的"老年健康研讨暨数据分析培训会"在万众楼二层举行。我们将分三期简报报告此次会议内容。本期简报报告中国疾控中心吴静研究员以及北京大学社会学系和健康老龄与发展研究中心陆杰华教授的演讲。

吴静：政府部门和公共卫生系统如何应对人口老龄化

我国老龄化目前形势较为严峻，2010 年第六次人口普查显示，我国 60 岁及以上人口为 1.78 亿人，占全国总人口的 13.3%，约占全世界老龄人口总量的 1/5、亚洲的 1/2。我国人口的老龄化具有以下特点：首先，老龄化的发展十分迅速，65 岁以上老年人口从 7% 提升到 14%，发达国家大多用了 45 年以上，如法国 130 年、瑞典 85 年、美国 79 年，而中国只用了 27 年。在 21 世纪上半叶，我国将一直是世界上老年人口最多的国家。在未来 40 年里，我国人口老龄化将呈现加速发展态势，我国高龄老人占老年人比重将由目前的 1/8 增加到 2050 年的 1/4。其次，中国的老龄化面临的是经济的不发达，是"未富先老"。发达国家进入老龄化社会时人均 GNP 一般在 10 000 美元以上，而我国在 2000 年进入老龄化社会的时候刚达到 840 美元。再次，我国老龄化呈现地区的不平衡与城乡的倒置。中国的老龄化具有明显的由东向西的区域梯次特征，即东部沿海经济发达地区明显快于西部经济欠发达地区。以最早进入人口老龄化社会的上海（1979 年）和最迟进入人口老龄化社会的宁夏（2012 年）比较，时间跨度长达 33 年。在发达国家，城市的老龄化水平一般高于农村，而我国目前农村比城镇高，这种城乡倒置的状况是中国人口老龄化不同于发达国家的重要特征之一。

老龄化将导致整个国家的社会保障、医疗服务和劳动力供应压力空前增大。为应对老龄化问题，国际上其他国家在老龄化的进程中积累了很多的经验。比如鼓励生育与移民、提供育儿津贴和带薪产假、鼓励老年人就业、实行弹性退休年龄与改革养老金制度、发展老年产业等。

当前我国面临的重大任务是，借鉴国际经验，积极应对老龄化，抑制老龄化的负面效应,激发老龄化的正面效应,化挑战为机遇,寻求老龄时代的人口红利。我们要转变传统上消极养老、将赡养老人视作社会负担的看法,努力提高老年人的身心健康水平,提高与保障老年人参与社会工作、社会活动的能力与机会。鼓励老年人通过积极锻炼、增加社会参与以保持心理健康。

有关政府部门的政策建议方面,最首要的是发展经济,这是解决老龄化问题的最根本保障。及时出台相关的法律、政策以促进社会养老产业的发展。在逐步放开计划生育的同时,还要突破"养儿防老"的旧思想的束缚。提高老年人生活质量、探索弹性退休制度、将家庭养老与社区养老相结合,构建居家式社区养老的服务模式。建立健全多支柱、多层次性的养老保障体系。针对老年人身心发展特征,完善公共卫生服务体系,保障老年人健康。

应对人口老龄化,卫生系统首先需要完善老年人医疗保障体系。大力发挥各级疾病预防控制中心的作用,预防控制老年人慢性疾病;建立更加专业化的老年人疾病防控队伍与体系,满足老年人的基本医疗需求;强化社区卫生服务,建立以社区为中心的老年医疗服务体系,实现医疗和养老的一体化。再者尽快建立老年人的长期社会化护理照料制度,以期实现至少应包括机构护理、社区护理、居家护理三个层次的护理服务。此外,还要充分重视老年人的精神文化需要,预防心理疾病,保障精神健康。

陆杰华:空巢老人保健服务政策的进展、挑战及未来框架

我国老年家庭空巢化问题日渐严重。到目前为止,我国城市老年家庭的空巢率已由10年前的26.4%增至49.7%,农村老年家庭的空巢率已达38%。以后随着独生子女家庭进入老年,农村大量青壮年进城工作,我国的家庭空巢率将呈现快速增长的趋势,空巢将成为人口老龄化的一个突出问题,空巢带来的问题和社会性矛盾将进一步凸显,给我国的人口老龄化带来更大的挑战。

老年人特别是空巢老人的保健服务资源的可及性比较低。我国老年人健康保健服务政策存在的不足主要体现在:尚未建立起系统、完善的老年人公共卫生政策体系;老年人健康保健服务的政策、实践与需求难以互相适应;现有的老年人社会福利、社会保障等方面公共政策并未完全落到实处;相关政策构建呈现区域不平衡性,内陆经济不发达地区明显滞后于沿海发达地区;相关政策构建城乡间差异巨大,农村老人所获服务明显低于城市老人。

空巢现象还折射出传统养老方式的困境:家庭养老功能弱化、机构养老有待完善、护理服务亟须发展。不断增长的老年人医疗卫生服务需求,与能提供的保障服务不相适应,适合老龄社会要求的专业化医疗卫生服务体系尚未形成。

应从个体、家庭、社区与政府四个层面,建设空巢家庭老年保健服务政策体系框架。

(1) 在个体层面,鼓励老人通过适度锻炼、积极参与社会活动等方式实现积极老龄化。

(2) 在家庭层面,则应增加对老人身心健康状况的关注,协助老人建立健康的生活秩序,尽可能提供良好的家庭氛围与环境。

(3) 在社区层面,社区卫生服务机构应采用各种方式进行卫生保健知识宣传,增强老年人的自我保健意识和能力;建立和普及社区老年人健康档案管理制度,推行社区老年护

理照料；建立并完善以家庭养老为基础、社区养老服务网络为辅助、公共福利设施养老手段为补充的养老体系。

（4）在政府层面，应制定专门的法律、法规，完善养老保险制度，从制度上解决空巢老人卫生保健服务面临的问题。切实保证养老金的增长水平与经济增长水平同步，通过建立大病住院保险制度、长期护理保险、医疗救助、互助制度等进一步健全医疗保障机制，有效解决老人因病致贫、因病返贫的问题。政府在财政上给予支持，多渠道筹集发展资金，合理利用福利彩票公益金、慈善、募捐等社会资金，支持空巢家庭老年保健服务。

同时，政府应大力推进医疗卫生资源配置结构的战略性调整，充分利用现有医疗卫生资源，大力发展基层社区医疗卫生资源。加快机构养老服务设施建设，尤其要注意向内陆、农村等地区倾斜资源。建设一支数量充足、结构合理、素质优良的社会工作专业队伍。由社会劳动和保障部门及卫生部门牵头，制定岗位准入规范，成立专业服务公司或授权医院相关部门组织管理，加强老年保健服务方面的专业队伍建设。

2013 年第 061 期（总第 1093 期）

老年健康研讨会系列简报之三

(2013 年 12 月)

2013 年 12 月 2 日至 4 日，北京大学国家发展研究院健康老龄与发展研究中心与中国疾控中心联合主办的"老年健康研讨暨数据分析培训会"在万众楼二层举行。我们将分三期简报报告此次会议内容。本期简报报告北京大学社会学系、健康老龄与发展研究中心李建新教授以及中国社会科学院、北京大学健康老龄与发展研究中心郑真真教授的演讲。

李建新：社会地位对健康水平的影响——"收敛"还是"发散"

社会地位与健康水平的关系是多门学科一直关注的研究议题。在这一领域中，社会地位对健康水平的积极作用已经被国内外诸多研究证实。英国学者迈克尔·马默特对此有过系统的论述，认为人的社会地位越高，健康水平越高。社会地位主要通过行为方式、福利水平、心理压力、孤独与社会关系、父母的地位遗传等渠道对健康水平产生影响。

关于社会地位对健康水平的作用是否在不同年龄群体中有所不同，目前主要存在着两种观点：其一是"收敛效应"（The Convergence Effect），其二是"发散效应"（The Divergence Effect）。收敛效应认为在青壮年和高龄老年人群体中，生物和生理性因素在人的健康中发挥了主要的作用，因此不同社会地位群体间的健康差异不大；发散效应认为劣势或优势的累积对健康起到重要作用，因此随着年龄增长，不同社会地位群体的健康差异会扩大。

我们在中外研究基础之上，将教育与收入作为社会地位指标，验证和回答以下两个问题：其一，社会地位是否对健康产生影响；其二，社会地位对于健康的作用是否会随着年龄的变化而变化，若有变化是怎样的模式等。我们采用多维度健康测量，使用 CFPS 项目 2012 年全国最新数据，并根据因变量属性使用 OLS 回归和 Logistic 回归进行分析。

研究的主要结果如下：第一，在不同健康指标上，社会地位对患病与否的影响不大，但对心理健康和自评健康影响显著。第二，对于不同健康指标随年龄的变化趋势来看，我们发现 50—59 岁组是一个非常关键的健康转折的年龄段。同时，这一年龄段也是心理健康随年龄变化的"U"形曲线最低点。第三，社会地位对健康的影响作用随着年龄的变化而变化,并且同时存在"收敛效应"、"发散效应"和"平行效应"。收入对心理健康的影响呈现出随年龄增长的"发散效应",教育对自评健康的影响体现了随年龄增长的"收敛效应",而教育对心理健康、收入对自评健康的影响则体现出随年龄增长的"平行效应"。

与以往研究相比,我们的研究不仅证明了在中国社会经济地位对健康存在影响,还发现了社会经济地位对健康的影响在不同的健康指标上有不同的表现。此外,除了"收敛效应"和"发散效应",还发现了另外一种社会地位影响健康的年龄变化模式——"平行效应"。研究表明,社会地位对人们健康的影响具有持久性,贯穿于各个年龄阶段,并在某些健康指标上具有累积性。

目前我国正处在社会加速发展和转型之中,社会分化还将继续存在;加之我国已进入老龄社会,老年人群规模将不断增加。由于老年人在社会地位与健康方面的分化和变动较大,未来我国社会地位与健康方面的不平等问题还将长期存在。因此,尽快调整社会公共健康政策,注重社会公平,缩小社会地位差距,积极扩展社会地位对健康的正向作用,探讨老年人群社会地位对健康影响的积累或消减因素,对于提高人口整体健康水平和建设健康老龄社会都具有重要的现实意义。

郑真真:中国老年人健康行为与口腔健康

由于人口结构的变化与疾病模式的转变,现今更多中国人存活至老年并患有慢性疾病。尽管口腔健康差会降低老年人的生活质量、健康后果严重,但在中国,口腔健康并没有引起人们足够的重视。在少量现有的研究中,研究人员发现社会经济因素影响人们的失牙和使用假牙,例如有养老金或念过更多书对老年人的失牙情况会起到改善作用。

我们的研究进一步探索老年人口腔健康(以牙齿脱落为衡量指标)与生活方式之间的关系、判断影响口腔健康的最主要因素、确定在中国老年人群中开展口腔健康的主攻方向。

我们的研究数据来自2011年"中国老年健康长寿跟踪调查"。这一调查为全国性调查,其中高龄老人样本被更多抽样。分析框架包括与掉牙有关的三组因素:社会经济、行为和健康相关因素。由于百岁以上老年人的失牙状况无明显模式,因而百岁老人没有涵盖在本研究中。多元分析所用有效样本为65—99岁的6 368例。

我们发现,年龄是影响失牙的最主要因素。随着年龄的增加,人们失牙的数量也在增加;60%的百岁老年人全口无牙。尽管其他人群中也有年龄与失牙的正相关关系,但年龄在老年人群中的作用似乎更大,说明中国老年人群中身体衰老以及口腔保健差对失牙有影响。

通过多元分析我们发现其他一些因素也与老年人失牙有关:

在年龄主导老年人失牙的前提下,身为女性、上学年数少成为老年人最可能失牙的其他因素。而这部分人群的社会经济地位往往低下,他们更不可能寻求医疗服务,也是各类健康项目难以触及的人群。

口腔卫生是预防失牙的关键因素。每天刷牙的老年人比每天不刷牙的老年人失牙个数明显更少。在农村,刷牙并不是人人所为:相比81.1%的城市老人,只有52.2%的农村老人每天至少刷一次牙齿。

刷牙以外的牙齿保护因素有少食用糖;但饮酒和经常吸烟与否与失牙没有关系。大多数被调查的老年人并不经常食用糖,这或许是他们习惯了的生活方式,但这种生活方式却对失牙有积极预防作用。

然而,我们并未发现健康相关的因素(例如是否患有慢性病和有无医疗保险)与失牙有关。对此可能的解释是,所研究的老年人群还未从近年来的医疗保险全面覆盖和口腔医疗服务的大力推广中获益,或者大多数老年人可能早在患有慢性病之前就已失牙。

我们建议:(1)通过开展口腔健康促进活动,在年轻和年老人群中推广健康口腔行为方式,特别要强调口腔卫生(经常并以正确方式刷牙)以及健康饮食习惯。活动内容应包括提高口腔健康意识、加强口腔健康教育、提供口腔健康的咨询及信息。如果开展更多干预活动且各种口腔健康早期干预努力奏效,未来中国老年人群中失牙的年龄差异会缩小。(2)提高口腔卫生医疗保险的覆盖范围、促进老年人利用口腔卫生服务。(3)鼓励不同学科领域的学者更多参与到口腔健康的研究中,更好地了解老年人口的口腔健康状况,提炼影响口腔健康的因素,发现可影响和提升老年人口腔健康的相关领域。

第四篇

改革发展理论探讨

2007 年第 54 期（总第 691 期）

林毅夫教授马歇尔讲座预讲演和评论（上）
—— "发展与转型：思潮、战略和自生能力"

（2007 年 10 月）

  2007 年 10 月 17 日下午，林毅夫教授进行了题为"发展与转型：思潮、战略和自生能力"的马歇尔讲座预讲，来自清华大学中国与世界经济研究中心的李稻葵教授以及北大中国经济研究中心的宋国青教授、卢锋教授和陈平教授进行了评论。现将讲座内容及评论分三份简报报道。本文是第一期简报。

  中国发展和转型的经验有很多让大家意想不到的事。在 20 世纪 50 年代开始计划经济时，东亚有很多国家和经济体认为中国经济会发展很快。当时日本通产省有个报告，认为如果中国按照计划经济走下去，很快会成为一个工业大国，而日本会是一个被边缘化的落后国家。但是，事情的发展出乎意料，到了 70 年代末，日本已经成为世界上最发达的工业化国家，中国的经济则濒临崩溃的边缘。中国开始进行改革开放以后，经济发展取得了一个又一个的重大胜利，但是，国外的理论界和学术界却长期对中国经济发展的前景抱着怀疑的看法。1988 年我去印度参加英迪拉·甘地发展学院成立的国际会议，中国当时改革已经进行 10 年，经济发展取得了相当不错的成绩。但当时印度的经济学家普遍对我报告的中国改革的成果感到怀疑，认为中国的官方数字不可靠，中国这么大的国家是无法改革得了的。印度长期以来的经济增长率只有 3% 左右，被学界戏称为"印度均衡"。他们认为像印度这样拥有近 10 亿人口的文明古国是不可能改革的，中国怎么可能改革成功呢？1988 年以后，我每隔 3—4 年到印度去一趟，发现印度学界从一开始的不相信、怀疑，到越来越接受中国的经验，而且印度政府也开始了改革，并且也取得了巨大的成绩。同样，国际主流经济学界对中国改革的成绩的认识也经历了像印度经济学界的转变，进入 21 世纪以来中国改革开放的成绩已为越来越多的学者所赞誉。但为什么中国发展和转型的经验总是出乎学界原来的预期？这表明国际学界对中国的发展和转型的理解是有限的。不仅如此，在 20 世纪五六十年代，根据当时主流的发展经济学理论来制定发展政策的发展中国家，经济上都搞得一塌糊涂，日本和亚洲四小龙的发展政策，从当时的主流政策来看是错误的，但确实发展得最好。70 年代末中国开始进行改革时，其他社会主义国家和发展中国家也纷纷开始进行改革，从当时的主流理论来看，中国和越南的转型方式都有问题，但是，它们的经济发展却取得了很好的绩效，而根据当时主流的理论来推动转型的社会主义和其他发展中国家却遭遇了经济崩溃、停滞等重重困难。这些理论和经验事实的强烈反差，当然为国际学术界所关注。这次应邀到剑桥大学做马歇尔讲座，我想因为中国是这种强烈反差的最好代表，而我是第一个从西方学成归国的学者，从 1987 年到现在，整整在国内工作了 20 年，他们认为我应该对中国经济、对发展、对转型有一些切身体验，我想这是剑桥大学邀请我去做马歇尔讲座的主要原因。

在人类历史的长河中，绝大多数时间里一国绝大多数的人口是农民，生产力水平很低，经济中大多数人生活在生存线边缘，当时发达的国家和落后的国家人均收入的差距顶多只有 30% 或 50%。18 世纪中叶后，英国发生了工业革命，西方社会的技术变迁日新月异，经济发展一日千里，于是世界上其他地方和西方国家的差距日益扩大，在学术上称为"大分流"（The Great Divergence）。经济力量的悬殊对比使得世界上绝大部分地区变成了西方的殖民地。中国从鸦片战争后，一而再再而三地受到西方的侵略，割地、赔款，中国的海关由外国列强控制，关税收入用来偿还战争赔款，中国成了列强的半殖民地。到了第一次世界大战后民族主义风起云涌，所有受压迫的落后地区的民族前仆后继争取独立。到了第二次世界大战以后，中国结束了内战，建立了中华人民共和国，印度也摆脱了英国的殖民统治，南亚、非洲的其他国家也纷纷取得了独立。这些国家独立后，在其第一代领导人的率领之下，开始了独立自主的现代化建设，希望摆脱贫穷落后的面貌，在最短的时间内赶上发达国家。这些发展中国家在经过一两代人的努力后，与自己的过去相比境况有所改善，人均收入水平有所提高，饥饿状况有所减少，但与发达国家的差距却越来越大。人均收入水平的差距从原来不超过 50% 到 20 世纪末变为 20 倍、30 倍，甚至上百倍。

日本和亚洲四小龙则是少有的例外，从和其他发展中国家大约相同的水平，日本在 20 世纪 70 年代时人均收入按购买力平价计算赶上了英国，新加坡和中国香港在 80 年代时也赶上了英国，到了 90 年代中国台湾和韩国也达到英国的 60%。但是中国内地和其他发展中国家与发达国家的差距则越来越大。当中国内地在 20 世纪 70 年代末开始进行改革开放时，其他社会主义国家和发展中国家由于和发达国家的差距越来越大，经济危机不断，各种社会矛盾越来越激化，也都先后开始进行了经济改革和向市场经济体制的转型。在这一场改革和转型中，中国和越南取得了重大成效。从 1979 年起连续 29 年，中国平均每年的经济增长速度达到了 9.7%，越南也不错，平均每年达到 8% 左右。但是，前苏联国家，却遭遇了经济上的崩溃和长期停滞，一直到这几年才有所复苏，即使到今天俄罗斯的人均收入还没有达到其 1990 年的收入水平。东欧的社会主义国家崩溃得少一点，不过，也同样经历了滑坡、停滞，最近才开始有所回升。最近，欧洲开发银行做了一个 29 个苏联和独联体、东欧转型国家的大规模调查，每个国家 1 000 人，总共访问了 29 000 人，发现转型后经过 15 年的发展，只有 30% 的人认为现在的生活比转型前好，而 70% 的人则认为比转型前差。

同样的，20 世纪 80 年代开始，其他发展中国家在国际货币基金组织的指导下也先后进行了经济改革。从各种经济指标来看，比如政府的透明度，法律的健全，金融、贸易的自由化等，这些发展中国家确实得到了改善，但有两项没有改善，即其经济增长速度比改革前低，而且经济稳定性比以前更差。所以，和发展的经验一样，转型成功的国家只是少数,而失败的则是大多数。

在这次讲座中我准备分析两个问题:第一,为什么日本和东亚新兴工业化经济,在20世纪50年代后的努力取得了巨大成功,实现了赶上发达国家的愿望,而其他发展中国家则遭到了失败?第二,为什么中国和越南在转型后经济维持了稳定,并取得了快速的发展,而其他社会主义国家和发展中国家在转型和改革后则经历了经济滑坡、崩溃、停滞,到现在才缓慢增长?

卢卡斯在1985年的马歇尔讲座时有一句经常被引用的名言:"一个经济学家只要开始思考这些(发达国家和发展中国家差距不断扩大的)问题,就再也不会思考其他问题。"如何让一个国家发展和富强起来,可以说是现代经济学之所以产生的根源。1776年亚当·斯密写作出版《国富论》就是为了探讨一个国家之所以富强的原因。

从经济学的文献来看,最早认为决定一个国家经济发展水平的是一个国家自然资源的多寡,以及技术水平的高低,后来又增加了人力资本。现在经济学界普遍认为自然资源不是关键,因为,在发达国家的国内生产总值中来自自然资源的不及5%。其他几项从回归分析的角度来看,确实和一个国家人均收入水平的高低成正相关。但是经济学界现在普遍认为,这些因素只是表层的相关。因为资本是靠积累的,技术是要靠创新来获得的,更为关键的问题是为什么发展中国家不增加资本积累、不采取更好的技术。

从20世纪七八十年代开始,国际经济学界的努力是试图去寻找决定一个国家和社会发展的更为深层和根本的原因。总结起来,这些年的努力产生了5个流行解释,也就是所谓的假说。第一个假说是有些国家比较幸运。在一个有多重均衡点的模型中,两个完全相似的国家,由于有很小的冲击或差异,有的国家走上了好的均衡点,有的国家陷于坏的均衡点,根据这个看法,一个国家富有或贫困完全是由于运气。第二个假说是地理因素。世界上所有的发达国家都在温带,在热带的国家人均自然资源非常丰富,但是经济却发展不起来。这个假说认为由于热带容易产生疾病,每个人的生命预期短,就不愿意积累人力资本,所以,经济就难以发展;或者是位于内陆,交通不便而发展不起来。第三个假说强调文化的因素,认为有些文化让人与人的合作特别容易,有些文化强调信用,这样的社会经济容易发展;有些文化社会能力较强,政府的行政较有效率,所以,经济就容易发展。第四个假说是一个国家的经济是内向型还是外向型,外向型的国家容易和国际经济融合在一起,在对外贸易中可以获得新的知识、技术和组织方式而经济发展较快;反之,内向型的国家经济不易发展。最后一种是现在最流行的、影响最大的观点,认为一个国家经济发展的快慢取决于这个国家的制度安排和制度的质量。一个国家的制度安排决定这个国家的激励结构,有些制度比较好的国家,大家有积极性去工作,去提高教育水平,去进行技术创新,这样的经济就发展得快;反之,如果制度不保护产权,不能维持稳定,政府和老百姓之间的关系紧张,大家就会缺乏安全感,不努力工作,经济就发展不好。

我同意制度是最重要的决定因素。如果只是幸运,那么,一个国家在二三百年的发展中,只要稍微有些改变,就会富强繁荣,而且我们很难相信这个国家的政府和人民不会去做那些必要的些微改变。虽然,这种多重均衡的理论在模型上是很严谨的,但是,由于人的主观能动性,这个假说难以令人置信。第二个假说所主张的地理环境是唯一真正的外生变量。但是,现实中却有很多反例。例如,新加坡也在热带,但是新加坡现在是发达国家;如果资源丰富是落后的原因,非洲自然资源极端丰富的博茨瓦纳在过去的30年经济增长却非常快速；另外，瑞士则是一个内陆国家。如果文化是一个社会兴衰的决定因素，那么韩国、朝鲜的经济发展为什么有那么大的差异？同样是儒家文化的中国，改革开放后文化并没有改变，但是，经济发展却和改革前有很大差异。经济发展好的国家通常比较外向，但是，经济的外向性到底是经济发展好的因还是经济发展好的果？如果是因，那么把一个内向型的经济改为外向型，经济就会发展。

现在来看，制度确实是更深层次的原因，因为制度决定了这个国家的激励结构。但是制度又是由什么决定的？目前西方主流理论普遍是从利益集团的冲突作为产生坏的制度的内生原因。最早提出利益集团这个概念的是奥尔森，他在 20 世纪 80 年代时写了一本相当有影响的著作，认为一个国家或地区如果是长期稳定，以收入分配为主要目的的利益集团就会形成，这样的经济就会形成不是以创造更多财富为主，而是以财富分配为主的制度，结果经济发展的绩效就会差，他以此来解释国家的兴亡。最近，最有影响的是 Acemoglu, Robinson 和 Johnson 等人的论文，他们以美洲国家为研究对象。美洲国家都是西方殖民地建立起来的国家。北美的美国和加拿大经济发展很快，但中南美洲普遍发展不好。他们认为这种发展绩效的差异与殖民地开始时的殖民者的死亡率有关，中南美洲不适应白种人居住，白种人到了以后就以掠夺为目的，这种掠夺的制度就延续下来，从而造成中南美洲发展绩效差；美国和加拿大适合白种人居住，结果就带来了先进的欧洲的制度，所以，经济发展绩效就好。另一个研究是 Engerman 和 Sokkolof 合写的文章，他们同样研究的是北美和中南美洲制度的差异形成的原因。他们认为与这个国家的自然资源禀赋状况有关，北美适合小农耕作，不具规模经济，而且没有很多原住民，在人力资本和各种条件都差不多的情况下，形成了比较平等的制度环境。中南美洲以蔗糖、咖啡或矿产为主，具有很大的规模经济，当地又有很多印第安人可以当奴隶，财富和权力集中在奴隶主、大地主手中，于是形成了维护这些既得利益者的社会制度。

上述理论存在的问题是东亚经济在 60 年代，智利在 70 年代，中国和印度在 80 年代都突然发展起来，但是，原来的利益集团的状况并没有发生根本的变化。那么，决定一个国家经济发展的好坏，利益集团的冲突是不是最根本的原因？我想就像凯恩斯在其《通论》的最后一章最后一句作为整本书的结论所说的："真正对一个社会产生好与坏的影响的，不是既得利益，而是思想。"另外，我在芝加哥大学的导师舒尔茨在研究过去欧洲三百年大的社会变化时，发现从重农主义到重商主义等大的社会政治经济结构变动的最重要的原因是社会思潮。社会思潮由有关政治、经济、社会的思想组成。一个时代主流的社会思潮决定了一个国家的政治、经济、社会体制，当现有的制度运行不好时，就会为新的社会思潮的产生"埋下种子"，过了一段时间就会有新的主流的社会思潮产生。

我认为，在发展中国家，政府是最重要的制度安排，因为政府的政策决定一个国家中其他制度安排的质量。而政府是由政治领导人来管理和运作的，政策是由政治领导人来制定的。因此，就需要了解政治领导人政策制定时的目标是什么。一般来说，政治领导人的目标有两个，一个就是希望自己能够继续当领导人，另一个就是关心自己在历史上的地位。如果能够达到上述两个目标，经济利益应该是很次要的考虑，只要能够执政，只要在历史上有地位，那么多一些钱和少一些钱对政治领导人的边际效用是很低的。对政治领导人来讲，怎样才能保持其职位并在历史上有地位呢？关键在于是否给国家带来了繁荣富强。所以，他个人的目标与整个社会的目标基本上是重合的。但是，怎样才能实现上述目标呢？根据主流的社会思潮来制定政策是一个最佳的选择。这一方面是个人有限理性的局限，如何发展经济、推动改革和转型等是极端复杂的事务，主流社会思潮是对现存不合理状况的批判，并对未来理想的状况提供了方向。不仅如此，社会思潮还是一个时代里最有影响的思想家推动形成的。因此，按照社会思潮来做决策，对有限理性的政治家而言是最稳妥的选择。而且按照社会思潮做决策，容易得到老百姓的支持。所以，舒尔茨总结说，一个国家的政治、社会和经济制度安排是由主流的社会思潮塑造的。

我个人对于决定一个发展中国家发展和改革成败的假说如下：在现代社会，每一个发展中国家其实都有机会比发达国家更快速地发展经济，实现收入水平收敛到发达国家的愿望。从工业革命后的历史来看，一个国家经济发展的最根本动力是技术的不断变迁，如果一个发展中国家善于利用后发优势，以引进技术作为技术创新的来源，它的技术变迁的成本相对于只能靠自己研发来取得技术创新的发达国家低，技术创新的速度会比发达国家快，利用此后发优势，发展中国家将会快速地缩小与发达国家的差距。但是能否利用此后发优势取决于政府追求的发展战略和所形成的制度安排。如果政府发展的理念是对的，就会形成利用后发优势的制度安排，使得该国经济快速发展。但不幸的是，大部分国家对于决定一个国家发展的最根本的原因没搞清楚，只看到一些表象。由于追求的目标不正确，形成了许多制度扭曲，抑制了资源配置的效率和激励机制，导致发展绩效很差，危机不断。当一些国家开始转型后，同样的问题产生了，对转型问题只看到表象而没看到问题背后的原因。只看到各种制度扭曲导致发展的绩效差，却忘了这些扭曲是内生选择的结果，在没有改变这些选择背后的深层原因的情况下就试图消除这些扭曲，结果就从次优（Second Best）的情况蜕变为三优（Third Best）甚至四优（Fourth Best），经济的绩效反而更差。所以不管是在发展的问题还是在转型的问题上，导致发展中国家失败的主要原因是认识、思想和思潮的问题。

在第二次世界大战以后，绝大多数发展中国家纷纷独立，主流的社会思潮认为发展中国家和发达国家存在差距是因为它们工业化的水平比发达国家低，并认为一个国家要想取得政治和经济上的独立、要想让老百姓过上好日子，就要拥有与西方发达国家一样的产业。一些历史经验强化了这种思潮，比如西欧的德国在 19 世纪中叶前比英国落后，1870 年开始在俾斯麦的领导下推行了以先进重工业优先发展为目标的铁血政策，短短几年成为欧洲的强权之一。同样，1929 年开始，苏联在斯大林的领导下发展重工业，到了第二次世界大战之前就从一个贫穷落后的农业国家，发展到可以与德国相抗衡的强国。

这种思潮也得到一些有重大影响的理论的支持，马克思在《资本论》中把现代经济分为生产资料和消费资料的生产，认为生产资料的生产（也就是重工业的发展），必须优先于消费资料的生产（也就是轻工业的生产）。第二次世界大战后出现的发展经济学认为发展中国家存在市场失灵，靠市场不能发展重工业，只有在政府的干预下才能发展重工业。当时的世界银行、国际货币基金组织等国际发展机构都是秉持这种理论，教导发展中国家的政府如何克服市场失灵以发展重工业。

然而，这种思潮失之偏颇。重工业在发展中国家没有发展起来，并不是因为市场失灵，而是因为重工业在发展中国家不符合比较优势、重工业中的企业在发展中国家不具有自生能力，因此，重工业没有发展起来恰恰是市场有效的表现。重工业是一个资本密集型的产业，发展中国家则是资本极端稀缺、劳动力和自然资源相对丰富的经济体，在一个开放、竞争的市场中，资本密集的重工业不符合它们的比较优势。既然不符合比较优势，这些产业中的企业在开放竞争的市场中就缺乏自生能力，如果没有外力的帮助，是建立不起来的。所以，不是市场失灵，而是这些企业在竞争的市场中没有自生能力导致了这些产业难以发展。在企业自生能力的问题没有解决的情况下，要企业去发展这些产业，这些企业就会认为这是政府要我做的，所以必然会要求政府给予保护和补贴。政府保护和补贴的方式之一是直接进行财政转移支付。如果建立的企业数量非常少，转移支付就可以达到目的。可是，在发展中国家发展重工业需要保护补贴的企业数量很大，而税基很小，政府的财政非常弱，所以靠转移支付不足以建立一个强大的重工业体系。所以，政府就给予这些企业在市场上的垄断地位，使其产品得以获取高价，同时，压低利率以降低这些企业投资的成本，高估本币的汇率以降低这些企业进口机器设备的成本等。这些扭曲手段使得资金、外汇供不应求，要保证这些稀缺的资源能投入到政府想要优先发展的产业中去，不管是社会主义国家还是非社会主义国家，政府都需要有计划，并用行政手段根据计划来配置资源。市场配置资源的功能受到抑制，资源配置的效率大为降低，还会产生寻租、预算软约束等问题。

那些在第二次世界大战以后发展比较好的经济体，包括日本、亚洲四小龙等，在经济发展的每个阶段都是按部就班的，都是从发展劳动力密集型的产业开始，在积累了资金和人力资本后，再逐渐向资本密集型的产业升级。由于这样的产业发展是符合比较优势的，所以企业有自生能力，不需要保护补贴，市场能发挥配置资源的作用。但是，要企业按比较优势来选择产业技术是有条件的，就是各种价格信号必须能够反应禀赋结构中各种要素的相对稀缺性，只有竞争的市场才能产生这样的价格信号，所以这些国家必须建立完善的市场制度。由于，发挥了比较优势，这个经济体会在国内国际市场上非常有竞争力，利润、经济剩余就会多，其资本积累也就会非常快。同时，按照比较优势发展，产业和技术升级是在世界的产业技术内部进行的，因此能充分利用后发优势，从而产业升级就非常快。

产业升级中会牵涉到很多问题，比如，要升级到什么产业，在产业升级时如何进行各种金融安排、教育安排和其他制度安排。还有就是，产业升级是有风险的，但无论成功还是失败，率先进行升级的企业都会给其他企业提供有用的信息。因此，遵循比较优势战略的政府，可以用产业政策来克服这些问题。第一，政府可以收集关于新的产业、市场和技术的信息，并把这些信息以产业政策的形式提供给企业。第二，政府为了升级经济中的产业和技术，也会使用产业政策来协调不同产业和部门中的企业。第三，政府可以给遵循政府的产业政策的率先升级的企业提供某种形式的补贴，以补偿其成功或失败给其他企业创造的信息外部性，以及其失败的成本和成功的收益之间的不对称性。

那么，按照比较优势的产业政策与赶超的产业政策最大的差异是什么？是企业有没有自生能力。如果按照比较优势，政府帮产业克服了信息处理的问题、协调的问题与外部性的问题后，企业只要建立起来，其产品就可以在国内外进行竞争。如果这些企业是违反比较优势建立的，就会没有自生能力，政府的保护和补贴就会长期存在，即造成"婴儿产业永远是婴儿"的情形。以汽车产业的发展为例，日本从1965年开始优先发展汽车产业，取得非常大的成功；韩国从70年代开始发展汽车产业，成败参半；而中国和印度从50年代开始发展汽车产业，但是政府的保护和补贴却一直没断，汽车产业还是幼稚产业。这些差异的原因是日本从 1965 年开始发展汽车产业的时候，其人均收入已经达到美国的 40%，所以资本已经不是非常短缺的了，这样它从原来的造船业、摩托车产业进入到了汽车产业，反映了其产业升级的必然要求。在 1965 年日本通产省提出汽车产业优先发展时，它只想保护两家企业，一家是日产，一家是丰田。但是后来日本有十几家企业都进入到了汽车企业，包括原来生产摩托车的本田、马自达等十来家，它们违反政府的产业政策和道德劝说而勉强进入，政府是没给任何保护和补贴的，但是这些汽车厂在完全没有保护和补贴的情况下发展得非常好，在国际市场上有竞争力。在没有政府保护和补贴的情况下，这些汽车厂能生存和发展，就说明这些企业有自生能力，就说明汽车产业符合日本的比较优势。印度和中国在 50 年代开始汽车产业优先发展时，其人均收入只有美国的 5%，所以其要素禀赋和美国差距非常大，在这种状况下其汽车产业中的企业是没有自生能力的，所以只能长期依靠保护和补贴。韩国汽车产业成败参半是因为韩国开始汽车产业优先发展时，其人均收入是日本的三分之一，是美国的 20%，比印度和中国的条件成熟一点，但比日本要差，所以需要的保护和补贴比印度和中国少，所以其汽车产业才能"长大成人"。在东南亚金融危机的冲击下，韩国两家汽车厂已经倒闭了，现在只剩下一家还算可以，则因为条件比日本不成熟。所以，同样的产业政策在不同的国家未必会发挥同样的作用，如果符合一个国家和地区的比较优势，企业就会有自生能力，产业就会发展得非常好，否则就会非常失败。同样，19 世纪末德国、法国和奥地利的重工业能够发展成功，表面上看都是重工业优先发展的结果，但是当时它们的人均收入为英国的 60%—70%，所以发展重工业实际上是按照比较优势进行的，政府扮演的只是信息处理、协调和补偿外部性的角色。在 19 世纪末，匈牙利和俄国工业化的失败，实际上是因为政府把企业建立起来后，企业本身并没有自生能力。20 世纪五六十年代，东亚新兴经济体在发展的过程中并不是引进美国最先进的产业，而是引进日本的夕阳产业来发展，当发展起来以后它们再从日本引进更先进一点的产业。

这些成功和失败背后更根本的原因是，在发展的过程中是否利用了比较优势。如果利用了比较优势就会有后发优势，技术变迁的速度就会比较快，就能赶上发达国家。但是问题是大家对发展的认识只看到表层，没有看到本质。发展中国家想追求发达国家这些最先进的产业，从目标上来看是正确的，但从认识上看是错误的，这种认识忽视了产业结构和技术结构是经济发展过程中内生的变量，是一个经济中要素禀赋变化的结果。在违背比较优势下形成的制度安排就会降低生产者的积极性，导致资源配置没有效率，寻租行为非常普遍，到最后经济绩效也就很差。

2007年第55期（总第692期）

林毅夫教授马歇尔讲座预讲演和评论（中）
——"发展与转型：思潮、战略和自生能力"

（2007年10月）

2007年10月17日下午，林毅夫教授进行了题为"发展与转型：思潮、战略和自生能力"的马歇尔讲座预讲，来自清华大学中国与世界经济研究中心的李稻葵教授以及北大中国经济研究中心的宋国青教授、卢锋教授和陈平教授进行了评论。现将讲座内容及评论分三份简报报道。本文是第二期简报。

第二次世界大战之后，发展中国家有强烈的愿望实现快速发展并赶上发达国家，这个愿望是很崇高的。然而，这些国家的领导人没能认识到，发达国家资本（包括人力资本、物质资本）密集型产业比重较高、发展中国家以资源密集型和劳动密集型产业为主这一现象本身是内生于国家的要素禀赋结构的，产业结构的差异并不是导致发展中国家落后的根本原因。因此，这些发展中国家往往在要素禀赋结构很低的情况下，追求发展资本和技术密集型的产业。这样一来，企业在竞争的市场中没有自生能力，只能依靠政府的保护和补贴才能发展起来和生存下去。

在违背比较优势战略（CAD）下，虽然发展中国家能够比较快速地建立起较为完整的工业体系，但是会造成以下几方面的负面影响：

第一，推行赶超战略的经济，往往会变成内向型经济：一方面，优先发展的产业没有比较优势，本应进口的产品却自己生产，因而进口会下降；另一方面，国内有限的资源被用来优先发展没有比较优势的产业，那些具有比较优势、能够出口的产业获得的资源就会减少，因而出口就会下降。相反，如果按照比较优势来发展，不具有比较优势产业的产品的进口就会增加，而具有比较优势的产业能够获得更多资源，从而增加出口，因而，国家的外向型程度就会高于推行赶超战略时的程度。有一种看法认为，外向型程度越高的国家发展绩效就越好，但这一看法只看到了表面现象，实际上造成该现象的根本原因在于外向型程度较高的国家往往是按照比较优势发展的国家。因此，一个国家的最佳外向型程度取决于一个国家的要素禀赋，而非越高越好。

第二，推行赶超战略的国家可能难以利用后发优势。在推行赶超战略时，需要引进最先进的技术，而这可能是发达国家的前沿技术，因而发展中国家可能无法获得，即便能够获得，也需要付出高额代价，所以发展中国家的技术引进就会面临困难。即使发展中国家能够通过研发等途径获得技术并建立起先进产业，但是由于建立的产业违反比较优势，所以效率就很低，能够创造的剩余就很少。与此同时，发达国家的技术仍在不断进步，如果发展中国家要维持赶超战略，就必须继续投入资本，通过研发或引进机器设备等方式实现技术进步，而这在经济剩余量很少的情况下是很难实现的。因此，追求赶超的国家通常在建立起一个先进企业后就会变得"僵化"起来。相反，如果一个国家按照比较优势进行发展，首先会进入技术较为成熟的、劳动力较为密集的产业，这些产业中的大部分技术已经过了专利保护期，即使还在保护期内，也是比较初级的技术，因而比较容易引进。在引进技术后，因为相关产业符合比较优势，所以产品可以在国内和国际市场上占有很大的份额，创造大量剩余，实现资金快速积累和产业升级。同时，经济中的物质资本因大量剩余的出现而实现积累，人力资本也因为经验和"干中学"而得到提高，在物质资本和人力资本的准备程度提高以后，就可以进行产业升级。但在发展的下一阶段仍应引进比较成熟的、容易引进的技术。这样一来，发展中国家就可以较好地利用后发优势，使得自身的技术变迁速度大大高于完全依靠自己发明的发达国家，进而获得更高的经济增长速度。

需要指出的是，推行赶超战略的国家在初始时可能会经历一个经济发展较快的阶段，但这多为投资拉动式的经济增长。在此之后，由于建立起来的优先发展产业不符合比较优势，不能创造剩余，而有比较优势的产业因为得不到资金也不能创造剩余，能够用来投资的资金就很少，导致经济的增长速度降低甚至停滞。此时，如果能够从国外借到资金，投资拉动式的经济增长可能还会维持一段时间，但如果所投资的产业仍然不符合比较优势，在建立之后同样不能创造剩余，那么经济增长速度最终仍会减慢，甚至还会出现金融危机等现象。而若按照比较优势发展，则可以实现快速的技术升级和剩余积累，不断提高产业水平，实现经济的动态增长。

第三，一个国家是否按照比较优势进行发展，也会对收入分配造成不同的影响。如果采用违背比较优势战略，那么能够在资本密集产业中投资的人多为富人或者因跟政府有特殊关系而能从银行获得贷款的人。他们投资的产业是没有自生能力的，需要政府的保护和补贴，而补贴则来自无法在这些产业投资的穷人。这样一来，穷人补贴富人，自然会造成收入差距的扩大。同时，由于赶超战略创造的就业岗位少，大量劳动力无法在正式部门就业，就会出现失业，收入分配两极化就在所难免。目前很流行的"利益集团论"认为，投资到优先产业、得到保护和补贴的人都是有钱有势的人，这种保护和补贴正是由利益集团的利益诉求所形成的制度扭曲。我对这种观点持反对态度。虽然发展中国家的政策性扭曲看起来是在保护和补贴利益集团，但追求赶超的国家普遍存在的大量国有企业是不利于利益集团的，"利益集团论"不能对此给出逻辑一致的解释。因此，政策性扭曲背后更加根本的原因是赶超战略。相反，若按照比较优势发展，一个国家的收入分配就会逐渐改善。在这种情况下，符合比较优势的产业能够创造大量的就业岗位，农村劳动力可以大量进入现代工业部门，分享工业增长的果实，经济容易实现充分就业。同时，由于建立起来的产业符合比较优势，产品在国内、国际市场上具有竞争力，所以能够实现快速的利润积累和资本积累，从而不断提升要素禀赋。在这个过程中，资本相对于劳动的丰富度会逐渐提高，资本回报率会逐渐下降，而工资会不断上升。由于富人的收入主要来自资本收益，而穷人的收入主要来自劳动收益，所以收入分配状况自然会逐渐得到改善。这也正是东亚经济在发展中能够实现"平等的增长"（Growth With Equity）的最主要原因。

如前所述，第二次世界大战之后，依据当时的主流思想，人们普遍认为存在市场失灵，因而需要大量的政府干预来发展先进产业。这样的政策经过二三十年的实践后普遍失败，当时大多数社会主义国家的经济发展更是困难重重。20 世纪 70 年代末、80 年代初，在学术界、国际发展机构和大部分发展中国家中，普遍产生了"资本主义必胜论"，认为社会主义国家的失败证明了资本主义市场经济制度的成功。在这样的社会思潮影响下，包括世界银行、国际货币基金组织在内的国际发展机构以及大多数发展中国家的政府开始倡导经济的改革和转型。当时国际上普遍认为，发展中国家应当实行市场经济制度。这一目标是正确的，但是在问题的一些判断上可能存在失误。"华盛顿共识"有十条政策建议，基本目标是政府从既有的干预中退出，建立完善的市场制度，让市场配置资源，让竞争决定激励。苏联和东欧在改革时推行的"休克疗法"就是华盛顿共识的一个版本。根据华盛顿共识，休克疗法的三项重要内容必须在一个转型国家内同时施行，只有这样才能带来转型国家经济的快速发展。这三项内容是：（1）价格自由化，由市场供需决定价格，认为只有这样才能有效引导社会资源配置；（2）快速私有化，认为只有在产权私有时企业主才会积极地对价格信号做出反应；（3）政府维持财政平衡和宏观稳定，避免恶性通货膨胀，认为只有这样价格信号才能发挥作用。

在理论上，休克疗法是很严谨的，同主流经济学中有效市场所应该具有的基本制度安排相符。在 90 年代初开始改革时，倡导休克疗法的经济学家曾经承诺，按照这样的方式转型，经济在开始时可能会有所下滑，但在半年、至多一年之后一定会实现高速增长，实现"J 曲线"。但事实上，实行休克疗法的国家遭遇的却是"L 曲线"，有的国家经济下滑超过 50%，经济发展处于长期停滞状态，直到 90 年代末才开始好转。事实上，除了社会主义国家，大多数发展中国家在传统体制下也面临危机，不得不向国际货币基金组织贷款，而贷款条件则是按照"华盛顿共识"提出的要求实施改革。然而，在二十多年中，那些按照"华盛顿共识"进行改革的国家的经济发展绩效比原来还差。

从理论模型来看，休克疗法的逻辑环环相扣，"滴水不漏"，而究其失败原因，最重要的一点在于倡导休克疗法的经济学家忽视了一个因素，即存在于原先计划经济体或发展中国家内的扭曲并不是外生的。这些扭曲自身多是"果"，而其"因"则在于优先发展的产业不具有比较优势，因而，这些产业中的企业在开放的、竞争的市场中无法生存，缺乏自生能力，必须依靠政府的保护和补贴。从发展战略探讨发展中国家的制度扭曲，相对于"利益集团论"来说，能够更清楚地对转型失败做出解释。按照"利益集团论"的说法，扭曲只不过是利益集团之间的利益分配，是利益集团之间的财富转移，因而受保护和补贴的企业在竞争市场中应该可以生存，休克疗法也应该能够成功。而从发展战略的角度来看，这些企业在竞争市场中是无法生存的，这也正是休克疗法失败的症结之所在。

由此可见，一种理论本身可能言之成理，但若不能解释事物背后的原因，这种理论就经不起推论。休克疗法忽略了制度扭曲的内生性，因而未能认识到休克疗法的三项内容不能同时实现。例如，如果只是单独推行价格自由化或私有化，不会有什么问题；但如果二者同时推行，那么在企业没有自生能力的情况下就可能导致两种结果：或者是整个社会大崩溃，引发大量失业；或者是由政府为没有自生能力的企业提供补贴。这是因为，不具备自生能力的企业原先往往雇佣很多劳动力，政府对其补贴的原因并不是因为它们具有国有性质，而是因为它们没有自生能力。实行休克疗法后，原来的技术、产业并没有变化，出于以下两个原因，政府力图避免其破产并给予其保护和补贴：这些产业非常先进，对于国家的现代化发展很重要；这些企业雇佣了大量劳动力，一旦破产，将会引发大量失业，进而会导致社会不安定。因而，"华盛顿共识"的失败并不在于目标的失败，而在于其对问题的分析只看到了表象，而没有认识到问题的深层原因。

值得指出的是，在私有化的情况下，政府需要提供的保护和补贴高于在国有化情况下所需提供的数额。当不具有自生能力的企业为国家所有时，厂长、经理会向政府索要保护和补贴，但其自身并无法合法地占有补贴；而在这些企业私有化之后，厂长、经理就可以名正言顺地将多余的补贴据为己有。因此，在私有化的情况下，企业所有者向政府索要保护和补贴的积极性更高、理由更多，而由于政府的资金不为自己所有，所以政府向企业提供保护和补贴的积极性并没有变化，这样一来，保护和补贴不但不会减少反而会增加。20世纪90年代初，大多数人并不相信这一点，但包括世界银行和东欧国家所做研究的实证证据表明，私有化的大型企业取得的保护和补贴比未私有化时更多。而与此同时，政府的收入在改革之后有所降低，这是因为，在国有化的情况下，国有企业的剩余属于国家，需要上缴；而在私有化的情况下，政府只能向企业征税获得收入，而征税并非易事。这样一来，政府只能通过大量印制钞票来向企业提供保护和补贴，而这又会引发高通货膨胀。例如，1993—1994年，俄罗斯的通货膨胀曾经超过10 000%，亦即一年之内价格上涨超过100倍，这正是当时认识错误导致的结果。与之相对，东欧国家中表现最好的波兰没有完全实施休克疗法，其国有企业基本保持国有，价格也没有放开。另一个表现较好的国家是斯洛文尼亚，该国长期保持企业国有，在加入欧盟前一两年时才开始进行私有化。

中国和越南的转型是比较成功的，这得益于它们没有推行休克疗法，而是推行了一种渐进的、双轨的、"摸着石头过河"的转型方式。总结起来，这种转型方式有如下特征：第一，并没有全盘否定社会主义制度，没有提出所谓的"资本主义必胜论"。第二，在转型开始的时候，微观主体效率低、缺乏积极性，因此要提高其效率和积极性，就要让干得好的企业获得更高的收益，让干得好的工人获得更高的收入，为此在城市实行了利润留成；本着同样的道理，在农村实行了家庭联产承包责任制。第三，要体现出干好干坏的差异，就必须给微观主体一定的自主权，从而提高其积极性，使其生产靠近生产可能性边界。同时，在计划轨之外允许市场轨出现，即推行双轨制。一方面，在价格上保持计划价格的同时允许一部分市场价格的存在；另一方面，允许集体企业、私营企业和合资企业进入原来受抑制的轻工业部门。新的投资来自国有企业和农民的剩余，国有企业和农民在对剩余进行投资的时候自然会追求利润，因而自然会投资到产品短缺、技术符合比较优势的轻工业部门。不过，国有企业和农民只有在完成政府统购统销的任务配额之后才能在市场上出售产品。在这种情况下，微观主体积极性提高，微观主体控制的资源能够投资于符合比较优势的部门，因而资源配置效率会逐渐提高，计划轨的比重也逐渐减小。当一个部门绝大多数产品由市场配置的时候，政府可以把价格放开，使之完全由市场配置。

渐进式改革的结果体现在以下两个方面：第一，没有自生能力的企业在转型过程中继续得到保护，所以经济不会崩溃；第二，微观主体的积极性提高后，资源越来越多地流向符合比较优势的部门，所以经济会实现动态发展。这正是中国和越南转型较为成功的原因。除中国和越南之外，智利和毛里求斯等一些曾经推行赶超战略的非社会主义国家在 70 年代之后的改革也很有效率，它们原先也有计划部门，在转型时同样推行双轨制，在很大程度上限制竞争部门的进口，但通过设立出口加工区等方式鼓励出口，取得了很好的成效。智利是拉丁美洲表现最好的国家，而毛里求斯是非洲表现最好的国家。据智利央行行长称，智利转型的成功依靠的是尝试（亦即中国所讲的"摸着石头过河"），在存在机会的地方推动改革。

我在六篇论文中用严谨的数学模型对这一整套理论构架给出了证明：产业结构由要素禀赋结构内生决定；如果制度安排中的发展目标跟要素禀赋结构相违背，那么必然会同时存在一系列的扭曲；在扭曲存在的情况下，经济增长较慢，不能实现收敛，收入分配不平等；政策性负担是预算软约束背后的原因，如果不消除政策性负担，私有化情况下政府需要给予不具有自生能力的企业更多的补贴；双轨制转型是相对更为有效的转型方式。

以下从经验验证的角度探讨这一理论。我使用 TCI（技术选择指数）来衡量一国的赶超程度。违背比较优势战略的生产模式的基本特征是：制造业实际的资本劳动投入比例远远高于其他部门。据此，可以由数据的可获得性构造出两种度量生产模式的指标：第一种指标是制造业部门的人均资本密集度与整个国家的人均资本密集度的比值。一个国家的赶超程度越高，制造业部门人均资本密集度越大，因此 TCI 指标的值也就越大。第二种指标是制造业部门的人均产出与整个国家的人均产出的比值。赶超程度越高，制造业部门工人越少，制造品价格相对越高，因而制造业人均产出相对整个经济的人均产出而言更高，因此 TCI 指标的值也就越大。

一个国家的政府干预程度反映在如下几个方面：一是黑市状况。从 20 世纪 60 年代到 90 年代的数据可以看出，赶超程度越高，黑市价格与官方价格之间的差价越高。二是经济自由度。赶超程度越高，政府批准微观主体进入一个产业所需的程序就越多、时间就越长，政府对经济的干预度就越高，经济就越不自由。三是经济绩效。赶超程度越高的国家，经济发展绩效就越差，这是使用 1962—1999 年 60 多个国家的面板数据，分别借助上述两种 TCI 指标做计量分析得到的结果。

接下来探讨转型方式的影响。如果按照比较优势发展，可以预期劳动密集部门会有较快的发展；如果采用违背比较优势的战略，那么大量资源被用于补贴没有自生能力的企业，导致劳动密集型产业发展较慢。用这两个赶超指标的差来衡量改革方式同双轨制改革的接近程度，结果表明，越接近双轨制改革，转型后的经济发展速度越快，基本同理论预期相符。

需要指出的是，每个人都会受到社会思潮的影响，而东亚经济的领导人在 20 世纪 50 年代和 60 年代之所以没有推行赶超战略，中国和越南的领导人在 20 世纪 80 年代和 90 年代之所以选择了渐进式改革方式，都有较大的运气成分在内。

在 20 世纪 50 年代和 60 年代，所有的国家领导人都具有同样的目标——在自己的领导下将国家领向现代化，而发展先进产业是实现国家现代化的必经之路，东亚新兴工业化经济的领导人在当时也不例外。但是，赶超战略效率低，需要有很大的可动员的资源来支持，其可维持的时间长短和程度深浅取决于人均自然资源的丰裕程度和人口规模的大小，人均自然资源越丰富、人口规模越大，能够动员的时间就越长，能够动员的资源就越多。然而，东亚经济的人均资源短缺，人口规模相对小，这是其推行赶超战略的不利条件。例如，台湾在 20 世纪 50 年代曾经试图推行重工业优先发展战略，但第二年就出现了由补贴造成的政府财政赤字以及随之而来的恶性通货膨胀，因而难以维持赶超战略。此后，尽管政府提倡重工业优先发展战略，但由于政府不提供保护和补贴，企业只能进入到那些符合比较优势、有自生能力的部门，并因此一步步按照比较优势发展经济。韩国也出现过类似的情况。20 世纪 60 年代朴正熙执政时，为了维持经济稳定，曾一度发展劳动力密集型产业，之后在 1973 年推出重化工业优先发展政策，但继而引发了 1973 年和 1974 年的恶性通货膨胀（通货膨胀率超过 20%），政府虽然表面上未放弃该政策，但为企业提供的保护和补贴却越来越少。这一政策在朴正熙于 1979 年遭暗杀后基本上被放弃，韩国大财团在没有政府补贴的情况下只能重新发展劳动力较为密集的产业。新加坡和香港更是如此，因为这两个经济体各自只有几百万人口，不可能发展重工业。由此可见，东亚新兴经济体按照比较优势发展在很大程度上是因为资源的限制。

资源约束的影响在中国长期的文化思想中也有所体现。在中国历史上很长的时期内，人均资源都非常有限。虽然前现代社会的中国相对西方而言发展程度更高，但事实上每个人都接近饥饿的边缘。因而，中国文化长期强调实用主义。从儒家讲的"中庸"到毛泽东的"实事求是"、邓小平的"解放思想"，再到现在的"与时俱进"，都体现了不追求简单完美的意识形态、不受教条主义的影响、根据现实调整政策的文化传统。而中国和越南从 70 年代末开始转型，之所以采取双轨的、渐进的转型方式，还因为受到了政治因素的限制。中国和越南的转型为第一代领导人所推动，而在东方权威主义社会中，领导人的权威来自其所能够给老百姓带来的好处，来自其所推行的政策的正确性。由于第一代领导人同时也是计划经济的推动者，所以他们不能完全否定也很难完全否定计划经济，只能对计划经济进行"摸着石头过河"式的修修补补。

现在，按照比较优势发展已成为一种共识。但是，中国的改革经验是否可以为其他转型国家和发展中国家所借鉴呢？需要注意的是，苏联和东欧在 20 世纪 80 年代也曾经推行渐进式改革，但是没有成功。渐进式改革成功与否也同实施方法和方式有关。苏联和东欧的改革与中国和越南的改革存在以下几方面的根本差异：第一，苏联和东欧在改革的时候，没有给企业定价权，仍由国家完全控制价格，而在中国，计划内的价格由国家制定，计划外的价格由企业根据市场制定，其间存在很大的差异。微观主体会对边际价格做出反应，苏联和东欧企业面临的产品边际价格低，因而对边际价格做出反应的积极性也就低，而中国和越南的企业对边际价格做出反应的积极性就高。第二，在苏联和东欧原来受抑制的轻工业部门存在很多准入障碍，资源配置效率难以得到改善。而中国则鼓励乡镇企业、民营企业和三资企业进入轻工业部门，从而提高了微观主体的积极性和资源配置效率。第三，苏联和东欧给予企业的自主权是制定工资的权利，在这种情况下，厂长、经理自然倾向于制定很高的工资率，从而引发了工资膨胀。而在中国和越南，虽然推行了利润留成制，但企业的工资总额受到限制，因而没有工资带来的通货膨胀。第四，在苏联和东欧工资上涨引发了市场需求的增加，因而增加了短缺，俄罗斯、波兰和匈牙利都曾通过大量借外债和大量进口来满足消费者需求，国家负债大大提高，最终难以持续。与之相对，在中国和越南工资增长不多，而资源配置得到改善，生产效率提高，市场丰富程度大大提高，出口持续增加，外贸盈余增加，国家宏观稳定性越来越好。

由此可见，同样是渐进式改革，改革成效还依赖于具体的操作方式。中国和越南的改革对于其他转型国家具有以下借鉴意义：第一，政府应该采取措施，实施多劳多得的制度，提高微观主体的积极性。第二，因为有一大批没有自生能力的企业需要获得保护和补贴，在其他条件没有改变前不能减少补贴，但要放开原先受抑制的部门，所以要在资源配置上实施双轨制，并进而需要在价格上实施双轨制。第三，微观主体效率提高后，如果原先双轨中计划轨配置的比重越来越低，那么双轨向市场单轨的转变时机就成熟了。在这个过程中，政府的法律制度等也需要不断完善。这样一来，就可以分几步"跳过"一个由计划经济向市场经济转变的"鸿沟"。

总结讲座的所有内容，可以得到以下结论：

第一，对现代经济（工业革命后的经济）而言，技术升级对于任何一个国家来说都是其经济长期增长的最重要动力。如果没有技术的不断变迁，经济必然会陷入停滞。

第二，思想、认识和社会思潮，是决定一个国家尤其是发展中国家能否利用后发优势取得经济快速发展的最主要原因。如果一个国家对落后背后的真正原因有足够的认识，并据此制定政策，那么这个国家就能够充分利用后发优势。

第三，对发展中国家，政府是最重要的制度安排。每个国家的公民的身份是先天给定、无法选择的，而政府拥有强制力，其政策的正确与否将决定这个国家的制度安排是否有效率。

第四，一个国家的要素禀赋是这个国家产业选择和技术选择的最重要限制。在任何一个给定的时点，要素禀赋都是给定的，并决定了该时点社会的总预算。要素禀赋结构决定一个国家资本、劳动的相对价格，从而决定了这个国家在开放的、竞争的市场中最有效率的产业选择和技术选择。

第五，对一个国家的发展而言，按照比较优势发展是最重要的经济原则。只有这样，产业才能形成竞争优势，落后国家才能充分利用自身的比较优势。

第六，企业的自生能力在现有经济学中尚未得到认真研究，但这是了解一个发展中国家制度扭曲的最重要概念。大部分制度扭曲都是为了保护由错误战略造成的、没有自生能力的企业而形成的。

第七，在转型过程中，要实事求是、解放思想、与时俱进。对于发展中国家和转型国家来说，如果能够根据实际情况选择转型路径，那么即使在非常弱的制度框架之下，也有可能取得经济的快速增长。

我是一个乐观主义者，我认为发展中国家的贫穷并不是命运。如刘易斯所讲，所有的国家都有机会。如果它们有勇气抓住自己的机会，有好的政府和领导，在适当的时间引入适当的政策，那么这个国家基本可以如50年代的东亚、80年代的中国和越南那样突然实现经济的起飞。当然，政府领导人需要有勇气并能正确地认识和做出发展决策。东亚新兴经济体和中国以及越南的成功既有运气的成分，也有必然的成分，但如恩格斯所言，自由在于根据对自然界的必然性的认识来支配我们自己和外部的自然界，亦即要在作决策时认识到所要决策的事物的背后的因和果。

希望马歇尔讲座能让我们对发展和转型问题有深入的了解，完成由必然王国向自由王国的飞跃！

2007 年第 56 期（总第 693 期）

林毅夫教授马歇尔讲座预讲演和评论（下）
——"发展与转型：思潮、战略和自生能力"

（2007 年 10 月）

2007 年 10 月 17 日下午，林毅夫教授进行了题为"发展与转型：思潮、战略和自生能力"的马歇尔讲座预讲，来自清华大学中国与世界经济研究中心的李稻葵教授以及北大中国经济研究中心的宋国青教授、卢锋教授和陈平教授进行了评论。现将讲座内容及评论分三份简报报道。本文是第三期简报，主要报告评论人发言。

李稻葵教授

在金色的秋天，在北京大学美丽的校园里，我们一起来见证中国经济学界的一件盛事：林毅夫教授将代表中国经济学界去久负盛名的剑桥大学发表演讲！在这里我代表清华大学经管学院，向林毅夫教授和 CCER 表示崇高的敬意！

林毅夫教授受邀马歇尔讲座是西方主流经济学界对中国经济发展和改革成功的高度肯定！也是对林毅夫教授本人十几年来学术成就的肯定！这让我想起我的导师 Maskin 教授的研究风格和经历。我觉得，十几年如一日来研究经济学的根本问题，是一个学者从一个普通学者成为大师级学者的成长之路。林毅夫教授十几年来坚持不懈地抓住中国经济学的大问题，同时也是世界经济学的大问题，从而使其从一个经济学学者成为一位经济学大师。这次讲座对我们也是很好的激励，让我们更有信心对中国的经济问题进行深入的研究，使之上升为世界性的学术问题！

刚才林毅夫教授的演讲，高屋建瓴，博大精深，对经济学最根本的问题，即为什么有的国家穷、有的国家富做了回答。用北京大学季羡林教授的话讲，这次讲座像剥春笋一样，由外及里，找到问题最本质的答案，又从这一答案出发对经济发展过程中的现象做出系统的解释。这是值得我们学习的。

林毅夫教授抓问题抓得非常准，即为什么第二次世界大战结束以来大部分国家在发展和转型方面误入了歧途。我非常赞同林毅夫教授在这次预演讲中所述：认识或者思想是一个国家能否成功发展或转型的最重要的决定因素。我觉得这是由于这些国家存在三个认识上的偏差。

第一个就是大部分国家对市场经济的认识存在偏差或者对政府自身能力的认识存在偏差。第二次世界大战后，大部分新独立的发展中国家都是由有个人魅力的政府领导人来组建的。他们对市场的种种缺陷有一定的认识和估计，他们认为自己能设计出最快和最有效的发展路径，并能把这种路径执行下去。因此，这些国家过分强调政府的作用，以至于偏离了市场经济的基本方向。这种认识导致了他们体制上的偏差。这种偏差又为当时发展的初级阶段以及政府初始时的成功所强化。

第二个就是对现代市场的本质和现代市场经济自我完善能力的认识存在偏差。在改革前，我们认为资本主义是万恶的，并且产生了分配的不平均。然而实际上市场有其自身的完善和调节机制。举一个例子，19世纪末英国发生了改良运动，英国的上层自发地对市场经济底层人民的苦难进行了反思。再举一个例子，美国的罗斯福总统采取了一系列措施来限制大资本家对市场的控制以及市场中的种种不良因素。这两个例子也是值得我们深入研究的，即实际上市场具有自我调节的功能。

第三个就是十几年来世界上大部分转型国家的政府对转型的复杂性的认识也有偏差。十几年前的主流经济学家认为既然改革目标明确，休克疗法便是最好的疗法。但实际上改革目标的明确和改革路径的明确是两码事。改革路径和过渡性的制度安排是特别值得我们研究和关注的。如果过渡性的制度安排设置不当，就会成为以后改革的阻力。

最后，对林毅夫教授去剑桥演讲表示祝贺！同时，我也呼吁我们的同行们对过渡性的制度安排进行长期不懈的努力研究！

宋国青教授

构建这样一个统一的理论体系，来解释现实中这么多的现象及其联系，本身就是一件很困难的事情。这里我提几点具体看法。

第一点就是轻重工业和积累率的问题。在我的印象中，20世纪七八十年代在《经济研究》上有一半论文是在讨论积累和消费的比率，讨论农轻重的关系。从积累的角度理解，落后国家要赶上发达国家，其中最重要的就是多积累。要保持高积累，自然而然就会有重工业优先发展（即重工业在整个工业要有高比例）的认识。但是，当时是人为地来保持这样的重工业优先发展。所以，关键是怎么把积累率和轻重工业这个问题讲清楚。当时讲要发展重工业主要基于两个角度，一个是从积累的角度讲，另一个是从计划经济好管理的角度讲，这可能跟计委的审批权限也有关系。

第二点，制度经济学已经包括了市场放开这样一些概念。实现比较优势应该是市场经济的组成部分，比较优势与市场经济是一个被覆盖与覆盖的关系。我们的问题就是：比较优势能否独立地提出来与市场经济、开放经济并列？如何从逻辑上来把它们的关系讲得更圆满、更通顺？当然，在中国把比较优势这个问题独立提出来是有其重要意义的，但是如何从理论框架上把二者衔接起来还有待进一步研究。

第三点是关于双轨制的问题。研究转型应该注意路径是从什么地方开始的。譬如，可以从产业结构、企业结构、城乡比例等来进行研究。如何把双轨制与产业问题、企业问题等结合起来研究，我觉得也是个重要的问题和值得思考的方向。

卢锋教授

马歇尔讲座几十位主讲人中，有十几位后来获得了诺贝尔经济学奖。因而从统计相关性证据看，毅夫教授向诺贝尔奖走近了一步，也是与诺贝尔奖距离最近的中国经济学家。很荣幸有机会点评毅夫教授的预讲演。我谈三点看法：什么是毅夫教授的学说贡献？为什么是毅夫教授？尚存的疑问和局限是什么？在这三点上向毅夫教授和各位请教。

我们可以以经济发展理论的演变为背景来观察毅夫学说的贡献。经济发展一直是现代经济学基本问题之一，第二次世界大战后出现了发展经济学学科。经济发展基本决定因素（比如制度、技术、物质资本和人力资本）及其影响经济发展的途径，在教科书的原理和模型中已经有了系统的阐述。给定技术存量的巨大国际差距和经济全球化的环境，相对落后国家如果能选择适当的制度，就有可能较快地增长并缩小与发达国家的差距；这个所谓的后发优势和经济追赶问题也有大量经济学文献在讨论。然而，对于中国这样一个曾经实行中央计划体制的国家，如何再造富有活力的体制并推动经济实现持久的追赶过程，则是过去几十年经济发展实践提出的新课题。

就这个体制转型和经济发展的新问题，毅夫教授侧重从战略选择与比较优势关系角度进行分析，这种分析独树一帜。毅夫教授这次准备了一个长篇导论和好几篇专题论文，系统地阐述了他的学说的思想主线。按照我个人粗浅的理解，大体是以凯恩斯教授所强调的主流思潮的影响作为分析的起点，然后采取如下思路来展开其逻辑架构：思潮决定政府行为，政府选择发展战略，战略遵循或违背比较优势决定企业是否具有自生能力并进而决定整个经济的追赶绩效。研究素材主要是新中国半个多世纪的经济实践，然而在分析中处处可见毅夫教授力图阐述中国经验的一般理论含义的雄心大志。

因而，毅夫教授学说至少有三点重要贡献：一是对当代很多国家面临的体制转型和经济发展这个重大主题提出了一家之言；二是主要通过观察分析中国当代经济发展经验提出学说，因而具有中国视角；三是致力于把上述理解思路展开成为理论假说和逻辑体系，并采用经济学标准方法进行系统研究和阐述，因而不仅在国内具有广泛影响，而且在国际学术界也声誉日隆。我想这三方面的贡献也应是马歇尔讲座邀请毅夫教授讲演的重要原因。

过去十几年有幸与毅夫教授共事，以我近距离观察，上述贡献与他治学方法方面的几个特点有关：一是贴近现实的特点。芝加哥大学名校毕业后最早回国参与中国现实经济政策研究，并没有担心研究现实政策问题会"弄脏"名校毕业的"白手套"。很早前我就听他说过，从比较优势角度分析中国经济发展经验，最初"灵感"来自1988年为一次现实经济研讨会准备的发言提纲。在后来参与国企改革、金融改革、新农村建设等很多现实问题的讨论中，他一直积极发表自己的意见并不断论证和充实自己的思想。

二是重视理论的特点。努力从现实分析中提炼出理论假说，并不断展开和完善这一假说。1988年一页纸的提纲思路几年后就发展成为跟蔡昉教授和李周教授合作的《中国的奇迹：发展战略与经济改革》；随后几年结合部门经验和国际经验研究，进一步发展出自生能力概念；最近几年与中心同学一起把自己学说的重要命题模型化；这次准备的马歇尔讲座论文进一步进行了系统的综合和总结。他广泛涉猎文献并提出独到解读，又善于把研究结果提炼表达为自生能力等流传广泛的概念；他把比较优势分析框架运用到发展战略中显示出举重若轻的能力，又能采用数理和计量分析相结合方法对特定问题进行深入细致的标准化研究。所有这些都体现了毅夫教授长期理论思考和学术创造的努力。

三是讲求方法的特点。这是经济学大家的共同素质，然而毅夫教授仍有两个方面的独特之处。凭借芝加哥大学的严格经济学训练以及跨学科研究中的实践体验，他对经济科学分析方法具有更为融会贯通的理解。另外，他重视从老子、孔子、理学、禅宗等我国传统学术思想中汲取营养，从认识论高度解读经济学方法，给人以耳目一新之感。2004年他与CCER研究生对话经济学方法论，面对思想活跃的年轻学子的刨根问底和随机发散的提问，毅夫教授在经典文献、学术掌故、儒道思想、现实争论之间来回穿梭并应对自如，显示出深厚的学术功底以及对经济学方法的深思熟虑。

四是诲人不倦的特点。我这里说的诲人不倦，不是毅夫教授作为教员上课"诲人"，而是指毅夫教授随时乐于与人们讨论已经无数次阐述的观点。人之常情是诲人易倦，但诲人不倦是毅夫作为优秀教师的可贵素质。每一个与毅夫教授讨论过学术问题的人，大概都会对他讨论中国经济问题研究的激情留下深刻印象。毅夫教授有众多学生，如果哪一天毅夫教授冲击诺贝尔奖梦想成真，很可能跟他诲人不倦和桃李满天下有关。

"道可道，非常道；……前识者，道之华，愚之始也"。毅夫教授把《道德经》这段话解读为经济本体客观规律与这一规律特殊认识形态之间的关系：任何一个已经得到表述的理论都不是真理本身，而只是真理在一定环境条件下的表现形式；如果把这个理论当成真理本身，就属于认识上的愚笨。

出于无疑处存疑的学术态度，最后我对毅夫教授论文提出两点疑问：一是能否更严谨和清晰地界定学说的对象和领域。虽然对经济发展特定问题的解释总是具有一般含义，但是特定的学说仍然要立一个靶心。这一学说能否很好地解释计划经济？能否很好地解释更为广泛的体制转型现象？能否解释一般经济追赶现象甚至解释一般意义上的发展？也许都可以解释，但是我感到衡量毅夫学说的"靶心"是对曾经实行中央计划经济体制的国家的体制演变与经济追赶之间的关系提供了一种经济学分析，是一种体制转型动态学。我认为，更严谨界定新理论的对象和领域，有助于增强而不是减弱其说服力和影响力。

与此相联系，如何处理批评"华盛顿共识"的问题也还可以作进一步探讨。所谓"华盛顿共识"并非特定的理论和学说，"华盛顿"作为虚拟主体也不会对批评进行应答。"华盛顿共识"与毅夫教授要"立"的理论似乎不在同一个层面。另外"华盛顿共识"包含的不少具体内容（如财政约束、公共支出从一般性补贴转向增长和扶贫等更有针对性的支出、贸易和利率自由化、竞争性汇率、鼓励FDI等）并不与我国经济发展经验全然对立。"华盛顿共识"的最大问题也许是用"华盛顿"来命名"共识"，倡导"北京共识"的朋友们可能也会面临类似的困难。

二是特定理论假说的视角限制性问题。任何理论一旦成型，难免会受到视角选择的局限。毅夫学说的基本模型中似乎没有界定产权，没有企业家和地方政府的能动竞争，没有上下互动的体制创新机制。我想毅夫教授也许并不否认这些因素的重要意义，然而既然选择"发展战略、比较优势、自身能力"解释范式，这些变量便很难进入前台成为分析的重点。毅夫教授选择这样处理逻辑起点和体系结构，自有他自己深入的考虑，然而也为有兴趣从其他角度理解和认识的人留下疑问。至于不同视角的相对重要性，可能永远是"仁者见仁，智者见智"的问题。

为什么政府发展战略更为本质，而不是战略背后的时代环境和"历史合力"的互动作用更为本质？为什么比较优势更为根本，而不是产权、竞争、个体选择等要素建构的市场机制逐步引入在根本上规定了体制转型画面的底色？企业和企业家是否仅仅对政府特定战略安排做出被动反应，而不会通过能动选择与其他进行套利活动的行为主体一起共同反过来影响经济环境的演化轨迹？……要求毅夫学说对这些问题给出全面解答当然是不公正的，然而也有必要讨论一种既定学说的天然局限。已故的弗里德曼教授曾断言，能解释中国经验的经济学家应获得诺贝尔奖。现在看来，也许需要一组而不仅是一个经济学说，才能对中国经济成长给出合理和令人满意的解释。

陈平教授

毅夫去剑桥做马歇尔讲座演讲，当然是件非常重要的事情。我的角色主要是做赛场的陪练，预想竞争者会提出什么样的问题。

中国的崛起是一件令西方的经济学家和政治学家非常困惑的事情。钱颖一等学者认为中国的崛起是正常的事情，但是我认为这是一个反常，理由是最近美国和欧盟都拒绝接受中国的市场经济地位。全世界都认为社会主义失败了，市场经济胜利了，非市场经济的企业是不可能有生存余地的。现在中国的竞争能力这么强，贸易顺差那么大，搞得西方主要大国没有办法竞争，所以它们找出理由说中国是非市场经济的国家，这不是完全把它们的信仰反过来了吗？所以，我觉得林老师要能说服西方的经济学家，任务还是很艰巨的。国内有些很有影响的经济学家，不太尊重林老师的工作，认为这不过是替共产党辩护的理论，不是经济学的理论。但芝加哥大学和剑桥大学先后请林老师讲演说明西方的经济学家对毅夫的工作的尊重程度远远超过了中国的学者和媒体。

如果我设想自己是西方经济学家，我会不会为林老师的主要论据所说服？我自己感觉到从中国经济的实践提升到理论层次是一件困难和风险很大的事情。中国经济改革只有30年，很多事情正在进行之中。总有人会说，你现在说的好像很有道理，但是如果过几年中国像日本一样面临金融危机呢？中国的经济增长突然刹车放缓了呢？你的这些理论还能成立吗？我希望林老师提出的问题和对问题的回答能够经受住将来可能会有的曲折考验。那么，林老师的贡献到底是什么？从超越对中国问题的具体的评价、超越中国未来发展可能面临的曲折的角度来看，我认为他的贡献主要有三点。

第一，从70年代以后，世界经济学的主流从凯恩斯主义变为新古典主义。新古典的领导人之一是林毅夫的老师卢卡斯，他提出了微观基础理论。但微观基础理论实际上是没有经验基础来支撑的，他的基本思想是宏观的经济波动不是宏观层次的问题，而是微观层次的工人的理性选择。林老师的理论恰恰是把卢卡斯的理论"翻转过来"，认为这不是微观基础问题，而是宏观基础问题。换言之，消费者和企业的选择不是在"鲁宾逊经济"里面，而是在宏观环境之中；消费者和企业的选择不仅是受政府的财政政策、货币政策的影响，而且还要受政府的发展战略的影响。我认为林老师的思想不是一个比较优势问题，而是一个宏观基础问题。这样就把凯恩斯和新古典的争论又回归到凯恩斯，但是比凯恩斯的含义还要扩大。因为凯恩斯只提了财政政策和货币政策，而且是从非均衡恢复到均衡，而林老师提了发展问题，而发展问题实际上超出了现在的微观经济学和宏观经济学（包括金融经济学）的范围。所以现在发展经济学的问题，比原来的一般均衡理论还要深刻，我认为这是林老师的第一个贡献。

第二，林老师提出的自生能力概念是方法论上的重大创新。在经济学的基本概念里，谈企业和消费者时通常都只是讲一个"点"，如果只讲一个点就谈不到自生能力，因为自生能力是生物学的概念。马歇尔在《经济学原理》序言中提到，经济学应该更像生物学而不应像力学，但是由于生物学太复杂，所以只好借用力学来比喻。经济学的实质实际上是生物学的动态的概念，但是马歇尔后来的弟子把经济学搞得越来越像力学，而不是像生物学。而林老师从转型的角度提出自生能力的概念，如果要写出模型，势必要扩大可持续状态的基本数学概念，从一个点扩大到一个集合，在一个集合内才有自生能力，在这个集合之外就没有自生能力。所以我觉得林老师找到了一个很好的问题。经济学不但需要新的思想，而且需要重大的方法论变革，这是林老师的第二个贡献。这两个贡献我觉得是可以超越对中国经济发展的各种争议的。

第三，华盛顿共识包括三个方面，即自由化、私有化和紧缩的财政政策。林老师指出这三个方面是不兼容的，我觉得这个思想非常重要，类似于国际金融里面的"不可能三角"的概念。这个问题非常重要，我希望能把这个问题写成论文单独发表，而不是仅仅放在比较优势的框架里面。

最后，作为陪练我可以设想林老师在做马歇尔讲座时台下可能提出的问题和质疑。我提两个问题：第一，从凯恩斯到卢卡斯都是需求方的理论，毅夫的这个理论到底是需求方的理论还是供给方的理论？第二，这个理论在解释中国和东亚的经验时强调比较优势以及发展劳动密集型产业是有说服力的，但是拉丁美洲和东欧国家人口比较少、资源相对丰富、教育程度相当高，它们的比较优势是什么呢？

2012 年第 043 期（总第 1005 期）

新结构经济学研讨会之一

（2012 年 9 月）

2012 年 9 月 17 日，新结构经济学研讨会于北京大学国家发展研究院万众楼二楼召开。本期报道林毅夫教授做主题发言，来自北京大学经济学院教授平新乔、天则经济研究所学术委员会主席张曙光、复旦大学经济学院教授韦森、北京师范大学经济与工商管理学院教授李实做了相关评论。

林毅夫教授上半场简要介绍了新结构经济学基本内容，同时也对现代经济学的理论框架提出反思，反思的目的是希望更深入理解经济政策，解释传统发展经济学不容易解释清楚的经济问题。他认为第一版的传统发展经济学过分强调微观经济基础、市场机制和资源配置效率的重要性。早期的发展经济学注重结构主义。当时解释发达国家发达和收入水平比较高的原因，在于其劳动力生产的水平高，且有现代化的产业，主要是大型重工业；相比，发展中国家仅拥有农业和自然资源。所以，发展中国家之所以不能够像发达国家那样实现高收入和较高的劳动力生产水平，核心在于不具备像发达国家那样的现代化产业。但是，为什么发展中国家不能发展这些产业呢？主要原因在于市场失灵、结构的刚性以及市场配置资源的无效。因而，当时在发展中国家，实施了以政府主导的方式发展现代化产业。在 50—60 年代初，发展中国家经济发展比较快速，但是，随后经济发展停滞、危机不断。

在 70 年代末，发展中国家开始对基于该理论的政策进行反思，新自由主义盛行。当时流行的看法是用政府失灵解释发展中国家长时间经济危机的现象。发展中国家没有发达国家成熟完善的市场经济体系，缺乏竞争，导致贪污腐化，资源配置效率低下。因此它们就形成了后来所谓华盛顿共识改革。华盛顿共识改革基本有三个内容：市场化、私有化和稳定化。但是拉美跟非洲国家，推行了华盛顿共识改革后，基本上效果低于预期。有一些学者做了很详细的实证研究，发现发展中国家，在 60 年代、70 年代的平均的经济增长速度，比 80 年代、90 年代的平均增长速度高，而且 80 年代、90 年代经过华盛顿共识改革以后，它的经济危机跟波动的频率比 60 年代、70 年代还高，所以就说，八九十年代实际上是发展中国家迷失的 20 年。

这段时间有些经济体经济表现不错，如日本和亚洲"四小龙"。但它们当时的经济政策在主流理论看来是不对的。它们当时采取的是出国导向政策,而不是进口替代政策。但是它们的经济稳定和快速发展,从原来低收入经济变成中等收入经济。

相比,中国和越南在这段时间有了较为快速的发展,究其原因,在于两国对于第一版发展经济学的改良。中国和越南于80年代开始改革,从双轨制的经济体系向市场经济体制转变。三十多年过去,中国的经济发展稳定且快速,越南的改革也同样如此。林毅夫教授刚刚走访乌兹别克斯坦,该国实行双轨制,政府干预比较强,但其在独联体经济中最稳定且发展速度最快。在东欧国家,斯洛文尼亚在东欧国家经济发展表现最好,其没有完全按照华盛顿共识,而是选择进行国家拥有、国家干预,政府在其中都发挥了积极作用。所以说,发展快速的国家均非照搬照抄理论。

新结构经济学重新反思了主流发展经济学的政策主张,用新古典主义方法研究经济结构的决定因素及其动态发展过程。新结构经济学提出一个经济体的经济结构内生于它的要素禀赋结构,持续的经济发展是由要素禀赋的变化和持续的技术创新推动的。

一国的要素禀赋在任意特定的时刻是给定的,但随着时间推移是可变的,它决定了一国的比较优势,并从而决定了该国的最优产业结构。一个特定国家产业结构的升级要求要素禀赋结构的升级和新技术的引进,同时基础设施也要相应改善以有利于经济运行。新结构经济学认为,一国禀赋结构升级的最佳办法是在任一特定时刻根据它当时给定的禀赋结构所决定的比较优势发展它的产业。经济将最富竞争力,经济剩余将最大,资本积累和要素禀赋结构的升级也将是最快的。为了让一国的私营企业进入该国具有比较优势的产业,要素相对价格必须充分反映这些要素的相对稀缺程度,同时这些要素价格只能在运行良好的市场通过竞争来决定。因此,市场应该成为经济的基础性制度。

对于新技术的引进,发展中国家可以通过借鉴或采用在发达国家已经成熟的技术,从而将他们的劣势转变为优势;与之相反,发达经济体必须在全球技术前沿上进行生产,并必须持续在研发方面进行新的投资以实现技术创新。因此,发展中国家有潜力实现高于发达国家数倍的技术创新率。

然而产业结构的升级和基础设施的相应改善需要协调投资行为,并对由先行者产生的、无法被私营企业内部化的外部性予以补偿。没有这样的协调和对外部性的补偿,经济发展的进程将放缓。因此政府应主动设法缓和协调问题和外部性问题,从而促进结构转变。

不难发现,按照比较优势发展可以提高国家竞争力。经济的发展和社会水平的提高,前提是产业结构水平的提高,产业结构水平的提高则依赖于要素禀赋结构的提高,即增加人均资本。如果按照比较优势投资,资本回报率最高,禀赋积累最快。可以看出,政府如何发挥作用,产业政策是十分重要的,新结构经济学主要通过其建立的理论框架来对产业政策提供一定支持。

最后,林毅夫提出这样一个问题:企业家应如何按照比较优势发展呢?企业家是独立追求利润,其要根据一个国家的要素禀赋结构进行产业技术选择。一个前提就是需要比较完善的价格信号体制,在竞争的市场体制下,价格信号体系反映了不同要素的稀缺性。此外,经济发展并非产业结构不变、技术不变,更多的是在现有的产业下改善资源配置,同时,配套基础设置也需要改善。但基础设施的改进无法由企业独立完成,需要政府帮助不同企业改善基础设置,进而实现产业升级。所以一个有能力的政府在产业结构调整中是非常有必要的。这样看来，按照新结构经济学发展，一个国家必须有市场经济，该市场经济必须是开放经济。

平新乔教授在评论中指出，林毅夫的新结构主义更为系统地对结构主义经济学进行阐述和创新，使发展经济学起死回生。首先，林毅夫从理论上分析了很多国家的发展经验，如国有企业自生能力，社会结构扭曲，禀赋学说，金融结构如何内生决定，现在金融市场、股票市场是否适合中国等，进而更深刻、系统地提出新结构经济学，为发展经济学理论作了很大贡献。

其次，林毅夫的新结构经济学强调市场和政府相结合，着重解释经济结构如何内生地被决定。经济结构在平新乔教授看来，就是产品、技术，不同产品呈现不同的内在的联系，不同技术在空间方面呈现不同的阶级关系，不同识别方面形成一个发展分工，这样一种结构的表述，其实就是分工。而新结构理论认为，如果结构不转型，且经济结构中存在套利空间，结构扭曲就存在套利行为。这个学说就结构变化内生性进行了系统的解释。该理论未来还有很大的发展空间。

天则经济研究所学术委员会主席张曙光教授主要从四方面做简要评论：第一，林毅夫教授回顾了发展经济学的历史：一边是自由主义；另一边是干预主义。经济政策则在这两者之间摇摆。新结构经济学认为结构的变迁才是经济学发展的本质和关键。第二，张曙光认为书中谈到的结构变迁可以概括为沿着动态比较优势的方向遵从资源要素的禀赋法则，这是一个不断创新的过程。第三，该理论可以继续进一步发展和延伸。摆来摆去的实践也有综合的过程，经济与理论发展都有一个综合的过程，实际上林毅夫教授的新结构经济学是对原有的老一辈的结构主义和新结构主义的新综合。过去只要政府，不要市场，而现在的新结构经济学把二者结合在一起，这是本书成功的地方。第四，书中提到六步甄别程序。发展经济学不再是一些大的原则，利用现有的可操作的程序，可以思考、研究并进一步分析。这是《新结构经济学》比其他都要成功的地方。

张曙光教授还讨论了本书存在的一些问题。第一，如何协调市场和政府的矛盾。书中有两种说法，一种是政府因势利导，另一种是政府主导发展。林毅夫认为二者实质是一个东西，而张曙光教授并不这么认为，其主要原因是，既然市场是配置资源的根本性体制，在这个基础上，就没有政府主导该过程的说法，只有在危急关头，政府才可能起主导作用。第二，是应然和使然的问题。为什么要素禀赋结构决定经济的产业结构？产业结构的提升决定了经济从低收入到高收入的过程，这是使然的，本身的逻辑是自治的，但是在讨论政府作用的时候，林毅夫觉得很大程度上是应然的。张曙光教授认为本书缺少组织行为过程的分析，而这方面的分析是至关重要的。第三，关于假设的问题。在进一步推进关于政府行为假设的问题上，尽管是按照新的方式来做的，严格遵守新禀赋的假定来做，该书中将政府设定为一个好人，书中总会看到这个地方是个好人政府，政府一心一意谋发展，到底政府是不是一心一意谋发展，但张曙光教授并不这么认为。

复旦大学韦森教授在评论中首先肯定新结构经济学框架三大新理论进展与贡献。在资源配置与比较优势、企业自身能力理论的基础上，更强调市场应该成为经济的基础性制度，强调微观企业作为技术选择和产业升级主体，要按照一国的禀赋结构决定其比较优势，在发展生产和参与市场竞争的同时，提出政府的作用是产业升级的"助产士而不是永久性保姆"。提出本国产业结构变迁中政府的甄别和因势利导的作用。

同时，韦森教授也提出了这样几个问题：第一，如何处理按资源禀赋比较优势来发展经济与发展新兴产业和产业升级的内在张力；第二，除了金融体系结构外，货币政策是否也会对产业升级产生影响；第三，金融结构是产业结构的外生变量，还是一国经济发展阶段中经济结构的内在结构部分。

对第一个问题，在《新结构经济学》中，林毅夫非常正确地提出，"任何社会的经济发展都是以技术创新和产业升级为特征的"。再看第二个问题，按照米塞斯—哈耶克所代表的奥地利学派的战略周期理论，尤其是按照"哈耶克三角"所展示的货币政策与经济周期的关系，有人认为压低利率到"自然利率"之下，给予企业的"虚假信号"会导致投资远离、消费品不足，资本产品的投资不是"过度投资"而是"不当投资"，这种不当投资的结果是"结构资本生产阶段到资本过多，最终导致产品过剩"。对最后一个问题，在"金融结构与经济发展"一文中，两位作者非常全面地回顾探讨了金融结构与经济发展、技术创新和产业升级的关系。

进而，韦森教授站在新结构经济学的理论视角对当前重要宏观经济格局做了基本判断：第一，任何社会的经济高速增长，都发生在投资的高速增长时期。第二，中国经济增速放缓是一个自然与必然的趋势。第三，货币政策在目前中国经济的格局中已经基本无效，重新启用货币政策会把中国经济推入更大的困境。此外，韦森教授表示同意林毅夫，应该动用财政政策，并加大政府在基础设施方面的投资来维系未来几年的经济增速的政策建议。第四，政府财政政策应包括减税和加大基础建设投资。第五，中国经济的潜在危险不是政府负债，而是巨额的企业负债。

北京师范大学李实教授认为，本书核心内容是第一次详尽地讲解政府和市场的作用，并给予了明确的建议。政府干预经济的特点，是提供基础设施，选择所谓的优势产业，该理论主要强调政府作用。回到现实，首先要考虑政府是一个什么样体制下的政府，是一个民族体系的政府还是集权体系的政府，政府总不能按照学者的愿望去做事情，政府是作为经济活动的参与者，它的行为模式是怎样的，应该如何约束政府少做坏事，鼓励它做好事。

值得讨论的是，用分析框架还是理论框架？仅仅一个要素框架没有"肉"，而要把"肉"长起来对该理论的发展会更好一些。框架本身非常重要，同时，林毅夫特别强调要从国情出发，要采取比较优势的发展战略，以市场为主导、政府为辅，发展优势产业。此外，这种比较优势包括市场与政府的有利结合，形成一个完整的分析框架。另外对林毅夫提出的框架可以进一步做如下扩展性的工作，比如，林毅夫认为人力资本是要素禀赋的一个层面，同时，人力资本本身也是生产力，人力资本和其他产业结构之间的关系需要进一步探讨，未来可以通过发展人力资本实现产业结构升级。

2012 年第 044 期（总第 1006 期）

新结构经济学研讨会之二

（2012 年 9 月）

2012 年 9 月 17 日，新结构经济学研讨会于北京大学国家发展研究院万众楼二楼召开。本期报道林毅夫教授做主题发言，清华大学经济与管理学院副院长白重恩教授、国家发改委财政金融司司长徐林、中国人民大学财政金融学院岳希明教授、山东大学黄少安教授、南京大学龚刚教授、友成企业家扶贫基金会常务副理事长汤敏做了相关评论。

林毅夫教授首先就公众普遍感兴趣的关于中国还能以年均 8% 的速度高速增长 20 年的论断进行了回应。林教授认为自己是被断句取义了，他的观点其实是说存在以年均 8% 高速增长 20 年的潜力。因为经济增长的本质是技术的不断创新、产业的不断升级，所以资源可以从比较低的领域重新配置到附加价值比较高的领域，这在各个国家都是一样的。发达国家处于技术前沿，主要靠各种研发，发明高风险是不容忽视的。对发展中国家而言，除自己发明外，还有后发优势，只要生产比现在好的产品就是创新，这个成本远远低于发达国家。而发展中国家可以比发达国家的增长速度高一倍以上，甚至两倍或三倍，主要就是利用后发优势。

对于中国现在增长潜力的判断可以基于以下的一个比较。2008 年中国内地的人均收入按照平均购买力计算，只有美国的 21%，相当于日本的 1951 年、新加坡的 1967 年，台湾地区的 1975 年、韩国的 1977 年，跟美国的人均收入差距很大，而人均收入衡量的是平均的劳动生产力，平均的劳动生产力最后反映的是技术、产业的水平，还有社会的效率的水平，是一个综合指标。历史经验表明当时的日本、新加坡、台湾地区和韩国的经济后来又高速增长了 20 年，而增长方式，基本上也是利用后发优势，所以没有理由怀疑中国大陆有保持年均 8% 高速增长的潜力。当然要实现这个潜力需要克服很多的困难，给未来的继续增长挖掘潜力和方向，但不能停下来搞改革，因为历史告诉我们这是不会成功的。在解决困难的时候，需要知道增长潜力有多少，怎样在发展中充分利用潜力解决体制和机制上的问题。

接着，林毅夫教授提到发展经济学要牵涉的问题不仅是技术的选择和产业的问题。基础设置要配套，基础设施改善就牵扯到金融、人力资本教育的问题，牵扯到一系列减低交易费用的问题,还有政府如何来发挥作用的问题。2004年针对苏联、东欧改革的时候出的一本书《90年代的经验教训》显示没有一个改革方案适合社会主义国家的事业,但其实应用新结构经济学的框架,可以对这些问题有新的认识。随后,林教授将新结构主义应用到涉及金融结构、人力资本、财政政策等方面。

林教授认为金融结构是服务于真实需求的,而真实经济如果把结构的概念引进来,发达国家跟发展中国家的真实的经济结构和特性是不一样的。发展中国家除了自然资源以外,它的制造业是小的劳动力密集型的制造业,服务业也是小型的服务业,需要的资本非常全面,在独立产业链里面一般应用的技术是成熟的技术,生产的商品是成熟商品并在成熟的市场中销售,其主要的风险其实是金融风险,而资本市场上的风险又很高,适合发展早期阶段的金融结构其实是非制度金融。而现代金融所强调的大银行和股票市场其实是不适合发展中国家的。按照现代金融的改革,大部分地区性中小企业得不到任何金融支持,这也是在近代收入分配差距越来越大的相当重要的因素。

从结构概念里面看,最优或者适用的结构依不同的发展程度不同。简单地照搬发达国家的改革,对发展中国家是不利的。比如从长期发展的角度看,决定增长的因素是人力资本,它是推动产业跟技术创新的原动力的能力。但以前的很多实证研究表明教育的增长和经济发展绩效无关,这是因为发展中国家和发达国家创新的方式不同,发达国家的创新主要是发明,而发展中国家的创新很多是模仿,虽然发明跟模仿都需要人力资本,但所需要的人力资本的程度和结构是不同的。人力资本和物质资本需要配套,物质资本和人力资本需要不断地积累。片面强调教育的作用,导致与物质资本不配套,就可能出现教育程度提高很多,但很多受过良好教育的人找不到工作,还有可能导致人才外流。教育要成功,必须有实体经济的动态发展和它配合。

随后,林毅夫教授进一步讨论了政府的财政政策问题。原来的新古典主义的基本前提是假定产业结构技术是一样的,投资并不能提高生产率,而是会出现李嘉图等价,导致积极的财政政策可以增加就业但不能增加总需求。但如果引入结构的概念,情形就会很不一样。发展阶段不一样,产业不断升级,在产业升级的过程中,交通基础设施要改善,财政政策要发挥相当大的积极的作用,这种情况下就可以把发展跟宏观稳定结合在一起,林毅夫教授把它称为"超越凯恩斯主义",并认为针对这一领域的研究,可以写模型也可以做实证。

此外林教授认为国外的实证研究看不到这一点是因为他们没有这一概念。比如著名经济学家巴罗的很多反对凯恩斯主义的实证研究中不考虑所处的时期,也不考虑政府开支是用于军备还是用于基础设施建设,而是简单地将所有政府支出混在一起,得出财政政策无效的观点。这种观点有待商榷,且引入结构的概念对理解财政政策的作用是很有意义的,这个理念同样适用于分析政府的货币政策。林毅夫教授指出,当一个国家处于世界产业的最前沿,在技术创新和产业结构升级非常慢的情况下,遇到萧条时期,货币政策基本上没有作用,日本就是这样的一个例子。但发展中国家却是不同的,如果是在经济危机的状况下,即使有很多产业是过剩的,还可以产业升级,所以利率低的话,可以降低产业升级的成本,在这种情况之下,即使在萧条的状况下,利率低还是可以刺激民间的投资,而且不仅是政府的投资。

随后,林毅夫教授顺势提出了"潜在比较优势"的概念。经济发展是一个重大的过程，遵循比较优势原理发展可加快资本积累。随着资本积累增加，原来具有比较优势的产业可能会逐渐失去比较优势，此时会出现产业升级。林教授同时提醒，如果基础设施没有产业集群，没有相配套的金融和交易的话，交易费用会相当的高，即使要素成本低不也不见得在最终的市场上有竞争力，所以政府的产业政策应该是支持那些经济动态发展当中，因为要素比率发生的变化从而具有潜在比较优势的企业。

而目前国际上政府发挥作用是通过下面几个方面：一是按照华盛顿共识改善企业经营环境，但按照理想模式改革不见得是好的；二是反对政府去选择产业，给产业帮助。但每个产业都需要基础设施，缺乏政府投资可能无法形成产业集群。比如作为发展中国家的突尼斯，虽很好地遵从传统发展经济学理念，但它发展得并不好。这一观点也得到了世行的一些学者的赞同，但由于受制于政府的想法，他们并没有推翻华盛顿共识的基本理念，而是建议集中力量实施其中最重要的几条。然而林毅夫教授认为这个建议不见得可靠，因为现有的产业很多不应该存在，而一些新的产业还没有出现，所以这种方法并不科学。此外，在哈佛大学有一种说法，除了劳动力资本、自然资源之外还有一些看不见的知识，把它们组合在一起，关键就是说如果这些产业是比较接近的，所以你应该发展跟你的产业距离很近的产业，因为现在有些产业是不应该存在，所以林毅夫教授认为不尽然。

林教授继而谈到，产业政策实际对一个政府来发挥的因势利导作用是有好处的。历史上成功国家都有产业政策，而且发达国家到今天还有产业政策。判断什么样的产业、什么样的技术发展潜力对国家比较重要。而大部分发展中国家产业政策失败的原因是因为大部分受到不好的思想的影响，而成功例子通常是政府产业政策所要支持的产业是跟它发展程度相距不远的国家产业，否则不符合"比较优势"没有自生能力，政府大量干预，大量资源动员后还是无法建立自生能力，只好实行保护主义，从而难逃失败命运。

林毅夫教授根据这些经验总结出产业政策制定的一套步骤：找一个要素顶部跟差距收入大约是自己 1 倍、2 倍，对于技术发展比较快可以 3 倍的国家，它的夕阳产业是发展中国家的朝阳产业。政府了解到这一点，以此选定一个可能具有潜在优势的产业，企业看到这一点，就会模仿国家的比较优势，向政府寻求补贴。在此基础上，政府为了进一步了解哪些产业可以成功，可以看看国内是否已经有民营企业进驻，如果私营企业也看到这个可能性。而政府要做的就是帮助企业克服比较高的教育成本，将其转化为竞争优势。大部分发展中国家基础设施不好，如果可能全国都改善，但是资源有限，在这样状况下，发展这种所谓的工业园区，实行加工出口免税或者特区是可行的。此外，林毅夫教授还在农业应用结构的问题上提供了自己的意见。各国政府在农业政策上参与得很多，要做的是让资源的获得比较透明，而不是让少数人获得，用资源的"租"支持结构的变迁。

最后，林毅夫教授总结到，任何发展中国家只要能按照自身的比较优势去发展，实现长时间的高速增长并不是梦想；在发展中，我们要改变心态，既不能生搬硬套发达国家的体系制度，也不能故步自封。长期的经济增长靠的是产业结构和技术机构的不断创新和升级，如果按照新结构经济学的分析，一定要有出发点，这个出发点必须是给定的且必须能变动。最好的方式是依据自身要素禀赋，有什么用什么，按照比较优势获得最大竞争力，政府则为这些有竞争力的产业创造条件。增长的实质都是一样的，一个国家了解自己的潜力，通过政策配合把这个可能性实践出来。

此后，与会的其他专家代表轮流针对林毅夫教授的演讲提出了自己的看法。清华大学经济与管理学院副院长白重恩教授认同林毅夫教授的观点，同时提出制度的变化有路径依赖的特点。制度调整以后，新一个阶段的制度又会形成下一个阶段的制度的阻力，对未来有影响。经济学的分析应该有预见性，虽然实现动态分析并对未来预见十分困难。白教授同时建议林毅夫教授多找"同盟军"，用更通俗的语言，更多地承认前人的贡献，以此来更好地推广新结构主义理论。但白教授也担心中国是一个大国经济，后发优势可能会比一些国小，投资空间虽大，但需要和经济增长速度相吻合，这些都需要额外的分析。

国家发改委财政金融司司长徐林依据自己的工作经历，认为在市场体制比较健全的一个国家，产业结构和产业升级，伴随着发展是一个很自然的结果。中国政府可做的事情很多，过去的一些错误的产业政策主要是好心办了坏事。而现在政府可以在创造好的经商环境以及改善基础设施上发挥作用。徐司长认为中国现在缺乏为基础设施做长期债务融资的工具，产生流动性风险，现阶段的金融体系有待改善。但对于中国的教育和人力资本积累还是抱有希望的。徐司长还指出，现在产业政策发挥作用的模式可能是一个水平式模式，而非当初的垂直式模式，这样的转变可能会更有利于政府在更加市场化的环境下来发挥产业政策的作用。

来自中国人民大学财政金融学院的岳希明教授认为中国经济受瞩目的两个可能的原因是经济高速增长以及伴随而来的收入分配问题。他认为从收入分配考虑，外界对政府的评价并不特别正面，而且他个人认为中国的收入问题主要是政府造成的，虽然普遍认为政府在经济增长上的作用是正面的，但一正一负，两者结合起来并不一定能得到政府的作用是正面的这一结论。他同时指出林毅夫教授的理论的政策含义是非常好的，从某种意义上应该做一些实践工作来验证、推广。

山东大学经济研究院黄少安教授对林毅夫教授能在新古典框架下阐明国家发展是一个结构变化、产业升级的过程，特定时代金融结构内生于经济结构的理念给予了肯定，同时建议林毅夫教授更详细地讨论政府的性质。

南京大学的龚刚教授肯定了知识资本的意义，同时提出中国没有核心技术的存在、设计、补给，承接不变的东西。发展同时要注意技术引进可能成了技术替代。此外，如何提升禀赋也是一个问题。中国是一个大国，必须考虑市场需求。新结构主义理论要完善需要有阶段性的概念。

友成企业家扶贫基金会常务副理事长汤敏认为新结构主义理论意义重大，在模型化的时候应该用克鲁格曼式的简单的模型阐明深刻的道理。此外，汤教授认为林毅夫教授的技术选择的指数很有意思，建议找一些典型的国家做一个分析，既简单又直观，而且很能说明一些问题。汤教授同时认为国家的工业结构不是一个"点"，而更像是一个"组合"，或者是一个"梯度"。

最后，国家发展研究院姚洋教授发言。他认为林老师理论的比较优势，对纠正发展中国家的赶超倾向应该非常好。每个国家的 first best 都是不同的，要深入研究的是怎样的市场缺陷导致产业选择并非最优。

林毅夫教授随后对一些主要的问题进行了回应。原则上他不认为"大国"跟"小国"在经济学基本理论上有差别。比如孟加拉就没有妨碍越南，中国也没有将纺织业市场全部占满。比较优势的原则，不仅在一个国家，用在地区同样也适用。至于大国是否影响一个国家的生产潜力的判断，林教授认为有有利影响也有不利影响。欧盟故意联合成一个大的经济体就说明大国不见得是劣势。当然，大国的不同区域，比较优势是不一样的。政府的作用应该是因势利导的"助产士"而非"父亲"或"爷爷"。按照比较优势发展，收入分配可能是改善的，因为劳动力价格上涨的速度会比资本回报的上升速度快，产业升级只是使一般讲资本回报的下降比较慢而已。依据比较优势，不同发展阶段竞争力产业是不一样，实际上，只要把外部性克服了，把协调问题克服了，这个产业就形成了，就有竞争力了。有无自身能力的优势实际上也是新结构主义理论和"大推进"理论最大的差别。

2012 年第 049 期（总第 1011 期）

新结构经济学国际研讨会之一

(2012 年 10 月)

2012 年 10 月 13—15 日，新结构经济学国际研讨会于北京大学国家发展研究院万众楼二楼召开。我们分五期简报报告此次会议内容。本期报告来自北京大学国家发展研究院的林毅夫教授的主题演讲，同时，来自密歇根大学的 Alan Deardorff 教授、来自耶鲁大学的 Lorenzo Caliendo 教授、来自香港科技大学的王勇教授报告了自己的最新研究成果。

林毅夫教授演讲

林毅夫教授首先回顾历史上各个国家的发展进程。在 18 世纪初世界上的所有国家都处于贫困状态，各国经济以农业为主体，在上千年时间里，各国 GDP 的增长率一直在年均 0.05% 左右徘徊。直到工业革命开始之后，现今发达国家的人均收入才开始加速，19 世纪的年均增速跃升至 1% 左右，到 20 世纪为 2% 左右。而增长加速仅限于工业革命的发源地英国、西欧的一些经济体还有澳大利亚、加拿大和美国。第二次世界大战后，多数发展中国家都获得了经济和政治独立，并开始重建。到 20 世纪末，小部分发展中国家实现了长时期的高速增长，赶上了先进的工业化国家，比如日本。采取外向型和市场友好型发展战略的"亚洲四小龙"在 20 世纪 60 年代早期到 90 年代早期以超过 7% 的年经济增长率快速成长。近年来，一些大的经济体，如中国、巴西和印度成为新的全球经济增长极。但是这种增长并不是普遍规律，不少发展中国家遭遇过长期持续的增长乏力，陷入"中等收入陷阱"。林毅夫教授认为，没有结构的转变，持续的经济增长是不可能实现的。

接着，林毅夫教授对第一代和第二代发展经济学进行反思。第二次世界大战后发展经济学成为现代经济学的一个独立分支。第一代发展经济学实际上强调结构转变重要性，并把结构差异看作市场失灵的结果。因此他们主张政府干预，通过进口替代和优先发展现代先进产业促进结构转变。在这一时期，新的贸易保护措施如进口配额和外汇管制首次被大多数国家大规模使用以管理国际收支差额。大多数发展中国家和多边发展机构遵循了这些政策建议，但是多数国家的结果都不尽如人意。

第一代经济发展思潮提倡的政府干预主张的失败催生了一股新的经济发展思潮，后者强调政府失灵，采取非结构性的思路实现经济发展。该思路强调市场在配置资源和提供经济发展的激励方面的基础性作用，在他们的政策建议中忽视不同发展水平的国家的结构差异，期待结构转变在一个国家的发展进程中自发实现。但是，20世纪后半期成功的发展中国家并没有遵循占主导的经济发展思想的政策主张。

这令人不解的事实促使人们重新审视一些构成经济发展理论基础的大前提。这就引发了第三代经济发展思潮的形成，即新结构经济学。它旨在将结构转变重新带回经济发展研究的核心，并强调市场和国家在促进经济发展过程中所扮演的重要角色。市场机制应该作为资源配置的基本机制，但政府也必须发挥积极的作用，以对促进产业升级和多样性的投资行为进行协调，并对动态增长过程中先行者产生的外部性予以补偿。林毅夫教授更多地强调要素禀赋、不同发展水平上产业结构的差异，以及经济中的各种扭曲带来的影响，这些扭曲来自政策制定者过去对经济的不当干预，这些政策制定者对旧结构经济学的信念，使其高估了政府在矫正市场失灵方面的能力。林毅夫教授还指出华盛顿共识所倡导的政策常常未考虑发达国家与发展中国家的结构性差异，也忽略了发展中国家对各种扭曲进行改革时的次优性质。

新的结构经济学用新古典方法研究经济发展中的经济结构及其动态变迁。林毅夫教授说，之所以称其为新结构经济学，是因为其主要有以下几个地方的新意：第一，其强调市场在资源配置中的配置作用，认为政府应该解决外部性问题和协调问题，以帮助企业进行产业升级；第二，林毅夫教授认为，发展中国家想要发展先进的资本密集型产业是不可取的，这是由其要素禀赋结构内生决定的；第三，发展中国家和发达国家产业结构的这种差异反映了处于整个谱线上的不同发展水平。

林毅夫教授分析政府在结构变迁动态机制中的作用。回顾过去，政府采取自由放任政策而不去解决市场失灵的国家，成功的案例很少；而政府有效主导国家取得快速增长的例子很多。可见政府干预为解决市场失灵和启动经济增长提供了理由。关键在于，最优产业结构内生于一国要素结构，产业结构的升级，首先需要要素禀赋结构的升级，否则所得到的产业结构就会阻碍发展。政府任务便是确保经济建立在这种内生的升级过程上。在任意给定的时间，在其他条件不变的情况下，一国的要素禀赋结构决定了要素之间的相对价格，进而决定了最优的产业结构。拥有充裕劳动力或自然资源但资本稀缺的低收入国家在劳动力或资源密集型产业具有比较优势和竞争力。同样，拥有充裕资本要素和稀缺劳动力的高收入国家将会在资本密集型产业具有竞争力和比较优势。因而，使一国最具有竞争力的最优产业结构是由该国的要素禀赋结构内生决定的。为了能达到发达国家的收入水平，发展中国家需要依据资本密集度来升级自身的产业结构。发展中国家必须缩小与发达国家的要素禀赋差距，而实现缩小这一差距的战略是在其发展的每个阶段都遵循自身的比较优势。当企业选择进入与该国比较优势相符的产业、采用与该国比较优势相符的技术时，经济是最具有竞争力的。这些企业将占有最大的市场份额，并以利润和工资的形式创造最大化的经济剩余。它们具有竞争力，这些剩余的再投资可获得最高的回报。这个动态循环过程，使要素禀赋结构和产业结构逐渐升级，也使该国在生产资本和技术密集度更高产品方面更具有竞争力。

林毅夫教授认为，政府更多的角色应该是"助产士"而非"永久保姆"。早期发展中国家的政策制定者试图在产业和技术升级的内生过程中走捷径，希望建立一个资本和技术密集型的理想的产业结构。因而这些国家采纳的发展战略是优先发展资本密集型的重工业，忽视了其丰富的非熟练劳动力和自然资源。这样的企业是不会为社会创造真正的剩余的。资本积累和要素禀赋结构的升级也会受到阻碍，减缓产业结构的升级。林毅夫教授指出，因势利导的政府要更多地帮助私人部门利用比较优势。

同时，林毅夫教授还提出有关农业领域的技术创新和资源的合理使用这两个问题。针对农业领域技术创新而言，在低收入国家，大多数人从事农业，改善农业不仅可以减少贫困，还可以在农业部门产生更多的经济剩余来支持工业化。政府需要促进农业的技术创新和技术推广，改善基础设施，促进农业生产和商业化。针对第二个问题，林毅夫教授认为只有更合理地分配和管理资源，利用资源创造更多的财富，进而辅助结构转型。林毅夫教授也提出了新结构经济学未来的研究方向，包括金融结构的优化、人力资本投资、国际资本的流动、流动性陷阱。

Alan Deardorff：贸易如何影响比较优势的增加和减少

Alan Deardorff 教授提出的问题是：自由贸易如何实现经济的动态增长，自由贸易是否能够改变比较优势？为了建立模型，Alan Deardorff 教授作了如下假设，其定义了比较优势，此外允许国家之间的自由贸易。基于这两个核心假定，Alan Deardorff 利用变形的 Solow 模型和 Ramsey 模型，分析得到，当两国仅存在初始禀赋差异的情况下，自由贸易能够改变一国的增长路径，进而改变稳态点，最终，两国不存在要素禀赋的差异，两国趋于相同。此外，当其他条件未给定的情况下，取决于投资品的要素禀赋结构的不同，自由贸易并不能改善一国经济增长状况以及要素禀赋结构。但是，最后 Alan Deardorff 教授认为，总体上，自由贸易对于改变经济增长水平和要素禀赋结构是有意义的。

Lorenzo Caliendo：资源禀赋理论的动态模型

1993 年中国的出口总额占世界出口总额的 5%，但是到了 2007 年中国的出口总额占世界出口总额的 11%，一跃成为世界最大的出口国。可以发现，中国的主要贸易伙伴均为资本密集型产业国家，可以看到，中国出口到美国的多为劳动密集型产品，1993—2007 年中国 30% 的出口产品出口到了德国、日本和美国，同一时间段 30% 的中国进口产品来自这几个国家。同时，美国出口到中国的多为资本密集型产品。要素禀赋理论为这一现象提供了很好的解释。Lorenzo Caliendo 基于要素禀赋理论，研究了不同国家不同要素禀赋结构下国际贸易对于经济增长的动态影响。与过去的静态模型相区别，本文运用动态模型的分析方法，结合了新古典增长模型和 2×2×2 资源禀赋模型（H-O），进而研究贸易和经济增长的动态变化，并利用汉密尔顿函数求解动态均衡解。

国际贸易理论中最为重要的是要素价格均等化（FPE）理论，其主要强调在确定条件下自由贸易可以实现要素价格均等。基于此 Lorenzo Caliendo 教授考虑了 FPE 理论的动态化模型，并且更深一步探讨长期均衡状态。Lorenzo Caliendo 教授接着介绍了模型的具体构造，他采用标准化的两国两要素模型，同时允许两国之间自由贸易。在静态模型中可以看到，在给定初始禀赋的前提下，两国的要素禀赋价格可以实现均等化。更深一步，Lorenzo Caliendo 教授得到了如下结论，对于资本密集型大国而言，由于与劳动密集型国家进行贸易往来，将会恶化其进出口比例，进出口比例的恶化会进一步影响经济增长和专业化生产的模式，但是这种问题却不会在资本密集型的小国出现，这主要取决于两国初始贸易时的要素禀赋差距。相反，如果贸易往来国家的要素禀赋结构接近，则这些国家的生产专业化模式将呈现单调变化，最终达到 FPE 均衡。另一重要结论是一国长期的比较优势依赖于初始禀赋，并趋向 FPE 均衡。

王勇：工业动态、国际贸易和经济增长

国际贸易如何影响经济增长，国际贸易如何影响工业化，动态的贸易政策如何影响工业化和经济增长？王勇教授利用一般动态均衡模型解释了国际贸易和贸易政策如何影响工业化、产业升级和经济增长的。王勇教授首先介绍了两国自由贸易的一般均衡模型，接着建立了自由贸易的内生增长模型。他通过分析基础产业的要素禀赋驱动的工业化程度和基础产业的倒 V 的生命曲线，得到了如下结论，通过两国贸易往来，在跨期替代弹性大于 1 的情况下，引发的技术进步可以推动产业升级和总体经济的增长；相反，当跨期替代弹性小于 1 的时候，技术进步并不能实现产业升级。主要原因归结于贸易条件效应决定了市场规模效应，也就是说，当跨期的替代弹性大于 1 时，贸易条件得到改善，进而扩大贸易规模。此外得到了另外一个关于贸易政策影响的结论，同样依赖于跨期替代弹性，贸易自由化程度对产业升级和经济增长有正的非单调效应。

新结构经济学国际研讨会之二

(2012 年 10 月)

2012 年 10 月 13 日至 15 日，新结构经济学国际研讨会于北京大学国家发展研究院万众楼二楼召开。我们分五期简报报告此次会议内容。本期报告 Barcelona 大学的 Teignier Baque，George Washington 大学的 Roberto Samaniego，北京大学的张鹏飞，George Washington 大学的 Yongseok Shin，首尔大学的孙希芳和 CSIC 的 Alessandra Bonfiglioli 六位报告人的演讲内容。

Teignier：国际贸易对经济结构转型的影响

农业部门生产率低下是解释跨国间农业部门规模、人均收入水平差异的重要原因，且农业生产率高增长被认为是一国工业化和现代经济增长的必要条件。原因是当缺乏农产品贸易时，一国必须把资源分配给低生产率的农业部门，以维持自给自足的经济。Teignier 认为，农产品国际贸易可以缩小一国农业部门的规模，加速工业化转型的速度。Teignier 比较了英国、美国和韩国三国经济结构转型的例子。19 世纪初，英国农业人口比重不到 40%，同时期美国约 80%。19 世纪末美国农业人口比例才下降到 40% 左右。到 2000 年，两国农业人口比例都不足 2%，200 年时间里，两国的农业人口比例经历了持续下降的过程。韩国经济转型过程更快。1950 年韩国农业人口比例高于 80%，即 2000 年该数字已不足 10%。工业转型过程比英美两国加快了 150 年。农业人口比例下降是否伴随人均国民收入增长呢？从数据上看，相同的农业人口比重，韩国和美国的人均国民收入大致相等，这表明韩国和美国两个国家经济转型过程类似。英国在同等人均国民收入水平上，其农业人口比例比韩国和美国都低，表明英国经济结构转型更早，且转型过程和韩美不同。为了分析一国经济结构转型的过程，Teignier 教授在两部门的新古典一般均衡增长模型中加入了国际贸易。在模型中，消费者的农产品支出份额随着人均收入水平提高而下降。自给自足的经济中，技术进步和资本积累会逐渐把资源分配到工业部门，该过程是缓慢的。在开放经济中，如果国内农产品价格高于国际价格，该国就会进口农产品并导致农业部门收缩，经济结构转型加速。经校准后，该模型可用来解释英美韩三国的经济结构转型。其结果显示，美国经济转型的关键因素是农业部门生产率高速增长。但国际贸易对英国早期经济转型的作用极其重要。如果英国经济一直处于封闭状态，在1 800年其农业人口比例应该是80%而不是35%，且国际贸易带来了年均5.5%的跨期福利增长（以消费支出衡量）。国际贸易在韩国也扮演了类似的角色，但其效应要低于英国。如果韩国不对外贸易，其农业人口比例在初期应该是72%而不是62%，年均跨期福利增长大约只有0.4%。且如果韩国不对农业部门实施贸易保护，其农产品贸易规模会扩大，经济结构转型速度进一步加快，在1979年就可以使农业人口比例下降至10%以下，且跨期福利增长能达到英国自由贸易的水平。

Samaniego：行业生产率差异和产业多元化发展过程

经济发展包括了经济增长和经济结构转型的过程。经济结构转型是多方面的，除了农业部门份额下降、服务业部门产出增加外，还表现为产业多元化的不同发展阶段——发展的初始阶段，一国的产业向多元化发展，当人均国民收入水平到达一个阀值后，一国的产业又趋向于集中。一国产业专业化过程呈现U形的发展路径。生产率差异能较好地解释持续的人均国民收入差异，而行业间持续的生产率差异能否解释一国产业专业化的U形发展路径？如果可以，则意味着生产率驱动学说不但能解释经济增长，也能解释经济结构转型。Samaniego建立了多部门的增长模型，以说明生产率增长速度差异对一国产业专业化发展路径的影响。其经济直觉如下：完全竞争市场上，两个可替代的消费品行业有不同的生产率增长率水平，生产率增长更快的行业其产出份额不断上升。然而，如果在经济的初始水平，生产率增长水平更低的行业占更大的产出份额，那么两个行业的市场份额差异会逐渐缩小，最后经济在生产率增长更快的行业实现完全专业化。Samaniego用美国的数据对模型进行校准，其结果发现无论是制造业内部，还是不同的产业之间，都能从数据上观察到产业多样化的U形发展路径。即使采用不同的生产率增长速度、不同的产业多样化衡量方法，该结果都是稳健的。这表明生产率增长速度差异会形成产业多元化发展过程，进而可以解释一国发展路径上不同的产业结构差异。一国经济发展的过程，就是根据生产率增长速度差异在不同产业配置资源的过程。Samaniego的研究结论意味着，生产率增长速度是人均收入水平和国家经济结构的决定性因素。提高生产率增长速度是一国经济发展的核心问题，这需要国家加大研发力度，重视制度建设对提高生产率的积极作用。

张鹏飞：行业技术改变机制和经济结构转变的根本动力

文献中通常从需求、供给两方面解释库兹涅兹提出的经济结构转型事实。需求方面的解释建立在商品不同的收入弹性基础上，而供给方面的解释则建立在不同行业外生的生产率增长速度和不同的要素禀赋假设之上。张鹏飞提出了一种新的解释：行业间纯劳动扩展型的技术进步率不同会导致行业间不平衡增长。当希克斯中性的技术进步发生时，柯布-道格拉斯生产函数可以达到稳态增长，此时希克斯中性的技术进步可看成纯劳动扩展型的技术进步。在柯布-道格拉斯生产函数中，一个行业的纯劳动扩展型的技术进步等于希克斯中性的技术进步乘以该行业劳动密集度的倒数。长期看来，一个行业的人均收入增长率等于该行业的纯劳动扩展型技术进步率。两个初始禀赋相同的行业，技术增长率高的行业有更高的产出增长率，资源也逐渐向技术增长率高的行业集中。行业间不同的纯劳动扩展型的技术进步率最终导致了行业不平衡增长。

Buera：小额信贷的宏观影响

过去数十年里，发展针对小企业的小额信贷成为经济政策的目标之一，且在降低贫困、促进经济发展方面取得一定成效。尽管学术界和政策层已认识到小额信贷的重要性，但小额信贷对经济的宏观影响仍缺乏定量的分析。Buera 构造一个模型，从局部均衡和一般均衡两个角度分析小额信贷的宏观影响。模型中，经济人在企业家才能和初始禀赋上是异质的，每一期经济人可以选择成为企业家或者工人。由于合同不完备性，经济中内生的融资摩擦表现为抵押品约束。此时在经济中引入小额信贷，使部分初始禀赋不足但有企业家才能的经济人得以成为企业家，这部分由小额信贷产生的企业家成为边际生产企业家。在局部均衡中，假定工资和利率固定不变，劳动力市场不出清，小额信贷会产生很高比例的边际生产企业家，增加资本劳动力需求和总产出，但降低加总的生产率水平。在一般均衡中，工资和利率自由调整，劳动力市场出清。小额信贷增加了边际生产企业家的比例，但由于工资上涨，边际生产企业家增加的比例低于局部均衡的情形。且由于储蓄从高能力企业家转移到边际生产企业家，小额信贷会导致更低的总储蓄和资本积累。高工资和利率也会使低能力的企业家退出市场，从而提高了加总的生产率水平（相对于局部均衡）。此外，消费和总产出也有所提高，但相对于局部均衡而言，提高的幅度有限。更重要的是，在一般均衡中由于工资和利率上升，小额信贷损害了高能力企业家的利益，对初始禀赋低的企业家有财富转移的再分配效应。

孙希芳：银行结构、劳动力密集度和行业增长：来自中国的证据

虽然经历三十多年快速经济增长，中国银行体系仍然是缺乏效率的。对该经验事实解读有两派观点：所有者结构观点认为，四大国有商业银行由于国家控股，政府干预信贷分配，导致银行积累大量坏账；规模结构观点认为，由于中国比较优势产业在劳动密集型产业，该产业以中小企业居多，与之相匹配的应该是中小银行占主导的市场结构。中国目前仍是四大银行占据了市场的主要份额，导致中小企业面临信贷约束。这两种观点有不同的政策含义。所有者结构观点强调改变四大国有商业银行的产权结构，提高法人的股权比例；规模结构观点强调开放银行市场，提高中小银行比例，甚至拆分四大国有商业银行。孙希芳使用 1999—2007 年中国 30 个省份 28 个制造业行业数据和省级银行部门数据，检验金融发展对经济增长的积极作用。为区分哪种银行结构影响了行业增长，孙希芳教授构造了两个交互变量：行业劳动力密集度和省银行结构的交互项，非国有企业份额和银行结构的交互项。行业劳动力密集度反映了行业的技术特点。银行结构定义为非四大国有商业银行的贷款份额。在中国银行业的背景下，非四大国有商业银行的贷款份额同时也是中小银行的贷款份额，该变量难以区分以上两种不同观点。非国有企业份额和银行结构的交互项可以在一定程度上反映所有权结构观点——在四大国有商业银行贷款份额较高的省份，国有企业的市场份额应该会更大。在实证回归中，因变量是省行业真实增加值的年增长率，主要解释变量是上文提到的两个交互项。实证结果显示，在非四大国有商业银行市场份额高的省份，劳动密集型行业的增长率更高。即使采用美国行业的劳动力密集度作为稳

健性检验，该结果依然成立。但非国有企业份额和银行结构的交互项在所有的回归中都是不显著的，也就是说即使在国有银行占主导的省份，国有企业比例更高的行业并没有因此取得更快的增长。这表明规模结构观点比所有制结构观点更符合中国的现实情况。中国银行的规模结构比所有制结构对中国经济发展的影响作用更大，未来的银行业改革应注重放宽市场准入，鼓励中小银行发展。

Bonfiglioli：增长、选择和适宜合同

大量的经验证据表明，合同制度在不同国家以及不同时期存在明显差异。如国有企业或家族企业偏好长期合同，且经理人回报偏低，这在经济发展早期非常常见。部分学者认为这种缺乏弹性的合同制度是低效率的，但与之相反的观点认为，长期合同符合早期发展阶段的需要。Bonfiglioli 认为，采用何种类型的合同制度取决于长期投资和筛选经理人之间的权衡，该权衡在经济发展的不同阶段有不同侧重。在经理人的能力是不可事前观察，且合同是不完备的情形下，筛选合格的经理人需要付出一定的成本。这个成本就是，当经理人面临未来的不确定性风险时，往往倾向于选择一个次优的长期投资水平，从而使筛选经理人和长期投资两个目标之间存在冲突。在经济发展的早期阶段，提高长期投资对经济增长至关重要，因此发展中国家倾向于选择长期合同。但随着经济发展水平提高、资本积累增加，低能力经理人错误决策的成本将会超过投资收益，此时合同制度会逐渐转变为短期的、灵活的合同方式。总的来说，合同制度内生于经济发展水平。

新结构经济学国际研讨会之三

(2012年10月)

2012年10月13日至15日,新结构经济学国际研讨会于北京大学国家发展研究院万众楼二楼召开。我们分五期简报报告此次会议内容。本期报告宾夕法尼亚大学的Ann Harrison,IFPRI和北京大学的张晓波,对外经贸大学的徐朝阳,CREI和Pompeu Fabra大学的Gino Gancia,罗切斯特大学的Dan Lv和香港中文大学的盛柳刚六位报告人的演讲内容。

Ann Harrison:政策保护模式和经济增长:来自中国城市层面的数据

Harrison博士在报告中提到,由于中国产业政策成功受到认可,以及发展中国家在金融危机中更成功的发展表现,学术界对产业政策的兴趣重新燃起。但对于产业政策是否有效,始终存在争论。对产业政策有效性持质疑的学者指出,产业政策会带来寻租行为,日本经验表明受到支持和保护的部门并没有增长更快。对产业政策更乐观的学者认为,支持有潜在比较优势的部门或新兴产业部门,可以加速经济发展。作为一种回应,Harrison教授用中国城市层面的数据对产业政策有效性做实证分析。在实证分析中,Harrison博士通过一系列的相关关系识别出哪些部门受到关税保护和财政减免政策支持,尤其是识别出以下三类部门是否受到政策支持:出口导向型、技术密集型和研发密集型。企业的表现主要用全要素生产力来测度(用四种方法计算得到)。所用到的中国工业企业的数据来自中国国家统计局,关税数据来自由世界银行维护的数据库WITS。在分别对企业层面的数据和产业层面数据进行了回归分析后,发现有以下三种趋势。首先,保护性关税对企业生产力提高有一个净的负效应。数据表明,最终产品和投入要素关税对企业层面和产业层面的生产力提高有显著的净负效应。其次,免税期对生产力提高有正效应:如果税收减免偏向出口密集型部门而不支持研发部门的话,免税期可以提升产业增长速度。最后,产业促进政策效果会随着时间改变,随着中国的比较优势逐渐演化,这种效应随时间减弱。

张晓波:序列实验的逻辑

受医学领域广泛地采用可靠的随机控制实验的鼓舞,经济学家越来越重视随机控制实验对政策设计的意义。从随机控制实验中获取证据的做法已经被视作黄金法则。但是，随着随机控制实验的流行，它的缺点也开始被注意到。比如，从某个环境下发现的结果可能并不适用于其他情况。无法体现一般均衡效应、忽略异质性和受到伦理制约也是随机控制实验的缺点。在医学领域，有毒药物不允许被使用到人类临床试验上。经济学家也潜在地遵循相同的原则。他们倾向于选择那些已知的几乎没有副作用的项目做随机试验。如果只关注随机控制实验而忽视实验设计中其他环节，我们可能会被限制于处理那些可以进行安全的随机控制实验但相对琐碎不那么重要的问题。张晓波教授指出，实际上在医学领域，随机控制实验只是序列实验设计的一个组成部分。药物研制过程包括好几个步骤：病理分析、毒性测试、动物试验和人类临床试验。只有那些已经证明对人无害的药物才最终允许进行随机控制的临床试验。也就是说，随机控制实验只是科学探索环节中的一环。在现实中提出的经济政策都会面临很多经济和政治不确定性。在获取可信的证据之前就采取激进的改革措施是有极端风险的。随机控制试验主要衡量的是平均的政策效果，并不考虑潜在的异质性问题。出于对潜在的失败危险和负面溢出效应的顾虑，政策制定者往往不愿意一开始就对政策进行随机控制实验。中国的经济改革采取的是序列实验的做法。张晓波教授通过医学上的序列实验设计和中国的经济改革阐释了序列实验设计的思想后，对序列实验设计的逻辑进行了数学建模。为政策制定者寻找执行和检验政策的最优方法提供了一个理论框架。

徐朝阳：赶超雄心、部门导向的产业政策和经济增长

相比于发达国家，许多发展中国家的人均GDP很低，但在一些资本密集型产品上的人均占有量却很高。徐朝阳博士构建一个两部门新古典增长模型解释这一现象。模型中有一个政府，它不仅关心国民的福利，同时还有在资本密集型部门上追赶发达国家的雄心。这个关于政府偏好的假定对本论文的模型是关键的，它不同于大多数经济增长论文中对政府偏好的假定，它们只假定政府最大化社会福利。在现实中会观察到，政治家会按照自己的雄心甚至偏见来制定政策。有了赶超雄心假定，政府为了追赶发达国家就有扭曲部门间的资源配置的激励，尽管政府仍然需要在赶超部门和社会福利之间进行平衡。在本论文的框架中，有两个国家，一个是发展中国家，一个是发达国家。两个国家之间没有贸易和直接的经济联系。发达国家是作为发展中国家试图追赶的目标和评估自身经济发展表现的准绳。因此，这实际上是封闭的经济体。这样的设定下，经济结构是内生变化的，任何试图改变部门间相对产出的政府干预都会导致效率和福利的损失。模型的结果表明，具有赶超雄心的政府为了促进资本密集型产业发展，将会采用部门导向的产业政策，结果导致了内生的产业结构被扭曲，降低了经济增长速度。政府的赶超雄心越强烈，它将选择更为扭曲资源配置的政策，最终导致更加糟糕的经济增长表现，尽管可能生产出更多的资本密集型产品。

Gino Gancia：跨国生产、定向技术变化和外部性

Gino Gancia博士指出，跨国生产已经对世界经济产生了重大影响。但尚无论文研究跨国生产对技术的技能偏向的影响。但是技术的技能偏向是全球工资和收入的重要决定因

素。Gino Gancia 的论文试图填补这个空白，他采用了一个定向技术变化的模型框架，其中工人分为有技术和无技术两类，生产技术是内生型要素扩张型的。此外，模型中还增加了跨国生产，包含两类国家，一个是西方国家，一个是中国。西方国家企业可以通过支付一定成本到中国进行生产。通过以上设定，这个模型能被用来研究跨国生产的技术的技能偏向和劳动技能溢价现象，也可以用来研究全球的工资和福利问题。通过模型的分析，可以得出以下主要结果：跨国生产和定向技术变化的交互作用对工资的动态变化有着重要影响。在满足一定的假设条件下，跨国生产可以解释西方国家低技能工人的实际工资下降和全球范围的技术工人的工资溢价，以及偏向技能劳动工人的技术变化。但是，如果市场是充分整合的，创新也会调整适应无技术工人。如果增长率足够高，跨国生产可以使所有工人受益。

Dan Lv：本币大幅贬值情况下企业进口的分解

降低进口关税可以提高生产力，引致新产品的生产。而在货币大幅贬值时期，企业会减少进口产品的种类。Dan Lv 博士的报告讨论了进口的大幅下滑和全要素生产力的下滑二者之间的联系。Dan Lv 博士使用哥伦比亚的数据分析了企业的进口和出口行为，以及货币贬值的冲击。得到的实证结果确认了既有文献中指出的货币大幅贬值时期企业的进口行为变化：进口值降低，不再进口产品和减少进口品的多样性。减少中间品进口的多样性降低了制造业的生产力。在正常情况下，企业在进口市场上会有很多进出口行为，大多数企业都会增加或减少进口产品种类，进口的净变化是这些转化的综合结果。但是在大幅贬值时期，进出口总额降低，调整进口产品种类、进入和退出进口市场行为都减少了。Dan Lv 还构建了一个模型来解释这一现象，并提及了货币大幅贬值可能产生的另一个后果是资源配置不当带来的效率损失。

盛柳刚：跨国生产和工资不平等的所有权结构与中国证据

盛柳刚博士提到国际贸易的实质已经发生了变化。例如，跨国生产成为世界经济的一个突出特征；三分之二的国际贸易是中间品贸易，超过三分之一的跨国生产是在公司边界之内的。经典的 Heckscher-Ohlin 模型无法解释发展中国家不断提高的工资不平等现象。报告的核心观点是，在一个公司范围内组织的跨国生产是技术密集型的，对工资不平等有重要的影响。而通过订单方式组织的跨国生产，是低技术含量的，对工资不平等的影响有限。盛柳刚博士构建了一个包含两个国家的一般均衡模型来解释这一现象。在模型中，跨国企业做出关于生产地点、所有权结构和技术劳动需求的决策。这个模型的主要创新就是把所有权结构的选择内生到了离岸外包的分析框架。企业在发达国家的生产使用是完全契约，在发展中国家需要在三种不完全契约中选择。从这个理论模型中可以得到三个可检验的假定。第一个是技术密集假定：在跨国生产中外资企业比合资和本国企业更加技术密集；第二个是分配假定：那些所有权制度具有更大灵活度、贸易成本更低和契约环境更好的地区，通过公司组织跨国生产的外资企业比例更高；第三个是高等教育溢价假定：有更多在同一公司内组织跨国生产企业的地区，有更高的高等教育溢价。然后作者利用中国加入 WTO 后放松了对外资企业所有权的限制这个自然实验，收集了中国的统计数据对以上三个假定进行了统计检验。最后得出的结论有：外资拥有企业的加工贸易可以解释中国 2000—2006 年高等教育溢价增加中的 75%；跨国生产的所有权对发展中国家的出口行业技术升级和工资不平等有重要影响；发展中国家的所有权自由化可以吸引跨国企业带来更多技术密集的产业。

2012 年第 052 期（总第 1014 期）

新结构经济学国际研讨会之四

（2012 年 10 月）

2012 年 10 月 13 日至 15 日，新结构经济学国际研讨会于北京大学国家发展研究院万众楼二楼召开。我们分五期简报报告此次会议内容。本期报告的是鞠建东教授、陈斌开博士、李飞跃博士、王健博士、李瑶博士、余淼杰教授的演讲内容。

鞠建东教授

鞠建东教授主要就论文《生产与贸易结构变化的统一模型——针对中国的理论与实证》发表了演讲，他们的工作主要集中在两方面。第一，用数据说明了中国的生产及出口产品的结构性调整。总体来说，1999—2007 年，中国制造变得更加资本密集，与此相对的是，出口产品却向劳动密集型转变。第二，结合主要的国际贸易理论来解释这种转型方式的成因，得到均衡结果并且进行比较静态分析。要对产业结构进行分析，鞠教授首先强调对企业的分类。他们根据企业的资本密集程度将企业分为 100 个等级，每个等级定义为一个行业。用某个行业的企业数量占总经济中总企业数目的百分比来定义该行业的企业数量份额，同样，可以类似定义一个行业的劳动力份额、增加值份额和销售份额。从这几个指标的统计数据均可以看出，1999—2007 年，中国制造有向资本密集型发展的趋势。然而，相比起资本密集型企业，劳动密集型产业的劳动生产率提高得更多。同时，从行业出口概率和出口强度这两个指标来看，劳动密集型产业的均高于资本密集型。接着，鞠教授关于这个现象进行了理论模型的构建。这是一个两国贸易模型，假设其中一个国家劳动力比较充裕，另一个资本比较充裕。假设家户效用函数和企业成本函数，结合产品市场和要素市场分别出清的条件，可以得到一个唯一的市场均衡解。这个市场均衡由以下几个条件决定：第一，两个国家各个行业的企业定价策略；第二，市场自由进入条件以及零利润生产率边界和贸易下的零利润生产率边界的关系；第三，要素市场出清条件；第四，由消费者和生产者最优化条件决定的价格指数；第五，世界市场上的产品市场出清条件。结论的另一个方面是，要素密集程度可以分成三个区间，资本充裕的外国最终集中于资本密集程度最高的那部分产品的生产，劳动充裕的本国最终集中于劳动密集程度最高的那部分产品的生产，中间那部分产品两个国家均有生产。最后，通过比较静态分析，鞠教授总结了资本深化、贸易自由化和技术创新的影响。资本深化使得劳动充裕的国家产生越来越多的资本密集型企业，资本充裕的国家与之相反，最终导致两国的生产结构重叠得越来越多，禀赋结构和生产结构都越来越相似。随着劳动充裕国的资本充裕度上升，出口也变得资本越来越密集，资本深化会提升该国的福利，并降低外国的福利。贸易自由化会导致各国分别生产越来越多自己的充裕要素密集的产业，两国生产结构重叠得越来越少，导致比较优势越来越突出，生产专业化增强。贸易自由化会提高充裕要素的价格并且对两国均有益。技术创新可以使劳动充裕国家生产更多的资本密集型产品，使其在资本密集型产品中获得比较优势。技术创新对劳动充裕型国家有利，提高了该国的利率，同时降低了对外国商品的相对需求和利率。

陈斌开博士

陈斌开博士就他与林毅夫教授合作的《发展战略、资源错配和经济发展》一文发表演讲。传统的新古典增长理论模型认为，资本产出比与人均产出之间呈正相关关系，跨国数据显示，资本产出比较高的国家，其人均产出也比较高。然而，中国的现象与此恰恰相反，两者之间存在负相关关系。中国的这种现象无法用新古典增长理论和内生增长理论来解释，资源的配置不当可能是其根本原因，而导致不同地区资源配置不当的正是政府发展战略。陈斌开博士构建了一个两部门模型说明这个问题。由模型得出，在竞争均衡中，要素价格和厂商的生产选择都由禀赋结构决定，因此人均产出和资本产出比都与资本要素的充裕程度呈正比。而发展中国家都有优先发展资本密集型重工业的倾向，导致其资源向这些部门倾斜。这直接导致，在以重工业为导向的发展战略之下，人均产出与重工业受保护程度呈反比，且给定要素禀赋结构的话，资本产出比与重工业受保护程度呈正比。陈斌开博士最后指出重工业为主导的发展政策在许多发展中国家都存在，发展政策以及资源配置不当也许是理解各国之间收入差异的重要原因。

李飞跃博士

李飞跃博士就其与林毅夫教授发表的《发展战略、自生能力与发展中国家经济制度扭曲》一文发表了演讲。他首先提出了一个重要观察，发展中国家普遍存在众多的制度扭曲。比如，对某些产业的税收（补贴）、金融抑制、国内货币高估、资本与外汇的配给和行政垄断等。接着，李飞跃博士构建了一个动态模型来分析发展中国家的发展战略对其经济制度的影响，为发展中国家广泛存在的各种经济制度扭曲提供了一个统一的解释。结果表明：第二次世界大战之后，发展中国家的制度扭曲主要是由于采取了错误的发展战略而产生的，经济制度扭曲程度与该国发展战略偏离其适宜产业的程度呈正向关系。如果政府推行赶超战略，赶超产业规模越大，赶超产业的自生能力越差，制度扭曲越严重，经济效率损失越大。最后，李飞跃博士总结，制度扭曲是企业缺乏自生能力的结果，而不是其原因。如果一个发展中国家的政府要发展不符合其要素禀赋的产业，那么这些赶超产业没有自生能力，政府不得不为他们提供保护补贴才能维持其生存。除非政府运用了适宜的发展战略，否则想要改革现存的扭曲的改革是不会成功的。资源从赶超产业向适宜产业的转移是一个漫长的过程，改革也许应该沿着一种渐进的双轨的方向前进。

王健博士

王健博士关于汇率问题，发表了题为"国际贸易中的价格黏性以及微观层面的汇率传递——中美贸易的研究"的演讲。从 2005 年起，人民币开始对美元升值，这种升值对中美两国的出口企业定价行为有何影响？人民币升值在多大程度上转移给了美国进口产品价格？企业定价行为和汇率传递机制对一些重要的宏观问题都很关键。中美是世界上最大的两个经济体，在中国的汇率形成机制于 2005 年进行了全面改革的背景之下，对中美贸易的研究对理解宏观环境改变对定价行为的影响有重要意义。王健博士采集了美国劳工统计局的月度数据，统计了中美之间进出口贸易的商品价格。从统计结果来看，2005 年起中美之间贸易产品的价格波动变大。检验是否存在结构转型的计量结果也发现，美国出口产品价格在 2005、2006 年左右出现了结构转变，2005 年之后价格黏性明显减小。1994—2005 年，美国进口产品的价格黏性在提高，2005 年之后下降。接着，他们根据 2005 年 6 月之后的数据做出一个估计，并以此作为冲击变量，纳入一个调整的菜单模型进行分析，可以复制出以上的结果。最后，关于汇率传递的研究发现，按照总体价格指数估计的汇率传递影响被低估。美国向中国进口的产品高达三分之一是从来没有价格变动的。如果采用价格变动的商品作为样本估计汇率传递，它的结果趋近于 1。

李瑶博士

李瑶博士发表了题为"进口中间投入品、出口价格和贸易自由化"的演讲，她从进口中间要素投入品的角度，研究了贸易自由化如何影响出口价格。李瑶博士主要提及两个模型，内生质量模型和外生质量模型。其中，内生质量模型的主要结论是，高生产效率的厂商会面对较低的进口关税，他们将会在每一种进口要素种类上花费更多，同时进口更多种类，并选择高质量的进口要素投入。因此，生产效率的提升和进口关税的降低会导致厂商设定更高的出口价格，而进口种类越多的厂商会定越高的出口价格。外生质量模型的主要结论是，高效率的企业面临更低的进口关税，导致进口更多中间投入并且花费更多在进口投入品上，导致更低的出口价格。利用同质产品的子样本和净质量价格数据所得到的结果都支持外生质量模型。

余淼杰教授

余淼杰教授发表了题为"出口深度和要素贸易自由化——来自中国企业层面的证据"的演讲。首先，余淼杰博士指出贸易自由化已经成为许多发展中国家经济发展的重要战略。自从 2001 年中国加入世贸组织以来，中国已经成为世界上第一大出口国，第二大进口国，中国的关税也从 2000 年的 15％降低到 2006 年的 10％。通常来说，一个国家要素产品贸易成本的降低对其选择国内还是国外市场会有影响，中国的现状正是如此。目前，中国只有 27％的企业进行出口，而高达 15％的出口厂商出口他们的所有产品。由于中国的加工贸易占总贸易的一半左右，那么在这种贸易深度的背后不能忽视中间产品的作用。

通过理论模型的构建和实证分析，余淼杰博士得到结论：第一，要素产品关税的降低导致出口企业贸易深度提高；第二，利用更多的进口中间产品作为要素投入，企业可以获得更多利润，并出口更多产品；第三，如果进行加工贸易，企业可以享受税收减免政策，因此企业会自我选择参与以出口最终产品为导向的加工贸易。

2012年第053期（总第1015期）

新结构经济学国际研讨会之五

(2012年10月)

2012年10月13日至15日，新结构经济学国际研讨会于北京大学国家发展研究院万众楼二楼召开。我们分五期简报报告此次会议内容。本期报告的是哥伦比亚大学魏尚进教授，清华大学教授、美国圣路易斯安娜州联邦储备银行研究院文一教授以及北京大学国家发展研究院姚洋教授3位报告人的演讲内容。

魏尚进：基础设施和实际汇率

实际汇率是大多数经济体的一个重要的相对价格，然而人们对实际汇率究竟是由什么决定的问题了解并不深入。传统理论认为比较重要的有 Balassa-Samuelson 效应和 Froot-Rogoff 效应等，基础设施却并未被纳入到实际汇率模型中。然而，理解基础设施对实际汇率的影响是非常重要的。货物运输成本在全世界存在巨大差异。1995 年前欧洲和日本道路密度最高，中国的道路存量则处于一个较低的水平。1995—2008 年，中国的道路密度快速提高，尤其是 2005 年以后，实际上 2008 年的道路密度大约是 1995 年的 4 倍。与此同时，人民币不断升值，道路建设（基础设施）是促使人民币升值的主要原因。实证研究的数据来自国际金融数据、世界银行以及中国铁道部。为了检验稳健性，分别应用了各国对美元的真实汇率以及国际货币基金组织公布的实际汇率作为被解释变量。核心的解释变量是各国的基础设施建设，其他解释变量有人均 GDP、政府支出占 GDP 的比率、贸易条件、净国外资产占 GDP 的比率、真实利率、贸易限制的哑变量、关税率和相对生产率。以面板回归作为基本估计方法，应用贝叶斯模型（BMA）做稳健性检验。为了进一步处理潜在的内生性问题，引入了能导致暂时降低基础设施存量的自然灾害作为工具变量进行工具变量的回归。三种计量方法的估计结果相互一致，基础设施的改善会导致本国实际汇率的升值。面板回归结果显示，相较于其他国家平均不到 25% 的解释力，基础设施改善可以解释中国 30% 的真实汇率变化。贝叶斯模型的结果显示相较于 1988—1998 年，1998—2007 年基础设施改善解释了更大比率的真实汇率变化。工具变量回归的结果更是显示了更大的梯度，而且也通过了相关检验，并不存在弱工具变量或过度识别的问题。从机制上看，基础设施改善主要通过三个渠道导致本币真实汇率升值。直接效果是基础设施降低了产成品的货运成本,也能降低原材料的货运成本。此外基础设施改善有利于为当地引入竞争,从而降低产品的成本加成。从量化结果看,基础设施是真实汇率的一个和重要的决定因素,它的效果与 Balassa-Samuelson 效应相当,远大于 Froot-Rogoff 效应。当一国的基础设施不断改善时,其本币会出现升值压力。不考虑此效果,会影响分析结果,也可能在政策上出现偏差。

文一:中国贸易失衡之谜的解释

现期的国际贸易理论对现在的国际失衡鲜有解释力。2010 年 Deardorff 提出了 Deardorff 悖论:为什么像中国这样在未来更有优势的国家会有贸易盈余,而美国这种在现在更具优势的国家却存在贸易逆差? 1978—2009 年,中国的贸易盈余从 11 亿美元的逆差变为 4 000 亿美元的顺差,很多人认为这是汇率导致的,但汇率本身并不能解释这种失衡。主要的原因应该是储蓄大于投资,资本外流导致贸易失衡。所以,需要解释的是为何中国的投资率非常高,达到了 GDP 的 45%,却没有吸收国内的高储蓄。家户面临负的储蓄回报却依然大量储蓄,企业面临 20% 的高投资回报也并不将储蓄完全用于投资。即使能解释为何储蓄高于投资,由于中国存在资本管制,因此家户和企业并不能用人民币购买美国的债券,所以这也并不能解释中国的高外汇储备。为了很好地解释贸易失衡之谜,文一教授将贸易和金融结合起来,用贸易的框架,构造对低收益的流动性资产高需求的微观激励的模型。因为传统的现金预付模型(CIA)和货币效用模型(MIU)并不匹配,首先它们会导出对资产的需求与消费成比例,这与中国的数据不符;其次,在过去的 10 年,消费占 GDP 的比率一直在降,而国外资产占 GDP 的比率一直在升,这也是传统模型不能解释的。文一教授采用现行贸易模型,设定企业存在异质性;资本市场不完全,存在流动性约束;经济体有长期的经济增长;出口商面临围绕着增长趋势项的固定风险和预算约束。模型预测它们不仅会以流动资产形式储蓄不少收入,其边际储蓄倾向也随收入增长而上升,这最终会导致本国出现大规模贸易失衡并累积巨额的外汇储备。现实数据支持了此模型的适当性。过去的 30 年,中国的消费份额从 GDP 的 50% 降低到 35%,储蓄则从 GDP 的 34% 上升到 51%。同时,中国的进口对出口比率也由 1985 年的 1.6 降低到 2008 年的 0.8。同时,这个模型也很好地解释了许多文献不能解释的问题,即收入增长的滞后项对未来储蓄率有很强的预测力。高储蓄是高增长的结果,而非原因。虽然有好几个国家都能看到高储蓄与高增长存在正相关的现象,中国巨大的贸易部门让这一现象变得更加明显。模型校准的结果显示,模型的预测结果可以对显示数据进行相当好的拟合和预测。一个加总的冲击就可以让模型解释 90% 的实际数据。此外,模型准确地预测到了 2002 年中国加入 WTO 后出口和外汇储备的飞跃,2009 年次贷危机的急剧下降。应用模型得出的虚拟的时间序列做回归分析,可以发现收入增长滞后项与未来的家户储蓄率有很显著的正相关关系。中国的贸易失衡和巨额外汇储备是经济高速增长以及不完善的金融市场共同导致的结果。汇率的基本决定因素是可贸易品与不可贸易资产的过度需求。即使强制人民币升值,也不能消除贸易失衡。有效的方法是优化金融市场,鼓励中国的公司在国内投资的同时也对国外进行投资。

姚洋：制造部门——金融部门的比较优势和全球金融失衡

国际失衡是一个长期被观察到的现象。有关金融发展的文献可以对此进行解释，金融部门弱的国家会把资本输出到金融部门发达的国家，所以金融部门强的资本输入国会出现经常性账户逆差，资本输入国又会将资本更好的投资回资本输出国，金融部门弱的资本输出国最终会受损。然而从德国和意大利的例子上看，事实并非如此。尽管德国的金融部门效率更高，但却在对意大利的贸易中保持贸易顺差。应用制造业—金融业的比较优势则能很好地解释这一现象。在金融部门具有比较优势的国家，金融部门技术进步更快。倾向于出口金融服务、进口商品和资本；而在制造部门有比较优势的国家，则制造业技术进步更快，倾向于出口商品和资本，进口金融服务。静态模型中，在金融部门有比较优势的国家会专门提供金融服务，而在制造部门有比较优势的国家则专注于制造业，实现完全分工，但两国都会实现经常性账户平衡。而应用动态的世代交叠模型后，在制造业上有比较优势的国家会出现经常性账户盈余，而在金融业有比较优势的国家则会出现经常性账户赤字。这种失衡随着比较优势随时间的变强而不断变大。实证分析数据来自 OECD 成员 1989—2008 年的数据、联合国数据库、WDI 数据库以及 Lane-Ferrett、Chinn-Ito 金融开放度指数和 Beck-Kunt-Levine 金融结构数据库。被解释变量是成为净出口国的概率，除了核心变量反映比较优势的相对生产力以外，还包括了财政余额、初始国际资产占 GDP 的比率、发展阶段、抚养比率、M3 占 GDP 的比率、实际收入增长率、贸易开放度和资本管制程度、币值低估值（Rodik，2008）和总人口。所有方法都得出一致的估计结果，比较优势对成为净出口者有正向的作用。制造部门—金融部门的比较优势会导致劳动分工。在动态情况下，在制造部门具有比较优势的国家会出现贸易盈余。要想解决全球失衡，需要考虑国家之间基本层面上的差异。

第五篇

改革历史观察解读

2008 年第 44 期（总第 739 期）

纪念改革开放三十周年高层国际论坛简报之一

(2008 年 10 月)

2008 年 10 月 25 日至 26 日，"纪念改革开放三十周年高层国际论坛"在北京大学中国经济研究中心举行。本期简报将主要介绍论坛全体会议第一场讨论内容。本场会议有三位报告人发言，分别是中国经济体制改革研究会会长高尚全教授，世界银行资深副行长、首席经济学家林毅夫教授和新加坡国立大学人文社会科学研究主任杜赞奇（Prasenjit Duara）教授。以下是报告的具体内容。

高尚全：改革开放来之不易，市场化进程必须坚持

在改革开放之前，中国实行的是指令性的计划经济，由中央通过各部委统一管理，各类物资实行统购统销，这严重影响了经济系统的有效运转。

两个例子可以说明现实中的这种非效率。当时沈阳两家工厂，一家是变压器厂，另一家是冶炼厂，两家工厂都由国家来统一集中计划，产供销都掌握在政府手里，企业没有自主权，因此也没有积极性。两家厂一墙之隔，但是由于隶属不同部委管辖，两家工厂之间不能直接进行交易。变压器厂需要的铜，都必须通过统购统销渠道从全国各地调到沈阳来，冶炼厂生产的铜也要调到全国各地出售。现在看起来这种做法不可思议，如果两家工厂互相运输就可以节省时间，继而大大地节约成本，提高效率。

另外一个例子是，1956 年，上海天气炎热，企业为了不影响生产，需要购入鼓风机进行降温。但是由于企业没有自主权，采购都需要打报告，要通过七个部门的审批。当最后一个部门审批完的时候，夏天已经过去了。因为计划经济就是审批经济，没有审批就不能执行。我在看到这个情况以后，写了一篇题为《企业一定要有自主权》的调研报告，发表于 1956 年 12 月的《人民日报》。那一年，毛主席指出，中央和地方的关系就像家和企业的关系，一切权力统一到中央，把企业卡得死死的不是好办法，要发挥"两个积极性"，更主要的是要发挥地方的积极性。但是没有找到一个出路，因为脑子里有个传统的观念：计划经济是社会主义的根基。明明知道有问题，却谁也不敢动，那篇调研报告后来也受到了批判。

1978 年召开的十一届三中全会是一次困难之中召开的会议，此次会议在理论上打破

了两个凡是，这标志着思想理论上的禁区开始打破了。此前的一个重要的事件就是安徽小岗村的包干到户。时任安徽省省委书记万里发现，安徽虽为农业大省，却有着大量外出乞讨的农民，其原因在于，受到"左倾"思想影响，实行人民公社的生产体制，农民缺乏生产积极性。后来农业实行"大包干"，除了交给国家的、留给集体的，剩下的就是自己的，所以农民的积极性提高了，农业就丰收了，农民吃饱饭了。三中全会就是在这样的背景下召开的。中国社会有今天就是因为有改革开放，从以阶级斗争为纲转变为以市场经济为中心，大家集中精力搞生产、搞发展。

但是，一个民族的思想解放并不是一蹴而就的。十一届三中全会提出的，只是在原先的计划经济体制下，加入一定的市场调节，来促进各个经济主体的生产积极性。这虽然促进了经济尤其是农业的发展，但还是在计划经济的框架内的微调。十二大提出要以计划经济为主、市场经济为辅，因为计划经济反映社会主义的基本特征，这个基本思路要坚持。十二届三中全会提出了商品经济的概念，但是当时思想还不够解放，还是有计划的商品经济，计划是主要，商品是次要。我在十三大上又提出三条意见：第一，计划经济或者市场经济只是手段的问题，不牵涉到社会主义的属性；第二，要用经济合同取代指令性计划；第三，随着经济的发展，改革的深化，计划跟市场要逐渐结合起来，亦即将实物性的计划转向政策性的计划。到了20世纪90年代初，批判市场化改革的声音又一次出现，直到1992年邓小平同志南方谈话，阐明计划与市场的关系只是一种手段和方法，这一争论才暂时告一段落。

近来，金融危机从美国蔓延到了全世界，这并不能说明市场化是错的，只能说明我们在市场化进程中必须加强市场的监管。因为市场也有失灵的时候，政府只需在必要的时候推行宏观调控，市场就可以健康发展。

总而言之，市场化改革道路是中国经历了30年风风雨雨才探索出的一条正确道路，在任何时间都不容动摇。

林毅夫：改革开放的过程是一个奇迹

在这场报告中，我想主要探讨以下三个问题：第一，中国经济为什么能够在改革开放之后表现得如此出色，而在同一政党的领导下，改革开放之前的中国经济却非常糟糕？第二，如果有人认为第一个问题的答案是1978年我们实施了改革开放，那么，在20世纪80年代、90年代有不少国家都进行过改革，为什么中国可以一枝独秀，而有的国家却发生了危机甚至遭遇了崩溃？第三，今后其他的国家是否能够实现类似于中国在过去30年所实现的改革开放成就？

我认为，所有发展中国家都有潜力保持年均8%—10%的经济增长率，并在20—30年内完成现代化进程。这是由于，发展的最重要动力是技术进步和创新。在这方面，发达国家走在前面，它们每实现的一步成就都来自其自主创新，它们要为此承担巨大的成本和风险。而发展中国家还远在国际生产可能性边界之内，具有后发优势，可以引进和模仿技术，吸取其他国家的经验和教训，较快地照搬一些发达国家的模式来发展，因而可能在20年内追赶上国际的生产可能性边界。

中国在1978年以前并没有从这种技术进步中得益，原因主要在于，当时中国的知识分子和政策制定者没有意识到，在发展中国家的产业升级过程中，产业和技术的选择实际上是内生的。在一个给定时刻，每个国家的资本、劳动力和资源禀赋是给定的。发展中国家和发达国家的禀赋有着本质上的差异。发达国家的资本和人力资本积累了数百年，劳动力相对稀缺，所以适合发展资本和技术密集型产业。低收入国家的富裕要素是劳动力和土地，所以有竞争力的产业应该是劳动密集型和土地密集型的。然而，包括1949年以后的中国在内的许多国家都想快速成为现代化的国家，所以大力发展重工业，但这违背了比较优势理论，违背了中国的禀赋条件。中国发展的这些重工业，大部分在开放竞争市场中都缺乏自生能力，因此，政府不得不保护它们，对它们进行补贴，这些都是对价格信号的扭曲，导致企业激励缺乏。这也就是中国及其他社会主义国家没有能够实现8%—10%的经济增长的原因。

接下来的问题是，为什么中国改革开放后的30年内实现了年均9.5%的增长率，而其他国家的改革大多失败了？问题仍然在内生性上。改革开放刚刚开始时，人们并不明白，扭曲内生地来自政府对缺乏自身能力的重工业的保护。许多国家试图在"华盛顿共识"的指引下即刻解决这些扭曲。但是在给定存在这些缺乏自身能力的企业的约束下，对这些企业进行保护也许是一个次优选择，立刻撤除保护则会把这个次优选择的状态引向一个第三优的状态。中国所做的，第一是通过奖励措施改善工业和农业部门的激励；第二是采取双轨制，一方面承认缺乏自生能力的产业的存在，继续对其提供保护，另一方面解放过去受到压制的具有比较优势的产业，大力发展劳动密集型产业。是否理解扭曲的内生性，正是造成中国与其他国家改革结果迥异的主要原因。如果其他国家也能意识到这一点，那么它们也可以实现像中国过去30年一样的发展。

有两种制度是非常重要的。第一是竞争市场机制，由于产业选择是内生的，如果没有市场，企业就无从选择。所以我们需要一个竞争市场来显示要素的相对价格，给企业家正确的信号，从而可以选择正确的产业。但是我们也需要政府在改革过程中加强激励、改革制度，保护一些缺乏自生能力的企业，并在必要时去除进入壁垒。在改革过程中，政府有必要提高信息，由于信息是公共品，如果有私人提供必然导致信息缺乏。政府还需要在改革中健全法律制度，使其适应市场化的进程。

总之，中国改革的经验对于世界上许多国家，尤其是东南亚、非洲和拉美国家在消灭贫困和实现工业化的进程中起着重要的借鉴作用。

杜赞奇：地方自治对改革的巨大贡献

社会主义遗产对于中国改革发挥了巨大的作用：一是政府强大的动员能力，可以调动各种资源，这一点是其他发展中国家所没有的；二是土地改革，这一点和亚洲四小龙有相似之处，虽然改革的方式有所不同。中国的土地改革使得中央政府可以渗透到地方，这一点和印度相比就强得多。

本次报告有三个关键词：第一是改革开放的中心，也就是由中央政府制订各种各样的政策；第二是地方政府，尤其是农村地区的政府；第三是公民和地方公民组织。改革的问题就是要释放地方政府和公民的能量。

关于地方政府，改革的重要措施就是"自负盈亏"，这一政策有着巨大的动态效应。它使得地方政府有激励去做大蛋糕，这样，政府就可以增加它们的份额。这一政策极大地激发了人们的热情。自负盈亏有两个历史上的联系：第一个联系在于，社会主义的动员机制被大量采用，但其内容却从阶级斗争转变为生产和竞争。这是其他没有这一遗产的国家所不能做到的；第二个联系是秦朝的政治体系，这种体系不完全是封建制度，而是封建制和官僚制的混合。在这一制度下，地方官员是有薪水的，但是他们薪水又不足以维持其职位，需要官员自己去获取部分收入，事实上这就是一种激励机制。当然这种机制也存在问题，这就是地方官员的监管问题。

关于公民和地方公民团体，改革所释放的不仅仅是人的能量和企业家精神，也是一种传统的能量，这种传统已经至少存在了一千年。从唐宋的经济转型开始，中国就有地方企业，这些企业不受政府控制。当时还存在合同，这些合同通过公民团体内的惩罚机制来实现最基本的保障。例如，晋商票号的经营范围可以从内蒙古一直延伸到宁波，在缺乏法律强制力保护的情况下也能平稳运转，靠的就是地方自治团体内的处罚。所以，中国自古以来一直是一个地方自治团体高度发达的社会，但这一点一直没有得到经济学文献的认可。

最重要的问题是，这种创造性的企业家精神和地方政府之间究竟是什么关系？我们已经看到这种企业家精神的积极的一面，但它也有一些负面的影响，就是缺少有效的监管，包括自上的监管和自下的监管。现在，改革家面临的问题就是如何建立一个新的机构，从而在持久保持地方创造性的同时消除其负面现象。因此，这并不是民主或者非民主的问题，而是如何加强政策的透明度以及如何使得地方团体获得力量的问题，这一点对于中国和印度都是类似的。

2008 年第 45 期（总第 740 期）（2008 年 11 月）

纪念改革开放三十周年高层国际论坛简报之二

（2008 年 10 月）

2008 年 10 月 25 日至 26 日，"纪念改革开放三十周年高层国际论坛"在北京大学中国经济研究中心举行。本期简报将主要介绍论坛全体会议的第二场讨论内容。本场会议有三位报告人发言，分别是美国哈佛大学德怀特·珀金斯（Dwight Perkins）教授、澳大利亚国立大学罗斯·邸若素（Ross Garnaut）教授和韩国首尔大学李根教授。以下是报告的具体内容。

珀金斯：三十年改革开放的三大历史基础

珀金斯教授指出，中国三十年改革开放的历史基础有以下三点：一是中国的统一。在明朝时，中国人口已经达到了 2 亿，在清朝时则达到了人口数量的一个顶峰，正是为了管理这么庞大的国家，中国建立了一个系统性的治理结构，即官僚体制，这种官僚体制通过科举考试和对官员长达 20 多年的观察，不仅培养了官员们的官僚思想，也选出了一批具有军事才能的将领，这些措施都有利于国家的统一，特别是文化方面的统一。比如，在非洲，国家的边界以不同的宗教信仰来划分。而在欧洲尚处于中世纪的时候，中国就已经是一个有统一文化的国家。这一点对经济社会的进步是很重要的，但是这种统一也有其不利的影响，统一的社会因其长久的稳定性会形成保守的政府，当社会矛盾不断激化的时候，保守的政府在改革问题上便会犹豫不决，这部分是由于他们需要维护自己的既得利益。这也就解释了如下现象：1840 年以来，中国政府改革迟缓，导致了国家发展的落后，虽然有过侵略和被侵略，但中国仍然是一个有统一管理机构的国家，能够统一人民的思想，使他们有共同发展经济的意愿。

二是中国的教育。中国崇尚的是儒家教育，而儒家教育中的一个重要思想就是学而优则仕，一个人要想成功，就一定要刻苦读书以便将来能够进入政府机构，同时，高水平的教育也是复杂商业体系所要求的，晋商和徽商的例子就很好地说明了这一点。在 19 世纪，教育极大地促进了中国的经济发展，这一点上，中国要好于同时期的日本。因此，中国有着发展教育的文化基础，事实上，中国的教育基础一直都很坚实，这一点也可以从在美国学习工程专业的中国学生数量上看出。

三是中国高端的商业贸易体系。在改革开放之前，中国的贸易是受限制的，市场受到了极大的压抑，但是人们从事商业的热情却并未因此而降低。此外，还有相当多的中国人在国外从事贸易活动，这些商人对改革开放后中国对外贸易的发展起了积极的作用。作为国际城市的香港，也扮演了一个十分重要的角色，香港人的营销活动促进了内地贸易渠道的扩宽。

之后，珀金斯教授从历史的角度考察了中国在1949年后采取苏联经济模式的原因，他认为采用苏联模式是与当时的历史条件分不开的。首先，苏联的成功告诉世界，苏联的经济模式可以打造出现代化的经济；其次，中国在新中国成立后，参加了抗美援朝。为了支持军事国防力量的建设，只能遵循苏联的经济发展模式。此外，当时的人们也有亲苏的思想，所以这种发展模式在中国获得了很好的实施。改革开放前，中国年均6.1%的经济增长率也说明了采用这种发展模式的成功。虽然6.1%的增长率有点夸大，但不可否认，改革开放之前的经济发展为中国改革开放后的经济增长奠定了一定基础。

"文化大革命"时期的知识青年下乡政策，事实上也存在积极的一面。下乡劳动虽然摧毁了一代人的青春年华，但是成功地使得这群青年认识到当时中国农村地区的现状，也更加清楚地了解中国的问题，这对以后的改革开放是有积极影响的。此外，"文化大革命"打破了苏联的垂直融合体系，摧毁了国内试图推行自由化的"左翼"思想，在政治思想上形成了统一。

以上的这些条件都为中国改革开放奠定了历史基础。我们不仅应当从改革开放前的三十年的经济发展中汲取教训，也应当从改革开放后的三十年的经济发展中吸取经验。教训是：不能重蹈"文化大革命"的覆辙，不能采取这些错误的政策和错误的指导；经验是：任何发展中国家在学习中国发展模式的同时，应当看一看自己是否具有像中国一样的历史基础、是否有坚实的教育基础来开展改革，是否有强有力的官僚体制来推行改革的措施。珀金斯教授最后得到结论，别国不能直接照搬中国的模式，而只能间接地参考中国的经验和教训。

郜若素：中国的改革开放改变了世界

中国三十年的改革开放不仅改变了中国的很多方面，也改变了中国与世界的关系。郜若素教授认为，中国改革开放的成功，得益于十一届三中全会没有出台一个有关改革如何进行的宏伟蓝图，这使得在改革中的一个过渡时期里，中国改革出现了许多超前的现象。比如，所有制的改革非常成功顺畅，家庭联产承包责任制极大地提高了农业生产率，20世纪90年代初私有企业的迅速出现和快速发展，这些都没有被十一届三中全会提及。

中国改革开放后经历了三次危机：第一次是由于通货膨胀导致的1989年的政治动荡；第二次是1997年开始的亚洲金融危机；第三次是目前由次贷危机引起的全球金融危机。第一次危机基本上是由中国国内因素造成的，而将第二次和第三次的金融危机完全归因于外国问题也不完全合理，仔细研究这一次金融危机后，可以发现其原因是全球经济的不稳定和不平衡，当然其中也包括美国脆弱的金融体制。

在亚洲金融危机中，亚洲很多国家都出现了经济的下滑，在日本甚至出现了货币体系的崩溃。中国政府在决定保持人民币与美元挂钩的同时，依靠财政政策不断扩大内需而抵消了由于国外需求下降引起的出口减少，这种政策取得了一定成效，但是由于政策的扭曲性，带来的是质量较差的增长。虽然中国成功地应对了亚洲金融危机，但第三次金融危机则将会给中国长期经济增长带来很多负面的影响，尤其是中国的出口增长会在长时间内放缓。这主要是因为中国经济规模不断扩大，受到企业和经济周期的影响就会更大，许多企业在美国次贷危机和金融机构破产后，遭受了巨大的损失，这比上一次的亚洲金融危机严重许多，因此，中国应当更大规模地扩大财政支出，保证汇率的灵活性。此外，中国的家庭储蓄非常高，这非常有利于投资，如果中国的国内储蓄能够流向美国，那么也有助于缓解这次的金融危机。中国经历了长期的高速经济增长，人民对生活水平的要求不断提高，因此，他们的消费需求也会有所提高，在提高内需的措施得当的条件下，内需的增加也会在一定程度上弥补出口的减少。此外，美国也应当调整自己的经济结构，增加自己的国内储蓄，提高利率水平。

在应对全球金融危机的时候，各国应对资本账户加强监控，亚洲金融危机的一个教训，就是应该对资本自由化这个问题采取谨慎态度，如果资本自由化这方面做得不好，就会对国内金融市场造成很大的冲击。近年来，中国金融机构的管理能力和技术得到了很大改善和提高，面对金融危机，中国需要通过不断提高国内金融体系的健康程度来应对出现的问题，同时，如果中国能够大幅度增加财政支出，能够促进农业地区的发展，那么这些措施也能够帮助中国重新平衡国内的经济发展，这对保持经济增长、避免金融危机带来的不利影响有重要作用。此外，中国也应当进行生产力的创新、政治改革以及环境的治理，这些都与摆脱目前经济的困难密切相关，中国已经融入了国际社会，在全球经济体制中应当发挥重要的作用。

过去三十年，中国发展和全球发展的成功使得全世界15%的人口摆脱了贫困，包括印度在内的许多亚洲国家都在学习中国的经验，其中最为重要的是如何能够创造出可持续发展的环境。要达到可持续的发展，就必须要保证经济的发展，这是各方各界都一致的观点，也是大家认为最重要的一个目标。由于经济发展是一个自我毁灭再自我重建的过程，经济财富的增加会带来更多的挑战，这个时候需要有明确的目标，而且整个社会应当有统一的思想和认识，这样才能使经济发展更加繁荣，这也是发展的核心条件之一。

早在1989年，邹若素教授与中国领导人谈论经济发展的时候便提出，中国因为太大，不可能成为西方传统型的工业大国，要实现经济发展十分困难，但是，中国成功做到了经济的腾飞，其中的原因有积极的对外开放战略、人力资本的提高，但最为重要的是林毅夫等人提出的，在开放经济的条件下，中国应当发挥比较优势、制定发展劳动密集型产业这一战略和实行渐进式改革措施。采取渐进式改革的原因是新的增长模式需要新的机制，而且需要时间来建立这批机制，尤其是建立激励机制，这一点值得发展中国家学习。

李根：中韩发展前三十年的赶超比较

中国和韩国是两个具有可比性的国家，两个国家有着相似的追求现代化的过程，这个过程在韩国是1961—1988年，在中国，是1978—2008年。韩国经过近三十年的发展，人均国民收入已超过世界平均水平的一倍，中国目前的情况和韩国20世纪80年代的情况类似。李根教授从改革前的经济基本面、改革后的经济绩效和经济增长的驱动因素三方面进行了中韩的比较。

一是改革前的经济基本面。中国在实行赶超计划时，享有非常好的宏观形势，而韩国却没有很好的初始条件。比如，中国一直有贸易盈余，家庭储蓄率一直很高，达到了30%，这为改革后投资的高增长提供了良好的基础。而韩国在实行赶超计划时，一直是贸易赤字，家庭储蓄率也只有10%，在改革前储蓄率还出现过负值。

二是改革后的经济绩效。改革后，中国在吸引外商直接投资方面做得非常出色，而韩国基本上没有得到国外资本的支持，但是两个国家都取得了快速的经济增长。不过在收入分配公平方面，韩国要比中国好，韩国的基尼系数是很低的，一直维持在 0.32 左右，因为韩国就业很充分，有着坚实的中产阶级，而中国的基尼系数接近 0.5。这说明，韩国的收入分配是相对公平的，而中国存在着收入分配的不平等，而且中国的基尼系数在未来一段时间内是不会下降的，因为中国还存在着大量剩余劳动力，还需要时间创造就业机会来满足这个群体的就业需求。

三是经济增长的驱动因素。自 20 世纪 80 年代以来，拉丁美洲国家和亚洲国家间的发展是不对等的，拉丁美洲国家的经济增长率非常低，而这段时间，韩国却保持着很高的增长率，这背后的原因是什么呢？李根教授认为技术创新在促进经济高速增长的过程中扮演了极为重要的角色。

这一点可以从一个国家申请专利的数量上看出。在 1980 年，韩国在美国申请专利的数目为 33 个左右，而到了 2003 年，这一数字达到了一万多，技术的创新是韩国保持高速度增长的源泉。如果要问中国改革开放后的发展是不是成功的，那么从技术创新上来看答案是肯定的。目前不仅仅是中国在国外申请专利，更有许多海外公司在中国申请专利，但是要注意的是中国申请的专利都集中在农业、食品和化学方面，而在高科技方面，中国申请的专利还比较少，只占到总数量的 20%—30%。这一点，中国应当有所加强。从分类上看，私人申请专利个数要大于公司申请专利个数，这说明中国现在的发展并不是由于私营公司研发所推动的专利数的增加。从世界财富五百强企业的数量来看，韩国有 10 个企业位列其中，中国企业的数量正在不断地增长，目前有 29 个企业位列其中，超过了意大利、澳大利亚和英国，宝钢、一汽、上海汽车都成为全球知名的品牌，这说明中国大型企业在不断成长壮大，除了大企业发展迅速外，中小企业也得到了发展。李根教授认为中国在研发和出口方面做得非常出色，但是在政治改革进程和收入分配均等化两方面还有待改进。

面对目前的全球金融危机，从中短期来看，中国应当改变经济增长模式，从粗放型经济增长模式转向具有高附加值的经济增长模式，从长期来看，中国应当在收入分配和政治改革上投入更多关注。从韩国的经验来看，中国中小型企业应当加强自身研发能力，不断提高公司的经营治理能力，其中不仅要进行产业升级，而且也要开发一些新的行业。中央政府的作用是非常重要的，经济发展中出现的诸如收入分配不平等以及向民主社会过渡的问题都需要中央政府付出不懈的努力来解决。目前的形势是，经过 30 年的经济高速增长，中国所具有的后发优势已经有所丧失，中国需要发掘新的优势来维持经济的高速增长，并在经济全球化中扮演领导角色。

2008 年第 46 期（总第 741 期）（2008 年 11 月）

纪念改革开放三十周年高层国际论坛简报之三

（2008 年 10 月）

2008 年 10 月 25 日至 26 日，"纪念改革开放三十周年高层国际论坛"在北京大学中国经济研究中心举行。本期简报将主要介绍论坛平行会议第一场——对外开放、国际合作和经济增长的讨论内容。本场会议有三位报告人发言，分别是牛津大学琳达·岳（Linda Yueh）教授，斯德哥尔摩经济学院克里斯托·朗格沃尔（Christer Ljungwall）教授和帕特克·古斯塔夫森（Patrik Gustavsson）教授，以及中国发展研究基金会汤敏博士。以下是报告的具体内容。

琳达·岳：法律与中国经济增长的关系

本报告旨在回答三个问题：第一，中国的法律体系发展跟经济增长之间是什么关系；第二，中国的法律体系跟经济的发展结构是如何匹配的；第三，发达国家（如美国）处在与中国相同的经济发展阶段时的法律体制是什么样的。

为了更好地回答上述问题，作者首先区分了市场体系和法律体系两个概念。她指出，法律体系为市场体系提供了一种知识配套机制，而市场体系的发展会推动法律体系的变革，不同法律体系对市场体系的发展有不同的意义。为了评估法律体系，有必要建构一个对法律体系进行衡量的指标集，这个指标集主要包括：（1）政府在开展法制方面的监管质量；（2）对投资者的保护和合同的实施力度；（3）知识产权的保护；（4）打击腐败；（5）司法体系的独立程度。以此为基础，作者对不同国家的法律体系作了较为细致的比较。从国家的监管质量这方面看，中国做得比俄罗斯好，但比匈牙利、波兰这两个转型期国家做得差；从保护投资者这方面看，中国做得不是很好，跟巴西、加拿大等很多国家相比都落后；但是在合同执行方面，中国比其他发展转型国家做得更好；从完成一个法律程序即签订合同、解决合同成本方面看，中国的法律体系较有效率；从知识产权保护和打击腐败的角度看，中国做得不太好，一直遭受到国际社会的批评。作者通过综合考察上述五个指标，对多个国家法制的发达程度进行评比，满分 100 分，中国的得分是 45.2。其他发达国家得分都比中国高，比如美国和英国分别为 90 分和 88 分。但是同一些新兴的经济体、过渡期的转型国家相比，中国做得并不是很糟糕。作者由此得出一些结论："中国在经济迅速增长的同时，却缺乏公民的财产权,这是中国法制非常明显的缺点,跟发达国家相比,中国的法制还有很长一段路要走。"同时,作者也指出,仅从这五个指标不可能完全评价中国的法制状况,有待进一步完善。

关于法律体系与市场体系匹配关系的理论讨论,作者引用一个金融界人士 Crash 教授的观点:"我们需要一个好的法制体系帮助我们构建一个好的金融体系,促进经济发展。有了一个好的法律体系,还可以发展出一个更好的金融体系。从英美等国的发展历史看,市场的很多发展都是基于股份制公司和自由贸易,但实际上并没有法律体系真正保护这些相关方。比如在 19 世纪的证券交易所,对于少数派股东来说并没有一个好的法律保护体系。一旦发生问题,就会进行法律体制改革并建立保护这些少数股东相关的机制。"作者由此指出,中国宪法体制改革也是在市场的发展出现一系列问题后相匹配进行的。20 世纪 90 年代改革初期,深圳发生了一些丑闻,纠纷之后,才开始通过相关法律体制的改革。中国的法律体制是在不断演化发展的,其主要动力来自市场变革的力量。

由此,作者提出了自己的观点,法律体系的发展和经济体制改革应该是相互促进的,应该超越法律经济体制的框架。有时产权的界定出现在正式法律体制改革之前,比如说,中国在没有知识产权法的情况下却也能够让知识产权在市场上得到保护,很多市场上实际上都不需要非常明晰的文本的专利法,律师也能够赚钱;另一方面,我们需要好的法律保护以促进市场的发展,因为不管市场怎么样开始,发展到什么程度,总需要法律保护使交易正常进行。这涉及民法和普通法的发展区别,在较多使用普通法的国家中,法律是在法院裁决的基础上实施的,具体的规则制度实际上是一个不断演变的过程。而民法体系国家通常有一个非常详细的法律体系,是依照这个法律体系来制定具体的规则的。

关于中国和美国的经济与法律发展的历史比较,作者指出:"中国的法律系统,是按照日本民法系统照搬过来的,日本又是照搬德国的民法传统,更加强调行政,所以中国的法律体系有很强的德国影子,而美国多继承了普通法的传统。"中国 50 年代颁发了很多比较重要的大法,此后又陆续颁布了证券法、版权法等,在工业化之后法律框架开始健全。中国实际上直接采用的是核心的法律,比如公司法、证券法,并利用了这些法的核心思想。这主要是由于两个原因,第一是全球化,第二是西方的法律框架已经比较健全。两者加起来,法律的传播就比较容易了。而在美国,在它们自己的法律起草过程中,当时还没有一个非常健全的法律系统,1899 年的时候都是各州自己来颁布的。

最后,作者总结说,中国的法律系统在经济发展的同时,进步也是很快的。怎样更好地做好法律保护工作,使我们市场能够更好地发展,包括中国在内的其他发展中国家一样有这些需求,但是直接把西方社会的这种非常发达的、过去几个世纪以来不断细化的法律照搬过来也是不行的。虽然我们可以学习,但学习是一个曲线的过程,在法律改革过程中,都是要按照市场变化来进行适当的调整的。

克里斯托·朗格沃尔、帕特克·古斯塔夫森:外国直接投资对国内企业的影响

中国从外国直接投资(FDI)中的受益与其他国家相比有没有区别?即中国有没有从 FDI 中获得更大的益处?克里斯托·朗格沃尔和帕特克·古斯塔夫森就这个问题发表了他们的综合性研究成果。

作者指出:"这个问题很重要,吸引 FDI 是中国改革开放政策很重要的一部分内容,

中国采取各种各样的措施鼓励吸引各种不同类型的 FDI，从而吸引到高科技技术促进经济增长，为中国带来了巨大的外资流。在欧盟的 FDI 指数中，日本占 2%，中国曾经一度占到 8% 以上。外商投资会为国内的公司带来资金技术援助、新的技术支持、新的客户、新的管理培训理念，外国公司的进入也加大了中国国内市场的竞争，给国内公司施加压力，让它们更高效运转，并且更快地引进新的科学技术。"此外，作者就自己的实际观察总结到："在中国的某些省份和地区的中国公司，业务拓展得比外国公司更快。中国的确从 FDI 中摄入颇多，FDI 是中国的催化剂，也是技术转移的重要载体，并且帮助改善劳动力的技能，改善了中国经济竞争力。"

为了更清楚地讨论他们研究的核心问题，两位作者仔细考察了很多不同的观点，并提出了自己的见解。针对 FDI 对接收国有溢出效应（FDI 作为一个新的载体会吸引高技术并转移到国内公司）的观点，作者指出，很多案例和实证研究，都没有证明这种溢出效应。他们进一步认为 FDI 既有正面效应，也有负面效应。真正重要的是在研究中明确溢出效应的先决条件，只有在这些先决条件下才会有溢出效应。比如说，有的研究表明如果国内公司和国外公司存在巨大的技术差距，就可能有明显的溢出效应。因此，不同的研究方法、研究数据和具体设计会带来不同的结论，这些都会对研究的结果带来很大的影响。

在报告了具体的研究设计方法后，作者报告了一些综合研究的中间结论。他们指出，基本结论是中国的经济受 FDI 影响很大。对中国来说，在所进行的 67 项研究中，89% 的研究表明，FDI 的 T 值都是正数且显著（即 FDI 对中国经济的迅速发展有显著的正面影响）；7% 是正值但不显著；还有 4% 是负值且显著。

作者在这些数据证据的基础上又作了一些广义分析，旨在探讨 FDI 对中国经济增长和人均收入增长的影响。他们综合分析了这 67 项研究结果，包括很多观点和论文以及之前在这方面做的比较研究和广义分析。通过对中国的 T 值分布来检验中国从 FDI 中受益是否比其他国家更多的假说。作者搜集了几乎所有这方面的研究文献，统计他们的 T 值，并就各个国家的特点进行广义分析，并对所有国家划分为五大类：发达国家（这是基准参照系）；比较发达的新兴国家；第二类新兴的国家（比如说中国、印度）；信息经济比较发达的国家（比如波兰）；贫穷型的国家。在此分类的基础上，综合 67 项文献研究的 132 个观点，作者发现中国从 FDI 的受益比其他国家高得多，且有很大的相关性。考虑到不同研究使用数据的重叠性、研究方法的重叠性会影响最终的分析结果，作者进行了汲取分析，最终结果表明中国的数据变得更显著。

最后，作者对这项综合研究作了如下总结："不管用什么方法估计，中国总是比较突出，中国确实从 FDI 中比其他可比较的国家获益更多。"至于为什么会这样，两位作者认为这是一个有待进一步深入研究的课题。

汤敏：国际组织在三十年减贫过程中的角色

谈到中国过去三十年的扶贫工作所取得的进展，汤敏先生指出："中国扶贫工作获得了举世瞩目的巨大成就，没有中国和印度的扶贫工作改进，整个世界的减贫工作就谈不上。"

他认为，中国扶贫工作成功的主要原因在于经济和社会的快速发展。在过去三十年里，中国的经济总值以 9% 的速度连续增长，这使得很多方面都得到改进，改进的幅度也很大。其中最为重要的就是贫困现象在中国大大减少了。政府、民间社会、国际组织在这个过程中都做了非常重要的工作。具体来看，体现为以下几点：第一，中央的扶贫资金、地方政府和金融机构扶贫投入资金每年都很多且不断增加。第二，发达的省份与贫困的省份互相对口扶持、帮扶，不仅仅是资金，还包括人员。在最近的汶川大地震中，每一个沿海经济发达的省份，采取一对一的方法，帮助受灾的每一个县进行发展和重建，实际上这很好地体现了邓小平所提出的发达地区帮助不发达地区的政策方针。第三，每一个国有企业、中央和地方的政府机关、社会团体，都在扶贫中贡献出自己的力量。据统计，在过去的三十年中，总计有 481 个重点贫困县都受到这些政府机关、国有企业、社会团体的帮助。第四，众多国际机构的帮助。例如，世界银行、亚洲开发银行、国际金融公司、国际农发基金组织等，都提供了大量的资金支持、技术援助和基础设施建设帮助。更重要的是这些扶贫项目带来了良好的示范效应。世界银行的一些扶贫项目在中国西南地区探索的很多扶贫技术都在其他项目中得到引进和实验，后来在全国加以扩展。

中国的扶贫工作确实起到了巨大的成就，但是未来的挑战何在？中国在未来要做什么工作？汤敏先生认为，收入分配是重要的问题。在改革开放初期，中国是世界上最平等的国家之一，但现在是世界不太平等的国家之一了。跟很多其他国家相比，中国的收入分配在不断恶化。

从收入分配的倒 U 形理论看，收入的高增长不会引发收入分配的差距拉大。比如，台湾的基尼系数在 20 世纪 50 年代的时候大大下降，但是当经济增长达到 8%—9% 后，收入分配非常稳定，这证明经济高增长不会使收入分配恶化。在日本有同样的情况，在高增长阶段即 20 世纪 80 年代的时候，日本收入分配的不平等程度是下降了的。越南过去 20 年进行了改革，经济增长非常快，但是其收入分配非常稳定，没有像中国这样出现大规模恶化的现象。

因此，汤敏先生指出，国家的发展政策模式是非常重要的，中国的政策影响了收入分配变化，这是为什么中国经济发展得很快，但收入分配的平等程度不断下降的根本原因。在中国发展的新时期里，收入分配已经变成了扶贫中非常重要的工作，需要国家在以下几个方面制定出新的政策和发展模式：

首先，随着经济发展调整最低贫困线。按目前官方对贫困线的划分，意味着还有 1 480 万人生活在贫困线之下，实际上任何一个社会中总会有一些非常贫穷的人，因为他们的能力不能帮助他们创造收入。但这部分并不包括所有的低收入人口，如果把中国的低收入人口（2 841 万人）加进去，中国的贫困人口大概有 4 320 万人，占农村总人口的比例近 5%，即在农村地区大概还有 5% 的人生活在贫困线之下。其实，目前官方的贫困线很低，如果是在 20 世纪 80 年代，这个贫困线实际上是当时农村平均收入的 50%，但如果按现在的农村平均收入水平来看，它已经低于 20% 了。因为官方的贫困线一直没有变化，只跟通胀挂钩，所以这个贫困线是低的。这一点可以通过横向比较发现，跟其他国家相比，中国的数字是全球最低的。如果用低于一天 1 美元作为贫困线，中国至少还有 16.6% 的贫困人口，如果用一天 2 美元作为贫困线，中国至少还有 46.7% 的贫困人口。而使用目前中国官方的贫困线，贫困率只有 2.5%，官方贫困线与一天 1 美元的水平和一天 2 美元的水平相比低了很多。总的来看，中国的官方贫困线大大地低于国际的贫困线水平，即使跟同类水平国家相比也是这样。中国正在朝着一个中等收入国家的方向努力，人均 1 美元的贫困线现在变成人均、日均1.25美元了,但仍需要做适当的调整,官方贫困线是需要随着人均收入水平提升而提升的。

其次,根据新的贫困线对已有的扶贫项目进行重新调整和再瞄准。新的贫困线到底是什么样的一个概念呢?汤敏先生就此提到中国的发展研究基金会去年提出的一些议案,其主要内容就是强调要基于新的情况重新评估我们的贫困线。他认为,新的发展贫困线不仅需要包括提供必要的衣食住行等最基本的需求,还要包括最基本的社会需求指标,比如说教育、卫生、住房等,要把它们全部整合在一起。中国经济在不断地成长,总有一天会成为中等收入国家和高等收入国家,也会实现一天2美元的平均水平。随着国家的不断发展,次贫人口会慢慢变成相对贫困人口,因为贫困是一个相对的概念。这就意味着中国现在扶贫工作的瞄准对象数目为1.2亿—1.5亿,而不是5000万。

再次,大幅度增加减贫方面的预算支出。在以前的减贫工作中只是瞄准了5%的人口,如果把瞄准的人口增加三四倍,那么预算支出也应该相应地增加。汤敏指出,中国现在应该更加强调对贫困地区的优先支出,应该加大对贫困地区贫困人口的教育支出,不仅仅要实行全民九年义务教育,还应该提供免费的寄宿学校、免费的职业教育、大学教育。因为这些贫困地区的人付不起高昂的教育费用,如果他们的教育水平因此而低下,他们不得不继续生活在贫困中,中国也不得不实施更多的减贫项目。在卫生提供服务这方面,贫困人口应该与一般人口相区别,要为他们提供额外的资金支持。虽然中国目前正在进行农村金融体系的改革,比如说建立一些乡镇银行、小额信贷的合作社、农村信贷社、信用社等,但这些主要是商业金融机构,中国应该进一步开展农村金融领域的改革,出台一些非营利性农村金融机构的试点项目。其他国家的经验表明,如果真的想要减贫,帮助穷人,就应该由这些非营利性机构来为穷人负责。因为赢利性机构往往会选择中等高收入的农民作为扶贫对象。

最后,政府要把一些项目和工作外包给非政府组织(NGO),让NGO管理政府的项目。汤敏指出,这是令人鼓舞的方法,如果可以推广,中国的NGO应该能够很快发展起来,而且中国政府的资金也能够得到更高效的利用。

在演讲的最后,汤敏先后总结到:在过去三十年中,中国的减贫战略已经取得很大的成就,但是未来我们还有很长一段路要走,如果现在贫困人口从5%增长到15%,就意味着需要对所有的战略、所有的支出比例进行再思考。

2008 年第 47 期（总第 742 期）（2008 年 11 月）

纪念改革开放三十周年高层国际论坛简报之四

（2008 年 10 月）

2008 年 10 月 25 日至 26 日，"纪念改革开放三十周年高层国际论坛"在北京大学中国经济研究中心举行。本期简报将主要介绍论坛平行会议第二场——市场一体化、经济增长和收入分配的讨论内容。本场会议有三位报告人发言，分别是法国国际发展研究中心玛丽-弗朗科伊斯·雷纳德（Mary-Francoise Renard）教授、英国诺丁汉大学姚树法教授，以及复旦大学中国经济研究中心张军教授。

玛丽-弗朗科伊斯·雷纳德：跨区域市场一体化

我讨论的题目是中国的跨区域市场一体化。改革给中国带来的结果之一是同世界经济的一体化。中国现在的开放程度很高，国际贸易和外国直接投资的数量很大，但是贸易和投资的区域分布很复杂。对一个转型国家而言，市场化的进程在一定程度上是国内市场的一体化。由于缺乏分工，国内市场的分割可能造成很大的成本。在国际金融危机的大背景下，国内区域市场的一体化，是提升国内市场的一种手段。本次报告中，我将主要讨论省间一体化的衡量，并分析中国省间产业分工对省间劳动力转移的影响。

对一体化直接的定义有三个指标：贸易流量、投资流量和劳动力转移。区域间贸易量的绝对数量和增长率是最常用的指标，并用于和区域 GDP 数量和增值率作比较。Naughton（2000）的研究发现主要的贸易流动是中间产品的流动，最终产品的流动反映的是不同区域生产商的协同行为。Naughton 的研究没有发现中国有大量的贸易流动。中国政府对资本流动有较大的限制。Boyreau-Debray 和 Wei（2004）研究了中国的投资流量，讨论了多种形式的资本流动。文章提到，私营经济可以选择投资所在地，但是地方政府出于税收的考虑会为资本流动设置障碍。他们发现，省内的储蓄额和投资额之间有很大的相关性，根据 Feldstein 和 Horioka 提出的标准，这是缺乏资本流动的标志。劳动力的转移方面，我们在中国可以看到特定的移民，但移民在很大程度上受限于城乡的户籍制度。

由于直接定义的指标不容易获得，因此我们更多地关注间接指标。大家最关心的指标是工业分工的程度，而市场价格的波动和对冲击的反应也是我们可以考虑的方面。由于中国面积广阔和地理多样性的特征，工业分工程度是我们需要思考的重要因素。和国际贸易理论相同，专业化和地理位置的选择对国内区域市场一体化有同样的解释力。我们的假说是，在经济一体化中有更多的区域分工和合作。其他研究认为，这样的假说也不一定是绝对的。市场价格波动的指标基于一价定律，商业的一体化会导致不同地区市场价格的趋同，Young（2000）的研究就是基于这样的假说。但是也有研究，比如 Du 和 Park（2003），认为即使市场一体化程度很高，仍可能存在因素导致价格并不趋同。市场冲击的假说认为，在一体化的区域中，区域发展受到地方性冲击（Local Shock）的影响会比较小，而受到全局性冲击（Global Shock）的程度会比较大。通常我们考虑的冲击包括价格冲击、消费和投资冲击以及是否有相同的商业周期。

本文我们在两方面关注省间的市场一体化。特别地，我们关注省间的专业化对省间劳动力流动的影响。对省间的专业化，我们采用了惯常的定义方式。

从数据的比较上看，就专业化程度的指标而言，我们的结果和 Young（2000）的结果基本一致，两者都体现出相同的发展趋势。我们区分了没有加权的和加权的总和指标，发现以加权指标衡量的专业化程度总是落在以未加权指标衡量的专业化程度之下。分沿海省份和内陆省份来看，我们可以看到专业化提高的趋势在中国是存在的，至少在富裕的沿海省份是存在的。我们将试图用专业化来解释省间的劳动力流动行为。根据国际贸易理论方面的研究，这两者间的关系并没有统一的看法。

我们直接看模型分析的结果。被解释变量是劳动力流动程度。当然省间专业化分工的程度和劳动力省间流动程度并不能简单理解成因果关系，因为两者可能存在着相互影响。我们需要找工具变量来确定这种关系。工具变量的结果在此并没有报告。我们的计量模型表明，劳动力流动程度正相关于平均工资水平，负相关于平均失业率以及和邻近省份的距离。这些相关关系都是很显著的。在专业化方面，我分别考虑了两种专业化的度量——所有部门的专业化和工业企业的专业化。两种度量下得到的结果是类似的。在 1995 年和 2000 年两期，省间专业化对省间劳动力转移的影响是负向的，并且关系显著。比较欧洲和美国的情况可以发现，欧洲的专业化和劳动转移高度正相关，美国的正相关性弱一些，而中国是负相关的。一个可能的解释是，中国的省间竞争效应超过了专业化的效应，如我们所熟知的分权和地方政府作用对经济发展的促进。

综上，我们的结论是，中国虽然走过了三十年的改革，但是专业化还处在起步阶段。我们不应该把专业化和市场的一体化等同对待。

姚树杰：改革开放以来三十年中国的经济增长和收入分配

本次演讲着眼于中国改革开放三十年来的经济增长和收入分配，主要讨论四个方面的内容：中国三十年经济发展的事实、经济发展奇迹背后的原因、收入的不平等，以及对以后发展的政策建议。

中国三十年的发展有目共睹。三十年来，中国人均 GDP（国内生产总值）的年增长率达到 9.7%，和日本和亚洲四小龙在发展期的发展速度相同，而经济发展带来的影响，则是日本经济发展的 10 倍、亚洲四小龙的 16 倍。其间，中国同时成为许多重要农业品和工业品的最大的生产国和消费国，在制造业上也有不俗的表现，是钢铁、煤炭、水泥等工业原材料的最大的生产国。中国也是开放的国家，已经超过德国成为世界上国际贸易量第二大的国家，并且可能会超过美国成为最大的国际贸易国。中国是吸收外国直接投资最多的发展中国家，2007年接收外资达到7540亿美元。

从数据中可以看到，中国的人口、城市人口比重、GDP、实际GDP系数、银行存款余额在1979—2006年有很大的增长，大部分的增长率高于1952—1978年的水平。主要的农产品（如粮食、肉类、鱼）的产量实现了很快的增长，并改善了我们的饮食。工业原材料（如煤、电、钢铁、水泥）的产量也得到很大的提高。具体而言，以1952年为基数100，中国的人均GDP系数在1978年达到281，2006年达到2485；人均消费系数在1978年达到178，2006年达到1194。同时，农业在国民经济中的比例下降：2006年，农业人口比率降到56%，农业劳动力占总劳动力的比例降到43%，农业GDP占比降到12%。

是什么原因促成了中国经济发展的奇迹？我认为有以下几点原因：第一，国内经济制度和市场化的改革，包括1978—1984年的农村经济体制改革和1985—1991年的城市和工业体制改革。农村和农业的改革经历了6年，家庭生产责任制的改革促进了农村人均收入每年16%的增长，极大地改变了农村的情况。6年间，农村的吃饭问题得到了极大的改善，贫困率极大降低。第二，中国经济的开放，推动出口，吸收外国直接投资来促进发展。第三，对科技、教育和人力资源发展的重视。在这个意义上，邓小平不仅是伟大的政治家，也是伟大的经济学家。他很早就提出"科技是第一生产力"的观点，并且在改革中注意对国外技术的引进和国内的自主研发和创新。第四，中国改革的渐进性和实用主义导向（Gradually and Pragmatically）。改革中的各种时机（Timing）很重要，为防止改革可能带来的负面效果，各项具体的改革需要在一个合适的时间点上开展。重要的改革可以在一些地方先进行试点，可行则在其他地区推行，不可行则赶快纠正。如国有企业的改革，曾有个别学者提议在20世纪90年代之前进行，这是不合时宜的。在20世纪90年代中期，朱镕基总理推进国有企业改革，还是造成了大量下岗，给社会带来很多的压力。如果在之前就进行改革，这些压力都很难消化。国有企业改革，遵循了从小型国有企业到大型国有企业改革的顺序，这些都是可以借鉴的。

数据表明，中国的贸易不断发展，贸易量占GDP的比重不断上升，从1978年不到10%上升到2007年的近70%；高等教育发展迅速，高等教育入学率从1990年的不到5%发展到2007年的逾20%。这些都是中国发展奇迹的重要支持。

伴随着经济的高速增长，改革中也出现了很多负面现象，比如腐败、环境污染、社会的不公平、收入差距的扩大。核心的问题就是不平等的问题。我在此主要讨论收入的不平等。收入的不平等是多维度的，包括城乡不平等、地区间的不平等、相同人群中出现的边缘化和社会等级的形成。形成不平等的原因，在政策上过去主要是偏向城市的发展策略（Urban-biased Development Strategy），现在则还包括市场化的推进、国家垄断、私人和外资的产权，以及"让一部分人先富起来"的有偏向性的发展政策。

数据表明，城市的人均收入和农村的人均收入从20世纪90年代开始有明显的扩大趋势，城市收入和农村收入的比值在20世纪90年代初是2.5左右，1992年、1993年稍有下降，之后一直呈上升趋势，从2.5上升到2006年的近3.3。另一个纬度是看省之间的收入差距。从人均收入看，东中西三个地区的发展水平，1992年还比较接近，在2007年则明显处于三个层次上，发展道路截然不同。区域间的不平等来自地理位置差异、政策的偏向以及由此引发的吸引出口和外国直接投资的差异。90%左右的贸易量和外国直接投资都集中在东部地区。贫困仍然是发展中的问题。我依据国家统计数据，按照统一的标准计算了我国的贫困率。可以看到，2002 年，城市的贫困率为 3.1，农村贫困率为 9.4，全国平均达到 6.9。在群体内部同时出现了收入水平的边缘化，1978 年以来，城市内部和农村内部的基尼系数都呈扩大的态势。同时可以看到，从 20 世纪 90 年代开始，城市中最富有的 10% 人口和最不富有的 10% 人口的收入比，从最初的 3 倍很快上升到现在的 10 倍。

我们的结论是，收入的不平等是不利于经济增长的。我们很多政策旨在减少这几种不平等，如朱镕基执政时的西部大开发、振兴东北老工业区、建设新农村的政策；胡锦涛、温家宝执政时政府的免除农业税、免费基础教育、低保家庭的社会保障以及对城市低收入家庭和农村家庭医疗保险的补助等政策。我们的政策建议是继续加强相关政策，设法减少以上提到的不平等。

张军：为什么集权在中国行得通：增长轨迹与制度演变

20 世纪 90 年代中国经济的发展有以下几点显著的特征。生产总量增长，并且十分稳健；资本积累迅速，投资与国内生产总值的比值（K/GDP）在不断上升；资本的回报率保持在比较高的水平；随着资源在不同地区、所有制和部门中的配置，经济结构发生变化；基尼系数不断增长。数据表明，资本和劳动的比例在 20 世纪 80 年代呈现波动，而在 90 年代则一直呈现上升趋势。

这种增长方式和 20 世纪 80 年代的增长方式不同。80 年代的增长主要呈现如下几点特征：产出的增长伴随着波动，通货膨胀很高，资本积累率低，基尼系数低，劳动力的迁移很少。这些特征远不同于 90 年代的经济发展特征。在 80 年代，经济还是受到中央计划的影响，市场机制只是在定额之外和少量经济特区发挥边际性的作用。经济体制基本上沿袭了旧有的体制，只是地方上的权力更大，对利润有更高比例的保留。我可以说，如果我们沿袭 80 年代经济的发展轨迹，那么我们在 90 年代的经济转型和发展就不会是成功的，而可能完全是失败的，陷入到类似 80 年代的苏联和东欧的发展陷阱中。中国经济的发展通常被认为得益于 80 年代渐进性的增量改革，而这种自下而上的改革方式可以看作 80 年代激进改革尝试失败的结果。80 年代的改革尝试，最终导致了国家能力下降、高通货膨胀、腐败、经济混乱，并最终爆发了天安门事件。我在此要探讨的问题，不是中国为何要通过渐进的方法来实现经济的改革，而是中国为何能够成功地在 1989 年之后，走出原来的发展路径，走上市场化的渐进改革道路。所以我关注的问题，不是 80 年代所发生的情况，而是 90 年代初的情况。

为什么中国在 90 年代初的集权可以带来 1992 年后经济稳健的增长？这背后的逻辑何在？我的观点基本上可以这样展开：为了纠正经济上的混乱，需要采用市场机制来取代原来的计划经济，体制改革的很多方面会产生多方面的影响，存在很强的外部性，因此地方政府没有动力来推行改革。在这种情况下，许多改革项目需要中央政府来统一协调，从计划经济到市场经济的体制改革只能是自上而下进行的，而不可能是自下而上的。改革的关键在于，中央政府需要创造足够的激励，来保证地方政府参与到市场导向的项目中，提高经济表现。90 年代初的财政和政治上的集权可以看作重建中央政府的权威和实力，来开展经济结构的转移。90 年代中期的很多改革，如价格机制改革、要素市场改革、劳动力流动、金融改革、所有制改革、汇率改革、经济开放和引进外资等，都可以在这个框架下来理解。Blanchard 和 Shleifer 指出："中国经济中分权的好处得到了很多赞扬，在其中我们忽视了一些东西。至少在分权带来经济利益的背后是某种形式的集权。没有这种集权，提高地方积极性的政策成本太高，不可能单单通过经济或财政上的安排来实现。"所以我的观点是，促使中国经济 1992 年后稳健增长的关键，不是分权，而是集权。

1994 年的财政改革无疑是经济增长非常重要的动力。由于政府认识到必须实施非常坚定的改革、把市场改革做到位，政府在改革当中放弃了财政支出的分权，把地方政府的权利收到中央。针对 1994 年的财政改革对中国经济发展的促进作用，有很多实证的证据。大量实证研究表明，财政分权对于 GDP 增长的作用在 1994 年前后是完全不同的。放在一个回归分析中，把 GDP 增长作为被解释变量，财政分权当作解释变量。财政分权的解释系数表明，在 1994 年前是负向的影响，在 1994 年以后才是正向的促进作用。很多研究，包括我个人两年前的研究（Zhang and Gong, 2006），都发现了这个结论。我们需要解释的问题是，为什么 1994 年在改革和发展中显得尤为重要？

集权对中国经济市场化转型的作用是很有趣的发现。我们需要更多的实证证据来验证这些假说，也需要更仔细地思考集权和经济结构市场化的改革在 90 年代后的经济增长中的重要性。

2008年第48期（总第743期）（2008年11月）

纪念改革开放三十周年高层国际论坛简报之五

（2008年10月）

2008年10月25日至26日，"纪念改革开放三十周年高层国际论坛"在北京大学中国经济研究中心举行。本期简报将主要介绍论坛的平行会议第三场——宏观经济与产业政策的内容。本场会议有两位报告人发言，分别是中国经济研究中心卢锋教授和伦敦政治经济学院许成钢教授。

卢锋：人民币汇率三十年——走向更灵活的汇率制度

卢锋教授指出，改革开放是我国逐步从相对封闭转向一个开放型经济的过程，汇率在其中扮演着重要角色。本次演讲主要讨论三个问题：人民币汇率机制的演变、理解人民币汇率变化、近期关于汇率政策的争论。

改革开放前汇率制度特点在于：行政确定、变动很小、币值高估。这一汇率体制安排与封闭经济基本属性相联系。改革开放后汇率演变可分成五个阶段：第一阶段，改革开放初期，中国推出内部结算价来支持经济特区的发展，将估值过高的汇率调低，使出口行业能够有赢利。第二阶段，20世纪80年代中期开始，内部结算汇价取消，外汇额度调剂市场发挥越来越大作用，形成企业间有关外汇额度交易的影子价格信息。20世纪90年代上半期，这一市场不断发展扩大，利差亦不断扩大，政府通过间隔性汇率改革帮助缩小官方汇率与调剂市场汇率差距。第三阶段始于1994年，汇率并轨改革开始第一轮"有管理的浮动汇率制"，此后几年人民币名义汇率经历了改革以来的显著升值。第四阶段，为应对亚洲金融危机，临时取消了有管理的浮动汇率，将人民币与美元挂钩，进入盯住汇率制时期。第五阶段，由于内部和外部环境变化，中国政府于2005年7月21日启动新一轮汇改，随后人民币逐渐升值，可以看作第二轮管理浮动汇率时期。

接下来，卢锋教授讨论了理解人民币汇率变动的几方面因素。第一是巴拉萨效应（Balassa-Samuelson Effect）分析。生产率增长被认为是影响汇率水平的最重要因素。卢锋教授使用一个简洁的指数（Double Relative Labor Productivity Rate）度量巴拉萨效应，指出其在三十年间呈明显的V字形结构，而非像类似研究采用GDP增长率衡量相对生产率增长所得到的单向上升结论。这一指数在改革开放的前15年中下降很快，自20世纪90

年代初开始上升。也就是说,简单依据 B-S 假设,人民币实际汇率应在改革开放初期贬值然后再升值,这在一定程度上有助于解释人民币汇率变动趋势现象。当然,巴拉萨效应反应的是决定经济追赶国家本币实际汇率的长期供给面因素,它本身并不构成完整的汇率解释模型。

第二是改革的初始制度条件,这方面因素在标准教科书模型中通常不会涉及。计划经济时期存在进口壁垒和出口补贴政策,农产品和原材料估价过低,调整这些因素都会对人民币汇率变化产生影响。改革开放初期调整高估的人民币汇率,推动出口内部结算价以及外汇调剂市场改革。价格自由化改革引入通胀压力,部分引入人民币贬值压力。逐渐取消出口补贴和降低贸易壁垒,也使得人民币逐渐面临贬值压力。直到 20 世纪 90 年代初期,上述价格和体制扭曲大部得到释放,这些因素对人民币汇率打压作用才得以基本消化,从而使得人民币汇率变动更大程度受到相对生产率等基本面因素影响。

第三是宏观经济周期和金融危机的影响。统计证据显示,汇率短期变化与消费价格指数等宏观经济变动显著相关。另外,亚洲金融危机外部环境压力促使人民币汇率和美元挂钩,可见这类"罕见事件"冲击对汇率走势也有重要影响。

卢锋教授指出,近年汇率政策出现较大争论。回头看这几年经济运行表现应当说存在比较明显的汇率低估偏差。汇率低估直接表现为贸易盈余超常增长、外需增长对经济增长贡献率过高、外汇储备超常增长。汇率低估间接表现为外汇储备激增刺激货币供应扩张,推动资产价格虚高和 2007—2008 年上半年明显通胀压力。决策层统筹采取汇率升值、紧缩货币等宏观政策抑制通胀并取得明显效果,然而随着内外部经济环境快速变动,目前经济又面临增长速度下降困难。虽然短期汇率变动可能有不同的方向和节奏,然而总结三十年汇率体制和政策演变趋势,人民币将不可避免地走向更灵活的汇率机制,从而保证中国作为大国在快速追赶过程中实现宏观经济稳定和内外均衡的目标。

许成钢:本次金融危机的成因及其对中国的影响

许成钢教授认为,目前全世界正在经历着人类经济史上最严重的一次金融危机。他指出,由于中国 GDP 中超过三分之一来自出口,即将发生的全球经济衰退将不可避免地严重影响中国经济。经济学家必须紧急讨论应对措施。若应对得当,这次危机也可为中国经济的进一步发展提供机会。

许教授用扩展的软预算约束理论分析此次金融危机发生的原因,他称之为"软预算约束创新"。此次空前规模的金融危机的一个基本特点是软预算约束创新导致的证券化次贷的疯狂蔓延。软预算约束创新,是指以金融工具创新方式创造软化预算的手段,例如包装次贷的证券化工具。其最大的创新在于,超越疆域调动全球金融资源的力量,使次贷借债人及金融机构能够以空前的程度放松其预算约束,使其举债达到史无前例的程度。而没有此项创新时,没有债权人会愿意放债至此程度。软预算约束创新使原本没有吸引力的高风险次贷变成财源,经证券化包装,高风险的次贷风险降低,收益提高。结果,支持举债 20 倍以上的次贷"引诱"约五百万美国家庭以次贷方式购房并得益(Jeffee, 2008),所购房开销远超过其支付能力。其中,一百万家庭是低收入者(多为黑人及拉美裔)购买第一套住房;有一部分收入较低者,通过借次贷买卖多所房屋;有一部分投资者借用次贷购买许多所房屋。在房价上升时,借次贷者能通过再次抵押借取更多次贷,进而从房屋升值中获取现金。

从次贷的借债人一直到金融机构,层层放松预算约束,在房价上升时大家从中得利。但是,由此会导致两个严重问题:第一,道德风险大为增加;第二,风险大量集中。次贷一经包装,其包装方式引导金融机构大量投资,把风险集中于房地产这一项资产上。这是造成重大灾难的核心。

许教授认为,评级机构在这个过程中起了非常坏的作用。当整个房价上行的时候,评级机构评级很高,很多次贷包装后得到的金融产品被评为最安全的一级,形成严重误导。房地产市场有其自身的周期性循环,这种循环并不一定会拖累实体经济。但是,当风险大量集中在金融机构时,地产走弱会使许多次贷债务人同时破产,引发证券化的次贷大幅度贬值,债台高筑的金融机构在其大量次贷同时大幅贬值时濒临破产,其破产引发市场全面恐慌,最终必将严重拖累实体经济。

在政策方面,许成钢教授强调,在应对金融危机时,金融系统的稳定具有压倒一切的重要性。必须迅速提升内需,且要有明确具体的政策。在着重阐释了住房、金融、经济的密切关系后,许成钢教授提出,针对绝大多数的低收入民众的廉租房政策是应对危机的重要方案。原因有三:(1)它可以立即大规模提升内需;(2)它可以直接助力中国城市化建设,因为中国城市化绝对依赖大规模低收入的移民;(3)它有助于缩小贫富差距。

许成钢教授提出的具体政策包括:政府把建廉租房作为直接应对市场衰退的财政刺激方案,及时大量收购建筑材料供建廉租房之用;同时,政府应及时、大量地雇用失业劳动力建设廉租房,同时稳定社会和需求。通过建廉租房放松银根作为直接应对经济衰退的方案。中央对地方建廉租房提供专项利息补贴。同时,中央政府应对地方建廉租房提供财政补贴,刺激地方出资积极性。在经济大幅度下滑的地区或贫困地区,地方每支出一元中央也出一元;对经济稳定的富裕地区,地方每支出三元中央出一元。并把建设廉租房列为考核地方政绩主要指标之一,鼓励地方政府进行政策实验探索大规模建廉租房方案。地方政府可将部分廉租房建设作为向开发商批租土地的条件。也可以尝试"以工换房",提高建设廉租房的劳动生产率:以略低的工资招收大量工人建房,但作为交换,愿意降低工资的劳动力可获得入住的额外优先权,由此提高低收入劳动力的积极性。

最后,许教授强调,由于所有非市场建设里面都很容易产生腐败,应在廉租房项目启动伊始就建立独立的监理制度;也要注意,切勿将廉租房建设成豪华房,吸引中产阶级与低收入者竞争。惟其如此,方能最大限度地杜绝腐败。

2008年第49期（总第744期）（2008年11月）

纪念改革开放三十周年高层国际论坛简报之六

（2008年10月）

2008年10月25日至26日，"纪念改革开放三十周年高层国际论坛"在北京大学中国经济研究中心举行。本期简报将主要介绍论坛平行会议第四场——经济增长与社会的讨论内容。本场会议有三位报告人发言，分别是亚洲发展银行庄巨忠教授、香港中文大学王绍光教授和北京大学中国经济研究中心曾毅教授。以下是报告的具体内容。

庄巨忠：通过包容性增长降低中国的收入不平等

过去20年，中国的收入差距不断扩大。1990—2004年，中国的基尼系数一直上升，从1990年的0.345上升到2004年的0.456。我通过对收入不平等的分解，来观察收入差距的具体来源。首先把收入不平等分解为省内不平等和省间的不平等。我发现，省内的收入不平等远远超过省间的不平等。在1990年，省内不平等解释了86.2%的不平等，1995年、2000年和2004年，这个数字分别为83.6%、88.1%和88.8%。其次，我把收入不平等分解为城乡之间、城市内部和农村内部的不平等。可以看到，城市内部的收入不平等解释了大部分的收入不平等。然而，城乡之间的不平等在1990—2004年有显著增长的趋势。1995年、2000年、2004年，城乡之间的不平等分别解释了15.7%、20.6%、27.0%的不平等。这是一个值得警惕的趋势。因此，减少收入差距需要主要关注以下两个方面：一是减少城乡之间收入差距；二是减少城市内部收入差距。另外，减少地区之间收入差距也非常重要。

为什么要避免收入差距扩大呢？首先，收入差距扩大会减缓扶贫的速度；其次，收入差距扩大会影响社会凝聚力，阻碍制度和政策的实施；最后，收入差距扩大可能威胁发展中国家的发展前景。需要注意的是，收入差距扩大并不仅仅是中国独有的问题。根据亚洲发展银行的研究，在我最近研究的22个亚洲国家中，15个国家的基尼系数都有增长的趋势，包括印度、泰国、越南等。因此，亚洲发展银行提出了共享式增长的概念，使所有人能够分享发展创造的机会。

然而，经常有人声称，不需要对发展中国家的收入差距扩大采取任何行动。他们的理论有以下三个：第一，根据库兹涅兹曲线，经济增长必然伴随着一个收入不平等扩大的趋势，且这个趋势会在经济进一步增长之后消失；第二，诺贝尔经济学奖得主刘易斯认为，经济发展一定伴随着收入不平等的扩大，因为经济发展不可能在一个经济体的各个部分同时开始。第三，人们认为，减少收入差距可能会非常困难，甚至带来负效应。

如何回应这些看法呢？我认为，旨在减少收入差距的政策干预需要区分两种类型的不平等。第一种不平等是由特权产生的，第二种不平等是由个人努力程度的不同产生的。第一种不平等反映了机会的不平等，而第二种不平等反映了经济激励的存在。第一种不平等是坏的不平等，而第二种则是好的不平等。根据这种区分，我们可以定义共享式增长的概念。共享式增长反对第一种不平等，但不反对第二种不平等。简言之，共享式增长是保证每个人获得公平机会的一种增长战略。它包括两个非常重要的支柱：一方面要保持增长，创造经济机会；另一方面要实现社会包容，确保每个人能够公平地获得改善生活的机会。在共享式增长中，共享和增长是互相促进的关系，共享会带来高和稳定的增长，而增长会进一步促进机会均等与社会的共享性。

那么，我们如何在中国实现共享式增长？首先，我们应该肯定中国政府为减少不平等而采取的措施。在"十一五"计划中，政府把和谐社会定为基本国策。同时，政府最近提出要加快农村改革，缩小农村和城市之间收入的差距。这些都是令人非常可喜的变化。其次，我们需要在以下方面进一步努力：继续参与全球化，促进国内经济一体化，促进农村收入增长，加速城市化，发挥私营部门的主导作用，增加对基础教育、医疗卫生、公共服务、扶贫的投入。中国还需要继续完善市场机制，消除腐败与社会不公。我们期望一个睿智和积极的政府采取行动，使中国走上共享式增长的道路。

王绍光：大转型——中国的双向运动

我讲的题目是"大转型——中国的双向运动"，目的是利用卡尔·波兰尼（Karl Polanyi）的一个理论来重新解释中国过去几十年的经历。波兰尼认为，自我调节的市场是一个乌托邦，不可能存在。市场力量的片面扩张会毁灭人类和自然。作为一种防御，人类社会或迟或早会产生抵制市场扩张的反向运动，把主要的福利或服务反商品化。这个观点提供给我们一个观察中国社会的新视角。我认为，过去三十年中国经历了一个大转型，而这个大转型恰恰是由双向运动构成的。一方面，政治强力不断推动市场改革；另一方面，自我保护的运动开始兴起。

为了更清楚地认识过去30年，我们需要首先回顾中国过去60年的历史。这60年的历史可以分为三个时期。第一个时期是1949—1984年。这是一个"伦理经济"的时期，国家不提供社会福利，也没有社会政策。城市中的单位和农村的社队以低工资、铁饭碗的形式为个人提供福利保障。第二个时期是1985—1998年。在这个时期，政府把效率和经济增长放在首位。第三个时期是1999年之后。在这个时期，社会政策开始出现。我们可以在医疗健康这个领域观察到这三个时期的划分。我们把医疗总支出划分为个人支出、社会保险支出和财政支出三个部分。可以看到，改革前（1984年前）个人支出非常少，在1984年只占总支出的1/4左右。而在1984年之后一直到21世纪初，个人支出的份额开始上升，2001年达到了60%。这是一个非常高的数字。而在2001年之后，个人支出份额逐渐开始下降，反映了社会福利的增加。

下面简单回顾一下 1999 年之后的反向运动：政府在 1999 年推出西部大开发计划、2002 年大规模地推广城市低收入保障、2003 年实施税费改革、2004 年降低农业税、2006 年实施义务教育在西部农村免收费。这些政策有两个目的，一是降低社会不平等，二是给个人提供福利保障。这些政策确有成效。以地区差距为例。在中央增加对西部的转移支付之后（2007 年中央财政转移支付规模达到 1.6 万亿），省际 GDP 差距在 2004 年出现缩小。另一个例子是，医疗改革最近推出了征求意见稿，进一步减少个人支出比例。在 2002 年年底决定利用财政投入建立农村合作医疗之后，农村合作医疗的恢复非常快。另外，环境污染治理方面的支出也大大提高。

总之，中国政府当前的财政能力和政治意愿都使其愿意引入更多的社会政策。尽管这个意愿还不够强，尽管社会福利还有很大的空间待继续改善，但我很高兴地看到在中国终于出现了社会政策。我觉得这是一种历史性的转折，即中国在向市场经济的方向突飞猛进的同时，也出现了抵御市场的反向运动。我希望这样的视角可以帮助我们更好地认识我们的历史和现实。

曾毅：中国人口老龄化与社会经济发展的人口压力

我今天要谈的是中国社会经济发展面临的人口压力。人口压力主要有两个：一是人口老龄化压力；二是婴儿出生性别比失衡的压力。

首先来谈人口老龄化压力。联合国预测，中国 65 岁以上老人从占总人口 10％到占总人口 20％只需要 20 年的时间，而欧美国家的相关预测都在 60—70 岁以上。也就是说，中国的人口老化比发达国家要快得多。这是一个不可改变的趋势，因为中国的生育率和死亡率都下降非常快。那么，中国不同地区之间，以及城镇和农村之间的老龄化趋势有什么区别？我们最近进行了一项研究，分别对中国东部、中部和西部以及中国城市和农村的未来人口老龄化及家庭结构进行了预测。根据我们的预测，到 2025 年，东部、中部、西部老龄化情况的地区差异会大幅度扩大；到 21 世纪中叶，中部的人口老化会远比东部和西部严重。中部地区不仅仅会在老龄化比例（65 岁以上老人比例）上远远超过东部和西部，还会在老年抚养比（65 岁以上人口除以 15—64 岁人口）、65 岁以上老人在空巢家庭（不与子女一起居住）居住比例、至少有一位家庭成员超过 65 岁的家庭占总家庭比例等指标上远远超过东部和西部。中部的老龄化问题之所以会如此严重，在于大量的人口迁移。大量的年轻人从中部和西部迁移到东部。然而，由于西部的生育率较高，故西部的老龄化趋势会稍缓于中部。未来，老龄化的趋势在城乡之间的差异会比地区差异更大。根据我们的预测，21 世纪中叶，农村老龄化比例（65 岁以上人口比例）会等于城镇老龄化比例两倍。当然，这个预测的假定是今后 50 年内农村向城市迁移人口的结构和现在一样。也就是说，如果政府今后采取相应政策鼓励老年人和年轻子女一起迁移，则农村老龄化的情况可能不会那么严重。反之，如果政府不采取行动，则农村的人口老化问题将会非常严重。

第二个人口压力是婴儿出生性别比失衡的压力。根据统计，1982 年的出生性别比（每 100 名出生女婴对于出生男婴）为 107.2，该数字在 1990 年、2000 年、2005 年和 2007 年分别为 110.2、116.9、118.6 和 120.2，有明显的上升趋势。更值得注意的是，自从 2003 年起，国家已经发现这个问题并动用大量人力物力开展关爱女孩的运动。在这样的前提下，出生性别比上升的趋势还是没有得到扭转。

老龄化和出生性别比不平衡两个问题之间有非常密切的关系。出生性别比高可能有以下三个原因：一是为了传宗接代或树立家族势力而偏好男孩。二是老人在农村没有社会养老保障，人们到老年时需要儿子提供经济支持。三是老人在传统上和儿子一起住，儿子可以更好地照料老人。第一个原因的作用随着现代化的推进会逐渐削弱，不是最重要的因素。第二个原因的作用已经被调查数据证实确实存在。而第三个原因，已经被中国高龄老人健康长寿跟踪调查（CLHLS）证实为不正确。中国高龄老人健康长寿跟踪调查从1998年起，已经进行了5次跟踪调查，访问了7万多老年人次。调查发现，老年人的女儿和老年人的情感关系要比儿子和老年人的情感关系好得多。当儿子和女儿都向老年人提供照料时，老年人对女儿的照料更满意（在统计上高度显著）。对比有女儿的老人和只有儿子没女儿的老人，发现有女儿的老人健康状况更好。通过回访发现，有女儿的老人认知能力下降更小，死亡率更低。因此，儿子能够提供更好的老年照料这一传统观念是不成立的。我们可以由此断定，出生性别比失衡的关键原因应该是农村老人需要儿子提供经济支持。

由此，我们应该考虑大力发展农村社会养老保障。建立农村社会保障可以实现双重目的：一是缓解老龄化压力；二是扭转出生性别比的趋势。20世纪90年代，我们国家在山东试点了农村社会养老保障，并很快得到推广。1999年，有2 100个县开展了农村养老保险，有8 000万农民参加。不幸的是，在1999年年底，农村养老保险的覆盖率开始倒退，在2004年下降了约1/3。有人指出，现阶段无法实现覆盖更广的农村养老保险的原因有两个：一是财力不足；二是担心农村养老保险也会像城镇一样出现退休金缺口。这两个理由都是不成立的。首先，在100年之前，一些GDP远远低于中国现在水平的国家都开展了农村养老保险，如丹麦（1891年）、瑞典（1913年）、葡萄牙（1919年）。其次，研究显示，只要把退休年限缓慢提高，退休金缺口的问题是很容易解决的。因此，我认为，农村社会养老保障势在必行。

2008 年第 50 期（总第 745 期）（2008 年 11 月）

纪念改革开放三十周年高层国际论坛简报之七

(2008 年 10 月)

2008 年 10 月 25 日至 26 日，"纪念改革开放三十周年高层国际论坛"在北京大学中国经济研究中心举行。本期简报将主要介绍论坛的平行会议第五场——改革和增长的政治经济学的内容。本场会议有三位报告人发言，分别是清华大学经济管理学院李稻葵教授、北京大学中国经济研究中心姚洋教授和清华大学公共管理学院崔之元教授。以下是报告的具体内容。

李稻葵：中国经济兴起对发展中大国的可能启示

我的报告主要分为三部分：一是中国经济兴起的历史重要性；二是中国未来三十年面临的挑战与前景；三是中国对发展中大国的可能启示。

第一个部分，中国经济兴起的历史重要性。我们怎样评价中国经济兴起的历史重要性？我个人总结为有六个重要的方面。第一，我们的经济活动扩张的速度非常之快。现在，中国已经是世界上第三大经济体了。而且，我预计在未来的一年里，中国会变成世界经济发展的最大引擎，因为我们的经济规模大约是美国的五倍，而我们的经济增长速度很可能会超过美国的五倍。通过比较中国的经济崛起与历史上其他大的经济体的崛起，我们发现，中国过去三十年中大多数年份的经济增长速度超过了英国、德国、美国、前苏联国家、巴西和阿根廷、亚洲"四小龙"在经济起飞期的经济增长速度。同时，中国的钢铁、家庭用品、机械工具等产品的产能已经达到了世界顶尖的水平。第二，中国取得了巨大的社会进步。其中包括贫困的减少、教育机会的增加、预期寿命的延长和新生儿死亡率的下降等。第三，"成代"的生活水平的提高。具体来讲，这三十年中，一个平均的中国家庭的生活水平得到了相当于历史上其他国家几代人生活水平提高幅度的提高。第四，个人自由程度的显著提高。主要包括经济自由程度的提高、社会自由程度的提高和政治自由程度的提高。经济自由的提高主要体现在自由就业的实现、劳动力自由迁徙的实现和产品配给制取消、实现了自由买卖。社会自由提高，表现为人们现在可以自由组织各种俱乐部，甚至成立半官方的学习研究机构，这在 20 年前是不可想象的。政治自由的提高则表现为，很多人可以在网上以匿名的方式发表个人言论，人们可以为达成自己的目的来组织团体行动。第五，市场经济的规则和意识形态已经在人们心中扎根。执政阶层内部的意识形态的争论使政府逐步解放了思想，采取了更加市场化的措施。现在我们所需要的是对于市场及其局限的更深刻的理解。第六，中国强势融入世界经济一体化进程。我认为，中国是全球化进程的最大受益者。中国的贸易量位居世界第三，马上就能成为世界第二。我们造就了全球化的赢家和输家，改变了世界的贸易条件，从直接对外投资中受益，同时通过直接和间接（用外汇储备购买外国资产）的方式投资于其他国家。

第二部分，中国的挑战与前景。中国的挑战和未来发展要调整的方面主要有三个：第一，宏观经济发展不平衡。根本问题是投资、出口太多而消费太少。我们需要大力扩张内需，需要通过转变政府的财政政策的指导思想，来渡过目前的危机，并增加以社会和谐为目标的投入，包括公共卫生、教育和社会保障等。同时，我们需要改革户籍制度，建立统一的国内劳动市场。第二，社会关系紧张。用中央政府的话来说，现在中国处于"社会矛盾多发期"，人们的不公平感上升。当前中国进行进一步改革的社会基础与30年前相比，已经相当薄弱。第三，能源、环境和原材料问题。我们已经是能源和原材料的最大进口国，今后还会继续这种趋势。我们需要新的产业革命来降低能源消耗。

第三部分，中国经验的可能启示。这同样有六个方面。第一，我称作"领导能力、制度和行政能力"（Leadership, Institutions and Bureaucracy）。具体看来：（1）领导能力非常重要，我们的改革有赖于邓小平时期强有力的和富有远见的领导。（2）关于可持续的和适宜的制度。所谓的最优制度有一定的误导性，在我们现有的制度下，政治是高度集中的，而经济是高度分权的，这就造成了有限度的地区之间的经济竞争；（3）出色有效的执政能力，官员的腐败是有边界的，官员的腐败往往在成绩取得之后发生。第二，社会和谐。社会和谐是推进改革的基础。第三，实体经济的开放。没有对外开放，发展中大国不可能进行经济追赶。第四，金融稳定和适度的金融抑制。适度金融抑制牺牲了微观经济的效率，但保证了宏观经济的稳定。我们的计算表明，适度的金融抑制在多年中尤其是20世纪90年代初期对GDP贡献达到了3%—5%。第五，国内市场和内需。这是大国最主要的经济优势。中国在这方面做得并不好，还有潜力可挖。第六，技术本地化。这是我们发展的一个教训，我们要认识到大国有自己的技术需求。中国有很多的煤，缺少石油，我们要发展以煤代油的技术，而我们在杂交水稻和太阳能热水器方面就做得比较好。

姚洋：中性政府——中国经济成功的政治经济学解释

当我们回顾中国成就的时候，如果我们把中国过去三十年所做的工作，与华盛顿共识，或者说新古典经济学家的建议相比较的话，我们会惊奇地发现，中国在过去三十年所做的工作几乎完全符合华盛顿共识：（1）稳定的宏观经济条件，我们过去三十年从没有发生过高通胀，最高的通货膨胀发生在1994年，是24%，同别的国家百分之几并且持续时间比较长的通胀相比，我们做得很出色；（2）我们在过去三十年没有进行很多纯粹的再分配，而是通过公共投资在国家内部调配资本和资源；（3）在建立竞争性的汇率制度、贸易自由化、对外国直接投资开放方面，中国做得非常好；（4）产权私有化、取消进入和退出市场的壁垒，都已付诸实施；（5）保护知识产权，至少是在朝此方向努力。中国唯一没有做的是利率自由化，但刚才李教授已经说明，适度的金融抑制对经济有好处。所以如果对照华盛顿共识，或者威廉姆斯关于华盛顿共识的最初的提法的话，应该说中国做得非常不错。

如前所述，或许不存在所谓的中国模式。但我们仍然要问，为什么中国获得了成功。对此，李教授讲了六个方面的经验。我在这里想只就一个问题来讨论，就是政府的问题，因为政府在政策推行的过程中的作用非常重要，在发展早期尤为如此。

讲到政府，一个很容易想到的观点是，中国成功是因为中国政府是集权政府，在国外国内都有人持此观点。但我认为这不是经济增长的必要和充分条件。首先，这不是必要条件。我们可以发现有很多这样的例子：很多民主国家都有经济增长。近期的例子是印度，印度是一个民主国家，它的经济增长率非常快，虽然没有中国快，但在过去17年取得了相当令人瞩目的增长。其次，这不是充分条件，有很多集权的国家没有取得经济发展的成功。中国改革之前比现在更加集权，但那个时候没有取得经济发展的成功。我们要找到一个新的观点来解释这个问题，因此我现在提出"中性政府"的概念。"中性政府"指政府不代表任何特殊利益群体。它并不意味着政府没有自己的利益，政府可以有自己的利益，甚至可以贪婪，但是它不像有利益偏向的政府那样贪婪。如果政府要从事贪掠的话，它必须和某个群体结盟，就像苏哈托和印尼的富人合作一样，作为回报它要分一些好处给这些人。如果政府是中性的，则它与任何一个社会中的利益群体结盟，只会增加它失去政权的风险。这样同利益集团结盟对它而言就没有任何好处。正是因为如此，它就会更加关注整个社会的长远利益。社会中之所以存在要求再分配的压力，主要是因为有些群体觉得他们受到了不公正的对待。例如，在拉美地区，总是少数精英统治着国家，大多数人生活水平低下，因此老百姓非常痛恨精英阶层。如果社会各个阶层都得到平等对待的话，各个群体要求再分配的压力就会减小，这样，对政府来说，把力量集中在整个社会的长期的福祉上是值得的。

下面，我来给大家举两个例子来阐释为什么中国政府是中性政府。一个例子是国企改革，国企改革主要是1995—2005年开展的。在这10年间，大概有四千万工人失业或者是不得不再就业。这对党的执政基础构成了很大的威胁，因为共产党宣称自己是工人阶级的利益的代表。我想这样规模的国企改革在任何一个国家都是很难办到的事情，因为实际上你是在跟被认为是支持你的人作对。但是中国政府完成了私有化改革，同时给这些工人提供了就业机会。和谐社会是另一个例子，很多人都说这是搞民粹主义，但我认为这实际上是对过去三十年中的盲目的发展中心论的纠正。如果我们只就一时一地来观察中国政府的话，我们往往发现它是一个有利益偏向的政府。但如果我们从长期、从全国范围来看，中国政府确实表现为一个中性的政府。这是因为中国政府不得不时时应对新的局面，不得不随时采取新的战略。

政府变得中性的原因有很多。在这里我只讲一点，就是平等。如果一个社会非常不平等，政府的最佳策略就是和最有势力的群体结盟。如果社会是一个平等社会的话，如果政府同社会中任何一个群体结盟，另一个政权就可以通过与其他群体结盟的方式来把它颠覆。因此，社会平等将引导政府保持中性。这里，我们要区别三种形式的不平等：经济不平等、政治不平等、社会不平等。前两类不平等在中国是很明显的，后一种不平等指的是由社会制度、社会教条造成的非正式的不平等。所幸的是，今天的中国社会在经历了20世纪的数次革命后，存在着相当程度的社会平等。

我们总是说中国很特别，中国有特色，总是把中国和西方进行对立的比较，但我并不认为中国与西方,或者与世界其他国家相比较有什么特别的之处。在过去三十年中,中国做的其实就是在不断重复或者照搬其他国家在过去三百年中已经做过的事情。所以,在我们说中国的一些做法和经验对其他发展中国家有借鉴作用的时候,我们应该把中国当作全球的一部分、一个国家,我们才能够发现其借鉴作用,如果总是强调中国有多么独特、多么有特色,则其经验对其他国家将没有任何借鉴价值。

崔之元:社会主义市场经济,不只是一个口号

改革开放30年来,我们在意识形态方面一个最重要的创新,就是提出了所谓的社会主义市场经济理论。但是,不论是在中国,还是西方,很多人都认为社会主义市场经济是一个纯粹的政治口号。只是由于共产党执政,才不得不在市场经济前面加上一个社会主义。中国和西方的多数人认为中国的社会主义市场经济是没有经济学上的实质内容的。

今天,我想通过近两年出版的两本回忆录,来说明社会主义市场经济具有实质上的经济学内容。一本是陈锦华先生出版的《国事记述》。陈锦华1990年担任国家体改委主任,那是中国改革一个比较重要且非常艰难的时期。他在这本回忆录中记载了当时他受江泽民之托,组织体改委理论局查找"社会主义市场经济"的理论根据,最后发现西方经济学中市场经济的"效率"这一概念的提出人帕累托写了三卷本《欧洲社会主义史》,由此推测社会主义和市场经济可能存在某种理论上的关系。第二本回忆录是赵启正先生写的,叫做《浦东逻辑》。当时赵启正是上海市副市长,并且是浦东新区开发第一任工委会主任,他在这本书中详细记载了浦东的崛起过程。他把浦东的开发模式总结为"空转启动、滚动开发"。"空转启动"是指,先估算出公有土地使用权转让可能产生的收入,把土地转让收入作为国有股的股本,注入浦东开发区4个开发性公司。一旦开发有了分红以后,就可以向银行贷款。还可以吸引外资包括民间的资本。第一轮开发是一个"空转启动",一旦开发以后,国有土地价值上升,国有股可以进一步分红,进行下一轮的投资,所以叫作"空转启动、滚动开发"。我认为这个例子非常生动地说明了"社会主义市场经济"实质性的经济内容,即公有资产在市场经济中的运作。

为了说明"浦东逻辑"的普遍性。我再举一个重庆的例子。重庆市市长黄奇帆也是当时的上海经委主任,也是主要负责浦东新区开发的官员之一。他上任伊始,重庆提出要建立"八小时重庆",即八小时内,重庆市所有区县之间都能够相互到达。当时也是没有公共财政投资,黄奇帆利用自己在上海运作公有资产的经验,在重庆建立了八个国投公司。重庆市把国有土地储备的一部分划拨给这些国投公司,等私人资本把路桥等交通设施建设好后,国投公司可以选择用这部分土地的增值收益来回购这些基础设施。这个故事进一步说明了公有资产的运作给社会主义市场经济带来了实质性的内容,并且说明,公有资本和私人资本并不矛盾,而往往是相互促进的。

当前金融危机的两种救市方案之争可以帮助我们进一步理解社会主义市场经济的概念。最初鲍尔森提出的救市方案,是用7 000亿美元来买金融机构的坏账,这普遍被认为既不公平,又缺乏效率。不公平是指,这实际上是用纳税人的钱去为那些过度投机的金融机构买单。更为重要的是,如索罗斯所言,整个坏账有好几万亿,用7 000亿买是没有效率的。他认为必须将这些公共资金入股银行等机构,进行一部分国有化,才能够保证既有公平又有效率。这是因为,根据巴塞尔协议,银行的资本充足率要达到8%,那么,如果

这 7 000 亿美元作为股本注入的话，便可以支持 8.4 万亿的安全资产。这样的做法和"重庆经验"十分一致。目前，英国已经持有皇家苏格兰银行 50％的股权，美国政府持有美国国际集团（AIG）79％的股权，这已经和中国目前的国有股、法人股、个人股的做法很相似了。根据历史经验，所有这些救市经验都来自大萧条时期的金融再造公司。它是 1932 年胡佛总统建立的，也是用纳税人的钱购买私人金融机构的股份进行注资。它存在于 1932—1955 年，一直延续了 23 年。在 23 年的时间内，美国很多银行和企业都有大量的国有股存在。这说明，我们的社会主义市场经济的理念不仅可以在中国的上海、重庆等地得到呼应，而且在整个世界范围来说也是有呼应的。我们现在讨论大小非解禁、国有股减持，认为这是趋势。这个思路可能要倒过来，实际上我们的国有股、法人股、个人股并存的做法对危机中的国际社会是很有启示的，社会主义市场经济有其实际内容。

如果我之前所言正确，则公有资产产生的收益不仅不妨碍私人资本的发展，而且能够增加私人资本的回报。原因何在？公有资产有了收益以后，就使得政府不必过多地依赖国债和税收。我们现在为了刺激经济，正在推进减税。中国政府之所以能够推进减税，很大原因在于我们在 2007 年年底决定国有企业第一次向国家分红。在这之前长达 20 年的时间里，国有企业都是把利润留在自己内部，不向国家分红。国企分红带来的公有资产收益，使得我们可以减税。公有资产收益促进市场经济发展的一个很好的例子是中国香港：香港的所得税是全世界最低的，但香港的医疗还是免费的，为什么能够做到呢？因为香港特区政府拥有公有土地，公有土地使用权拍卖带来收入，使政府不必收过多的税。这样促进了民营经济和创新精神的发展。

一个非常有意思的巧合是，中国的实践和 1977 年诺贝尔奖获得者詹姆斯·米德的观点不谋而合。米德是英国费边社的成员，他毕生探索建立一种叫作"自由社会主义"的体制。他的构想有两个方面：一是自由资本合作；另一个是社会分红。这对我们有很大的启发意义。现在，我们的国有企业只是向政府的财政部进行分红，以后则可以进一步向公民个人进行分红。美国的阿拉斯加州的做法可以为我们所借鉴。阿拉斯加州的石油归州内全体公民所有，所以阿拉斯加州州长哈蒙德提议建立一个"阿拉斯加永久基金"。本金是开采石油的收入，投资收益用来给本州每个居民进行社会分红，这样，阿拉斯加在美国率先取消了州个人所得税。我认为，中国可以借鉴阿拉斯加的做法，考虑用公有资产的社会分红来代替低保。通过建立面向全民的共同基金，不但能够使公民享受到国有资产的收益，而且可以促进社会的民主化进程，促进公民关心国有资产和这个国家经济的发展。

2008年第51期(总第746期)(2008年11月)

纪念改革开放三十周年高层国际论坛简报之八

(2008年10月)

2008年10月25日至26日,"纪念改革开放三十周年高层国际论坛"在北京大学中国经济研究中心举行。本期简报将主要介绍论坛平行会议第六场——中国经验对世界的启示的研讨内容。本场会议有三位报告人发言,分别是匹兹堡大学经济系托马斯·罗斯基(Thomas Rawski)教授、布兰德斯大学经济系加里·杰斐逊(Gary Jefferson)教授和北京大学国际关系学院查道炯教授。以下是报告的具体内容。

托马斯·罗斯基:中国的经验是否可以为其他国家所借鉴?

中国的发展经验是否可以为其他国家所借鉴?我认为,中国的经验验证了经济发展的一些一般性原则。但是,中国的发展体现了路径依赖的特性,一些促成中国发展奇迹的因素早在1949年之前便已存在。因而,可以认为中国的成功是建立在一些特定条件的基础之上的,基本难以为其他国家所借鉴。

机会成本、开放、所有权和竞争等经济发展的一些一般性原则在中国的发展中得到了体现。竞争对于中国经济的成功起着非常重要的作用。通常而言,国家所有权会对经济增长产生负面作用,但这并没有在很大程度上阻碍中国经济的成长。这是由于竞争在一定程度上抵消了国家所有权的影响。一些研究者曾经指出,因为存在地方性保护主义和市场分割,中国市场并不具有很高的竞争性。但我不这样认为。我收集了关于规模以上企业(年销售额超过500万元的企业)在1993—2003年的数据,并计算得到每年的人均销售额。如果中国市场的竞争是有限的,那么,这一变量的值会随着时间的推移而增大。这是因为,在存在地方保护的情况下,企业不必担心生产率很高的企业的进入。而我们的数据表明,2003年的人均销售额仅为1993年人均销售额的0.7,表明中国市场的竞争性还是比较强的。

然而,尽管中国的发展体现了上述一般性原则,中国的成功更多地还是依赖于一些中国独有的因素。这些因素部分来自中国社会主义市场经济的一些特性,部分来自1949年新中国成立之前的社会经济结构,这都是其他国家所没有的。社会主义计划经济所遗留下来的一些好的方面,使得中国的经济改革能够快速地取得进展。在经历20余年的贫困之后，人们在改革开放以来的 30 年中都集中精力发展经济，这引发了生产率的持续提高。此外，计划经济时期建立起来的钢铁部门、贸易协会等，也为改革注入了活力。而 1949 年之前的中国乡村所拥有的一些特殊传统和经济特性（如货币复本位制，复杂的土地、劳动、资本市场，女性广泛参与生产，等等），则在很大程度上推动了农村的企业文化精神的形成。而这种企业文化精神造就了农村企业家，继而推动了改革之后中国大量乡镇企业的出现。

以下具体来看中国农村的减贫问题。改革伊始，中国农村实际人均年收入约为 1 000 元，即人均日收入约 1 美元，表明中国农村居民普遍处于绝对贫困的境况。中国政府在 20 世纪 90 年代才开始推行扶贫政策，但在此之前，贫困率已经得到了有效的降低，成千上万农民摆脱了贫困。原因何在？通常的解释有如下几种：（1）中国始于 1978 年的家庭联产承包责任制改革在很大程度上提高了农民的积极性；（2）农产品贸易的发展和市场扩张推动了农民收入的提高；（3）集体农场时期在灌溉等方面的投资发挥了滞后效应。但是，我们可以注意到，很多国家在推行完全的市场经济的情况下也未能有效降低贫困率，同时，20 世纪 90 年代后，尽管中国政府和国际机构在扶贫方面付出了大量的努力，中国的减贫速度反而减慢，这又是为什么？一种可能的解释是，中国的农民具有自身独特的组织能力，集体化迫使所有的成年人对外部激励做出反应，20 余年的饥饿极大地激发了农民对于制度变革的渴望，并因而对于改革产生了巨大的反应，有效地提高了自身的收入。但是，这种影响的作用力毕竟是有限的。在中国，人们可以在低于 1 美元的日均收入下维持生活，因而，在中国特定的、低于日均 1 美元的贫困线上，出现了其他国家经常面临的减贫障碍，减贫速度随之大幅减慢。

总之，中国的减贫经验及其他发展经验根植于中国特定的历史背景，大多数难以为其他国家所借鉴。其他国家所能借鉴的经验基本限于开放、竞争等经济发展的一般性原则。

加里·杰斐逊：中国经验对主流经济学提出了哪些挑战？

中国经济转型的成功，为我们提出了一个谜题：很多遵循华盛顿共识的国家在转型中遭遇了失败，但一些忠实地依据华盛顿共识推行改革的国家也未能成功。那么，中国为何能够在转型过程中取得非同寻常的成绩？有人认为，华盛顿共识本身是错误的，或者被某些人所误读；也有人指出华盛顿共识同中国的实践相一致；还有人认为中国正在向华盛顿共识靠近。但是，这几种解释都未能正确理解中国的转型与华盛顿共识之间的关系。

关于这个问题，还存在另外一种解释，即中国的经济转型本身就很难遭遇失败。中国有着独特的改革初始条件：（1）拥有大量的剩余劳动力；（2）靠近"四小龙"；（3）文盲率较低；（4）有助于促进创新和竞争的分权制管理体制。这些条件使中国能够有效地推行去集体化（Decollectivization）改革和贸易开放政策。中国经济的转型，事实上印证了四位诺贝尔经济学奖得主的观点：Solow 的新增长理论把生产力的增长视为经济增长的核心；Lewis 强调了剩余劳动力再分配的作用；North 强调了制度和竞争在形成激励和推动制度变迁中的作用；Coase 则指出了产权和交易成本的重要性。这四个方面都在中国的转型过程中得到了体现。

林毅夫教授区分了引致性（个体选择）的制度变迁和强制性（政府强制）的制度变迁，并指出这两种制度变迁可能会相互促进。同时，他分析了四个能够推进制度变迁的因素：技术变迁、要素禀赋及其价格的变革、制度选择集的变革，以及其他制度安排的变革。这些因素都有可能改变制度变迁的边际收益和边际成本，造成现存制度的非均衡性，并进而引发制度变迁。以下通过三个例子证明这一理论对于中国实际的解释力。

第一个例子是集体农业的解体。在这个问题上，林毅夫教授做出了独到的分析。一方面，新的农业技术的出现提升了制度变迁的边际收益，因而促成了自发的、引致的制度变迁。另一方面，1957—1977年中国居民生活水平的停滞和落后，推动中央政府放松对于改革试验的限制，一些地方政府（如安徽）甚至积极地支持这种试验（如家庭联产承包责任制），这导致了认可性（而非强制性）的制度变迁。而政府对于变迁的认可又进一步推进了自发性的引致性制度变迁。例如，家庭联产承包责任制改革进一步推动了农村劳动力市场、农业生产投入品市场和资金市场的形成及乡镇企业的发展，并激励政府推行土地转移权改革。

第二个例子是国有企业改革。国企改革主要是由放宽市场准入和取消工作分配制这两项改革所激发的。这两项改革造成了制度非均衡性，并进而创造了劳动力市场的形成。市场准入的放宽促进了乡镇企业、合资企业的出现，这些企业能够为高能力工人提供较高的工资。在这种情况下，高能力的国企工人的机会成本提高，他们开始退出生产率低下因而无法为自己提供竞争性工作的国有企业，进入其他企业。这又进一步造成了相关国企生产率的降低、利润率的降低、相对工资的降低，并继而导致更多工人退出，形成一种逆向选择循环，导致国企出现亏损。这种逆向选择激发了国企改革。政府将企业管理权下放给经理，使其有权雇佣和解雇工人、设定工资率，从而实现帕累托改进。

第三个例子是政治改革。为了促进经济发展，中国政府推行了产权私有化改革，把财产权从国家转移到个人。集体农业的解体和家庭联产承包责任制的实施、劳动力市场的改革、住房改革、国企改革、知识产权改革等，都体现了这一努力。然而，产权私有化改革引发了在报酬分配等问题上的争议，这又进一步造成了制度的非均衡。在这种情况下，政府需要转变身份，从经济发展的管理者转为协调者和仲裁者，否则政府将会在执政过程中面临越来越多的困难。政治改革正是在这样的背景下出现的。

综合而言，我认为中国的改革有以下特色：第一，政府在畅通渠道方面付出了努力；第二，在推行各项改革的时候，通常是先试点、再推广；第三，在中国的改革方面，存在很多数据，研究者可以据此开展很多实证研究。

查道炯：中国经验对非洲的启示

本次报告中，我主要想谈两个问题：一是我对中国外援的一些了解；二是中国及其他国际发展机构应当如何协助非洲国家进行发展。

外援在中国政府预算中所占比例其实不足1％。在过去几年中，亚洲国家提供的外援有40％进入了非洲，10％进入亚太地区，30％进入了南美洲。实际上，中国的外援数额并不是很大，这主要有以下三方面的原因：第一，中国政府只有一个机构负责外援工作，因此存在一定的官僚问题，政府机构之间在外援分配的决定问题上有过很多内部争论。第二是政治斗争问题，一些国家对比中国和日本的外援，认为中国的外援太少，这给我们造成了很多麻烦。第三是能力问题。中国政府官员在进行外援工作时必须得到政府的授权，但很多时候，中国提供的外援对于中国自身和接受外援的国家都没有很大的作用。中国的外援中很大一部分进入了朝鲜和越南,但很多接受外援的项目对经济发展并没有起到应有的作用,造成了很大的浪费。

具体就非洲而言,我个人认为,目前对于非洲的外援并没能有效地促进非洲的可持续发展。同时,可以找到有效途径,促进中国和非洲国家的友好合作。要想最终解决非洲问题,就必须让非洲国家进入全球的主流机制中,让非洲实现国际化,否则非洲将面临更多的问题。因此,非洲问题解决的关键绝不仅仅在于资金的援助。中国和国际发展机构应当采取联合行动,处理弱势国家的问题。我到过很多非洲国家的首都,访问过很多非洲国家的财政部和外交部,但我了解到,尽管它们获得了多方面的援助,对此却不是很满意。我们应当协助非洲通过自己的努力推进产业化进程。2006年11月,北京召开了中非高层论坛,28个非洲国家的首脑参加了论坛。胡锦涛主席在论坛中提出的一个重大项目,就是在五个非洲国家建立工业园区。目前,埃及的一个工业园区即将上马,这种援助方式具有一定的意义。

总之,我们可以考虑建立相关机制,使得各相关方面能够积极推进部分非洲国家的发展,并由此吸引更多非洲国家参与进来。

2008 年第 52 期（总第 747 期）

纪念改革开放三十周年高层国际论坛简报之九

（2008 年 10 月）

2008 年 10 月 25—26 日，"纪念改革开放三十周年高层国际论坛"在北京大学中国经济研究中心举行。本期简报主要介绍论坛圆桌讨论——中国经验：对亚洲及世界发展的启示的内容。本场会议有六位报告人发言，分别是北京天则经济研究所茅于轼教授、中国经济研究中心陈平教授、世界银行首席经济学家林毅夫教授、澳大利亚国立大学郜若素（Ross Garnaut）教授、世界银行中国区总裁杜大伟先生，以及新加坡国立大学人文社会科学研究主任杜赞奇（Prasenjit Duara）教授。

茅于轼教授发言

自由经济能不能带来公平？如果自由经济失败，政府能不能发挥作用？政府过多的替代市场，有没有必要？我认为这是没有必要的。

唐代的韩愈写过一篇文章《马说》：世界上有很多马，但是不容易识别哪些是千里马，所以需要有伯乐。但是怎么样来识别什么样的人才是伯乐呢？这样就还要找到伯乐的"伯乐"。但是伯乐的"伯乐"也是不容易识别的。对经济景气情况的识别也是这样。政府应该发挥作用，但前提是政府能够做出准确的决策而不是错误的决策。

中国从 1949—1978 年，也就是这三十年改革开放之前的时间里，中国人遭受过很大的苦难。如何找到一个总是能够做出正确决策的领导人，是个问题。而且，经济景气与否，经济运行的好坏，不是依赖一个领导人就能很好地把市场和政府协调起来的。有时候政府会做出明确的决策，但是政府的决策经常是错误的。我不否认政府的必要性，但政府不会总是一切都做得比市场更好。中国过去三十年的经验表明，让价格反映上百万消费者和生产者的决策，并由价格指导资源分配，是非常有效的。因此，我希望中国更加倾向于市场的决策，而不是政府的决策。

陈平教授发言

其他国家和地区都不能效仿和照搬的中国的经验。经济学上的理论是一回事，实际应用是另外一回事。我们应当问的理论问题是：中国改革给经济学提出什么新的问题？

第一个问题就是均衡与和非均衡发展战略的对比。转轨过程开始的时候，中国和东欧、苏联面临着同样的问题，就是价格如何放开。休克疗法认为，价格总是正确的，因此只要把价格放开，公司就会找到一个信号，实现公司在微观基础上的优化。个体加总宏观经济的增长会自动得到保障，进而让宏观经济得到保障。东欧和苏联照这样的理论去做，结果是即使在表现最好的波兰，实施休克疗法的当年通货膨胀达到了600%，俄罗斯、乌克兰的情况更糟。

价格固然重要，但不是一切，因为价格中包含不了经济体的所有信息。研究一个经济体，还要知道像市场发展份额、市场趋势等，而不仅仅是价格本身。

例如苏联，通货膨胀的结果是抵消了它所有的储蓄。价格放开之前虽然存在排队现象，但是放开后带来的高通胀，让居民的储蓄没有了，结果是严重的经济萧条。政府强制执行西方价格放开的那套政策，带来的是大量公司的倒闭和政府储蓄的消耗。苏联模式下的市场放开并不完全，资本市场上的价格仍然有所控制，而进口也没有放开。以农业为例，化肥、种子价格都上升了，所以在苏联，家庭联产承包责任制就没有办法存活。苏联也没有办法像中国这样，在农户自给自足之后，增加供给保证经济发展。在这种全国经济萧条的情况下，政府是没有办法把所谓的华盛顿共识强加给百姓的。

所以，机构变革必须要和市场趋势结合起来。只有市场趋势朝上走，赢利比较大，空间比较大的时候，才可以做比较多的实验。机构的发展并不是在真空中进行的，市场竞争不见得就会自然而然地把交易成本压下来，只有改进和提升生产力，增加社会福利和经济财富，机构的变革才能成为可能。简单地谈宏观基础，谈价格指数，都是无稽之谈。

第二个问题是中国实验可以检验新古典经济学的基本理论。中国改革的经验推翻了主流经济学的两个传统观点。第一，卢卡斯的微观基础论是错误的，经济波动不是家庭或企业的理性选择，企业不是在真空中做优化选择。实践中只有微观行为的宏观基础。第二，科斯的交易成本理论也是有问题的。市场竞争不一定降低交易成本。恰恰相反，劳动分工的发展与市场的扩大，首先会增加交易成本，例如造假、欺骗、操纵市场等。只有在制度改进提升生产力的幅度大于交易成本的情况下，才能增加经济财富。倘若认为利益冲突，污染投机等问题都可以由市场交易解决而无需政府监管，则必然导致市场动荡甚至危机。

林毅夫教授发言

把中国的每一件事都当经验照搬肯定是不行的，因为中国的条件跟其他国家不一样。中国政府有各种各样的缺陷，但是庞大的政府机构，使它能够有效地从中央政府到地方贯彻政策。国与国的政府机构的动员能力是不一样的，有的政策在中国可能会比较有效，而如果照搬到其他国家，可能就是不能付诸实践的一纸空文。

中国之所以能够取得这么大的成功，尤其是能够取得这么快的经济增长速度，能够很快从中央计划经济体制转型，并克服重重障碍创造了这么多的发展机遇，肯定有一些发展理念是可以借鉴的。这些理念容易被认为是政治口号，但即使如此，它们也能够帮助我们了解一些真实的道理。

比如"解放思想"。人们往往很容易先入为主地陷入某一种意识形态，而批评另外一种意识形态。过去观察到中央计划经济体制下的政府失灵，就得出结论要转向市场经济体制。但是实际上市场要发挥作用，要实现完美的经济发展，必须是市场和政府的结合。当前的金融风暴正是表明了市场机制的失灵。但是也不能就此做出结论，认为需要政府来监管一切。所以要解放思想，接受各种各样意识形态的优势，而不要受它的限制。

又如"实事求是"。政府和市场是可以放在一起来比较的。在市场中构建的激励机制可以避免各种各样的道德风险，但也需要政府来监管，比如改善信息交流、提升透明度、避免道德风险。政府也会失灵，因为政府有时候也许信息不充分，对政府官员也需要合理的激励机制。讨论的重点不在于一定要判断出是要市场还是要政府，而应该讨论如何从事实中求到真理。任何一种机制框架，不管是基于政府还是基于市场，都有它自己的优势、劣势，所以要找寻优势，克服劣势，扬长避短。

再如"与时俱进"。也就是要不断根据当前变化的情况调整政策。发展总会有不同的阶段，特点也不一样，所采取的政策自然也应该不同，有的时候需要加强监管，有的时候则需要适当放松。

实事求是、解放思想、与时俱进，是政府要坚持的三大基本原则，也是中国过去三十年能取得巨大成就的重要原因。

郜若素教授发言

过去三十年中国的确取得了很巨大的成就。虽然中国未来面对着很多挑战，但现在的情况还是让人乐观的。现在的经济危机下，应当小心谨慎地回顾过去三十年的历程，并找寻到应对未来挑战的方法。

这次金融危机的规模可能比普遍预想的要大，这使得财政扩张和采取其他措施都变得艰难。中国工业化和经济发展的规模和集中度比世界以前所知道的要大。而中国产业化和中国今天的发展速度也非常让人吃惊。考虑到前方的挑战和机遇，中国应该在过去三十年的基础上继续前进，并且中国经验在其他国家地区也应得到应用。

我们之前的讨论也许低估了在中国开放当中贸易的重要性。要实现工业化就必须要实现贸易。20世纪五六十年代的日本、韩国和其他几个国家，发展初期都是比较穷的，基础不是很强，但是因为它们刺激了贸易，使得经济更加快速地发展。尽管有时候也会出现一些波折，开放仍旧是这些国家发展的有效工具。

但中国和世界其他各国有很多的不同，可能会带来贸易的一些不同情况。中国丰富的劳动力资源促进了劳动密集型产业的出口。随着中国融入国际贸易，特别是加入世贸组织，中国农业的出口也在加大。这些贸易改变了资源的分配和劳动力密集型产业的结构。现在中国的农业正从土地密集型变成劳动密集型，劳动力的分布也更趋合理。

每个国家都有自己的优势和自己的资源禀赋，像非洲和拉丁美洲的国家，在实现自由贸易时，发展的是以自然资源为基础的产业，而这些资源又是政府控制的，结果带来了收入分配不公的问题，民众都在抱怨自由贸易，但实际上自由贸易是好事情，所以对问题的讨论不能简单化。

杜大伟先生发言

中国有三点值得发展中国家学习：那就是中国是基于实事求是的渐进式改革；中国经济特区的建立；以及中国的分权机制。

以电力行业为例。中国电力行业的价格在改革开放之前实际上是很低的。1985 年政府建立了价格双轨制，老发电厂的价格很低，但是新发电厂的价格可以很高，而且可以是根据投资的资本情况来制定价格。这种价格双轨制的做法，既可以"保老"又可以"促新"，提高了发电厂的效率，也最终实现了电价的市场化，任何国家都可以从中国的这个例子中学会处理类似的问题。

很多人都忘掉了一个事实，就是从 1980 年开始，特别是过去二十年的时间里，中国一直在积极促进进口和吸引外资，比其他发展中国家都更急切，因此中国吸引了更多的外资。但同时中国对资本流动，特别是对资本的开放也非常谨慎，而很多国家在这方面则犯了愚蠢的错误。尽管中国的道路崎岖不平，但是不大会面临严峻的挑战和问题，这都是拜中国在开放外资的时候的谨慎态度所赐。开放贸易和外资当然是好事，但是微观层面中的投资环境不好的话，开放未必带来好的结果。先是中国的沿海城市，接着是中部地区，因为投资环境好，所以才能有好的投资结果，中国成功促进了城市间的竞争，而且引入了全球化的视野和全球化的竞争。中国的分权机制调动了地方政府的积极性，政府在基础设施建设和治理方面都发挥了积极作用。发展之初，中国和其他发展中国家的水平差不多，但是因为中国实事求是，采取了比较正确的方法，所以超越了其他的发展中国家。

杜赞奇教授发言

中国政府和市场之间的关系处理得非常好，中国已经迈出了很好的步伐。西方国家应该学习中国提高储蓄水平，而中国也要注意大众消费过弱的情况。社会情况不一样，消费者的基础也不一样，因此需求的类型也不一样。一些国家的发展不是主要依赖消费，所以观察到的现象是他们更依赖于政府参与。好的机制并不能简单地理解为投票实现的民主。中国有追求社会公平的文化根基和传统，并且中国政府也在致力于这一点。中国的价值观，中国发展中的经验教训，都值得借鉴并可以改进，比如中国市场和政府的关系。目前中国也有很多的挑战，其中就包括道德框架。我认为需要构建一个新的道德框架，并且也需要解决诸如市场社会中的环境成本等方面的问题。中国在促进世界多极化方面应该发挥自己的作用。

2013 年第 042 期（总第 1074 期）

解读三中全会系列简报之一

（2013 年 11 月）

2013 年 11 月 17 日，北京大学国家发展研究院【朗润·格政】论坛"解读三中全会的改革政策"在北京大学办公楼礼堂举行。我们将分七期简报报告此次研讨会的内容。本期简报报告的是林毅夫老师的演讲内容。

林毅夫：政府与市场的关系

十八届三中全会的决议提到，经济体制改革是全面深化改革的重点，核心问题是处理好政府和市场的关系。我们对于这个问题的认识随着改革开放的推进而不断深化。十一届三中全会开始强调物质利益在调动工人农民积极性上的重要性，但是仍沿着计划经济的思路用政府的力量来调整农轻重的比例；后来承认市场在资源配置上的作用，但是强调"计划为主、市场为辅"；再到 1993 年十四届三中全会正式确立了社会主义市场经济的改革方向，当时的定位是市场在国家宏观调控下对资源配置起基础性作用。这次十八届三中全会指出，市场在资源配置中起决定性作用，更好地发挥政府的作用。从"基础性"到"决定性"只是几个字的改换，不过这充分体现了解放思想、实事求是、与时俱进的精神，为进一步持续健康发展中国经济，为中华民族伟大复兴中国梦的实现打下一个非常坚实的制度基础。

十八届三中全会的决议中再次强调"发展是解决所有问题的关键"。这个论断不仅适用于中国，也适用于所有发展中国家。经济发展的本质是技术的不断创新和产业的不断升级，发展中国家具有后发优势，可以引进、消化、吸收发达国家的技术，从而技术创新、产业升级的风险和成本比发达国家低很多，经济增长速度可以数倍于发达国家。从 19 世纪中叶到现在，发达国家人均收入水平年均增长 3%。一个发展中国家如果善于利用后发优势，经济增长速度可以达到 8%—10%。

可是从经验事实来看，从第二次世界大战后到现在，全世界只有 2 个经济体从低收入变成中等收入然后进入到高收入（中国台湾与韩国），只有 13 个经济体从中等收入变成高收入，其中只有日本和亚洲"四小龙"不是西欧周边和发达国家原本差距不大的欧洲国家和地区。绝大多数发展中国家长期陷在低收入或中等收入陷阱之中。最主要原因就是没有处理好政府和市场的关系。

第二次世界大战后的发展思路的主流是第一版的发展经济学——结构主义，强调通过政府干预来克服市场失灵，推行重工业优先发展。也就是高度强调政府在资源动员和配置上的作用，忽视了市场。结果以对市场的各种扭曲建立起来了一些先进的产业，但是，资源错配和寻租、腐败盛行，经济发展的绩效很差，跟发达国家的差距越来越大。20世纪七八十年代，全世界发展中国家都在改革开放，发展经济学的第二版——新自由主义盛行，强调市场，忽视了政府的作用，主张采用休克疗法，推行私有化、自由化、市场化。结果是推行新自由主义所倡导的华盛顿共识的国家经济普遍崩溃停滞，危机不断。

在同一时期，有少数经济体取得了成功，它们都有一个共同的特点：在经济发展和转型中既有"有效的市场"，也有"有为的政府"。为什么有效的市场很重要？按照要素禀赋结构所决定的比较优势来选择技术、发展产业是一个国家在国内、国际市场形成竞争优势的前提。企业追求的是利润，只有在充分竞争、完善有效的市场体系之下形成的价格信号，才能使企业家按照当时要素禀赋所决定的比较优势进行技术、产业的选择，从而使整个国家具有竞争优势。为什么有为的政府也同样重要？经济发展是一个技术、产业、基础设施和制度结构不断变迁的过程，随着技术不断创新、产业不断升级，基础设施和上层制度安排也必须随之不断完善。基础设施和上层制度的完善不是一个企业家单独能推动的，必须要由政府发挥因势利导的作用，来组织协调相关企业的投资或由政府自己提供这方面的完善。另外政府还需补偿技术创新、产业升级过程中先行企业所面对的风险和不确定性，这样技术和产业才能根据比较优势的变化不断顺利进行创新和升级。所以，一个发展成功的国家必然是以市场经济为基础，再加上一个有为的政府。

对于转型中国家，有为的政府尤其重要。一方面，转型中国家因为过去所采取的战略，遗留了一批违反比较优势、没有自生能力的资本密集型的大型企业。对这些企业的保护补贴不能一下完全取消，否则会带来大规模破产、失业，造成社会和政治不稳定，需要政府给予原有的产业一些转型期的保护补贴。另一方面，转型中国家由于过去政府将有限的资金投入去发展资本密集型产业，导致基础设施非常差，同时存在很多制度扭曲，需要政府解放思想、实事求是发挥积极作用去克服。

我国在改革开放过程当中采取的是一种渐进的双轨制，即一方面对原来没有自生能力的大型国有企业给予必要的保护和补贴；另一方面放开符合比较优势的劳动密集型产业的准入，让市场发挥作用。这样一个转型方式使得我们能够维持稳定和快速地发展，但是也付出了一定的代价。最主要表现为收入分配不断恶化，腐败现象越来越普遍。其原因在于为了保护、补贴没有自生能力的大型企业，我们保留了一些对价格信号的扭曲，比如通过金融抑制人为压低资金价格，将金融资源主要分配给国有和少数非国有的大型企业。这相当于给大型国有企业和这些比较富裕的群体提供了补贴，而补贴这些大企业的是把钱存入金融体系，得不到金融服务而且相对比较穷的中小企业、农户和一般家庭。对于能拿到资金的企业来说，因为资金价格相对便宜，所以投资的是资本相当密集的产业，这样的产业创造的就业机会相对少，从而也会抑制劳动需求和工资，进一步恶化收入分配。此外，资源价格也偏低，谁能拿到资源开采权谁就能马上致富。这些扭曲都创造了租金，有了租金就有了寻租的行为，导致腐败贪污。

在改革开放初期，中国是一个极端贫穷的国家，资本十分匮乏。当时以对市场的干预、扭曲给这些资本密集型大型企业保留一些保护、补贴是维持经济和社会稳定的必要，属于"雪中送炭"。经过34年高速发展，我们现在已经是中等偏上收入的国家，资本已经不再那么短缺，很多原来不符合比较优势的资本密集型重工业现在已经符合比较优势，在国内国际市场上具有竞争优势。在这种状况下，继续保留那些保护、补贴就从"雪中送炭"变为了"锦上添花"，导致的结果只能是收入分配恶化和腐败蔓延。

十八届三中全会与时俱进地强调市场在资源配置中起决定性作用，这意味着需要消除对市场所遗留的一些干预、扭曲，让资源由市场进行配置，这样一方面能够让经济更好地按比较优势发展，另一方面可以解决改革开放以来遗留的社会、经济问题。在这个过程中，政府还应该发挥好的作用，保护产权，维持宏观稳定，克服市场失灵，因势利导地推动技术、产业、技术、制度等结构的变迁。

如果能这样做，中国经济还可以持续、稳定、健康而且比较快速地发展，到2020年左右人均收入在2010年的水平上翻一番，加上人民币升值很可能可以跨过高收入国家的门槛，达到人均收入12 700美元，成为第二次世界大战以后第三个从低收入变成中等收入再进入到高收入的经济体，为中华民族伟大复兴中国梦的实现迈出坚强的历史性一步。

2013 年第 043 期（总第 1075 期）

解读三中全会系列简报之二

(2013 年 11 月)

2013 年 11 月 17 日，北京大学国家发展研究院【朗润·格政】论坛"解读三中全会的改革政策"在北京大学办公楼礼堂举行。我们将分七期简报报告此次研讨会的内容。本期简报报告的是李玲老师的演讲内容。

李玲：新改革新在哪里——改革战略和公共服务视角

十八届三中全会的决定是我国未来十年的改革蓝图，中国开启建设现代国家制度。创新之处体现在以下八个方面：

创新之一，明确改革目标和价值取向。在过去，改革目标讲得不多。本次明确提出，以促进社会的公平正义、提高人民福祉为改革的出发点和落脚点，而且各个领域的分目标也非常清晰。经济领域，要实现更有效率、更公平、更持续的发展；政治领域，要实现更加广泛、更加充分、更加健全的人民民主；文化领域，要实现社会主义文化的大发展、大繁荣；社会领域，要做到更好的保障民生、促进公平正义；最后，还要保护生态文明，实现人与自然的和谐发展。这是一个五位一体的综合改革。明确改革目标之后，使改革有了明确的评价标准，可以不再迷信任何一种手段。

十四届三中全会集中于经济体制改革，目标是建立社会主义市场经济体制。在本次会议上，深化改革的总目标是完善和发展中国特色社会主义制度，推进国家治理体系和治理能力现代化。对比来看，可以说改革从当年的市场取向，进入国家治理取向。所要解决的问题就是这些年来国家的宏观治理能力不断弱化，各方面改革的碎片化，缺乏整体国家制度。

创新之二，市场起决定性作用和政府更好地发挥作用。两者之间并不矛盾，反而体现了中国特色社会主义的优势。"市场起决定性作用"这个提法针对的是政府过度介入市场行为。近些年，出现了"地方政府公司化"现象，地方政府为了增大 GDP，大举招商、大拆大建，依靠行政力量推动土地流转和兼并。本次提出市场起决定性作用，就是让政府不再作为市场行为的推手。另一方面，本次提出政府更好地发挥作用，实际上是拓展了政府行为的定位，改变了政府仅仅是守夜人的看法。政府的职责和作用主要是保持宏观经济稳定，加强和优化公共服务，保持公平竞争，加强市场监督，维持市场秩序，推动可持续发展，促进共同富裕，弥补市场失灵，强化宏观管理等。这体现了中国特色社会主义的优势，有两只手，不是一只手。此次改革被称为是升级版，意味着中国正在走全新的路。从不同时期的经济学家思想来看，当前最前沿的经济学理论就是如何把政府和市场的作用结合起来，其代表就是2012年经济学诺贝尔奖颁发的"市场设计理论"（Market Design），此前沿经济学理论认为，政府和市场并非非此即彼，二者之间的有效合作才是正确的方向，而新的手段就是信息化手段，在信息平台上未来的市场同现在的市场不是一个概念，而未来政府去管理市场也不像现在进行单纯的行政审批，政府可以利用充分的信息制定好的规则，并充分注重参与者的个体差异，而非僵硬的指令经济。那将是一个充满活力又运行有序的新型市场形态。

创新之三，清晰区分五大改革的界限。过去片面侧重经济改革，用经济改革的逻辑指导其他改革。本次会议一方面提出"市场起决定性作用"，另一方面不再把"市场经济"作为唯一的改革目标，而是仅仅作为五大改革目标之一。这五大改革包括经济体制改革、政治体制改革、文化体制改革、社会体制改革、生态文明体制改革。

创新之四，由党中央而不是行政部门统筹五大改革。主要标志是建立中央全面深化改革领导小组，国务院各部门都是执行者，体现决策、执行、监督分开。近些年，我国存在着国家利益部门化、部门利益个人化的现象，仅仅行政部门推动改革的力量有限。本次会议改变了改革的指挥部，加大了改革的推力。另外，五大改革应成为一个有机整体，由党中央统筹改革有利于改革的协调推进。比如深化经济体制改革要考虑社会影响，深化其他方面改革可以促进经济改革，社会体制改革为政治体制改革奠定基础。

创新之五，事权责任适度向中央集中。国防、外交、国家安全以及关系全国统一市场规则和管理等作为中央事权，部分社会保障、跨区域重大项目建设维护等作为中央和地方共同事权。目前医疗、教育等职责过于集中在基层，特别是集中在县级，而每个县的经济发展状况和财政状况完全不一样，导致基本公共服务的差距非常大。事权责任适度向中央集中有利于实现基本公共服务的均等化。

创新之六，协商民主。协商民主是我国社会主义民主政治的特有形式和独特优势，是党的群众路线在政治领域的重要体现。本次会议提出，在党的领导下，以经济社会发展重大问题和涉及群众切身利益的实际问题为内容，在全社会开展广泛协商，坚持协商于决策之前和决策实施当中。像医改这种重大的公共政策是通过广泛汇集民意民智，协商制定，是一个选事而不是选人的民主制度，能够确保改革正确的价值取向，抵御特殊利益集团的影响。

创新之七，设立国家安全委员会。国家安全是最重要的公共产品之一，涉及每一个人的利益。设立国家安全委员会，有利于应对方方面面的挑战，比如全球化要求要素自由流动带来的挑战。在此基础上，还可以把安全的内涵扩展，包括意识形态安全、能源资产安全、产业安全、健康安全、文化安全等，从而促进在开放条件下对人、对社会、对自然的保护。

创新之八，改革方法采取顶层设计和摸着石头过河相结合。顶层设计是实现目标的制度安排，中央确定目标方向和原则方案。地方探索实际路径作为一种自上而下、自下而上、允许试错、政府可控的中国式改革，即使中央政府把握方向和目标，又充分发挥地方的积极性和创造性,因地制宜探索改革方法和路径。

在医药卫生体制改革方面,会议决定也有不少亮点,注重"整体协同",统筹推进医疗保障、医疗卫生、公共卫生、药品供应、监督机制综合改革。这是对安徽基层医改思路的肯定和推广,下一步要把地方医改的经验升级为城市版。会议决定对医务人员激励机制的问题上有重要突破,一方面建立科学的医疗绩效评价机制,另一方面建立适应行业特点的人才培养、人事薪酬制度,要求去行政化。

新改革新在它的全面性、全局性和全民性。改革文化从过去的碎片化、分权让利转向综合、整合、协作。新改革带来的挑战非常大,"分"是比较容易的,而"合"比较困难。新改革的挑战是配套方案如何制定以及如何落实。需要形成坚强有力的领导机构,真正凝聚全民共识。

2013 年第 044 期（总第 1076 期）

解读三中全会系列简报之三

（2013 年 11 月）

2013 年 11 月 17 日，北京大学国家发展研究院【朗润·格政】论坛"解读三中全会的改革政策"在北京大学办公楼礼堂举行。我们将分七期简报报告此次研讨会的内容。本期简报报告的是林双林老师的演讲内容。

林双林：财税制度的改革方向——解读三中全会关于深化财税体制改革决议

十八届三中全会认为，财政是国家治理的基础和重要支柱，科学的财税体制是优化资源配置、维护市场统一、促进社会公平、实现国家长治久安的制度保障。这把财税改革提到一个很高的位置。会议提出建立现代化的财税制度。现代化的财税制度和过去的财税制度的区别在于，后者就是为政府提供运转资金，而前者能够纠正市场失灵、重新分配收入、刺激劳动和储蓄的积极性，促进经济发展。会议指出：发展仍是解决我国所有问题的关键，经济建设仍是中心。因此，现代化的财税制度必须有利于经济发展。

下面从税制改革、中央地方关系和养老保障改革这三个方面来解读三中全会的决定。

在税制改革方面，会议提出，保持总税负稳定，保持中央财力稳定，推进增值税改革，调整消费税征收范围、环节、税率，逐步提高直接税比重，逐步建立综合与分类相结合的个人所得税制，加快房地产税立法并适时推进改革，加快资源税改革，推动环境保护费改税。

我国现在的总税负水平，也就是财政收入占总 GDP 的比重，大概是 28%。其中税收占 22.6%、社会保障占 5.6%。与 1995 年相比，税收占比提高了 12.3 个百分点。我国现在的总税负水平与美国接近（美国 2011 年是 29.8%），高于不少亚洲国家（比如新加坡、泰国、马来西亚、越南等），大幅低于北欧发达国家。

目前已经开始从营业税改为增值税，新设了 6% 和 11% 的两个增值税税率，并对小规模纳税人按照销售额和 3% 的征收率计算征收。以后不再有营业税，都是增值税，增值税在税收收入中的比例将会更高。2012 年税收收入当中，增值税占 26%，营业税占 16%，消费税占 8%，扣除退税之后进口消费税和增值税的总和为 4%，上述间接税合计 54%。

消费税改革方面，要把高耗能、高污染产品及部分高档消费品纳入征收范围，而把普通化妆品等商品从消费税的范围删除。

个人所得税的改革在于对各种应税所得（如工薪收入、利息、股息、财产所得等）综合征收。这种改革的优点在于公平，但条件是纳税人纳税意识强、征管手段先进。个人所得税改革的出发点在于我国收入差距过大，需要调节收入分配。房地产税属于直接税、财产税，也很重要。美国20世纪初的时候财产税占政府收入的比重超过40%，在引入个人所得税以后，个人所得税的比重开始上涨，财产税开始下降，但仍然是地方政府重要的财政收入来源。本次会议没有直接提到资本利得税、遗产税、赠与税等直接税。

目前资源税的税率较低，而且从量计征，将来可能一是提高从量税率，二是改革为从价税。

本次会议提出，适度加强中央事权和支出责任。这有利于理顺中央地方关系，建立事权和支出责任相适应的制度。2012年我国中央政府的财政收入比重为47.9%（比美国还低），财政支出比重仅为14.9%（美国是57%），地方政府的财政收入比重为52.1%，财政支出比重高达85.1%。可见，中央政府直接做的事情比较少。地方财政收入中，来自中央政府转移支付的比重占到大概40%。相比之下，美国地方政府财政收入中，来自中央政府转移支付的比重大约为20%。可以从以下几个方面增加中央政府的支出：一是提供更多公共产品，满足公众需求尤其是低收入者的需要；二是增加教育支出和医疗保障支出，积累人力资本，减轻贫困家庭负担；三是增加环境保护支出，保护人民健康；四是增加社会福利支出，让发展的成果惠及弱势群体；五是考虑以现金或购物券形式，增加对低收入者的直接补助。

会议决定建立更加公平可持续的社会保障制度，实行基础养老金全国统筹。这意味着在坚持个人账户与社会统筹相结合的养老保障体系的前提下，要做实个人账户，实现基础养老金账户收支平衡。美国等发达国家不仅通过个人所得税，还通过养老保障体系进行个人收入再分配。基础养老金全国统筹可以起到这样的效果。会议决定适时适当降低社会保险费率。现在养老保险费率是社会统筹账户占工资的20%，个人账户占工资的8%。美国的社会统筹账户缴费率为工资的12.4%，目前有巨额资金积累。我国社会统筹账户缴费率高于美国，但还有赤字和债务。需要借鉴美国等国家的经验。会议决定，研究制定渐进式延迟退休年龄政策。这方面很多国家已经开始做了。

三中全会为财税改革指出了大方向，提出了主要任务。落实过程中还有许多细节性工作要做。财税体制的不断改革和完善，一方面会使更多的人享受改革发展的成果，另一方面也能提高经济效率，促使经济持续健康发展。

2013 年第 045 期（总第 1077 期）

解读三中全会系列简报之四

（2013 年 11 月）

2013 年 11 月 17 日，北京大学国家发展研究院【朗润·格政】论坛"解读三中全会的改革政策"在北京大学办公楼礼堂举行。我们将分七期简报报告此次研讨会的内容。本期简报报告的是姚洋老师的演讲内容。

姚洋：政府职能的转变

2012 年十八大召开后，社会各界对改革的期望都很高。三中全会的决定在很多方面是预料之中的，比如二胎政策、户口制度改革。这些政策都会影响千千万万的家庭，改变未来中国的社会和经济格局。

不过，也有不少三中全会的决定是超预期的，具体体现在以下三个方面。第一，党内设置改革领导小组。以前改革是国务院的任务，现在成为党的任务。这一改变极其重要，充分表明党中央对于改革的重视。第二，设立了改革时间表，明确规定 2020 年完成所有改革。过去通常不设置时间表，因为设置时间表就相当于自缚手脚。如果到时改革没有完成，就可以进行问责。第三，强调市场的决定性作用。这也是一个重大的变化。

如果公报里的改革都能实施好，到 2020 年经济结构会发生很大的变化，制造业在就业和 GDP 中的比重都会有所下降，经济增长会更多依赖国内消费，中国会成为一个巨大的消费市场和真正的市场经济，尽管政府的作用还会非常大。

在政府职能方面，目前还存在不少问题。第一，审批过度。以老太太卖鸡蛋为例，100 个鸡蛋里可能有 1 个坏鸡蛋，为了挑出这一个坏鸡蛋，就要把 100 个鸡蛋都拿出来检查一遍，费时费工。所以，过度审批对经济的伤害非常大。第二，政府特别爱挑选胜者。比如企业可以申请科技部的资金，政府决定把资金给谁。以前只有国有企业可以申请，如今私人企业、外资企业都可以申请，这是一种进步。但是这些资金的使用效果却没有人追究。在美国过去的二三十年间，能让我们记住的是比尔·盖茨和乔布斯。在他们创业初期，有众多创业者和他们处于类似的处境，但 99% 的人都失败了。市场淘汰机制通过如此高的失败率创造了一个比尔·盖茨、一个乔布斯。政府再厉害也很难挑出最终会成功的 1%，所以挑选胜者的做法注定会失败。第三，地方政府的作用非常大，造成了重复建设、过度投资、环境污染等很多严重问题，成为整个经济的"肠梗阻"。

归根到底，政府主导经济的最大问题是信息问题。我们相信绝大部分政府官员都是为民做主的好人，但是再好再聪明的人也无法知道 13.4 亿人想干什么、近千万个企业想干什么。哈耶克留下了一本影响深远的书——《通往奴役之路》，其中最重要的一个论点就是，政府永远无法解决信息问题，计划者不知道老百姓需要什么、企业该生产什么。这么说有些绝对，实际上政府的作用应该是分阶段的。在古代社会，劳动分工很简单，绝大多数人都是农民，政府只需要提供军事、水利、救灾三项服务就可以了。但现代社会不一样，我们已经进入中上等收入国家行列，要建立创新式国家，需要一个开放的体制。

本次会议在经济改革方面做足了工夫。以减少审批为例，以前 3 000 万以上的投资要先到国家发改委审批，现在只要企业的投资不涉及国家经济命脉一律可以自己去做，除了负面清单上列的行业其他都可以做。金融领域表现得更加明显，允许民营资本进入银行体系，开设中小银行。这是巨大的进步。

对于一些改革领域，本次会议没有详细地涉及。这些领域包括哪些？这也很值得分析。其中一个领域就是如何约束政府。尽管提到了不少加强人民代表大会的措施，但还可以更加系统深入。一个创新型社会，一个完备的市场经济，需要一定的政治机制和经济民主来配合。经济民主不是指所有老百姓都参加经济管理，而是要把资源放在社会里，由社会而不是政府来配置资源。

新加坡模式很好，政府高效廉洁，经济发达。但是中国不可能复制这种体制，因为新加坡的人口与面积还不如一个海淀区。如果采取它们的模式，就会造成政府责任无限大，无处不在地管理一切事情，不能容忍任何小的冲突或社会不稳定，社会活力就要下降。

本次会议是个划时代的事件，注定要像十一届三中全会一样在历史上留下浓墨重彩的一笔。但是就像十一届三中全会没有解决中国的所有问题一样，十八届三中全会还有些问题没有解决，留待我们继续努力。

2013 年第 046 期（总第 1078 期）

解读三中全会系列简报之五

（2013 年 11 月）

2013 年 11 月 17 日，北京大学国家发展研究院【朗润·格政】论坛"解读三中全会的改革政策"在北京大学办公楼礼堂举行。我们将分七期简报报告此次研讨会的内容。本期简报报告的是李力行老师的演讲内容。

李力行：土地制度改革与城镇化

十八届三中全会决定中至少有六处跟土地制度改革与城镇化有关，今天着重探讨的是其中两条：赋予农民更多财产权利和建立城乡统一的建设用地市场。

在经济学中，产权细分为占有、使用、收益和转让权，以及由转让权派生出来的抵押和担保权。农民的财产包括耕地、林地等农用地的承包经营权、宅基地使用权、其他建设用地使用权、农民住房所有权以及集体资产的股权。改革开放三十年，农村产权改革重在占有、使用、收益权的界定，但在转让权方面的进展并不顺利，更不用说由转让派生的抵押权和担保权。

在十七届三中全会"关于推进农村改革发展若干重大问题的决定"中，就已经提到农村土地的占有、使用、收益、流转，也提到了土地承包经营权、宅基地的用益物权以及农村集体建设用地的使用权，甚至提到建立城乡统一的建设用地市场。本届三中全会延续了上一届的改革思路，但是力度更强，涉及面更宽，例如就涉及了以往从来没提到的农房转让问题。

如何赋予农民更多财产权利？我认为至少包括以下要点：第一要进行清晰的确权。所谓清晰就是要在实测的基础上确权到户。现有农民土地承包经营权的记录，往往与实际地块的面积和位置不相符。政府方面要建立统一登记系统，及时更新。第二要彻底打破政社合一的农村治理体制。目前农村的基层治理主要靠党委会和村委会这"两委"。村委虽然是民选，但是决策往往受到上级影响，难以保障农民独立的民主权利。政治和经济权力集中于村两委，农村承包地的分配和宅基地的批复主要受到村两委的影响，这意味着农民财产分配需要由行政体系决定，通过宅基地的分配和承包权的调整，农民的财产有可能被剥夺，无法真正主张民主自治权力，也难以避免村两委的寻租行为。因此，赋予农民财产权利，很重要的是改善基层的民主治理，在村两委之外设立农民自治组织，这在全会决定中也提到了。第三，经由村民自治确立集体经济组织边界，让农民的财产权利得到固化，改变目前农村增人增地、调整频繁的情况，实现土地"生不增死不减"。这一过程政府无法完成，需要由村民自治实现。第四，转让权问题。以前不敢提转让权，是因为传统观念认为土地是农民的最后保障，需要平均，需要分配给新增人口，另外不能过度流动，否则就无法体现"保障"的含义。但是经过多年改革，人们逐渐认识到，不允许流转的土地只能提供最低限度的保障，只有流动带来的收入才能提供高水平的保障。若因强调保障而限制流转，就违背了市场经济的规律。同时，城乡统筹理念的深入，也使人们意识到，提供城乡一体的基本社会保障是政府义不容辞的责任，不能推卸给土地。改革思想理念的转变，使得本届三中全会决定重点强调农民财产权利，这与十七届三中全会的决定形成对比，在五年前那次全会的决定中并没有出现财产这个词。第五，政府应常设农村产权登记机构，办理农村确权登记业务，把提供财产权利登记保障作为基本的政府公共服务，而不仅仅通过一次运动解决农民财产权利的问题。第六，在完成确权后，要建立财产权交易的市场。目前全国已经有12个城市设立了农村土地交易所。

我讲的第二个内容，是关于建立城乡统一的建设用地市场。现状是不存在农村建设用地市场，也就更不存在城乡统一的建设用地市场。原因在于，在严格的用途管制和城市土地国有的宪法规定下，农地只能农用，已有的建设用地只能自用，不能向外流转，导致目前"唯有国有化、才能市场化"的情形，城市建设必须通过征收，这一过程产生了许多社会矛盾。

至于如何改革，调研得到的一些典型案例，可以给我们提供思路。

案例一：政府主导的集体土地的公开竞价出让。2007年成都被确定为统筹城乡综合改革试验区，试验的一项内容就是减少征地范围，加大集体建设用地的流转。2008年年底，成都锦江区将首批20余亩土地先确权，组建股份公司，并放在交易市场上招拍挂，最终一家企业以80万元每亩的价格取得使用权并获得颁证，农民通过股权形式获得收益。

案例二：农民自主公开出让集体建设用地。成都在统筹城乡改革中成立农村产权交易所，农民得知后积极主动参与，自发自主地希望通过土地整理提高自己的收益。在汶川地震的灾后重建中，都江堰市一个村庄整理节约出110亩农村建设用地，其中34亩在市场上公开挂牌出让，将得到的收入用于建设新村。

案例三：城乡联建。宅基地一直被国家限制流转，但是私下流转不断，得不到保护。在汶川地震灾后重建中，灾毁农户和城市人共同建房，城里人出钱，灾民出宅基地，通过联合建设的方式，或是各有一栋，或是楼上楼下，或是协商定下面积分配比例，实现了宅基地有保障的流转。这一案例的特色在于，政府提供了地方性的合法框架，制定一系列程序，在保障农民利益的前提下，使宅基地流转纳入政府掌控的体系中，并为获得使用权的双方颁发证书。农民将获得资金用于生活环境的改善，大大加速了灾后重建。

案例四：农民向银行抵押集体建设用地贷款。崇州市桤泉镇群安村合作社以集体建设用地作为抵押向成都银行申请贷款3 600万。外来的项目投资者承担连带担保责任；国土局、土地储备中心与合作社签订协议，一旦投资者违约，将由崇州市土储中心向银行收购债权。银行审核后认为风险可控，批准贷款。这是为数不多的农村集体建设用地通过抵押贷款获得融资。

案例五：深圳"城市更新"政策。在高度城市化的深圳，名义上国有的土地，实际上被原住民控制，被称为"合法外用地"和"违法建设"，政府声明所有权但是拿不走土地，村民用不好土地，市场难以发挥作用。在这种情况下创新出现，在满足一系列条件的基础上，通过上交32%的土地面积，政府允许土地二次开发、进入市场。交予政府的这部分土地和其他公共设施配建相当于"确权税"。

案例六：集体工业建设用地挂牌入市。深圳宝安区福永街道凤凰社区的工业用地将于2013年年底挂牌入市，收益由村级集体与市国土基金按3∶7分成，原村集体可在成交后继续持有不超过总建筑面积20%的物业用于产业配套。

全国有大大小小很多改革试验区，试验和创新了很多做法。把地方试验中证明行得通的方法推广到全国，这正是全面深化改革的题中之意。

2013 年第 047 期（总第 1079 期）

解读三中全会系列简报之六

(2013 年 11 月)

2013 年 11 月 17 日，北京大学国家发展研究院【朗润·格政】论坛"解读三中全会的改革政策"在北京大学办公楼礼堂举行。我们将分七期简报报告此次研讨会的内容。本期简报报告的是卢锋老师的演讲内容。

卢锋：从改革史角度看三中全会改革决定有关宏观调控方针

我先从改革史角度简略评论三中全会全面深化改革"决定"的意义，然后侧重讨论如何实现"决定"提出的"科学的宏观调控"目标。

过去 35 年中共召开了八次三中全会。十一届三中全会是历史转折点，提出以经济建设为中心，发出现代化改革动员令，又通过促进农业发展的决定草案。此后七次三中全会每逢单双届的议事主题会有规律变换。具体而言，逢双届三中全会聚焦体制改革，如第十二届、十四届、十六届、十八届三中全会都推出体制改革决定；逢单届三中全会则主要讨论农业农村发展或其他问题。会议主题变换其实反映了中国体制转型动力学特点，凸显农业农村问题的特殊经济与政治影响，也显示高层面临危机灵活调整的务实方针。

包括十一届三中全会的前四次体制改革部署，总体来看实施得都很成功，对推进我国改革发展发挥了决定性指导作用。具体效果也有所不同。十一届三中全会取得历史性破冰成效，农业改革成果超预期。十二届三中全会决定把改革引向城市，开创 80 年代全面改革新阶段。十四届三中全会决定确立社会主义市场经济体制目标，为 90 年代财税、金融、国企改革以及入世全面开放奠定政治基础。十六届三中全会决定完善社会主义市场经济体制，在多领域惠民式改革与边际性改革上成就显著，不过在一些需要"啃硬骨头"关键领域改革相对滞后。

在上述背景下，本次三中全会决定具有超出具体内容的特殊意义。改革决定确定六大领域改革议题，部署十五个方面改革任务，亮点频频，新意迭出，含金量高，不负众望，无疑具有里程碑意义。另外从改革史角度看，会议决定表达决策层深化改革涉险克难和勇于突破的决心，成功达到重新凝聚改革共识与营造改革氛围效果，同样具有重要意义。会议决定显示，完善市场经济体制不仅需要边际性调整或修补润色，而且需要重点突破、全面深化、啃硬骨头、一鼓作气。这个认识飞跃对成功回应改革进程"行百里者半九十"的挑战不可缺少。

下面探讨决定有关宏观调控论述。与历次改革决定一样，如何在市场经济环境下改进和加强宏观调控，也是这次改革决定涵盖的内容之一。决定提出"要健全宏观调控体系"，把"科学的宏观调控"看作"发挥社会主义市场经济体制优势的内在要求"之一。决定指出"宏观调控的主要任务是保持经济总量平衡，促进重大经济结构协调和生产力布局优化，减缓经济周期波动影响，防范区域性、系统性风险，稳定市场预期，实现经济持续健康发展。"

在宏调方法上，决定要求"健全以国家发展战略和规划为导向、以财政政策和货币政策为主要手段的宏观调控体系，推进宏观调控目标制定和政策手段运用机制化，加强财政政策、货币政策与产业、价格等政策手段协调配合，提高相机抉择水平，增强宏观调控的前瞻性、针对性、协同性"。

简略回顾历史有助于理解宏观调控新表述的新意。计划体制下国家全面控制国民经济和社会生活，虽有全局与局部之分，却无宏观与微观之别。宏观调控理论与实践是改革时代的产物。1987年中共十三大提出"有计划商品经济"概念，要求"逐步健全以间接管理为主的宏观经济调节体系"。1992年十四大确立社会主义市场经济体制目标同时第一次提出宏观调控命题："使市场在社会主义国家宏观调控下对资源配置起基础性作用"，要求"健全科学的宏观管理体制与方法"。

十四届三中全会体制改革决定阐述了宏调目标和方法。"宏观调控的主要任务是：保持经济总量的基本平衡，促进经济结构的优化，引导国民经济持续、快速、健康发展，推动社会全面进步。宏观调控主要采取经济办法⋯⋯建立计划、金融、财政之间相互配合和制约的机制，加强对经济运行的综合协调。"

中共十六大以来十余年，更多强调"完善宏观调控体系"。要求"发挥国家发展规划、计划、产业政策在宏观调控中的导向作用，综合运用财政、货币政策，提高宏观调控水平。""计划提出国民经济和社会发展的目标、任务，以及需要配套实施的经济政策；⋯⋯运用货币政策与财政政策，调节社会总需求与总供给的基本平衡，并与产业政策相配合，促进国民经济和社会的协调发展。"

由此可见，最新改革决定明确将财政和货币政策作为主要宏调手段，提出宏调目标制定和实施机制化，体现决策层宏调理念的重要创新。针对危机后形势演变以及我国参与G20峰会实践，要求"形成参与国际宏观经济政策协调的机制，推动国际经济治理结构完善"，显然也是全新表述。再提"科学的宏观调控"，折射高层意识到需系统反思与应对这个复杂问题。

成熟市场经济下宏观政策对象主要指总需求管理与稳定政策，主要针对国民经济或开放宏观经济的总量关系与平衡，宏观政策具有相机抉择特点，宏观调控职能部门也比较有限。我国经济20余年探索仍未能使宏观调控体系基本定型，可能与转型期宏观调控实践的一些特点与矛盾有关。

我国对宏观调控概念和对象界定比较广泛，不仅包括总量平衡而且涵盖结构调整和优化目标；为此在政策工具上就需要借助计划、产业政策等多样化工具；在政策实施主体上表现为很多部门参与宏观调控形成"九龙治水"局面。这样对象广、工具宽、主体多的格局,有施政灵活的便利性。然而宏观波动有短期变异度较高特点,宏观调控有相机抉择特点,这些与结构演变和产业政策取向比较稳定的政策内容难以兼容一致,实践中难免导致宏观调控微观化与过多干预难根治。

也就是说,如果宏观调控对象过广、宏观调控工具过宽、宏观调控部门过多,许多政府部门在很多场合能随意"以宏观调控名义"干预投资、信贷、准入等方面的微观经济活动,健全完善市场经济秩序目标就会落空。具体宏观调控举措是技术性与短期性问题,宏观调控规则、范围、方法则是体制性和长期性问题,在经济运行层面定义市场机制与政府干预的真实关系。

宏观调控科学化与体制市场化具有双向关系:体制市场化程度制约宏观调控科学化程度,同时宏观调控宽泛化微观化也会固化甚至强化体制中非市场因素与结构,不利于实现市场机制配置资源的决定性作用。十八届三中全会推出全面深化改革的前所未有新举措,决心"大幅度减少政府对资源的直接配置,推动资源配置依据市场规则、市场价格、市场竞争实现效益最大化和效率最优化",必将为破解科学宏观调控难题提供历史新机遇。

贯彻落实三中全会全面深化改革部署,在实践中动态丰富与发展新的改革议程,就能实现 2020 年在重要领域和关键环节改革上取得决定性成果,使各方面制度更加成熟、更加定型的目标。市场经济体制健全成熟之日,也就是科学宏观调控目标实现之时。届时"宏观调控"这个体制转型期的特色名词,其中带有计划体制遗迹的"控"字或许会被扬弃,采取"宏观调节"或"宏观管理"之类的表述。

2013 年第 048 期（总第 1080 期）

解读三中全会系列简报之七

（2013 年 11 月）

2013 年 11 月 17 日，北京大学国家发展研究院【朗润·格政】论坛"解读三中全会的改革政策"在北京大学办公楼礼堂举行。我们将分七期简报报告此次研讨会的内容。本期简报报告的是宋国青老师的演讲内容。

宋国青：关于国民收入分配问题

十八届三中全会关于全面深化改革的决定中一项重要内容是针对国民收入分配的。最直接的两条一是划转部分国有资本充实社会保障基金，二是提高国有资本收益上缴公共财政比例，2020 年提到 30%，更多用于保障和改善民生。其他部分对于国民收入分配也有直接间接的涉及。

30% 的上缴比例比此前的普遍预期更高一些。其实具体的上缴比例应当根据情况确定，如果预期的投资收益率高，可以少缴一些，反过来就多缴，可以根据不同行业甚至具体企业的情况来确定，和上市公司对股东的分红比例一样。但是，过去多年实际上缴得少，以至于形成了国企利润上缴说多做少的预期。在这样的情况下明确具体的比例是有重要意义的。划转国有资本没有明确具体比例，也可以理解为更加灵活，在我看来潜力更大。

多年来，对于高投资甚至高增长有不少负面评价：一方面，以过度牺牲环境和其他一些歪曲为代价追求高投资和高增长当然是不可取的；另一方面，国有资本自我循环，投资效率难以评估，高投资的收益没有多少直接惠及大众，也产生了许多腐化浪费现象，还有薪酬不合理助长了收入差别扩大。虽然说国企的资本和收益是全民的，但是没有实际分配，所有权就成了空洞的口惠。所以，划转国有资本和提高国有资本收益上缴比例的基本意义是将国有资本全民所有的抽象概念变成必须实现的实惠。对于国有资产的经营者来说，强调的是追求所有者权益的责任，对公众的交代。

过去多年，国民收入中居民可支配收入的比例不断下降。按调整后的资金流量表，居民可支配总收入占国民可支配总收入的比例在 2000 年还有 67.5%，2008 年下降到了

58.3%，最近几年有所回升，部分是由于农产品价格的相对上升，2011年为60.8%。有不少分析指出，居民可支配收入份额的下降是消费率下降的一个重要原因。说到这一步没有错，但如果从刺激消费的角度考虑提高居民收入，多少有一点味道，好像为了挤奶才喂牛。居民获得收入本身就是目的，至于居民收入多少用于消费多少用于储蓄投资，在通顺的市场条件下是居民自己的选择。现在的问题是政府和国有企业的投资怎么处理。一代人通过积累增加了国有资本，所有权是属于这一代还是属于后代，涉及效率和代际公平问题。通过提取自然资源获得的收益大部分是应当留给后代的，损害环境获得的收益更应当留给后代，此外的资本本金和收益为直接贡献者所有才能提高效率。通过较高的税收和垄断经营以及自我循环提高国有资本积累率，意味着劳动和资本的边际收入显著低于其边际贡献，因此意味着效率的损失。所以，居民可支配收入比例长期大幅度偏低意味着效率损失。将当代人储蓄形成的部分国有资本划转给当代人获益的社保基金，有助于弥补效率损失，也有利于代际分配的平衡。

假如说将全民所有制的产权明确界定到了个人，在此基础上有一个国有资产所有权的交易市场，就像上市公司的股权交易一样，那么国有资本收益的分配问题不太大，较高的积累意味着产权的升值，所有者可以选择持有产权等待未来分配或者变现。现实中没有这样的情况，如果再没有及时的收益分配，人亡权废的全民所有制就什么都不是。所以保持合适的国有资产积累比例就非常重要。

国有部门包括财政和国企的资产负债表对于评估国有部门的投资效益和债务风险意义重大。目前，有不少研究者对国有部门的资产负债情况做了多方面的估计，但由于许多原因，资产的情况难以把握。比如说，地方融资平台的债务引起了多方面的关注，但是通过这些债务形成了多少资产，包括项目的直接资产和引起土地增值等情况形成的间接资产，这些情况都不是很清楚。目前，全社会投资特别是政府和国企投资量非常大，把账算清楚是做好事情的前提。希望也在一定程度上相信划转国有资本和提高收益上缴比例能够推动对政府和国企资本账的核算。在这里，按成本价格计算的资本账户核算固然重要，按照预期收益做出的价值评估更重要。

在过去10年，国民收入高增长，居民收入的比例不断下降，平均的增长率低于国民收入增长率。按说，政府和企业应当积累了不少净资产，但是按一些研究，政府和企业还闹出高负债。这到底是怎么回事情，需要将账算清楚。特别是政府的收入，多少用于经常支出，多少用于投资，效率如何，哪怕是很简单的评估都是有意义的。弄清楚了这些，才能对很多事情做出评价。

还有一个重要情况是，虽然经济增长率很高，企业报告的投资报酬率也相当不错，但是按消费价格指数计算的银行定期存款真实利率约为0，活期存款真实利率更低，股市投资的报酬也很差。这些情况，一方面是居民收入的损失，另一方面给社会融资的结构调整带来了严重的困难。从经济发展和企业融资的合理性角度考虑，应当不断扩大直接融资的比例，特别是股权融资的比例。但是股市长期不景气，市场对于扩容谈虎色变，导致企业上市异常困难。还有长期的真实利率偏低导致了许多方面的问题。引起这些情况的原因是多方面的，其中一个重要原因就是国有资本高积累低分配。国有资产应当保值增值，但是目的是提高居民福利，不能为增值而增值。

所以，让国有资产的本金和收益惠及民众，意义重大。虽然决定中关于国有资本只提到了社保和民生，但是，不动国有资本，平衡社保和改善民生就要加税。这样看来，调动了国有资本，相当于降低了未来的税赋，对于劳动报酬和投资收益都是有益的。